马铃薯产业与种业创新

MALINGSHU CHANYE YU ZHONGYE CHUANGXIN

（2023）

中国作物学会马铃薯专业委员会　编

黑龙江科学技术出版社

图书在版编目（CIP）数据

马铃薯产业与种业创新 . 2023 ／中国作物学会马铃薯专业委员会编 . —哈尔滨：黑龙江科学技术出版社，2023.7

ISBN 978-7-5719-2067-8

Ⅰ.①马… Ⅱ.①中… Ⅲ.①马铃薯—产业发展—中国—文集 Ⅳ.①F326.11-53

中国国家版本馆 CIP 数据核字（2023）第 111387 号

马铃薯产业与种业创新（2023）
MALINGSHU CHANYE YU ZHONGYE CHUANGXIN（2023）
中国作物学会马铃薯专业委员会　编

责任编辑	梁祥崇
封面设计	佟　玉
出　　版	黑龙江科学技术出版社
	地址：哈尔滨市南岗区公安街 70-2 号　邮编：150007
	电话：（0451）53642106　传真：（0451）53642143
	网址：www.lkcbs.cn
发　　行	全国新华书店
印　　刷	哈尔滨午阳印刷有限公司
开　　本	787 mm×1092 mm　1/16
印　　张	24.75
字　　数	570 千字
版　　次	2023 年 7 月第 1 版
印　　次	2023 年 7 月第 1 次印刷
书　　号	ISBN 978-7-5719-2067-8
定　　价	100.00 元

编 委 会

序　言

马铃薯是人类重要的粮食作物，对支撑全球人口增长过程中发挥过重要作用。据联合国粮食和农业组织数据，2021 年全球马铃薯种植主要分布在 158 个国家和地区，总面积 2.72 亿亩、总产量 3.76 亿吨，亩产 1380 公斤。其中亚洲种植面积持续增长，占全球的 56.88%，而欧洲面积继续下降，仅占 23.93%。中国、印度、俄罗斯和乌克兰的马铃薯种植面积占全球的 50%。我国马铃薯种植总面积和总产量分别占世界的 27% 和 24%，2021 年播种面积约 7200 万亩，总产量约 9704 万吨，平均亩产 1.35 吨左右。2010 年后马铃薯平均单产的增加支撑着总产量的稳定增长。自 2012 年马铃薯总种植面积达最高峰 7939 万亩后持续稳中有降，而亩产稳定增长，总产量稳中有增。近年来，我国马铃薯种植区域空间分布发生了一定变化：北方一作区面积大幅减少，占比从 50% 下降到 37%；西南混作区面积增长成为最大产区，占比从 37% 增加至 53%；依然有 60% 以上的马铃薯种植在干旱半干旱的雨养地块上，立地条件虽然有限，但生产方式已朝着提质增效的方向加速转型升级。

种业是产业发展的根基。国内学者这两年围绕马铃薯种业创新获得一系列重要进展，功能基因组学和重要性状的遗传调控机理研究取得新进展，对抗病耐逆、块茎形成发育和花青素合成等重要性状的基因挖掘与分子机制研究逐渐深入。对种质资源精准评价愈加重视，在不同产区评价鉴定种质资源并筛选出一批优质、抗旱抗病的优异资源材料。目前国家马铃薯种质资源试管苗库收集保存了近 5100 份、各育种单位估计保存了 3000 多份种质资源。

国内自主育成审定和登记的马铃薯新品种已超过 800 个，近两年每年登记品种近 100 个，登记品种类型更加丰富、商品性更好，加工品种和早熟品种数量显著增加，抗晚疫病和主要病毒病品种的数量逐渐增加，主栽品种类型更加丰富，品种更新换代速度加快。据全国农业技术推广服务中心统计，2021 年推广面积达 5 万亩以上的品种有 117 个，国外品种种植面积占比 33% 左右，其中早熟品种比例约达 44%。排名前 10 位的主栽品种总面积近 3000 万亩，十几年位居全国面积首位的老品种克新 1 号由年均千万亩以上降至目前 400 多亩，西南山区的主栽品种米拉由 600 余万亩降至不足 200 万亩。主栽品种日渐趋向多元化，单品种面积独大的情况成为历史。农业农村部发布的《国家农作物优良品种推广目录(2023 年)》，重点推介了马铃薯品种 20 个，包括骨干型品种 4 个、成长型品种 6 个、苗头性品种 6 个、特专型品种 4 个。

当前，我国马铃薯种业创新成果丰硕，但"打好马铃薯种业翻身仗、筑牢产业高质量发展根基"仍是未来一段时期内的重要任务。马铃薯种业研发资金投入严重不足、优异种质资源不足，种业创新明显滞后于产业发展；品种权保护难、经营风险大，企业创新能力和动力不足；种薯繁育成本高、优质种薯供应不足，脱毒种薯应用率不到 50%。因此，要坚持科技创新和市场导向，探索多元化投入机制，鼓励企业和社会投入种业创新，构建我国种业创新体系，巩固科研单位创新优势、增强企业创新能力，实现品种专用化、种薯生产标准化和质量可控化，打好种业翻身仗。

第二十四届中国马铃薯大会原定于 2022 年 7 月在黑龙江省齐齐哈尔市召开，大会的主题是"马铃薯产业与种业创新"，因新冠疫情形势严峻而推迟至 2023 年 7 月举行。2005 年曾经在美丽的鹤城齐齐哈尔市举办过中国马铃薯大会，当时的北大荒薯业集团的第一家马铃薯淀粉加工厂建成投产。18 年后，北大荒薯业集团已发展壮大为覆盖马铃薯全产业链的农业产业化国家级重点龙头企业，并于今年成立了黑龙江北薯种业有限公司，进入商业化育种企业发展的快车道。

《马铃薯产业与种业创新(2023)》是马铃薯专业委员会为本届大会编撰出版的专业论文集，围绕会议主题汇集了近年来马铃薯全产业链的部分科技研发成果与产业发展情况，收录论文(含大摘要)96 篇，可为广大从业人员了解国内马铃薯产业科技现状提供参考。

中国作物学会马铃薯专业委员会会长
国家马铃薯产业技术体系首席科学家　　金黎平

2023 年 6 月

目　　录

产　业　开　发

研 究 进 展

遗 传 育 种

栽培生理

土 壤 肥 料

病 虫 防 治

产 业 开 发

2022年中国马铃薯产业发展形势分析

罗其友，鲁洪威，李国景，高明杰*，吕健菲

（中国农业科学院农业资源与农业区划研究所，北京　100081）

摘　要：野外调研结合数据分析，结果显示，2022年中国马铃薯产业呈现面积和产量双减、防灾减灾措施有效应对频繁发生的灾害、农业政策加速生产模式演化、马铃薯品种"百家争鸣"、马铃薯种业发展逐渐得到各地重视、数字化技术应用迈出实质性一步、加工原料薯缺口较大、马铃薯价格行情不错但薯农收益并未显著提高、马铃薯制品竞争力进一步提升等特点。综合研判，2023年中国马铃薯种植面积稳定、产量略增，品种结构根据市场需求进一步调整，价格行情总体较好、下半年压力加大。提升马铃薯产业高质量发展水平，应积极选育推广本土化品种，加强种薯行业管理，充分发挥国家马铃薯体系技术指导与培训作用，不断增强生产者科学防控病害的意识和能力，推进马铃薯产业延链补链强链，强化有为政府对产业的引导作用。

关键词：马铃薯；产业特点；发展趋势；对策建议

1　2022年中国马铃薯产业特点

1.1　面积和产量双减

根据体系各地岗位专家和试验站站长上报数据，2022年中国马铃薯收获面积和总产量均有所下降，综合判断降幅分别为5%左右和3%左右。北方一作区收获面积出现明显下降，除山西省和青海省有小幅增长外，其他省份均有不同程度减少，减少面积较大的有内蒙古、陕西、黑龙江省（自治区）。西南地区马铃薯在连续多年增长之后也出现下降，贵州省和云南省减少12万hm²左右，但四川省和重庆市少量增加。中原二作区省份面积均有不同程度增加，南方冬作区收获面积总体减少。传统马铃薯主产区总产量减少比较明显，总产量减产超过50万t的有贵州、甘肃、重庆、黑龙江、河北、内蒙古和吉林7个省（自治区、直辖市）。

1.2　防灾减灾措施有效应对频繁发生的灾害

2022年属于灾害发生较重年份，北方多数地区遭受"前旱后涝"影响较大，河北省和内蒙古自治区的坝上地区在8月下旬遭遇霜冻灾害，东北区马铃薯受秋季降雨较多导致晚疫病发生情况较重，西南混作区主要受到持续低温、晚疫病频发、阴雨寡照等灾害的影响，中原二作区在气象灾害方面主要受到干旱少雨、倒春寒等极端气象条件的影响，南方冬作区主要受到阴雨寡照、持续低温、涝灾等灾害的影响。各地应对频发的灾害，体系专

作者简介：罗其友（1964—），男，博士，研究员，研究方向为马铃薯产业经济与农业区域发展。

基金项目：国家马铃薯产业技术体系（CARS-9）。

*通信作者：高明杰，博士，副研究员，研究方向为马铃薯产业经济、产业扶贫与农业产业布局，e-mail：gaomingjie@caas.cn。

家和试验站积极采取防灾减灾措施，据统计体系专家和站长赴灾区进行减灾技术培训和推广 20 次，提供防控技术和防控方案 30 项，发放防控技术手册，综合减少损失 20% 以上。得益于产业技术体系在防灾减灾方面贡献，多地马铃薯单产并未明显下降，30 个省（自治区、直辖市）2022 年平均单产增加 2% 左右，其中单产增加的有 16 个省（自治区、直辖市），基本持平的有 5 个省（自治区、直辖市），减少的有 9 个省（自治区、直辖市）。

1.3 农业政策加速生产模式演化

党中央国务院对粮食生产的重视程度进一步加强，各地根据当地的农业生产条件开展马铃薯间套作生产，湖北省恩施土家族苗族自治州"薯-玉-豆"和"薯-玉-X"宽幅复合种植模式推广到 1.8 万余 hm²，成为稳粮保供的典型案例，四川省成都市和凉山彝族自治州果园、苗木园间套种马铃薯面积增加，贵州省安顺市马铃薯与玉米、大豆及幼龄果树等的间套作种植模式面积增加。丘陵山区高标准农田建设加快推进，西北地区和西南地区的不规则小田块得以改造，马铃薯种植田块的标准化、宜机化程度得以提升，有效促进了丘陵山区农机与农艺相互融合，进一步扩大了农机在丘陵山区马铃薯产区的投入量。地方农业生产财政补贴政策进一步向新型经营主体倾斜，企业基地、合作社和家庭农场等新型经营主体的种植规模扩大，乌兰察布市千亩以上连片种植面积增加 70%。

1.4 马铃薯品种呈现"百家争鸣"局面

全国栽培品种逐步多元化，2022 年全国种植面积万亩以上的品种约 120 个，其中鲜食品种 96 个，高淀粉品种 10 个，食品加工品种 12 个，其他用途品种 2 个。黄皮黄肉等市场接受度较好的品种栽培面积持续扩大，众多新品种进入种薯市场，全国多地出现品种结构转换迹象，单一品种的市场生命周期有所缩减，流行品种快速替换。

1.5 马铃薯种业发展逐渐得到各地重视

随着种业振兴行动的深入实施，马铃薯种业创新和种薯产业发展逐渐得到重视。沈阳市成立了马铃薯种业创新团队，各科研单位、种薯企业联合起来，协同做好品种引进、选育、繁育各项科研工作。张北种业大县对建设原原种生产大棚进行补贴，原原种生产面积继续扩大。湖北省恩施土家族苗族自治州实施"种薯振兴"行动，强化品种资源芯片建设、脱毒种薯繁育体系建设和种业龙头企业培育建设。非传统马铃薯主产区也开始鼓励马铃薯种业产业发展，江苏省成立了几家种薯繁育企业，部分地区政府加大对种薯繁育示范基地的投入和支持。

1.6 数字化技术应用迈出实质性一步

由中国农业科学院蔬菜花卉研究所牵头，联合中国农业科学院农业资源与农业区划研究所开展的黑龙江省与北大荒集团共同发榜的智慧农业榜单"规模化农场天空地一体化信息感知与智能决策关键技术研究及应用"项目，取得显著成效，围绕"感知—分析—决策—示范"创新链条开展智慧农场关键核心科技攻关，打造中国首个马铃薯规模化农场的"智慧样板"迈出了坚实的一步。

1.7 加工原料薯缺口较大

2022 年马铃薯淀粉产品市场价格整体处于高位，相关企业生产利润也整体较好，淀粉加工产能继续扩张，牡丹江市、哈尔滨市等地均有大型淀粉加工企业建成投产，新疆淀粉、全粉加工企业增多，全国马铃薯淀粉加工产能进一步提升。但是，2022年多地受气候影响，马铃薯种植面积和产量明显下降，马铃薯淀粉产量也随之下降，加工原料薯缺口较大，部分淀粉加工企业加工率低，较2021年减产约40%。

1.8 马铃薯价格行情不错，但薯农收益并未显著提高

在总产量降低、灾害导致商品率明显下降、加工品市场行情较好等多重因素影响下，2022年中国马铃薯商品供应量下降幅度较大。因此，虽然马铃薯市场需求量总体偏弱，但整体商品供需关系仍呈现偏紧的形势，马铃薯市场价格、销售形势等均比较喜人。总体来看，无论是新薯产地价格还是批发市场价格，2022年都整体好于2021年同期，尤其是秋收马铃薯价格涨幅明显。产地田间价格走势维持了"前高后低"的规律，整体比2021年上涨约0.30元/kg，涨幅为18%左右。8月开始价格为近5年最高，9月随着北方一季作春马铃薯集中上市，产地田间价格下降幅度也很缓和。批发市场价格呈现"前低后高，阶梯攀升"的走势，突破了往年"前高后低"的季节性变化规律，7月开始不降反升，而且这种价格上涨趋势一直得以延续，4月以后多数月份价格比2021年同期上涨幅度都在20%左右。但是，受国际局势影响，马铃薯生产肥料、燃料等投入品价格的大幅提升，2022年年初氮肥、磷肥和钾肥价格同比上涨58%、60%和250%，加之不少地区马铃薯单产下降明显，马铃薯种植者的净收益却没有明显增长。

1.9 马铃薯制品竞争力进一步提升

2022年，中国马铃薯制品进出口总额5.41亿美元，比2021年同期减少1.90亿美元，降幅为25.96%。其中，出口金额4.24亿美元，同比减少0.10亿美元，降幅为2.27%；进口金额1.16亿美元，同比减少1.80亿美元，降幅高达60.73%。出口额基本稳定，进口额剧烈下跌的原因，主要是欧美国家通胀严重、人民币贬值、欧美国家马铃薯减产，多重因素导致马铃薯制品生产成本和进口成本大幅提升。出口产品中，第二大类产品冷冻薯条、脱水休闲食品等制品出口额分别增长30.97%和24.22%，连续几年快速增长，逐渐成为主要的出口创汇产品，中国马铃薯加工制品的国际竞争力进一步提升。

2 2023年中国马铃薯产业发展趋势

2.1 面积稳定，产量略增

2022年马铃薯价格行情喜人，将刺激2023年马铃薯种植户扩大种植面积的积极性。但受近几年玉米价格较高、鼓励大豆及油料生产政策将出台等原因，也有挤压调减面积的因素。综合判断，2023年全国马铃薯种植面积以稳定为主，略增的可能性较高。在品种等科技因素的作用下，平均单产水平稳步提升，在不出现大范围灾害影响的前提下，总产量稳中有增。

2.2 市场配置资源的决定性作用进一步突显

受市场需求变化的影响，2023年将出现市场欢迎度高的马铃薯品种对原来品种的快速替代，淀粉等加工专用薯面积快速增加的趋势，加工企业自建基地面积将不断增大。马铃薯上市结构将进一步调整，全国总体小春和大春马铃薯种植面积将有一定增长，秋作和冬作面积将维持稳定。

2.3 行情总体较好，下半年压力加大

2022 年秋收马铃薯入库量降低，加之总体商品性较差，2023 年春季马铃薯上市量较往年将明显偏少，叠加春节后学生返校、复工复产等需求增加因素，春季马铃薯大概率将迎来一波好行情。但预计 2023 年小春马铃薯收获上市，整体市场供应量将有明显增加，5 月后规律性季节回落幅度会比较大，整个下半年价格很难维持 2022 年同期水平，大概率回归正常年份的平均水平。

3 2023 年中国马铃薯产业发展建议

3.1 积极选育推广本土化品种

近两年受市场欢迎的"露辛达""沃土 5 号"等均为国外引进品种，不利于中国马铃薯种业安全。应设立稳定专项资助育种单位开展育种科研，积极选育并推广国内自主选育的抗旱抗病性强、高产优质的专用型品种及淀粉含量高、抗逆性强的高淀粉品种。

3.2 加强种薯行业管理

加强种薯生产与市场监管，解决目前种薯级别难以区分、劣质种薯冲击市场、责任难以划定等问题。加大对马铃薯品种登记、命名的规范管理，解决生产中农户种植品种多、品种名称使用混乱的问题。

3.3 充分发挥国家乡村振兴科技特派团马铃薯产业组技术指导与培训的作用

结合国家乡村振兴科技特派团工作，助力国家乡村振兴重点帮扶县马铃薯产业振兴，鼓励各地根据自身条件构建"政府引导 + 科技支撑 + 地方农业农村部门实施"的"科技特派团指导 + 企业运作 + 薯农联动"技术指导与培训模式，加快马铃薯新品种新技术生产应用。

3.4 增强生产者科学防控病害的意识和能力

加强马铃薯病害防控宣传，通过培训和指导提高马铃薯种植户科学防控病害的意识，加大力度采取轮作、增施有机肥和生物菌肥、关键施药时期调整等综合防控措施，防止病害的快速蔓延。

3.5 推进马铃薯产业延链补链强链

推进以马铃薯为主体的预制菜和预制食品加工技术研究与推广，重点在北方优势马铃薯产区开展推广马铃薯加工品种及其预制菜肴产业化，在二季作区及东南种植区推进马铃薯产地分级包装、半成品、小马铃薯等多元化菜用、鲜食马铃薯发展及休闲食品开发。加强地方特色、民族特色的马铃薯食品商品化关键技术研究，打造多元化马铃薯食品体系。

3.6 强化有为政府对产业的引导作用

各地政府科学制定马铃薯产业发展规划，根据市场需求发展趋势，通过针对性扶持加工环节、新型经营主体等措施，引导合理优化区域布局和品种结构。开展马铃薯价格规律、供求关系等研究与预测预警，利用权威渠道，发布各地马铃薯生产、加工、销售等信息。

中国马铃薯贮藏现状、存在问题及建议

李守强，田世龙*，程建新

（甘肃省农业科学院农产品贮藏加工研究所，甘肃 兰州 730070）

摘 要：分别从中国南北方马铃薯主产区的贮藏情况、贮藏设施主要类型及应用情况、马铃薯贮藏抑芽防腐保鲜技术应用情况等方面，概述了中国马铃薯的贮藏保鲜现状，分析其存在的主要问题，并从规模化与智能化贮藏设施建造技术、采后相关机械设备研发、采后原原种发芽调控技术、采后保鲜剂产品研发等方面提出发展建议，以期为中国马铃薯产业健康持续发展提供参考。

关键词：马铃薯；贮藏；现状；问题；发展建议

马铃薯是粮菜饲兼用和加工原料作物，具有耐旱、耐寒、耐贫瘠的特点，适应范围广，增产空间大，且与小麦、水稻等大宗粮食作物相比水肥等资源利用率更高。马铃薯营养丰富、产量高，过去长期被当作救灾作物，目前已成为中国继水稻、小麦、玉米之后的第四大主粮作物，广泛种植于全国各地。面对严峻的粮食安全压力，马铃薯对保障粮食安全的意义重大。当前，无论生产规模还是单产，传统的三大粮食作物可挖掘的潜力都比较有限，而马铃薯不仅能在干旱半干旱地区获得高产，还能在南方地区进行冬季种植，可在不挤占粮田的前提下大幅增加产量，可挖掘潜力较大。因此，马铃薯产业已成为促进中国贫困地区农民增收和农村经济发展的重要支柱性产业之一。

1 中国马铃薯贮藏现状

中国马铃薯主产区的贮藏现状整体呈现北方贮藏量大、贮藏期长，南方贮藏量少、贮藏期短的特点。马铃薯贮藏均以农户分散贮藏为主，贮藏设施简陋、贮藏量小、贮藏损失大、贮藏品质难以保证，仅有少量种薯采用机械制冷恒温库贮藏，马铃薯贮藏设施的智能化程度整体偏低，马铃薯采后抑芽防腐保鲜剂产品使用很少。

1.1 中国北方马铃薯主产区贮藏情况

在中国北方产区，秋收后马铃薯的市场价格处于一年中较低位。受贮藏设施和劳动力不足等因素的限制，种植户一般采取销售一部分、自己贮藏一部分的策略，降低马铃薯市场销售的风险。不同地区的马铃薯贮藏量占比有所不同，贮藏设施较多和机械化程度高的地区，贮藏量的占比较大，反之则较小，平均约占马铃薯总产量的30%，其中农户的马铃

作者简介：李守强（1979—），男，副研究员，主要从事马铃薯贮藏保鲜技术研究。

基金项目：现代农业产业技术体系专项资金（CARS-09-P26）；国家自然科学基金（31860459）；甘肃省重点研发计划项目（GNKJ-2020-2）。

*通信作者：田世龙，研究员，主要从事农产品贮藏与加工研究，e-mail：723619635@qq.com。

薯大量为短期贮藏，根据市场价格择机出售，少量为长期贮藏，主要供自家人食用，贮藏方式大多采用传统的窖藏方式；马铃薯种植大户、专业合作社和种薯企业贮藏量较大，一般占马铃薯贮藏总量的60%~70%，种薯多为长期贮藏，菜用薯既有短期贮藏，又有长期贮藏；全粉、薯条等大型马铃薯加工企业的整体贮藏量较大，但由于加工企业数量较少，马铃薯总体贮藏占比不足贮藏总量的10%。总之，北方马铃薯主产区的贮藏现状以种薯企业、加工企业、专业合作社和种植大户为主，小农户长期贮藏量占比较少，淀粉加工企业在不同地区有所不同，北方地区一般收购与加工同步进行，贮藏期为3~5个月，全粉、薯条等加工企业的贮藏量较大，但其贮藏量占贮藏总量的比例较低。

1.2 中国南方马铃薯主产区贮藏情况

在中国南方产区，虽然马铃薯种植面积发展较快，但是南方种植户大多数都是分散种植，规模化连片种植较少。受当地气候条件、生产习惯和收获季节影响，农户贮藏的马铃薯占比很小，基本上采收后就地出售或到批发市场出售，少量不能及时出售的，暂时堆放在简易的常温库房或埋藏在地里，择机销售。马铃薯种薯主要从外地引进，农户自留食用薯的贮藏品质普遍较差，发芽和腐烂现象发生严重，有些大型批发市场建有恒温贮藏库，保鲜效果较好，但是用于贮藏马铃薯的数量很少。调查数据显示，农户自用马铃薯的贮藏占比为20%~30%，其中云南、贵州等马铃薯主产区的贮藏比例略高于其他地区，有的地方占比高达40%以上，贮藏设施多为100 t以下的中小型自然通风贮藏库，有少量贮藏库配有强制通风装置，有少量种薯采用机械制冷恒温库贮藏。南方产区由于受当地气候条件的影响，长期贮藏的马铃薯损失率普遍较高，特别是马铃薯发芽现象普遍存在。

1.3 中国马铃薯贮藏设施主要类型及应用情况

中国马铃薯贮藏设施通常情况下可分为三大类：贮藏窖、通风贮藏库和机械制冷恒温贮藏库，其中贮藏窖又可分为井窖、窑窖、棚窖等，通风贮藏库又可分为自然通风贮藏库和强制通风贮藏库，机械制冷恒温贮藏库又可分为低温冷藏库(-25~-15 ℃)、中温冷藏库(-15~-5 ℃)和高温冷藏库(-5~15 ℃)。中国马铃薯贮藏仍以传统的农户分散贮藏为主，北方地区的农户贮藏马铃薯最普遍采用窖藏方式，南方地区的农户贮藏马铃薯大多沿用传统的室内堆放或楼底堆藏等简易方式。

以上设施在北方马铃薯产区及南方高海拔产区应用较多，主要是充分利用秋冬季的自然冷凉气候资源，通常采用强制通风库贮藏菜用薯、加工原料薯和种薯，北方的恒温库则主要用于贮藏脱毒微型薯。内蒙古自治区的马铃薯规模化生产面积较大，大型贮藏库的占比明显高于北方其他省区，主产区可达20%以上；东北产区的贮藏季处于一年中的低温时期，大型贮藏设施更能减少损失。近年来大型贮藏库也逐渐增多，山东省和广东省的马铃薯贮藏设施建造水平最高，菜用薯全部采用机械制冷恒温库贮藏，且单库贮藏能力均在100 t以上。

1.4 中国马铃薯贮藏保鲜技术应用

1.4.1 马铃薯采后抑芽保鲜技术

目前，在生产上常用的抑芽保鲜技术主要有低温贮藏、化学抑芽剂等。低温贮藏是一种较好的贮藏方式，但中国的马铃薯通风贮藏库主要采用库外自然冷源，受气候影响较大，难以长期贮藏，而且长期的低温贮藏会导致马铃薯块茎糖化，影响其加工品质，不利于马铃薯加工产业的发展。马铃薯加工企业为了保证加工原料薯品质，使用马铃薯抑芽剂抑制块茎发芽。在中国市场上最常用的抑芽剂主要是以氯苯胺灵（CIPC）为主效成分，其应用市场一直被国外生产的抑芽剂产品所垄断。中国自主研发出以 CIPC 为主效成分的马铃薯抑芽剂系列产品，而且还发现天然植物提取物香芹酮可有效抑制马铃薯发芽，也可用于种薯的发芽调控，对种薯、菜用薯和加工薯都有较好的抑芽保鲜效果，但由于中国对农产品采后保鲜剂市场准入管理要求严格，目前研发出的产品还未上市。

1.4.2 马铃薯贮藏防腐保鲜技术

目前，中国马铃薯在贮藏期间主要还是通过控制贮藏环境温湿度来控制马铃薯采后病害发生，降低由腐烂引起的贮藏损失。化学防腐技术、涂膜防腐技术和生物防治技术尚处于起步阶段。在种薯贮藏过程中常采用一些农药类杀菌剂来处理马铃薯块茎，近年来也使用二氧化氯作为贮藏防腐剂，其使用简单、成本低、无残留、无污染，具有广谱杀菌的作用，对马铃薯干腐病和软腐病均具有良好的防控效果，具有较好的示范推广价值。

2 中国马铃薯贮藏存在的主要问题

虽然经过多年的研究与应用，中国马铃薯贮藏设施建造及贮藏保鲜技术取得长足的发展，但是目前马铃薯贮藏设施、保鲜技术、机械设备还不能适应马铃薯产业快速发展的需求。由于受贮藏设施、管理技术、保鲜技术等因素的影响，每年长期贮藏的马铃薯因腐烂、发芽、失水、低温伤害等引起的贮藏损失依然较高，有的高达 20%；受政策和思想观念的影响，马铃薯采后很少使用保鲜剂产品，导致马铃薯贮藏品质无法得到保障，只有少数加工企业在使用国外生产的保鲜剂产品；由于受产量、季节、加工原料薯和加工产品市场价格波动的影响，加工企业会出现"无米下锅"的现象，每年开工生产时间只有 3~5 个月，马铃薯加工产品的实际加工量远低于加工企业生产线的建设产能。

2.1 马铃薯贮藏能力与保鲜技术水平有待提升

发达国家具有先进、完整的马铃薯贮藏设施建造技术，如 Altez、Tolsma 等公司就是国际性的农产品仓储建筑合作公司，专门为马铃薯、洋葱、胡萝卜等农产品提供专业的贮藏设施建设，并设计专业的通风系统保证农产品贮藏期间所需的适宜通风量，还安装有贮藏环境条件连续在线检测所需的智能化测量与通风控制设备。据报道，75%的贮藏库有自动换气或机械制冷设备，马铃薯贮藏期间需要用抑芽剂、防腐剂等药剂进行处理，如英国马铃薯贮藏期间采用抑芽剂雾化机将抑芽剂和防腐剂等通过库内通风系统送入薯堆内部，减少药剂用量，保证了药剂的抑芽与防腐效果。

中国马铃薯贮藏仍以传统农户分散的窖藏为主，贮藏设施简陋且数量少，种薯和菜用薯混贮现象普遍存在，贮藏能力有限；有少数加工企业和专业合作社采用大型贮藏设施，但是由于缺少专业的贮藏设施与通风系统建造技术，以及贮藏环境条件连续在线检测所需的智能化检测与通风控制设备，马铃薯采后抑芽防腐保鲜剂的应用非常少，严重影响了马铃薯贮藏保鲜效果，因此，中国的马铃薯贮藏设施建造与贮藏保鲜技术水平还需进一步提升。自 2012 年以来，依托农产品产地初加工补助政策的实施，在中国马铃薯主产区建造了一批新型马铃薯贮藏设施，对马铃薯产业健康发展起到了积极支撑作用。随着马铃薯产业集中度增加和高质量发展的要求，对马铃薯贮藏设施与贮藏技术也提出了更高要求，但是近年来新建的通风贮藏库，普遍存在控制系统智能化程度低、控制精度差、仍需依靠人工管理等问题。

2.2 马铃薯采后商品化处理不够

马铃薯采后商品化处理程度较低，少数企业只是对马铃薯进行简单的分级和包装处理，多数企业对马铃薯几乎不进行商品化处理，简单挑拣后直接装入塑料编织袋中出售。马铃薯除土清洗、分等分级、病害检测、保鲜包装等采后现代化商品化处理技术及手段落后，造成产品附加值较低。

2.3 马铃薯生产与采后商品化处理衔接不紧密

由于中国马铃薯种植区域广、品种多而杂、种植地比较分散、集约化程度不高，虽然少数加工企业建有自己的原料基地，能够实现规范化生产，但是其生产的数量有限；大量农户生产的马铃薯品种各异，其质量参差不齐，无法建立统一的采后商品化处理标准，导致马铃薯采后品质无法保证。

2.4 马铃薯保鲜剂产品推广应用困难

由于受国家相关政策的限制，鲜活农产品保鲜剂产品与传统农药的监管流程相同，取得生产许可证难度较大，导致有些保鲜剂产品的国产化程度受限，一些好的国产保鲜剂产品得不到大范围推广应用，主要还是依靠进口，增加了用户的贮藏成本。

3 对中国马铃薯贮藏发展的建议

3.1 加强开展基于智能化的马铃薯规模化贮藏设施建造及其通风技术研究与应用

随着中国马铃薯生产和贮藏方式由原来的大量、分散、小规模向少量、集中、大规模方向发展，马铃薯贮藏的集约化程度不断加大，迫切需要相应的规模化贮藏设施建造与智能化通风控制技术，主要包括基于新型保温材料的规模化贮藏设施和强制通风系统建造技术、贮藏环境条件在线监测及智能化控制系统的研发与应用，尤其是要加大适合西南地区新型马铃薯贮藏设施建造技术的研究与示范。

3.2 加强对马铃薯采后相关机械设备的研发

经过近几年的不断发展，中国马铃薯从种到收的全程机械设备都有了一定发展，极大减轻了劳动者的工作量，然而马铃薯采后的机械设备还严重缺乏，尤其是马铃薯从地里挖出来后，还需要大量的人工来捡拾装袋，而且在马铃薯出入库、挑拣分级、包装等过程中，基本上都是靠大量人工来完成，在一定程度上会增加人工成本和马铃薯的销售价格。因此，应以节省劳动力、提升机械化水平为目的，研发出马铃薯采后相关的机械设备，以实现马铃薯采后贮藏与分级包装一体化机械设备的国产化。

3.3 加强对采后马铃薯原原种的发芽调控技术研究

中国南方产区每年都有从北方调运种薯的习惯，然而由于北方当年生产的种薯在南方产区播种时其休眠期还没有结束，导致南方产区的种薯播种后不能正常发芽，影响种薯的田间出苗与生长情况。同时，相比原种和一级种，原原种具有休眠期长且发芽不整齐的特点，影响原原种在田间出苗的整齐度。因此，通过对全年生产马铃薯原原种的发芽调控技术研究，可进一步提升马铃薯原原种发芽的一致性。

3.4 加强对马铃薯采后保鲜剂产品的研发

目前，市场上有关该领域的保鲜剂产品均被国外产品所垄断，因此，建议改革有利于提升中国这类产品创新与技术的生产许可制度，建立区别于传统农药产品的生产许可制度，促进马铃薯采后安全绿色抑芽防腐保鲜剂产品的研发。

2022 年黑龙江省马铃薯生产概况、存在问题及建议

盛万民[1,2*]，李庆全[1,2]，牛志敏[1,2]，高云飞[1,2]，王 乔[1,2]，孙 晶[1,2]

(1. 黑龙江省农业科学院经济作物研究所，黑龙江 哈尔滨 150086；

2. 黑龙江省马铃薯生物学与品质改良重点实验室，黑龙江 哈尔滨 150086)

摘 要：对 2022 年黑龙江省马铃薯生产、加工及市场情况进行简要概述，分析黑龙江省马铃薯生产中存在的问题。对 2023 年马铃薯产业发展形势进行分析预测，提出了一些黑龙江省马铃薯产业发展建议。

关键词：黑龙江省；马铃薯；生产；加工；病害

1 2022 年黑龙江省马铃薯生产、加工及市场情况

1.1 生产情况

2022 年黑龙江省马铃薯种植面积约 7.27 万 hm^2，平均单产 1.86 t/667 m^2，总产 201.65 万 t，仅次于玉米、水稻、大豆，是黑龙江省的第四大作物。2022 年马铃薯总产值在 35 亿元左右。2022 年黑龙江省种植面积 666.67 hm^2 以上品种 12 个，其中鲜食品种 9 个，种植面积 5.89 万 hm^2；加工用品种 3 个，种植面积 0.84 万 hm^2。估计"尤金"约占 30%、"克新 13 号"约占 12%、"克新 23 号"约占 5%、"Favorita"约占 5%、"中薯 5 号"约占 5%、"龙薯 12"约占 5%、"大西洋"约占 5%、"龙薯 4 号"约占 3%、"沃土 5 号"约占 3%、"垦薯 2 号"约占 3%、"兴佳 2 号"约占 2%、"东农 310"约占 2%，其他占 20%。2022 年黑龙江省新育成马铃薯品种 6 个。

黑龙江省马铃薯专业合作社数量已达 386 个，带动农户 11 000 多户，专业合作社的数量和规模进一步扩大。全省马铃薯生产机械化比例已达 80% 以上，马铃薯机械化高产高效栽培模式推广应用比例进一步增加，马铃薯晚疫病防治技术得到进一步应用。

1.2 脱毒薯应用情况

经初步统计，每年黑龙江省马铃薯原原种年产 100 万粒生产企业达 26 家，其中年生产能力在 500 万粒以上的企业 17 家。全省原原种年设计生产能力近 5 亿粒，实际生产量在 0.3 亿粒左右。2022 年全省脱毒种薯普及率在 51% 左右，其中一级种薯以内普及率约为 40%。

1.3 加工情况

2022 年黑龙江省已有马铃薯规模化加工企业 20 多家，年加工原料薯能力 596 万 t 左

作者简介：盛万民(1967—)，男，博士，研究员，从事马铃薯遗传育种及良种繁育研究。

基金项目：现代农业产业技术体系专项资金资助(CARS-09)；黑龙江省"揭榜挂帅"科技攻关项目(2022XJ06B01)。

*通信作者：盛万民，e-mail：shengwanmin@163.com。

右，实际加工量在 30 万 t 左右。马铃薯加工产品主要为淀粉、全粉、薯条、薯片及淀粉衍生产品(粉丝、粉皮)。其中精淀粉 2.5 万 t，全粉 0.3 万 t，薯条 5.5 万 t，粉条粉丝 0.5 万 t。

一级淀粉价格 7 200 元/t，全粉 11 000 元/t，主要销往方便面等食品加工企业；粉皮粉丝 45 000 元/t，主要销往大中城市超市。薯条 22 000 元/t，主要销往百事快餐或大超市。

1.4　马铃薯销售市场

商品薯主要销往省内主要大中城市及吉林、广东、上海等地区，商品薯价格 1 600~1 800 元/t，销售量估计在 40 万 t。主要为"尤金""克新 13 号""克新 23 号""龙薯 12 号""中薯 5 号""Favorita"等鲜食型品种。

1.5　与 2021 年对比分析面积、产量、加工和市场变化

与 2021 年相比，受销售价格及种薯供求量影响，2022 年黑龙江省马铃薯种植面积下降，并且生育期受干旱影响及晚疫病、疮痂病等危害，导致单产下降，总产量亦下降。另外收获期多雨，致使原料薯不能及时供应，加工期缩短，加工量下降。

2　2022 年黑龙江省马铃薯生产中存在的问题

2.1　重大自然灾害

2022 年黑龙江省北部地区马铃薯生育期间干旱较重，造成马铃薯单产下降明显(减产幅度在 15%~20%)。由于各种生产技术落实与应用程度的差异，导致黑龙江省各地区间以及同一地区不同地块之间马铃薯单产水平差异较大(16~48 t/hm^2)。

2.2　生产中存在的主要问题

2.2.1　品种结构单一、缺乏适于加工的品种

尽管近年来黑龙江省加强了专用型马铃薯新品种选育工作，生产上专用新品种的数量和种植面积不断增加，中(晚)熟鲜薯食用型品种的种植面积占 28.8%，早(中)熟鲜食品种种植面积 61.2%，加工型品种种植面积 10%，但早熟鲜食型品种仍较缺乏，尤其是早(中)熟抗疮痂病高产黄皮黄肉品种较少，且品种比较单一，制约了马铃薯产业效益的提高。

2.2.2　栽培、植保技术不到位、生产条件达不到要求，生产水平不高

与生产先进的地区相比，黑龙江省马铃薯生产中存在种薯普及率低、栽培、植保技术不到位、机械化水平较低、生产条件达不到要求等问题。同时黑龙江省种植马铃薯的地块大多土地板结、耕层浅，影响块茎生长，生育期间需要的水分仅靠自然降水，大部分无灌溉条件，生产上主要还是靠天吃饭。

2.2.3　疮痂病、晚疫病防治技术需要进一步普及

鉴于疮痂病、晚疫病严重影响黑龙江省马铃薯产量，建议尽早在种薯主产区建立马铃薯早疫病、晚疫病发生流行预测预报，同时加强疮痂病、晚疫病防治技术的研究和推广示范。坚持以防为主、防治结合，进行综合防治，减少产量损失。

2.3　技术需求问题

2.3.1　品种需求

针对黑龙江省马铃薯产业急需抗疮痂病的早熟高产优质鲜食型品种与高产高商品薯率

高淀粉品种的现状，应加强抗疮痂病高效育种技术和新品种选育研究，尽快育成相应新品种，并推广利用。

2.3.2 高效的疮痂病、晚疫病预测预报及防治技术的研究与应用

从2022年病害发生情况来看，在晚疫病对黑龙江省马铃薯生产危害还没有解除的情况下，疮痂病对黑龙江省马铃薯生产的危害又愈演愈烈，疮痂病、晚疫病的流行给2022年马铃薯生产带来了严重的损失。主要原因还是预测预报不及时、化学防治技术落实不到位、缺乏相应抗性品种，同时有些个体农户对防治认识不足。因此，对今后黑龙江省马铃薯生产来讲，在加强晚疫病预测预报及防治技术的研究和应用同时，应重点加强对马铃薯疮痂病的研究与防治。

3 2023年马铃薯产业发展形势预测

根据2022年黑龙江省马铃薯产业发展现状及存在的问题，结合黑龙江省马铃薯产业发展及市场需求，预计2023年黑龙江省马铃薯生产面积仍将维持稳中有升的趋势，早熟抗病优质品种的需求量增加较大。

4 马铃薯产业发展建议

4.1 加强专用马铃薯品种改良能力

重点针对黑龙江省专用马铃薯育种与生产存在主要问题和国内外市场发展需求等，进行抗病优质专用马铃薯高效育种新技术、各类新种质创新、新品种选育及其健身防病方法研究，尽快育成适合黑龙江省生态和生产条件种植的抗病优质专用马铃薯新品种；同时，有重点地加强新品种推广利用，推动全省品种更新换代，扩大全省加工专用品种比例，满足加工企业需求。

4.2 加强绿色丰产高效栽培技术研究及推广

针对黑龙江省马铃薯产业发展的关键技术瓶颈问题，通过整合国内外最新马铃薯研究成果，吸收先进实用技术，以优良专用品种为核心，结合其生长发育规律，将合格脱毒种薯利用、大垄全程机械化耕作栽培、立体平衡施肥、水肥一体化精准调控、生物农药施用、主要病害现代监测预警与综合防控等配套技术优化集成，形成适于寒地黑土条件的科学规范、可复制可推广的马铃薯绿色优质高效栽培模式，实现黑龙江省马铃薯生产全程机械化和优质高效可持续发展。

4.3 加强疮痂病防治体系的建立

鉴于疮痂病对黑龙江省马铃薯生产危害呈逐年加重趋势，建议开展马铃薯疮痂病防治技术专项研究，坚持以防为主、防治结合，进行综合防治，明显降低生产损失，提高黑龙江省马铃薯生产水平。

2022 年呼伦贝尔市马铃薯产业现状及发展趋势

姜　波[1*]，王贵平[1]，李　辉[1]，王景顺[1]，于晓刚[1]，

刘秩汝[1]，敖　翔[1]，王晓丽[1]，任　珂[1]，汤存山[2]

（1. 呼伦贝尔市农牧科学研究所，内蒙古　海拉尔　162650；

2. 呼伦贝尔市华晟农业绿色发展有限公司，内蒙古　海拉尔　162650）

摘　要：呼伦贝尔市马铃薯产业"十四五"进入发展转型关键期，2022 年总播种面积达 20 年来最低，单位面积效益稳步提高，发展模式由数量增长型向质量增长型过渡。文章主要对呼伦贝尔市马铃薯产业现状、效益和产业发展的新机遇和挑战进行了阐述，并指出未来研究重点和产业发展规划的调整方向。

关键词：呼伦贝尔市；马铃薯；发展现状

呼伦贝尔市是全国主要马铃薯优势产区之一，连续 2 年受秋季降雨偏多及低温冻害影响，2022 年度种植户整体种植积极性不高。2022 年马铃薯播种总面积 3.18 万 hm^2，较 2021 年减少 9.2%，总面积减少至 20 年来的最低点，其中，种薯面积 0.53 万 hm^2 以上，加工薯生产受稳粮政策和企业分布影响，面积缩减。商品薯虽然面积减少，但受南方冬作区 2021 年 12 月播种面积缩减的影响，加之 2022 年呼伦贝尔市秋季有利收获的天气条件，种薯和商品薯具有价格和品质优势，种植户效益普遍利好，这也成为刺激 2023 年马铃薯生产规模扩大的积极因素。"十四五"期间涉及马铃薯政策较多，有利于优化马铃薯产业内部结构和外部发展环境。

1　呼伦贝尔市马铃薯生产现状

1.1　马铃薯生产规模

2022 年呼伦贝尔市种薯生产以 23 家马铃薯种薯企业为主，总面积 0.53 万 hm^2，原种以及一级种按平均外销 60% 比例，可以满足呼伦贝尔市 3.33 万 hm^2 马铃薯种薯供应体系需求。部分自繁自用马铃薯种植户及呼伦贝尔市外种薯企业合作繁种户规模随市场变化规模浮动较大，作为种薯供应体系的重要补充，同时，也增加了市场波动风险。

商品薯生产总规模 2 万 hm^2 以上，近几年收获期多雨，块茎沾泥与南方和西部区沙质土产地商品薯相比没有竞争优势。2022 年面积缩减，但收获期天气良好，商品薯收获成本降低，质量高，价格上扬。

作者简介：姜波（1966—），男，研究员，主要从事马铃薯育种和高产栽培技术研究。

基金项目：内蒙古自治区种业科技创新重大示范工程"揭榜挂帅"项目（2022JBGS0037）；呼伦贝尔市"揭榜挂帅"项目。

*通信作者：姜波，e-mail：zltjiangbo@163.com。

加工薯及各旗县分散种植小规模商品薯，总面积约为 0.53 万 hm²，加工薯生产以呼伦贝尔市华晟绿色生态农业发展有限公司和呼伦贝尔市农垦集团加工薯基地种植为主，总规模不足 0.13 万 hm²。

1.2 马铃薯生产设施设备

1.2.1 马铃薯设施农业规模

组培室、温室、网棚 3 项合计总面积 0.22 万 hm²，配套雾培及网棚水肥一体化灌溉系统。现有规模可满足马铃薯原原种生产需求，科研育种和设施农业尚有欠缺。总仓储能力 50 万 t，其中智能及半智能仓储面积占 50%，部分非马铃薯专用库可作为封冻前临时周转需要，缓解销售滞后的仓储压力。结合牙克石国家良种繁育体系建设和呼伦贝尔区域性良种繁育基地建设，智能仓储比例进一步提高。田间配套灌溉给水工程设施规模逐步扩大。

1.2.2 机械设备

现有大型种植收获机械以各大种薯企业专用配套设备和各大农场通用动力机械为主，可满足 90% 以上面积的机械化作业需求。由于呼伦贝尔市马铃薯历史种植面积最高达 10 万 hm² 以上，"十三五"以后大幅度缩减，配套农机部分闲置和废弃，小面积种植及蔬菜保护地栽培专用机械相对缺乏。

1.2.3 种薯生产和加工薯基地化建设

以牙克石国家马铃薯良种繁育基地和海拉尔区域性良种示范基地建设为依托，马铃薯种薯实现标准化生产，建设规模总覆盖面积 3.33 万 hm² 以上，分布于马铃薯优势产区海拉尔区和牙克石市，设施农业和标准化基地均达到合理配置。相应的地方标准体系涵盖了种薯、商品薯生产标准、质量标准、技术管理规程和仓储各个环节。呼伦贝尔市"十三五薯业崛起计划"(2019—2023 年)中，马铃薯总播种面积 8 万 hm² 的目标尚未实现，岭南循环加工产业园建设受稳粮增油政策影响，尚未具体实施。

2 呼伦贝尔市马铃薯产业效益及影响

2.1 马铃薯产业发展的经济效益

2.1.1 马铃薯种植业经济效益

呼伦贝尔市马铃薯产业同全国发展趋势一致，处于规模缩减阶段，从"十三五"开始，年播种面积由 2016 年的 8 万 hm² 逐步下降至 2022 年的不足 3.33 万 hm²。受环保和市场双重影响，呼伦贝尔市马铃薯总体面积是岭东急剧下降，岭西稳步上升，种薯比例提高，商品薯比例略有提升，加工薯比例极低。种植业实现销售净收益由 2016 年的 16 亿元左右下降到 2022 年的 8 亿元以上，种植面积缩减三分之二，净收益缩减二分之一，这意味着高产值的种薯和优质商品薯比例提高，总面积下降对产业经济效益的影响减弱，同时也初步实现了缩规模、提质量，单位面积获得更高效益。

2.1.2 马铃薯加工业经济效益

加工薯比例过低，加工企业因原料涨价、紧缺和环保因素影响，举步维艰，企业自身缺乏新产品研发创新投入，产品仅限于粉丝、粉条、淀粉和全粉产品，没有高附加值的薯条、薯片、变性淀粉等精深加工产品。目前，加工业效益急剧下滑，如果没有地区性马铃薯加工业和加工薯种植政策支持，加工业没有发展空间，即使马铃薯加工主流产品淀粉、全粉市场趋高，企业也会因为没有稳定的原料供应而错失良机。对于传统产品粉丝粉条生产企业，由于分散、规模小、无稳定的原料供应，导致生产成本偏高，多数企业停产和关闭。

2.2 马铃薯产业发展的社会效益

马铃薯种植属于高投入高风险行业，加强顶层设计和整体规划，可以从社会资本和国家资金两个层面促进生产要素的优化配置，催生新型马铃薯生产经营主体，开创融合发展新模式，对于整个地区农业现代化水平提升具有深远影响。马铃薯生产管理具有多个关键时间节点，对农机农资社会化服务体系建设起到促进作用，在带来大量就业机会的同时，也培养了一批现代农业管理人员和新农人，为马铃薯产业再上一个台阶打下基础。

2.3 马铃薯产业发展对生态环保的影响

马铃薯种植，尤其是种薯繁殖条件比较苛刻，因此，集约化生产比例提高，可以促进土地优化、资源利用格局，有利于形成优势产业区，实现跨区轮作，并且，各种新型机械和保护性耕作技术应用可以提高肥料利用率，减少化学肥料使用。

由于马铃薯种植追求优质高产，品种抗性不能完美解决病虫害防治问题，并且，种薯质量管控时，也要求加强植保在环境友好型生物制剂的使用，如果不能在短时间内完全替代化学农药，将长期存在过度依赖和使用化学农药的问题。

3 呼伦贝尔市马铃薯科研现状

3.1 科研机构依托

一所、三基地、三企是对呼伦贝尔市马铃薯科研机构的概括。一所即呼伦贝尔市农牧科学研究所；三基地即呼伦贝尔市农牧科学研究所国际合作基地、牙克石国家马铃薯良种繁育基地、海拉尔马铃薯区域性良种繁育基地；三企即呼伦贝尔市域内23个具有种薯生产资质企业中的3家(内蒙古兴佳薯业有限责任公司、呼伦贝尔市华晟绿色生态农业发展有限公司、牙克石市森峰薯业有限责任公司)。现有科研机构研究领域涵盖了马铃薯资源创新和新品种选育、引种试验、生产技术应用及技术创新。目前，缺乏加工业及食品开发类技术创新。

3.2 承担项目

育种科研领域主要以呼伦贝尔市农牧科学研究所马铃薯科研为主体，现承担市级项目2项，分别为呼伦贝尔市科技兴市项目、呼伦贝尔市"揭榜挂帅"项目；自治区级项目3项，分别为内蒙古自治区种业创新项目、内蒙古自治区种业科技创新重大示范工程"揭榜挂帅"项目和内蒙古自治区国际科技合作项目；国家级项目2项，分别为国家马铃薯品种区域试验和外国高端人才引进项目。在国际合作引进资源和区域化适用栽培技术研究领域正在进行前期基础性研究合作，拟在下一年度深入开展正式合作。

3.3 科研重点及调整方向

高淀粉马铃薯品种选育一直是呼伦贝尔市马铃薯育种科研的重点方向，在延续"十二五""十三五"马铃薯产业关键技术攻关项目后，现将产业化集成技术和马铃薯加工专用品种配套技术研究示范以科企合作的方式积极推进。根据呼伦贝尔市缺乏加工专用品种的实际，按照国家和自治区种业创新要求，"十四五"及以后的长期目标为通过国际合作和组建国内联合创新体系，加快资源创新，提高品种选育效率，在育种技术上争取有所突破，育成品种要做到少而精，注重优良品种的应用，并加快成果转化，提高市场占有率，真正形成区域性优势主栽品种。

4 呼伦贝尔市马铃薯产业发展的机遇和挑战

4.1 发展机遇

4.1.1 政策因素

政策推进马铃薯产业发展，即《呼伦贝尔市现代薯业崛起规划（2019—2023 年）》《内蒙古自治区关于促进马铃薯产业高质量发展实施意见》(2020 年)、国家发展和改革委员会和农业农村部《"十四五"现代种业提升工程建设规划》(2021 年)。这三大政策支持体系推动科研创新能力提升，基础设施建设和标准化体系、社会化服务体系完善，突出呼伦贝尔市生态环境优势，以高质量种薯和优质绿色商品薯为突破点，促进产业升级。在此背景下，马铃薯产业发展可在更高的层面上实现资金、资源、技术力量的区域化、专业化、系统化整合，从全产业链规划的角度，增强补弱，找短板，实现跨越式发展。

4.1.2 资源环境优势

呼伦贝尔市得天独厚的自然环境是发展马铃薯绿色生态产品的重要依托，以冷凉区高海拔黑土地发展有机、富钾马铃薯等高品位产品，可以把资源环境优势转化为品牌优势，提升市场竞争力。

4.2 发展挑战

4.2.1 马铃薯主粮化进程缓慢

目前，中国少数地区把马铃薯作为主食，大部分地区只是把马铃薯作为一种块茎类蔬菜。但要明确一个问题，马铃薯作为食用产品，包括鲜食冷冻、炸条炸片、粉丝粉条、全粉及含淀粉类食物，这本身就是主粮化的一部分，需要用大食物观思想来持续推进马铃薯主粮化发展。在呼伦贝尔市，与大豆、玉米、油菜等作物相比，马铃薯种植风险高、投入大，如果不能扩大仓储和增大加工转化率，化解市场风险，产业规模很难提升，很难进入主粮化序列，只能以优势品种增加单产为主。

4.2.2 自主产权马铃薯品种市场占有率低

种业创新的源头是种质资源，国内资源存在同质化问题，引进国外资源到实际发挥作用还需要马铃薯界几代人的努力。呼伦贝尔市科研院所以传统杂交育种手段为主，缺乏先进的检验检测与生物工程等辅助育种技术，更需要加强横向、纵向联合才能加快创新速度。同时，也需要与育繁推一体的龙头企业深度合作，提高科研成果的成熟度和转化效率，创新推广模式，尤其要利用好本地涉马铃薯政策和项目资金等优势，整体推进产业化。

4.2.3 马铃薯产业"双碳"问题

马铃薯较本地其他作物单产高，机械运输和人力成本高，高产品种抗病性较差，喜肥水，农资投入高，必然伴随着燃油、电力、高碳耗化肥的使用增加。为解决"双碳"问题的矛盾，还要进行生产技术创新和投入品结构优化，降低能耗，既要高产优质，又要低成本低碳生产，实现投资的最佳边际收益率，满足生态文明建设政策要求。

4.2.4 品种应用推广受限

马铃薯新品种推广示范，采用"星月示范法"推广，因为对耕地和技术管理水平要求较高，更适于在马铃薯规模化生产企业大区示范推广。首先，呼伦贝尔市岭南耕地以分散经营为主，规模化经营与土地流转缓慢形成突出矛盾，只能采用小面积示范，直接导致岭南马铃薯发展缓慢；其次，长期种植大豆玉米，以及没有规范的农药使用记录，未来可以安全种植马铃薯的耕地储备寥寥无几。

5 马铃薯产业发展重大规划方向

马铃薯产业全程可分为研发(种质资源创新，育种)、中试、生产(种薯生产-鲜食商品薯及加工原料薯生产)、应用(鲜食、加工、饲用等)。目前，现有政策主要为种业振兴，注重研发阶段和种薯生产环节。研发阶段是创新源头，控规模，求质量，加强同生态区协同育种，处于基础地位；种薯生产具有成熟的技术，商业化运作基础好，国家和地方支持力度最大；应用环节则是呼伦贝尔市支持力度最小的环节，也是受市场变化影响最大的环节，最容易引起产业的巨大波动。

针对上述特点，重大规划中必须控制种业产能，考虑微型薯和普通种薯生产成本和运输成本，合理定位内需和外销结构，建立市场准入机制，防止游资违规经营行为扰乱市场，进行总量调控。坚持减少无特色的同质化商品薯种植规模，减少加工薯远距离运输，加工薯产区应设立合理的辐射半径与加工企业布局。总的策略是优质种薯及高附加值产品外销，余量商品薯和加工薯以满足内需为目的，就地转化，增加马铃薯产业对地方经济的总体贡献。

6 小 结

呼伦贝尔市马铃薯产业在新发展理念引导下，受市场、生态环境和资源禀赋的多向调节，在经历近十年的震荡整理后，进入数量增长型向质量增长型转变的关键期。目前，要用辩证与发展的眼光全面评析现代马铃薯产业发展特点，政策调控与市场调节并举，立足现有基础，长远规划，补短板，促发展。为落实国家关于种业振兴政策和实现马铃薯高质量发展目标，在一所、三基地、三企的科研生产格局基础上，顺应产业发展模式的转变，进行更大范围内的科企联合、企企联合，优化马铃薯科研、种业、种植加工的内部结构和空间布局，提高国家、内蒙古自治区、呼伦贝尔市各项创新发展资金的使用效果，增强创新力、提高成果转化率，实现呼伦贝尔市薯业崛起。

2022 年广东省马铃薯产业现状、存在问题及发展建议

张新明[1,2]，徐鹏举[2,3]，陈　洪[2,4]，全　锋[1,2]，

陈　琳[1,2]，罗建军[1,2]，贺春喜[2,5]，曹先维[1,2]*

（1. 华南农业大学，广东　广州　510642；

2. 国家马铃薯产业技术体系广州综合试验站，广东　广州　510642；

3. 东莞市农业技术推广管理办公室，广东　东莞　523000；

4. 惠州市农业农村局，广东　惠州　516003；

5. 惠东县奕达农贸有限公司，广东　惠东　516300 ）

摘　要：对 2022 年广东省马铃薯生产、销售、加工和贮藏等状况进行了论述，并分析了 2022 年广东省马铃薯产业中存在的主要问题和技术需求等；对 2023 年度广东省马铃薯产业进行了预测，且针对广东省马铃薯产业现状提出了几点建议。

关键词：马铃薯；产业；生产；销售；问题；建议

1　2022 年广东省马铃薯产业现状

1.1　生产情况

据统计，2022 年度广东省马铃薯收获面积约 4.10 万 hm²（较 2021 年减少 10.0%），总产 111.3 万 t，平均产量为 27.15 t/hm²（较 2021 年提高 24.83%）；其中冬作（种）马铃薯种植面积占 90% 以上，约 3.69 万 hm²，单产约 28.51 t/hm²，冬作区总产约 105.2 万 t。广东省冬作（种）马铃薯主栽品种为"费乌瑞它"系列品种（包括"粤引 85-38""鲁引 1 号""津引 8 号""荷兰 7 号""荷兰 15 号"等），占冬作（种）马铃薯总面积的 90% 以上，其他"中薯 20 号""陇薯 7 号""希森 6 号""大西洋"等品种，约占 10%。全省脱毒种薯应用率约 90%，其中国家马铃薯产业技术体系广州综合试验站所辐射的 5 个示范县（市、区）脱毒种薯应用率可达 95% 左右。

1.2　技术推广情况

广州综合试验站集成的冬作马铃薯高效绿色栽培实用技术[主要技术环节：早稻（或大顶苦瓜和甜玉米等）-晚稻稻-薯水旱三熟轮作、高垄双行、合格脱毒种薯、动态平衡（绿色高效）施肥技术、黑膜覆盖、晚疫病综合防控等关键技术]在惠东、恩平、开平、阳东和电白 5 个示范县（市、区）推广应用，并辐射到上述示范县（市、区）所在地级市以及广州、中山、肇庆、云浮、潮州、湛江等其他冬作主产市县，推广总面积约达 1.20 万 hm² 以上。

作者简介：张新明（1965—），男，博士，副教授，主要从事植物养分资源管理与安全农产品的教学与研发。

基金项目：现代农业产业技术体系专项资金（CARS-09-ES18）。

*通信作者：曹先维，硕士，研究员，主要从事马铃薯引种及其栽培生理研究，e-mail：caoxw@ scau.edu.cn。

1.3 市场销售情况

2022 年度，广东省春收马铃薯销售呈现两大特点：

（1）销售市场多元化。由于受到新冠疫情的影响，出口和港澳市场销售总量继续萎缩，约占总产量的 3%；国内以华南、华东市场为主，华中和华北市场销量逐步上升，省外销量约占总产量的 40%。

（2）主收获季价格较 2021 年大幅降低。广东省冬作区自 2021 年 1 月下旬收获上市，平均地头价格持续走低，从 1 月下旬的 2.6 元/kg 下降到 3 月中旬的 1.5 元/kg，3 月下旬均价又回升到 2.2 元/kg。总体上，均价与较 2021 年持平，但广东省冬作区马铃薯价格 2022 年上半年地头价格波动较大，且销售不畅。

1.4 加工贮藏情况

广东省马铃薯加工不成规模，加工产品单一，仅有几家小型油炸薯片工厂，年需原料薯不足 2 万 t，周年向全国马铃薯各产区应季收购。由于加工型品种产量潜力不够大（最高约 37.50 t/hm²），收购价格较低（约 2 200 元/t），农民种植积极性不高，主要是一些农民合作社或涉农企业等新型经营主体开展订单种植，品种仅限于"大西洋"，总面积不超过 0.07 万 hm²，主要由百事食品、百宜食品、四洲食品、上好佳等公司应季收购或订单委托种植。加工的薯片主要供应广东省本地市场或华南部分大中城市，销售价格约 4.6 万~5.0 万元/t。

2 2022 年广东省马铃薯产业技术亮点

广东省马铃薯产业技术亮点主要在于应用了新型肥料，如缓控释肥和生物有机肥等；有部分新型经营主体应用无人机喷洒农药、利用撒肥机施用化肥或有机肥等。

3 2022 年广东省马铃薯产业存在的主要问题

3.1 优质脱毒种薯供应比例仍偏低

广东省优质脱毒种薯本地繁殖及其市场供应问题是制约马铃薯产业快速发展的两大短板。大部分马铃薯生产区的种植户利用优质脱毒种薯的意识不高，因此减产，而使用合格的脱毒种薯，增产幅度可达 30%~50%；再加上广东省自然气温偏高，降雨量较多，为传毒媒介和病毒提供了条件，导致品种退化速度快，造成本地繁殖种薯质量差。总体来看，受自然条件、农民意识、科研、技术水平等多重因素影响，广东省马铃薯多数仍难以实现就地留种，难以满足本地马铃薯生产用种的需求。因此，每年仍主要从北方调入种薯以满足生产需要。因马铃薯用种量大，约需 150~175 kg/667 m²，运输量大、路途远、种薯损耗多、成本高等诸多瓶颈在一定程度上阻碍了广东省马铃薯生产面积的发展扩大，不利于马铃薯产业的持续健康发展。

3.2 马铃薯机械化水平仍较为落后

广东省马铃薯机械化发展起步晚，整体水平偏低。主要表现在：

（1）多数马铃薯种植地区仍主要以传统种植方式为主，施肥、播种、覆膜、打药、收获等环节一般都是人工操作。采用机械操作的多数在整地起垄和覆土环节，部分新型经营主体在收获阶段使用收获机一次性完成薯块的挖掘和集条铺放作业，但最终依然靠人工分级捡拾装袋，使实际收获时间较长，收获成本升高。

（2）广东省冬作区部分茬土壤质地较为湿黏，收获季节又多为雨季。因此，一些收获机在黏土中作业效率低，马铃薯破损率较高，适应季节性自然条件的机械仍较为缺乏。

总之，广东省马铃薯机械化发展水平滞后，影响了其马铃薯产业规模化及其智慧化的发展进程。

3.3 种薯质量监控保障体系依然落实不到位

广东省主要从北方种薯基地调入脱毒种薯，但由于部分产地监管不到位，调入地监管主要是核查经营合法性和检疫证，致使因种薯质量依然存在诸多问题而造成减产和经济损失的情况时有发生。

3.4 种植成本逐年攀升，价格年际波动较大

主要表现在用工成本和农资成本逐年提升，产地销售价格年际之间相差最高 1.0 元/kg 以上，部分影响了种植户、马铃薯种植新型经营主体、鲜薯购销公司的经济和心理承受能力。

4 技术需求问题

（1）优新品种的引选与脱毒种薯培育技术；

（2）种薯质量监控体系的建立、完善及严格执行；

（3）适应广东省冬作区不同种植规模的高垄双行马铃薯施肥、播种、覆膜（或覆盖稻草）及收获农机具的研发及推广，与之配套的绿色高效新型肥料的制造技术及适宜用量范围等；

（4）适于广东省冬作马铃薯晚疫病和近年来生产中存在的土传病害（如黑痣病、青枯病和疮痂病等）综合防治的预警系统和轻简高效综合防控技术体系等。

5 2023 年广东省马铃薯产业预测

由于 2022 年广东省春季收获的马铃薯商品薯地头销售价格波动较大，预计 2023 年马铃薯种植面积较 2022 年约减少 5%，主栽品种基本没有变化，仍以"费乌瑞它"系列品种为主。

按照中国农产品销售规律及一般运行做法，尤其是 2023 年广东省冬作马铃薯种植面积减少，预测 2023 年平均田头价格较 2022 年同期会有所提升，具体各销售时段的田头价格与天气情况及收获季其他马铃薯主产区马铃薯和蔬菜上市量及上市价格等紧密相关。

6 产业发展建议

6.1 应进一步拓展产品营销渠道

应继续培育销售龙头企业和销售大户；开拓冬作马铃薯的销售市场，特别是在进一步扩大出口渠道的同时，大力拓展国内市场。在近年来主要面向华南、华东和中原市场的同时，尽力开发长江以北的广大北方市场，实现鲜薯随收快销和高效销售。积极引进国内外马铃薯营销企业，特别是电商和粉丝市场，鼓励和支持订单式马铃薯种植，保障种植者、

销售企业和加工企业的共同利益，实现多赢的良好市场氛围。

6.2　应进一步提升冬作马铃薯主产区的贮藏能力

在稳步扩大马铃薯种植规模的同时，要注重拓展马铃薯贮藏以调节市场供应量，延长市场供应期，尤其填补4—5月中旬市场空档期，以实现均衡上市，错峰销售，规避市场冷热销售风险，提高整体销售价格。

6.3　应进一步增强马铃薯产业抵御风险的能力

建议各级政府将冬作马铃薯当作一造来抓，将冬作马铃薯纳入粮食补贴范畴，同时，积极引导保险公司把冬作马铃薯纳入到农业保险，使种植者增强抵御自然灾害的能力和信心，推动广东省冬作马铃薯规模的稳定发展和效益的进一步提高，发挥马铃薯在粮食安全方面的基本作用和农民增收中的积极效应。

6.4　应进一步推进马铃薯种植区域布局调整

根据广州综合试验站多年试验结果表明，广东省冬作马铃薯的适宜生育期是从当年的10月中旬至第二年3月中旬，长达5个月，因此，处于不同地理位置和气候条件的种植区，应结合市场情况合理均衡安排播种期和选择早、晚熟品种，从而可以调节收获时间和上市量，实现均衡、错峰销售。

6.5　应进一步加大新技术和适用性农机具的引进、研发及示范推广力度

（1）在黑色农膜（或其他物料）覆盖和全程机械化条件下，一次性缓控释肥施肥量、施用技术等提高肥料利用率技术体系的研发、示范与推广；

（2）适应南方冬作区高垄双行马铃薯施肥、播种、覆膜及收获小型和中型智能化农机具的引进、研发及示范推广；并加大人力物力开展与智慧农机具相配套的绿色高效新型肥料的制造技术及适宜用量范围等的相关研究和应用；

（3）适用于广东省冬作马铃薯晚疫病等病虫草鼠害高效绿色防控的预警系统建立和新型喷洒绿色药剂设备的引进、研发和示范推广等。

2022 年西藏自治区马铃薯产业现状、存在问题及建议

曾钰婷*，许娟妮，祁驰恒，尼玛卓嘎，相　栋

（西藏自治区农牧科学院蔬菜研究所，西藏　拉萨　850032）

摘　要： 文章概述了 2022 年西藏自治区马铃薯产业发展中生产情况、技术推广情况、加工贮藏情况、市场销售情况，并指出了存在的问题，最后分析了发展趋势，提出了发展建议。

关键词： 西藏自治区；马铃薯；品种；产业现状；发展建议

1　2022 年马铃薯产业现状

1.1　生产情况

据统计，2022 年西藏自治区马铃薯种植面积约 1.47 万 hm^2（较 2021 年减少 3.76%），平均产量 1 700 kg/667 m^2，总产量 37.47 万 t（较 2021 年减少 9.1%）。目前，马铃薯种植主要分布在日喀则地区，种植面积 0.85 万 hm^2，占 57.82%；拉萨市种植面积为 0.19 万 hm^2；山南地区种植面积为 0.17 万 hm^2。主栽品种为"艾玛 1 号""陇薯 10 号""陇薯 7 号"和"冀张薯 12 号"，当地品种有"艾玛土豆""昌果红土豆"等。脱毒种薯应用率约为 22%。

1.2　技术推广情况

拉萨综合试验站集成的"冀张薯 12 号"马铃薯新品种配套关键技术（种薯处理、大垄单行、增施有机肥、早疫病综合防控）及马铃薯机械化绿色栽培技术（优质脱毒种薯、草木灰拌种、机种机收、合理施肥、早疫病综合防控）在曲水、贡嘎、仁布、南木林和白朗 5 个示范县推广应用，并辐射到示范县所在地级市其他县，推广总面积约 136 hm^2。

1.3　加工贮藏情况

西藏自治区马铃薯加工规模小、产品单一，加工企业只有一家，即西藏自治区日喀则市雅江源农业科技开发有限公司。该企业是通过招商引资引进的依托农牧特色资源，集农业技术开发、农业种植、加工、新产品研发、种植技术推广于一体的农产品加工龙头企业，企业主要生产经营马铃薯淀粉和方便食品，设计年加工淀粉 8 万 t，粉丝 0.5 万 t，2022 年加工淀粉 0.06 万 t，方便食品 0.035 万 t。此外，还有一家农民合作社进行油炸薯片加工。

1.4　市场销售情况

西藏自治区马铃薯销售市场主要集中在 9、10、11 月，商品薯主要销往日喀则市、拉

作者简介：曾钰婷（1979—），女，硕士，副研究员，主要从事马铃薯栽培和脱毒种薯繁育技术研究。
基金项目：现代农业产业技术体系专项资金资助（CARS-09-ES30）。
*通信作者：曾钰婷，e-mail：zyt14916@126.com。

萨市的市场及加工企业。本地马铃薯品种竞争力弱，存在个头小、销售困难等问题。新疆维吾尔自治区、内蒙古自治区、云南省等地调运来的马铃薯块茎大，价格比本地品种高0.6~0.8元/kg。除9—11月，其他时间马铃薯主要从自治区外调运，价格较高，市场平均价在5.5元/kg左右。2022年西藏自治区马铃薯商品薯市场平均批发价3.0元/kg，平均零售价5.0元/kg。

2 马铃薯产业存在的问题

2.1 品种退化严重，专用型品种缺乏

西藏自治区种植的马铃薯主要为当地品种，品种结构和布局不合理导致其市场竞争力弱，限制西藏自治区马铃薯产业发展。并存在退化严重，商品性较差，且中晚熟鲜食品种居多，早熟和各种专用型品种匮乏，在生产上缺乏优质高产马铃薯新品种等问题。

2.2 种薯繁育体系及运作机制不完善

马铃薯脱毒种薯繁育体系基本形成，但不健全，脱毒种薯品种少，良种繁育规模小，提供优良种薯数量有限，团队科研技术力量薄弱，且缺乏系统的质量检测标准和体系，脱毒成本高，普及率低。

2.3 标准化栽培技术应用率不高

马铃薯多为分散种植，农户科技意识不强，基础设施薄弱，机械化水平较低，测土配方施肥、旱作节水、病虫害防控等标准化栽培技术推广缓慢，生产上尚未集成因地制宜的高效大田生产栽培技术，导致商品马铃薯质量参差不齐，影响马铃薯生产率和种植户经济效益。

2.4 马铃薯保鲜贮藏技术落后

西藏自治区农户一般采用土中贮藏和自然温度、自然通风堆放贮藏等传统贮藏方式，技术方法落后，贮藏规模小、贮藏时间短，加之管理粗放，贮藏损失较大。

3 马铃薯产业发展建议

3.1 加快优良品种选育，严守引种调种检疫制度

结合西藏自治区地理、气候条件引进和选育优良早、中熟鲜食及加工专用品种，同时，建设和完善马铃薯育种技术体系，不断丰富与创制种质资源，加快西藏自治区马铃薯品种更新换代步伐，更好地满足生产和加工需要。在引种调种时，一方面要做好试种观察和品种比较试验，确保品种适应性；另一方面西藏自治区目前尚无检疫条件，加强检疫条件建设，在引种时严格执行检疫制度，落实检疫措施，严防病虫传入，保护西藏自治区这片净土。

3.2 建立种薯繁育基地，完善种薯质量检测体系

西藏自治区气候冷凉、蚜虫少，具有得天独厚的自然环境，拥有建设脱毒种薯生产基地所需的理想气候和土壤条件。需着力建设标准化的脱毒种薯繁育基地，力争形成布局合理、分工明确、地块稳定的原种扩繁基地；建立优质高产马铃薯生产示范基地，基本满足市场对一级种薯和二级种薯的需求，逐步扩大脱毒马铃薯种植面积。同时，加强脱毒种薯

质量监督管理，保障种薯质量安全；提高脱毒技术水平和简化繁育流程，降低种薯成本，提高脱毒种薯的普及率。

3.3 加强农机农艺融合，集成标准化种植技术体系

各科研机构要积极合作，结合新产品和新技术，开展覆膜保墒旱作节水、合理密植与精准施肥、水肥协同增效和病虫害绿色防控等技术的研发和应用，同时，在马铃薯主产区推广马铃薯全程机械化种植技术，加快农机农艺融合，建立适合西藏自治区生态条件的马铃薯全生育期栽培与管理技术体系，实现节本增效。

3.4 加大科研经费投入力度，发挥科技支撑引领作用

政府应加大马铃薯科技支撑体系建设的政策扶持和资金投入力度，指导设立马铃薯科技发展专项资金并在项目审批上给予支持。围绕育种繁种环节，引导组建高水平的育种技术研发队伍，完善育种基础设施建设，整合扩建脱毒种薯繁育中心，提高技术装备水平，同时，加强质量监督管理，保障种薯质量安全；围绕种植推广环节，鼓励和支持产业技术研究团队针对生产实际开发具有前瞻性、引领性的良种配套技术，并建立马铃薯科技示范园区，在优势品种、先进技术展示、节水灌溉推广、标准化栽培、机械化作业等方面打造示范典型，提高示范效果。同时，培训新型经营主体和现代职业农民，增强辐射带动作用。

3.5 强化政策支持和资金补贴，提升马铃薯生产加工水平

首先，西藏自治区相关部门要充分运用现代网络、新闻媒体，通过宣传讲座或技术培训等方式加强社会对马铃薯优良品种及先进种植加工技术增产提质效果的了解，激发种植户的认可和使用意识，并通过良种补贴、农机具补贴等优惠政策，调动薯农的生产积极性。同时，为脱毒种薯生产企业提供资金补贴和技术支持，扩大其生产规模，提高马铃薯良种普及率和产业机械化水平。

其次，建议相关部门从政策、资金、技术等方面着手扶持一批本土马铃薯加工企业，引进先进设备，提高企业加工工艺水平，助力其发展马铃薯精淀粉、水晶粉丝、方便粉丝等传统优势精深加工产业，引导其开发特色马铃薯食品、膨化休闲食品等高附加值衍生产品，同时，加大原料收购、税收、用地、水、电、气等方面的优惠力度，逐渐在西藏自治区打造具有竞争优势的龙头企业群，带动马铃薯产业提档升级。

最后，相关部门要适当增加经济投入，建设马铃薯标准仓储库及冷链物流集散中心，提高马铃薯的加工能力和贮藏保鲜能力，延长鲜薯和原料薯的供应周期，同时，降低物流成本，实现产业降本增效。

3.6 完善市场服务与监管体系，带动马铃薯产业链全面发展

一方面，要加速马铃薯信息服务网络平台建设，积极宣传当地马铃薯及其特色制品。同时，建立健全马铃薯产业数据库和市场服务信息网络体系，定期发布生产资料与商品薯的供求信息和价格信息，推广普及马铃薯生产栽培、贮藏加工等方面的实用技术知识，并加强马铃薯产业领域的市场预测工作，为薯农和企业应对市场变化提供参考。同时，相关部门应健全质量监督和推广服务体系，优化马铃薯市场秩序，构建产地市场与销售市场之间交流与合作的桥梁，保证马铃薯跨区域流通合法有序进行。

另一方面，要积极培育新型经营主体，协调和引导龙头企业与基地农户通过购销合作等方式，加快利益对接步伐，形成风险共担、利益均沾的一体化关系。发展配套的产业服务主体，开发多元化的市场销售渠道，促进"订单农业"稳定发展，增强产业组织化程度。拓宽产业扶持渠道，积极探索金融、保险等社会机构对马铃薯产业主体的信贷保障和保险机制，降低各生产主体风险。通过建立和完善高校、科研机构、龙头企业、科技服务机构、种植户等主体之间的利益联结机制，逐渐打造"科研单位＋企业＋基地＋合作社(种植大户)"的产业模式，形成以企业、集体、个体为主体，政府有效引导，社会积极参与的多元化流通格局，实现马铃薯产业链的全面发展。

2022年吉林省马铃薯产业发展现状及2023年发展趋势分析

孙　静，徐　飞，韩忠才，王中原，李天亮，邱博妍，牟　彬，张胜利*

(吉林省蔬菜花卉科学研究院，吉林　长春　130000)

摘　要： 文章从马铃薯生产、脱毒种薯应用、贮藏加工、销售情况方面概述了2022年吉林省马铃薯产业现状，总结了品种、病虫害、种薯市场、肥药使用和加工方面存在的问题，分析了2023年产业发展趋势，并从产业政策和技术方面提出了发展建议，为吉林省马铃薯产业的健康、绿色、有序发展提供参考。

关键词： 吉林省；马铃薯；发展趋势；产业建议

吉林省属于温带大陆性季风气候，雨热同季，四季分明，夏季高温多雨，冬季寒冷干燥，全年无霜期一般为100~160 d，土质疏松肥沃，类型丰富，土壤表层有机质含量为3%~6%，具有优越的自然条件，是马铃薯适宜种植区域之一且单产水平一直居于全国前列。

1　2022年吉林省马铃薯生产、加工及市场情况

1.1　马铃薯生产情况

1.1.1　种植面积、产量

2022年吉林省马铃薯种植面积5.67万hm²(专家调查数据)，较2021年减少20.03%，平均产量为2 833.33 kg/667 m²，略高于2021年，鲜薯总产量240.73万t，较2021年减少18.11%。近几年吉林省乃至东北地区玉米收购价格上升，国家推出稳定大豆生产一揽子支持政策，种植结构调整，以及土地流转价格大幅上涨、人工费用增加、马铃薯田间管理较玉米繁琐等因素，种植面积明显减少。

1.1.2　生产模式

2022年开始早熟马铃薯复种白菜、萝卜等种植模式逐渐增加，占吉林省中西部地区的40%~50%。

1.1.3　主栽品种

吉林省马铃薯早熟品种种植面积约占总面积的62%，品种为"尤金""费乌瑞它""黄金薯"等。中晚熟品种占38%，品种为"延薯13号""延薯9号""土岩5号"等。

作者简介： 孙静(1984—)，女，硕士，高级农艺师，从事马铃薯土肥栽培及综合技术推广。

基金项目： 现代农业产业技术体系专项资金(CARS-09-ES07)。

*通信作者：张胜利，研究员，主要从事马铃薯遗传育种研究，e-mail：jlpotato@163.com。

1.2 脱毒种薯应用情况

吉林省微型薯产量约 110 万粒，全省脱毒种薯应用率 70% 左右；原种面积 20.67 hm²，原种产量 0.073 万 t；一二级种薯面积 400 hm²，一二级种薯产量 1.5 万 t，一二级种薯产值 2 400 万元。

1.3 贮藏、加工情况

1.3.1 贮藏情况

吉林省马铃薯贮藏量 48 万 t 左右，主要以农民合作社、家庭农场、加工企业的贮藏窖和组装式冷藏库进行贮藏，加工企业贮藏量占 20% 左右，经销户贮藏量占 20% 左右，农户贮藏量占 60% 左右。

1.3.2 加工情况

2022 年吉林省马铃薯主要加工产品为淀粉，年加工量 1.1 万 t 左右，淀粉价格 7 100 元/t 左右，中、小型加工企业正常开工生产，但生产加工期原料薯价格上涨造成原料薯缺乏。吉林省鸿泰农业技术开发有限责任公司，设计年产马铃薯淀粉 10 万 t，实际生产淀粉 0.2 万 t；安图县新胜农产品加工有限公司，设计年产马铃薯淀粉 0.2 万 t，实际生产淀粉 0.15 万 t；吉林省内小型淀粉加工厂共生产 0.75 万 t 左右。

1.4 马铃薯销售情况

1.4.1 销售价格及销售量

秋季商品薯及原料薯价格较 2021 年明显上升。吉林省内产区的早熟品种田间销售价格 2.0~2.4 元/kg，90% 左右进入市场流通，10% 库存待售；晚熟品种集中收获后价格略有下滑，田间销售价格 1.5 元/kg 左右，有贮藏条件均进入库存待售，无贮藏条件转为加工原料薯；加工原料薯价格为 630~900 元/t。

1.4.2 销售形势及主要销售品种

鲜食市场销售的早熟品种为"尤金""费乌瑞它""黄金薯"等，7 月中下旬开始收获和销售，中晚熟品种在 9 月中旬后收获销售，9—10 月收获期为马铃薯集中销售期。

2 2022 年吉林省马铃薯产业中存在的问题

2.1 自然灾害

2022 年吉林省春季气温偏高，阶段性少雨，西部局地干旱，夏季气温略低，低温时间长，降水偏多，过程频繁，极端性强；全年降水异常偏多，突破历史纪录，平均降水量为 823.1 mm，较常年偏多 3 成，日照明显偏少。同时春季受到新冠疫情影响播种较晚，夏秋季雨水增多，导致马铃薯晚疫病发生加重，影响种植户经济效益。

2.2 生产中存在的主要问题

2.2.1 马铃薯新品种的市场需求增大

近年逐渐兴起的马铃薯复种种植模式，缺乏应对的极早熟马铃薯品种及加工专用型品种。

2.2.2 马铃薯多种病害发生

2022 年晚疫病发生的早、急、重，黑胫病、环腐病、疮痂病、炭疽病、黑痣病、枯萎病等也有逐年加重趋势，个别地区土传病害发生也较严重，影响马铃薯品质。

2.2.3 种薯生产和经营体系不健全

种薯生产和经营缺乏质量监督措施，种薯级别难以区分，劣质种薯冲击市场，小农户购买种薯难辨真伪。

2.2.4 化肥及农药的使用缺乏科学性

有机肥、生物菌肥投放量占比较低，种植户在生产中科学防治病虫害的经验不足，滥用农药的现象时有发生。

2.2.5 加工企业推动作用不足

吉林省内缺少龙头企业，加工期短、加工产品类型单一、缺少深加工产品。

3 2023年吉林省马铃薯产业发展趋势分析

3.1 生产情况

2023年种植面积将比2022年略有增加；品种结构将有所转变，早熟及极早熟品种、加工型品种种植规模将有所增加；合作社、家庭农场等规模化承包土地也会有所增加。

3.2 市场情况

2023年春季马铃薯市场价格预计将提高，现阶段市场销售价格达3.0~4.0元/kg，春季销量将与2022年春季持平。

3.3 地方政策

2022年11月农业农村部印发了《到2025年化肥减量化行动方案》和《到2025年化学农药减量化行动方案》的通知，吉林省农药化肥施用总量将逐渐降低，病虫害绿色防控覆盖率将有所提升。

4 2023年吉林省马铃薯产业发展建议

4.1 产业政策方面

（1）建议加强普及推广化肥、农药安全使用知识，提高农民科学使用水平、加大培训宣传力度；加强监测预警，大力推进绿色防控、统防统治，强化科学安全用肥、用药指导。

（2）建议政府给予加工企业政策扶持，提升加工设备、工艺技术水平；出台农产品加工、农业产业化的相关政策，鼓励加工企业产品多元化，如薯干、预制菜等。

4.2 技术方面

（1）加强早熟、多抗、高淀粉等资源引进、利用与新品种的研发以应对近年逐渐兴起的马铃薯复种种植模式及满足马铃薯加工需求。

（2）建议在吉林省西部地区扩大水肥一体化种植模式，配套科学合理的施肥措施，提升土壤肥力；中部和南部地区实施秸秆还田技术，增加土壤养分；同时利用养分专家系统，解决推荐施肥最后一公里瓶颈，实现推荐施肥智能化跨越。

（3）从种薯环节开始防控病虫害，加强农作物病虫害自动化、智能化监测预警，配套相关生产技术，不断优化综合防治技术措施，增加病虫害的绿色防控覆盖率，提高吉林省农作物病虫害防控能力和水平，推进农药减量控害。

2022 年辽宁省马铃薯产业发展现状、存在问题及建议

郑玉宝*，赵　娜

（本溪市马铃薯研究所，辽宁　本溪　117000）

摘　要：文章概述了 2022 年辽宁省马铃薯产业发展中生产、销售、贮藏加工、脱毒种薯应用等情况，通过对比分析马铃薯面积、产量、加工和市场变化，指出了存在的问题，并对 2023 年辽宁省马铃薯发展形势进行分析预测并提出产业发展建议。

关键词：辽宁；马铃薯；发展现状；问题；建议

1　2022 年辽宁省马铃薯生产、加工及市场情况

1.1　生产情况

1.1.1　种植面积及产量

2022 年，辽宁省马铃薯种植面积 8.33 万 hm^2，总产量 253.8 万 t，平均产量 2 030 kg/667 m^2（专家估计数据）。与 2021 年相比，种植面积少 0.33 万 hm^2，平均减产 30 kg/667 m^2。辽宁省马铃薯主产县为建平县、新民县、绥中县、昌图县、凌海县，这几个县的种植面积占总面积的 50% 左右。

1.1.2　生产中运用的新技术和生产模式

在五个示范县进行"马铃薯绿色优质高效生产技术"示范、"马铃薯水肥药高效绿色精准栽培技术"示范，在绥中县进行了"马铃薯晚疫病综合防控技术"示范，在新民县进行了"马铃薯疮痂病综合防控技术"示范，通过技术示范达到节水、节肥、提质争效。辽宁省马铃薯种植有一季作和二季作两种类型：一季作区马铃薯种植面积占全省的 20% 左右，种植方式以裸地种植为主，二季作马铃薯种植面积占全省的 80% 左右，种植方式主要有三膜覆盖、双膜覆盖、地膜覆盖和裸地种植四种。

1.1.3　生产上应用的主要栽培品种及所占比例

一季作区种植品种主要为"克新 1 号""冀张薯 12 号""费乌瑞它"（生育期长）、"延薯 4 号"等；三膜覆盖和双膜覆盖种植品种为"早大白"，地膜覆盖和裸地种植品种有"费乌瑞它""尤金""中薯 5 号""富金""兴佳 2 号""沃土 5 号"等，其中"费乌瑞它"种植面积比较大，占 40% 左右。

1.2　脱毒薯应用情况

辽宁省马铃薯种薯生产企业 10 多家，没有原原种设计生产能力 500 万粒以上的种薯

作者简介：郑玉宝（1976—），男，高级农艺师，从事马铃薯栽培研究。

基金项目：现代农业产业技术体系专项资金资助（CARS-09）。

＊通信作者：郑玉宝，e-mail：zhengyubabo2000@163.com。

生产企业。农民逐渐认识到脱毒种薯的产量高、抗性强、品质好等优点，应用面积达到 5 万 hm^2，脱毒种薯利用率为 60% 左右；种薯的生产企业按照《马铃薯脱毒种薯生产技术规程》(DB21/T 1735—2017)要求进行种薯生产，种薯质量逐步提高。

1.3 贮藏、加工情况

在马铃薯贮藏方面，以农户分散贮藏为主，占 85% 左右，设施简陋、贮藏量小、损耗大。地级以上城市周围和项目区逐步建设恒温贮藏库，收获季节储备商品薯，缓解供需矛盾，提高收益。

辽宁省马铃薯加工主要以家庭作坊式为主，加工原料多以不能作为商品的鲜薯为主，加工产品主要为粗淀粉和粉条，淀粉销售给内蒙古自治区较大的加工公司进行深加工，粉条一般在当地市场销售。抚顺比客食品工业有限公司主要生产薯片，设计生产能力 0.17 万 t，截止到 12 月初实际生产 1 200 t。

1.4 马铃薯销售市场

2022 年，辽宁省马铃薯商品薯前期销售价格与 2021 年持平，中期、后期价格逐渐升高。三膜覆盖马铃薯从 5 月中旬开始收获，地头收购价格为 2.4 元/kg；双膜覆盖马铃薯 5 月底开始收获，开始价格 2.0 元/kg，后期价格 1.2 元/kg；6 月上旬地膜覆盖马铃薯开始上市，开始价格在 1.2 元/kg，6 月底 7 月初降至 1.0 元/kg；二季作裸地马铃薯 7 月初上市，开始价格在 1.0 元/kg，后期 1.2 元/kg。8 月初开始一季作马铃薯价格 1.2 元/kg，后期逐步涨到 1.7 元/kg。二季作马铃薯早期主要销往本地和东北地区，后期销往全国各地，一季主要销往辽宁省及全国各地。

1.5 与 2021 年面积、产量、加工和市场变化对比分析

2022 年辽宁省马铃薯种植面积较 2021 年减少 0.33 万 hm^2，平均产量减少 30 kg/667 m^2，马铃薯商品薯前期价格较 2021 年价格持平，后期一季作销售价格较高达到 1.7 元/kg。辽宁省马铃薯加工企业少，需要的加工原料薯都从省外购入，马铃薯生产主要以鲜食品种为主，加工原料薯以不合格的小薯为主，主要是用于生产淀粉。所谓种薯生产其实是老百姓为了省钱，当年商品薯留一部分第二年作种薯用。

2 2022 年辽宁省马铃薯生产中存在的问题

2.1 重大自然灾害

5 月中旬至 7 月中旬，辽宁省大部分地区雨水较多，地膜及裸地的部分地块晚疫病发病较重，对产量有一定影响。部分地块排水不畅，造成积水，块茎腐烂。

2.2 生产中存在的主要问题

马铃薯种植过程中机械化程度低，人工成本高；对晚疫病防病意识差，多雨年份损失较大；施肥技术不完善，一些地区重施底肥，轻追肥，肥料利用率低。

2.3 技术需求问题

辽宁省急需不同品种配套栽培技术、晚疫病综合防治技术和土传病害综合防治技术，这些技术问题亟需解决。

2.4 产业政策问题

辽宁省马铃薯种植面积小，各级政府对马铃薯种薯、商品薯生产不够重视，没有相应

的政策扶持，但马铃薯种植集中地区，如新民市、绥中县等地区，自发形成马铃薯产前、产中、产后一体化，这些都促进了当地马铃薯快速发展。

3 2023年辽宁省马铃薯产业发展趋势

3.1 生产情况

2023年辽宁省马铃薯种植面积预计与2022年持平或略有增加，种植品种以鲜食品种为主。

3.2 市场情况

2023年，马铃薯价格将前期与2022年持平，后期价格较2022年有所回落。在没有重大自然灾害前提下，随着栽培技术水平不断提高和脱毒种薯利用率提高，马铃薯产量增加。

3.3 地方政策

辽宁省没有种薯补贴；但符合国家规定的农机具有国家补贴，地方没有配套补贴，急需完善。

4 辽宁省马铃薯产业发展建议

4.1 产业政策方面

沈阳市成立了马铃薯种业创新团队，各科研单位、种薯企业联合起来，就品种引进、选育、繁育各项科研工作协同做好，助力辽宁省马铃薯产业健康发展。

4.2 技术方面

进一步研究完善"马铃薯晚疫病综合防治技术""土传病害综合防治技术""马铃薯水肥药高效绿色精准栽培技术""马铃薯绿色优质高效生产技术"等，根据辽宁省不同地区实际情况逐步推广。

4.3 生产方面

生产上引入优质品种，加大力度推广脱毒种薯及已经示范成熟的新成果、新技术，进而提高马铃薯生产的经济效益。

2022年河南省马铃薯产业发展现状、存在问题及建议

张晓静，陈焕丽，周建华，方　娜，吴焕章*

（郑州市蔬菜研究所，河南　郑州　450015）

摘　要：文章探讨了2022年河南省马铃薯产业发展现状，总结了河南省马铃薯产业存在的问题，主要是新品种、新技术需求多，推广速度慢；脱毒种薯监管不到位，质量难保；价格变幅大，效益不稳定；缺少政策和资金扶持，缺乏"龙头"带动。分析了2023年河南省马铃薯产业发展趋势，并针对马铃薯产业存在问题提出了马铃薯产业发展建议，主要是整合人、财、物，明确管理机构性质；强化示范引领，带动整体提升等。

关键词：马铃薯；产业现状；存在问题；发展建议

1　2022年河南省马铃薯产业发展现状

1.1　种植面积、产量均有所增长，主栽品种呈现多元化发展趋势

2022年河南省马铃薯种植面积为4.88万hm^2（该数据为不完全统计，数据来源部分是当地农业部门数据，部分是当地技术人员估计），较2021年3.525万hm^2增加38.4%；平均单产2 396 kg/667 m^2；总产量为171.86万t，较2021年106.26万t增加65.6万t，约61.7%。

河南省马铃薯种植面积连年减少后，开始反弹，加上近几年新品种新技术示范推广辐射范围扩大，增加了种植户信心，使得2022年种植面积增加较多。

河南省二季作区主栽品种为"费乌瑞它"系列，约占38.4%；郑薯系列以"郑商薯10号""郑薯7号"为主，约占39.2%；"V7"约占6.3%；豫商薯系列以"豫商薯11号""豫商薯2号"为主，约占5.9%；其他约占7.7%，包括齐元丰系列3.7%；"希森6号"2.6%；"沃土5号"1.4%。其中郑薯系列面积基本稳定，"费乌瑞它"系列面积逐步减少，众多新品种进入种薯市场，种植户可选择品种日益丰富。

1.2　新技术持续推广，生产模式以套种、地膜覆盖为主

持续推广杂草综合防治技术；病虫草害综合防治技术；水肥药高效绿色精准栽培技术；早春马铃薯水肥药一体化与化控化调技术等新技术。早春马铃薯双垄地膜全覆盖高产高效栽培技术，2022年南阳市推广面积0.26万hm^2，平均增产10%以上。富硒马铃薯＋富硒玉米套种技术示范，与洛阳玉米综合试验站合作，以点带面，在栾川三川、冷水镇建立百亩核心示范基地，带动全县200 hm^2富硒生产、深加工，初步制定富硒玉米种植技术

作者简介：张晓静（1984—），女，硕士，助理研究员，主要从事马铃薯栽培和遗传育种研究。

基金项目：国家马铃薯产业技术体系项目（CARS-09-ES13）。

*通信作者：吴焕章，研究员，从事马铃薯栽培和遗传育种研究，e-mail：mlsh2005@126.com。

规程。"南阳盆地早春马铃薯绿色优质高效成产"高产模式创建,采用水肥一体化、优质农药、化肥、除草剂等技术,严格执行生产过程中的各项操作技术规范,使马铃薯生产中的各个环节达到最优,最终保证马铃薯优质高产高效,2022 年新野县推广面积 500 hm²,平均产量较传统模式增加 25%左右。

河南省马铃薯种植主要为二季作区,种植模式主要包括地膜覆盖、设施栽培、露地栽培几种。其中,大部分为地膜覆盖,约占 85%;露地栽培约占 10%;小部分为设施栽培(地膜 + 小拱棚、地膜 + 中棚等),约占 5%。设施栽培中大部分为马铃薯与粮、菜、瓜等多种形式的间作套种,约占 60%,主要为马铃薯—春玉米—秋花椰菜、马铃薯—秋胡萝卜、马铃薯—西瓜—辣椒、马铃薯—西瓜—大白菜、马铃薯 + 富硒玉米 + 甘蓝等;小部分为单作,种植大户多采用单作种植,便于机械化操作。另外,洛阳市栾川县为一季作区,播种面积约 0.27 万 hm²,种植模式是马铃薯、玉米套种,玉米地膜覆盖种植,马铃薯露地栽培,一般在 7 月下至 8 月上旬收获。

1.3 脱毒种薯应用率有所提高

河南省本地区主要以生产商品薯为主,种薯生产企业仅有河南德道农业科技有限公司,生产基地在河南省商丘市睢阳区冯桥乡和河北省沽源县,2022 年实际生产原原种1 800 万粒,原种 525 t。

河南省马铃薯主栽品种增多,多元化程度有所增加,目前几乎没有自留种,95%以上为脱毒薯,其中一级种薯以上脱毒薯普及率为 75%左右。

1.4 鲜薯销售为主,价格上涨,种植效益提高

河南省马铃薯主要是鲜薯生产,部分企业、经销商有少量短期贮藏保鲜再销售,另有洛阳市一季作区部分农户贮藏少量备作冬季食用,贮藏量共约 1.5 万 t,企业占 80%,经销商占 13.3%,农户仅 6.7%。河南省内无马铃薯加工企业,新野县兴达马铃薯种植专业合作社与上海百事食品有限公司签订种植收购合同,建立加工马铃薯"大西洋"种植基地200 hm²,平均 2 500 kg/667 m²,企业收购价格为 1.5 元/kg。

2022 年河南省大部分地区整个生育期气温较适宜,马铃薯收获期提早。销售时期为 4 月下旬至 6 月底,5 月中旬至 6 月中旬为收获盛期,也是销售集中时期。整体销售形势呈现上升趋势,整个销售期价格高于 2021 年同期,升幅平均为 40.16%。平均销售价格1.9 元/kg,上涨 47.3%。4 月上市价格最高,达 4.2 元/kg,5 月平均价格 2.45 元/kg,较2021 年高 0.78 元/kg;6 月销售盛季价格有所回落,平均价格 1.51 元/kg,较 2021 年高0.38 元/kg。

河南省马铃薯鲜薯主要销往广东、广西、贵州、四川、北京、上海、武汉、襄阳、老河口、西安、山西、山东等省外各地,约占全部销售量的 59.7%,102.6 万 t。河南省内销售约 39.8%,68.4 万 t;农户自留食用约 0.8 t,占 0.5%。

2022 年河南省在新品种、新技术及气候等综合因素的影响下,马铃薯市场情况的总体感受与定性判断需求量增加,价格较同期大幅上涨,带动全年价格上涨。种植户平均收益增加,对提高农户马铃薯种植积极性和恢复马铃薯种植面积意义重大。

2 2022 年河南省马铃薯产业存在的问题

2.1 新品种、新技术需求多，推广速度慢

2022 年河南省受疫情影响，技术交流不畅，新品种、新技术、新机械、新农药等推广普及速度放慢。种植品种日益增多，但缺乏更适宜河南二季作区种植的早熟、多抗、耐寒马铃薯新品种。播种及收获类小型农业机械普及不够，马铃薯种植潜力不能充分发挥。河南省内急需简便易行的一体化技术、常年连作地块病虫害综合防治技术、原原种繁育技术、马铃薯销售渠道及信息等。

2.2 脱毒种薯监管不到位，质量难保证

河南省脱毒种薯大量从外地调入，由于部分地区监管不严格，种薯质量参差不齐，土传病害时有发生。同时，新品种、新技术示范推广人员缺乏，推广慢，部分种植户对品种选择相对盲目。

2.3 价格变幅大，效益不稳定

随着西南地区马铃薯产业的快速发展，河南省春季马铃薯上市时间渐渐失去优势，造成价格变幅较大。2022 年马铃薯价格虽然较之前有所上涨，但种植成本有所增加，净利润 1 000 元/667 m² 左右，与 2022 年小麦价格上涨情况下的种麦净利润接近，而马铃薯生产中用人工更多，因此，种植马铃薯效益不稳定，对农户的吸引力不足，持续种植积极性不高。另外，基础投入不足，尤其是低温库容量有限，不能实现错峰销售，对效益影响也较大。

2.4 缺少政策和资金扶持，缺乏"龙头"带动

河南省内各级政府对马铃薯产业重视不够，对马铃薯产业没有政策和资金扶持，河南省从事马铃薯科研、技术推广的人员严重不足，科技投入少，新技术、新成果开发的数量不多，马铃薯生产技术推广力度欠缺，种薯市场管理混乱，农户需要的市场信息也不能及时获取，马铃薯产业的发展带有一定的盲目性。

马铃薯产业发展缺乏"龙头"企业带动。马铃薯是一种多用途、易加工、产业链条长且附加值高的作物。二季作区加工企业少，冷库贮藏能力不足，绝大部分作为鲜薯现收现销，缺乏大型"龙头"企业的带动作用，价格波动幅度大，受市场制约，阻碍了马铃薯产业的健康持续发展。

3 2023 年河南省马铃薯产业发展趋势

2022 年种植马铃薯效益不如预期，农户持续种植积极性不高。目前 2023 年河南省马铃薯种植面积有所减少或持平，机械化程度有所提高。销售市场总形势持平或好于 2022 年。

4 河南省马铃薯产业发展建议

4.1 整合人、财、物，明确管理机构性质

成立省级马铃薯产业科技联盟、产业技术体系等机构，加快种薯繁育、监督、销售体

系建设，加强马铃薯市场信息化建设与共享。建立省级马铃薯技术中心和重点实验室，联合申报重大科技专项，开展马铃薯联合育种和联合技术攻关，加强优质新品种和轻简化技术研究，建立公共病虫害、自然灾害预测预报体系。

4.2　强化示范引领，带动整体提升

加强生产基地建设，加快新品种新技术推广速度，提供品种筛选、机械作业、病虫害防治等展示。加大宣传力度，引入新技术、新概念，提高马铃薯附加值，如富硒种植加工、品牌化、平台直播带货等。引导规模化生产，鼓励新型农民合作组织发展，增强抵御市场风险能力。

2022 年宁夏回族自治区马铃薯产业现状、存在问题及政策建议

张国辉[1]，郭志乾[1*]，魏固宁[2]，王效瑜[1]，余帮强[1]，苏林富[3]，

胡智琪[1]，厚　俊[1]，刘东川[3]

(1. 宁夏农林科学院固原分院，宁夏　固原　756000；

2. 宁夏农业技术推广总站，宁夏　银川　750000；

3. 西吉县马铃薯产业服务中心，宁夏　固原　756000)

摘　要：文章详细阐述了 2022 年宁夏马铃薯产业发展状况，深入剖析了马铃薯产业存在的问题，并对马铃薯产业技术需求进行了全面分析，从产业、技术、生产等方面提出了意见与建议，以期为宁夏回族自治区有关部门制定马铃薯产业发展规划提供依据。

关键词：宁夏；马铃薯；产业；现状；问题；建议

2022 年，宁夏回族自治区马铃薯播种面积有所下降，规模化、标准化、产业化发展水平进一步提升，脱毒种薯三级繁育体系进一步完善，初步实现了一二三产业有机融合，产、加、销一体化的全产业链格局基本形成，总体上呈现稳定发展态势，产业转型升级持续推进，高质量发展进程不断加快，为全面推进乡村振兴贡献了马铃薯产业力量。

1　2022 年宁夏马铃薯产业发展现状

1.1　生产情况

1.1.1　全区情况

全区马铃薯种植总面积 9.57 万 hm^2（统计数据结合专家产业调研），同 2021 年度专家数据相比，面积减少 0.65 万 hm^2、减幅 6.38%；平均产量 1 455 kg/667 m^2（统计数据结合专家实际测产），较 2021 年度专家数据增加了 101 kg/667 m^2、增幅 7.46%；总产208.76 万 t，增加了 1.31 万 t、增幅 0.63%。其中：商品薯种植 8.47 万 hm^2，占全区总面积 88.5%，减少 0.09 万 hm^2、减幅 1%；平均产量约 1 391 kg/667 m^2，较 2021 年平均增产 78 kg/667 m^2、增幅 5.94%；总产 176.71 万 t，较 2021 年增产 8.28 万 t、增幅 4.92%。种薯繁育 1.1 万 hm^2，占全区总面积 11.5%，减少 0.57 万 hm^2、减幅 34%；原种繁育0.1 万 hm^2、一级种繁育 1 万 hm^2，平均产量 1 955 kg/667 m^2，较 2021 年平均增产393 kg/667 m^2、增幅 25.16%；总产 32.25 万 t，减少了 6.8 万 t、减幅 17.41%。另外，全

作者简介：张国辉(1983—)，男，硕士，助理研究员，主要从事马铃薯新品种选育及配套栽培技术研究。

基金项目：国家重点研发计划项目(2022YFD1602500)；国家现代农业产业技术体系建设项目(CARS-10)。

*通信作者：郭志乾，推广研究员，主要从事马铃薯新品种选育及农业技术推广工作，e-mail：nxguozhiqian@126.com。

区繁育原原种约 1.1 亿粒，减少了 0.1 亿粒，减幅 8.3%。

1.1.2 主产区情况

全区马铃薯主产区主要有南部山区的固原市和中部干旱带的中卫市、吴忠市，以专家估测数据衡量，三市种植面积分别为 6.5 万、2.07 万、1.0 万 hm²，分别占全区总种植面积的 67.94%、21.59%、10.47%，较 2021 年度分别减少了 0.2 万、0.26 万、0.18 万 hm²，减幅分别为 3.05%、11.16%、15.48%。总产分别为 161.66 万、34.14 万、12.78 万 t，分别占全区总产量的 77.43%、16.35%、6.12%，较 2021 年度分别增加或减少了 1.09 万、1.53 万、-1.52 万 t，变幅分别为 0.68%、4.69%、-10.62%。平均产量分别为 1 658、1 102、851 kg/667 m²，较 2021 年度分别增加了 61、169、46 kg/667 m²，增幅分别为 3.82%、18.11%、5.71%。

1.1.3 主产县情况

全区马铃薯主产县有固原市的西吉县、原州，中卫市的海原县，吴忠市的同心县，以专家估测数据衡量，种植面积分别为 4.03 万、1.33 万、2.03 万、0.76 万 hm²，分别占到所在主产区马铃薯播种面积的 62.05%、20.51%、98.45%、76.03%，分别占到全区马铃薯总面积的 42.16%、13.94%、21.25%、7.96%；同 2021 年度相比，面积原州区增加了 0.4 万 hm²，西吉县、海原县、同心县分别减少了 0.38 万、0.23 万、0.11 万 hm²，变幅分别为 42.86%、8.7%、10.03%、12.15%。平均产量分别为 1 550、1 680、1 100、850 kg/667 m²，分别增加了 1.91%、3.7%、18.92%、6.25%。

1.2 销售情况

1.2.1 商品薯

截至 2022 年末，以专家估测数据衡量，约 110 万 t 主要由区内淀粉（全粉）和食品加工企业收购用于加工，其中 100 万 t 用于淀粉加工，占全区马铃薯总产量的 47.9，占商品薯总产量的 56.59%，淀粉含量高于 17% 的马铃薯平均收购价格 1.1~1.3 元/kg，淀粉含量低于 17% 马铃薯平均收购价格 0.8~1.0 元/kg，价格略高于 2021 年度 0.1~0.2 元/kg；10 万 t 用于加工薯条（片），占全区马铃薯总产量的 4.79%，占商品薯总产量的 5.7%，平均收购价格 1.4~1.6 元/kg。约 23.54 万 t 主要由合作组织、企业、农户等区内外鲜薯销售，占全区马铃薯总产量的 11.27%，占商品薯总产量的 13.33%，白皮马铃薯平均销售价格 1.2~1.3 元/kg，红皮马铃薯 1.3~1.5 元/kg，价格高于 2021 年度 0.1~0.2 元/kg。43 万 t 进窖贮藏，其中 15 万 t 主要由农户、商贩、合作组织等进窖贮藏，以便反季节销售，占全区马铃薯总产量的 7.18%，占商品薯总产量的 8.5%，预计马铃薯平均销售价格 1.6 元/kg 以上；剩余 28 万 t 主要由农户自食、留种、饲用等，占全区马铃薯总产量的 13.41%，占商品薯总产量的 15.87%。

1.2.2 种 薯

截至 2022 年末，以专家估测数据衡量，完成销售约 7.25 万 t，占全区马铃薯总产量的 3.47%，占种薯总产量的 22.48%，马铃薯平均销售价格 2.2 元/kg 左右；其余全部由繁育企业、合作社、种植户进窖贮藏约 25 万 t，便于来年销售，销售价格预计在 2.6 元/kg

以上。

1.3 发展特点

1.3.1 总体播种面积略有减少，产量水平稳中有升

全区播种面积 9.57 万 hm²，较 2021 年度减少了 6.38%。随着抗旱栽培措施广泛应用及旱情较 2021 年度有所缓解，平均产量达到 1 455 kg/667 m²，增幅 7.46%。

1.3.2 种薯繁育提质增效明显，规模经营持续扩大

抢抓国家级马铃薯区域性良种繁育基地建设机遇，虽然种薯繁育面积减少了 34%，但平均产量增加 25.16%，提质增效明显。"企业(合作社) + 农户 + 基地"的模式不断完善，规模化企业、合作组织达到了 250 多家，种植大户上万家，面积累计 4.33 万 hm² 左右。

1.3.3 绿色生产面积不断扩大，产业抗旱优势明显

通过马铃薯稳粮保供绿色转型科技创新综合示范区建设，测土配方施肥与化肥农药减量增效等绿色高质高效技术等覆盖率达到 50% 以上。抗旱栽培技术应用达到 90% 左右，加上本身抗旱特性，大旱年份同小杂粮等作物相比，抗旱优势明显。

1.3.4 淀粉加工原料供应紧缺，生产成本全面上涨

全区现有淀粉加工企业 27 家，加工能力 40 多万 t，由于播种面积减少、疫情影响导致区外原料运输困难等原因，导致实际开展企业不足 50%，且原料薯收购价格上涨了 10% 左右。马铃薯播种期，农用物资价格涨幅普遍及人工成本居高不下，导致马铃薯生产成本上涨了 15% 以上。

1.3.5 龙头企业带动乡村振兴，产业效益稳步提升

固原市与张家口雪川农业集团股份有限公司签订投资合作协议，在原州区成立了雪川六盘山食品(宁夏)有限公司，正在组织实施"雪川固原马铃薯产业绿色高质量综合开发项目"，计划总投资 20 亿元，建设生产基地 0.87 万 hm²，建成 80 万 t 综合加工园、54 万 t 贮藏库，年加工马铃薯产品 40 万 t。目前，已完成一期工程建设，标准化生产基地示范作用明显，冷冻产品畅销国内外，产业效益稳步提升，有力助推乡村振兴。

1.4 存在问题

1.4.1 重大自然灾害

全年不同区域干旱天气、低温霜冻、洪涝灾害、马铃薯病害等自然灾害均有发生，尤其旱灾面积达到 9.33 万 hm²，平均减产 300~400 kg/667 m²，预计种植环节直接经济损失约 3 500 万元。

1.4.2 生产中存在的主要问题

除加工专用品种匮乏、深加工产品开发不足等问题外，优良专用品种、优质脱毒种薯、抗旱高效栽培、绿色施肥施药、机械化生产等各项单项技术为一体的绿色高效综合轻简化栽培技术生产应用不足，尤其是机械化水平低，劳动力生产成本高，限制了产业效应发挥。

2 2023 年马铃薯产业发展趋势分析

2.1 生产情况

2.1.1 种植面积略有回升

近两年，大旱年份马铃薯产业抗旱优势明显，2023 年度种植面积将有所回升，增加种

植面积 0.67 万 hm² 左右，总面积达到 10.33 万 hm² 左右。

2.1.2 产量水平稳中有增

随着马铃薯新品种新技术推广力度不断加大，尤其抗旱栽培技术广泛应用，2023 年必将促进马铃薯单产水平保持稳定，且有可能稳中有增。

2.1.3 品种结构继续优化

近两年，由于干旱影响，栽培面积占全区总面积 50% 的"青薯 9 号"二次生长现象普遍，随着市场调节，必将促进品种结构进一步优化，优良新品种占比提升 10% 以上。

2.2 市场情况

虽然种植面积略有回升，但基于加强企业发展现状，市场供应可能还是不足，随着生产成本增加，销售价格可能与 2022 年度持平，还有可能稳中有升。预计全区马铃薯总产 50% 左右用于淀粉和食品加工，淀粉含量高于 17% 的马铃薯平均收购价格 1.1~1.3 元/kg，淀粉含量低于 17% 马铃薯平均收购价格 0.8~1.0 元/kg，薯条薯片加工平均收购价格 1.4~1.6 元/kg；20% 左右用于鲜薯外销，价格 1.2~1.5 元/kg；10% 左右进窖贮藏反季节销售，价格 1.6 元/kg 左右；20% 左右用于农户自食、饲用、留种，种薯 2.6 元/kg 左右。

2.3 地方政策

随着面积回升，加强种薯繁育基地建设、马铃薯深加工产品推广、马铃薯贮藏窖建设，尤其是农机农具补贴势在必行。

2.4 重点技术需求

2.4.1 选育优质专用化新品种

目前，生产上主推的新品种"青薯 9 号"，因淀粉含量低问题，淀粉加工企业压价收购，较主栽品种"庄薯 3 号"低 0.1 元/kg，而"庄薯 3 号"由于龙葵素含量高，食用性比较差。应加大力度，选育高淀粉、食用品质好、抗逆性与"青薯 9 号"类似的品种，以及选育抗逆性好，品质与"大西洋""夏坡蒂"类似的炸薯片、薯条的高端品种。

2.4.2 总结高质量、低成本种薯繁育技术

目前，宁夏回族自治区马铃薯主要推广三级种薯繁育技术，从脱毒苗到一级种，时间周期较长，中间环节较多，优质种薯流失严重，需要提升原原种生产技术，全面解决基质生产成本高、脱毒苗易污染、茎尖剥离周期长等技术瓶颈，同时积极开展试管薯高效繁育体系，总结试管薯"两年制"繁育微型种薯栽培技术，缩短种薯繁育到商品薯生产年限。

2.4.3 研制适合山台地操作的一体化机械

对于宁夏回族自治区单个农户而言，马铃薯多种植在山台地，由于干旱少雨，覆膜栽培技术应用面积逐渐增加。但由于缺乏适宜的膜上播种机，且青年壮力外出打动致使劳动力缺乏，人工膜上点播效率较低，限制了种植规模的进一步扩大，急需研制起垄、覆膜、播种、施肥等一次性适合山台地操作机械及与之相匹配的收获机械，还需与收获机配套的马铃薯田间捡拾机。

2.4.4 完善总结马铃薯淀粉加工废渣废水处理技术

马铃薯淀粉加工废水废渣处理技术滞后严重制约宁夏回族自治区马铃薯产业的优化升级，正在推广应用的马铃薯废水蛋白提取技术等建设投入成本高，如无政府设备补贴，企

业无法承受大额投入，技术较难进行升级换代。因此亟需研究低成本马铃薯淀粉加工废渣废水处理技术，促进产业健康发展。

2.4.5 集成总结马铃薯综合性轻简化增产增效技术

近些年，宁夏回族自治区马铃薯产业技术研发取得了突破性进展，起垄覆膜、轮作倒茬、配方施肥、疫病防控等技术都得到不同程度应用，但缺少集成综合性增产增效技术，另外水肥一体化、连作障碍防控、精准施肥、土传病害防控等技术研究还有待进一步加强。随着马铃薯产业效益不断提高，生产上水肥用量不断增加，虽然促进马铃薯的快速生长，但是致使杂草丛生，急需基于减肥减药"净土工程"，集成总结马铃薯综合性轻简化增产增效技术。

2.4.6 进行"互联网＋马铃薯"技术应用研究

加快马铃薯物联网区域试验，强化数字化、智能化应用研究，积极推进自主研发、集成创新、形成全产业链一体化创新，从根本上提升信息化智能化创新应用技术水平，使决策者、科研推广服务、生产者掌握主动权，使相关信息进村入户，补短板、降成本、增效益。

3 2023年马铃薯产业发展建议

3.1 产业方面

继续实行种薯繁育补贴、新品种种植补贴、农机具购置补贴政策，扩大贮藏窖建设和淀粉加工废水循环利用补贴，加大马铃薯深加工产品推广补贴力度。树立品牌战略，打造一批知名品牌；继续加强脱毒种薯三级繁育推广体系建设，积极打造种薯外销市场，建立健全质量监测认证制度。加强制度化建设，彻底解决政府主管、研究推广部门、企业、协会、合作社、农户等从职能、布局、产业扶持等方面，杜绝各抓一头，各顾利益，甚至恶性竞争现象。扶持加工企业做大做强，研发继续推动淀粉加工企业进行技术升级改造，彻底解决废水污染环境现状。

3.2 技术方面

针对马铃薯生产中干旱少雨、专用品种缺乏、农机农艺结合程度低、肥料利用率低、病虫草害防控难等问题，继续加快优质专用马铃薯品种的定向培育，重点选育品质优良、抗逆性突出的淀粉和薯条(片)加工专用品种。总结高质量、低成本种薯繁育技术，全面解决基质生产成本高、脱毒苗易污染、茎尖剥离周期长等技术瓶颈，总结试管薯"两年制"繁育微型种薯栽培技术，缩短种薯繁育到商品薯生产年限。研制起垄、覆膜、播种、施肥等一次性适合山台地操作机械及与之相匹配的收获机械，加大马铃薯种植机械化示范，刺激农民购买农业机械的积极性。完善总结高效化学除草技术及病虫害综合防控技术。研制高效防治药剂及总结安全防控技术，推广病虫害预测预报综合防治技术。

3.3 生产方面

以示范园区为平台，积极构建"政府引导＋科技支撑＋地方农牧部门助力—科技特派团、乡村振兴指导员＋企业运作＋薯农联动"示范模式，加强集优良品种、优质种薯、抗旱栽培、精准施肥、病虫害绿色综合防控、机械化生产等为一体的马铃薯综合性增产增效栽培技术示范推广。以优质马铃薯为原料，研制特色异型薯等高值化新产品，拓展马铃薯加工产业链。继续开展淀粉加工废水处理技术研究，研究总结低成本、高效率废水处理技术，完善总结淀粉加工废水冬闲田灌溉技术，示范推广引导生产实践；以废渣为原料，开发饲料和肥料产品，提升利用率。加快农户现有窑洞、地窖改造，建设适宜农户群体的高效贮藏窖。

3.4　其他方面

加强"互联网＋马铃薯"技术应用研究，加快马铃薯物联网区域试验，强化数字化、智能化应用研究，完善市场基础设施，发展电子商务，积极推进自主研发、集成创新、全产业链一体化创新，从根本上提升信息化智能化创新应用技术水平。建立专业化服务队伍，培育多元化服务组织，为薯农提供一站式服务方便快捷的服务。广泛宣传，提高政府层面对马铃薯助力乡村振兴和保障粮食安全重要作用的认识。加强组织领导，加大政策扶持，加大市场营销，利用"中国马铃薯之乡"，打造固原马铃薯区域品牌，提高宁夏马铃薯的知名度和占有率。

2022 年定西市马铃薯产业现状、存在问题及发展建议

李丰先，李德明*

（甘肃省定西市农业科学研究院/甘肃省马铃薯工程技术研究中心，甘肃　定西　743000）

摘　要：甘肃省定西市位于黄土高原中东部，气候冷凉、土质疏松、光照充足，得天独厚的气候、土壤、光热等自然条件使定西市成为马铃薯最适宜种植区之一，高海拔和冷凉的气候条件特别适合种薯生产。通过阐述定西市 2022 年马铃薯生产种植基本情况、基地建设、产品加工、贮藏营销、科研创新、地域品牌等，分析了马铃薯产业中存在的主要问题，明确了马铃薯产业今后发展思路，并提出对策建议，以更好地推进定西市马铃薯产业的健康快速发展。

关键词：定西；马铃薯；产业现状；存在问题；发展建议

马铃薯作为世界第四大粮食作物，同时也是深受人们喜爱的蔬菜作物和重要的工业原料作物。在甘肃省定西市，马铃薯已有 200 多年的发展历史，成为当地经济社会发展的主导产业和支柱产业。定西市是全国最适宜马铃薯种植的三大区域之一，海拔高、气温低、温差大，雨热相对充足期正好与马铃薯块茎膨大期相吻合，所产马铃薯块茎大、薯皮光滑、薯形整齐、干物质含量高、口感好、耐运输、耐贮藏，产量和质量在全国均处于一流水平[1,2]。定西市已成为全国马铃薯四大主产区之一和全国最大的脱毒种薯繁育基地、全国重要的商品薯生产基地和薯制品加工基地。

1　2022 年定西市马铃薯产业现状

1.1　生产种植情况

2022 年定西市马铃薯种植面积 18.8 万 hm²、总产量 422.6 万 t、单位产量 1 500 kg/667 m²。由于 2022 年定西市遭遇了较严重的干旱天气，以及部分地区受到轮作倒茬的影响，与 2021 年相比，种植面积下降 1.0 万 hm² 左右、总产量下降 3.0 万 t、单位产量下降 200 kg/667 m²。

定西市被农业农村部认定为全国第一批区域性马铃薯良种繁育基地，已形成规范完善、全国领先的脱毒苗、原原种、原种、一级种的脱毒种薯繁育体系。全市共有种薯生产企业 32 家，年产脱毒种薯 200 万 t 以上、原原种 12 亿粒以上，种薯扩繁面积 6.8 万 hm²以上，加工各类薯制品 18 万 t 以上。近年来，马铃薯新品种推陈出新，品种丰富多样，既有陇薯系列、定薯系列、"新大坪"等本地繁育品种，也有青薯系列、冀张薯系列、"大西

作者简介：李丰先（1984—），女，硕士，高级农艺师，主要从事马铃薯育种及栽培推广方面研究。

基金项目：定西市科技计划资助（DX2022BZ39，DX2022BR02）；国家重点研发计划项目（2022YFD1602100）；甘肃省重大专项（GZGG-2021-5）；财政部和农业农村部国家马铃薯产业技术体系（CARS-09）。

*通信作者：李德明，推广研究员，主要从事马铃薯遗传育种及栽培推广工作，e-mail：dxlifeming@163.com。

洋""夏坡蒂""费乌瑞它"等国内外引进品种[3;4]，马铃薯良种形成了从"脱毒苗–原原种–原种——级种"梯次扩繁的脱毒种薯繁育体系，所产脱毒种薯不仅保证了定西市内需求外，还销往甘肃省内各地及内蒙古、四川、贵州、河北、安徽、青海等10多个省(自治区)，部分脱毒原原种出口沙特阿拉伯、土耳其、埃及、俄罗斯等国家。

1.2 种植基地建设

定西市历年马铃薯种植面积20万 hm^2 以上，占全市农作物种植面积的33%，占全省、全国马铃薯种植面积的28%、3.06%；标准化种植面积占全市马铃薯种植面积的90%。近几年，依托新型经营主体，调整农机装备结构，推广应用黑色地膜全覆盖技术和马铃薯机械化种植技术，形成了"黑膜覆盖 + 脱毒种薯 + 配方施肥 + 统防统治 + 机械化耕作"等实用技术，马铃薯标准化生产水平得到不断提升。

1.3 精深加工产品

全市已建成万吨以上马铃薯加工龙头企业32家，其中国家级重点龙头企业2家、省级16家，加工能力达83万 t。加工制品主要有淀粉、全粉、变性淀粉、膨化食品、主食产品等，形成"吃干榨尽"式循环链条。特别是抢抓国家主粮化战略实施机遇，开发了富有定西特色的马铃薯"108将军宴"，研发并生产马铃薯馒头、面条、糕点、饼干、馕、方便粉丝等主食产品[1]。

1.4 贮藏营销体系

全国首家国家级马铃薯批发市场一期工程建成并投入运营，已建成6个较大规模马铃薯专业批发市场，建成中小型市场50多个，入驻马铃薯购销客户450家；在淘宝、天猫、京东、善融等大型网络零售平台开设的马铃薯及其制品销售网店达到260多家，年网络销售已过亿元。全市已建成各类贮藏窖(库)95万座，全市马铃薯贮藏能力稳定突破355万 t，年鲜薯外销稳定在200万 t左右。从事马铃薯产业的农民专业合作社达到1 520个，家庭农场达到105个。甘肃爱兰马铃薯种业有限公司代表甘肃省参加了"兴都库什喜马拉雅适应性创新科技展"并与尼泊尔政府达成合作意向；临洮县三荣商贸有限责任公司与西班牙达成5年100万 t的马铃薯产销协议。

1.5 科研创新能力

依托科研院所和企业建成了甘肃省马铃薯工程技术研究中心、变性淀粉工程技术研究中心、马铃薯与特色果蔬速冻和精淀粉4个工程技术研究中心和甘肃省变性淀粉工艺与应用重点实验室，实现了马铃薯重点生产加工企业市级工程技术研究中心全覆盖。全市制定审颁无公害马铃薯甘肃地方标准10项；全市已建成渭源马铃薯种薯产业化国家级农业标准化示范区、安定区马铃薯种薯国家级农业标准化示范区。

1.6 地域品牌

定西马铃薯荣获中国驰名商标、全国十大魅力农产品、首届中国农民丰收节100品牌农产品和国家地理标志产品保护，安定区、渭源县分别被命名为"中国马铃薯之乡""中国马铃薯良种之乡"，安定区创建为全国马铃薯产业知名品牌示范区和第一批中国特色农产品优势区。注册马铃薯品牌商标37个，"渭源种薯""定西马铃薯""临洮马铃薯""定西马铃薯脱毒种薯及其制品"4个产品获国家原产地地理标记注册，"腾胜"牌、"福景堂"牌、

"尼沃巴"牌、"爱兰"牌、"凯凯"牌5个马铃薯产品获国家A级绿色食品证书，安定"大江"牌马铃薯获国家有机食品认证，"清吉"牌马铃薯精淀粉获国际金奖。

2 定西市马铃薯产业存在的问题

2.1 重大自然灾害

（1）干旱天气。定西市属于典型的半干旱雨养农业区，农业发展主要依靠天然降水。2022年从6月下旬开始，定西市部分地区出现持续高温干旱天气，大部分地区旱情严重，马铃薯等作物产量不同程度受到了影响。受灾面积在1.1万 hm² 左右，产量减少15.7%左右。

（2）低温霜冻。进入2022年4月下旬，全市气温偏低，导致早熟品种遭受了不同程度的霜冻。

2.2 生产中存在的主要问题

（1）马铃薯主栽品种单一，缺乏加工型品种；种植模式未适应现代农业发展的农机、农艺管理配套需要；化肥施用缺乏科学性，有机肥、生物菌肥投放比例较低。

（2）马铃薯常年种植规模比较稳定，省内产区的早熟品种田间销售价格先期尚可，集中收获后价格下滑、销售不畅，有贮藏条件均进入库存待售，无贮藏条件低价转为加工原料薯。

（3）马铃薯加工企业加工期短、加工率低、加工产品类型单一，以加工马铃薯淀粉为主，部分加工成粉条、粉丝等初级产品。一直以来，政府缺乏对大型龙头加工企业扶持力度，导致马铃薯加工企业只能依靠自己有限的资金进行生产经营，企业发展速度慢，无法有效带动定西市马铃薯产业发展。

（4）农民种植技术水平不高、劳动力成本高。在主产区，人工生产仍占主导地位，劳动力成本逐年上涨，农村青壮年劳动力外出务工，从事马铃薯种植的农民老龄化，文化层次低，对马铃薯土传病害、早晚疫病绿色防控技术、旱作农业综合配套集成技术等掌握应用不够，种植技术水平较低。

（5）机械化程度不高。定西市马铃薯多数分布在山区和坡地，种植地块小而零散，企业、合作社、家庭农场等规模有限，发展还不完善，农户种植土地经营规模小，集中连片性不高，马铃薯机播、机收率低，农机装备水平较低。

（6）科技投入不足。近两年甘肃省将马铃薯脱毒种薯补贴、马铃薯全覆盖工程、农产品产地初加工、加工企业收购原料补贴等产业扶持资金整合用于精准扶贫，没有对马铃薯产业的单独扶持政策；加上马铃薯价格低迷，农民种植马铃薯的积极性不高，科技投入力度不大。新型经营主体实力不强，辐射带动能力弱，作用发挥有限，造成标准化科技投入不足的困境。

3 定西市马铃薯产业发展建议及对策

3.1 加快品种更新

依托科研院所和龙头企业开展科技合作，加大优良品种引进培育和示范推广，充分利用常规杂交及分子育种手段，研发具有自主知识产权的新品种。以脱毒种薯生产为核心，紧盯全国马铃薯主产区用种需求，优化种薯扩繁区域布局，积极选育生产早熟、适宜南方春秋两季种植的马铃薯种薯，推进种薯品种多元化。

3.2 提升产品品质

参照马铃薯国家级行业标准，建立集脱毒苗生产、种薯生产、贮藏、检验检疫、销售为一体的马铃薯种薯产业链标准，建立种薯供应优质化、生产流程标准化、市场销售组织化、加工经营规模化的种薯产业新体系。开展生产基地认定、产品质量认证，打造绿色基地绿色产品，提升定西市马铃薯种薯质量。

3.3 注重培育市场主体

马铃薯标准化生产基地重点要以种薯企业、合作社、加工企业为主体来进行建设。各县区要对本辖区内的种薯生产、加工企业和专业合作组织广泛进行动员，深入细致地做好思想动员工作，让他们充分认识到实施标准化生产的重要性和必要性，积极投入到基地建设当中。一是要搞好技术服务，帮助建设主体培训农民，全力落实标准化生产技术规程；二是要积极协调搞好土地流转，帮助建设主体进行集约化生产；三是动员农户积极参与，协调建设主体主动对接，与农户建立紧密型的合作关系，提高订单生产的履约率。通过采取行之有效的措施，推动标准化生产顺利进行。

3.4 切实加大资金投入

用足用活用好国家和省里的产业扶持资金，统筹整合市县产业扶持资金，撬动社会资本投入，市财政设立专项资金，重点支持龙头企业和合作社采取"龙头企业 + 合作社 + 农户"模式，重点扶持建设高品质标准化核心区，推广标准化种植技术，生产无公害、绿色、有机农产品。

3.5 全力搞好技术服务

农业技术部门要大力推广应用脱毒种薯、小整薯播种、地膜覆盖种植、测土配方施肥、病虫害综合防控等先进适用技术，有针对性地组织农民进行专题培训，引导企业、合作社、农民进行规范化生产，提高种植效益。农机部门要积极推广机耕、机播、中耕、喷药、机收等全程机械化技术，大力提高马铃薯机械化生产水平。通过抓技术培训，加快高产高效种植模式推广步伐，加快马铃薯种植机械化程度，提高标准化栽培技术的普及率和到位率，为实现全市马铃薯标准化生产提供有力的技术支撑。

[参 考 文 献]

[1] 唐彩梅,姚乔花,李学文,等.定西市马铃薯产业发展的思考 [J].甘肃科技,2020,36(10):1-4.

[2] 王富胜,潘晓春,张明,等.定西市马铃薯产业可持续发展途径及建议 [J].中国马铃薯,2008,22(1):59-60.

[3] 马菁菁.定西市马铃薯产业现状调查与发展建议 [J].中国马铃薯,2016,30(5):312-315.

[4] 赵永萍,潘丽娟.定西市安定区马铃薯产业发展现状及对策 [J].中国马铃薯,2019,33(3):189-192.

2022年乌兰察布市马铃薯产业发展情况及2023年产业发展建议

林团荣[1]，尹玉和[1*]，张志成[1]，王　真[1]，王伟[1]，王玉凤[1]，

范龙秋[1]，焦欣磊[1]，王懿茜[1]，朱晓宙[2]

(1. 乌兰察布市农林科学研究所，内蒙古　乌兰察布　012000；

2. 化德县科学技术事业发展中心，内蒙古　乌兰察布　013350)

摘　要：马铃薯是乌兰察布市主要农作物之一。近年来，乌兰察布市立足马铃薯主粮化战略，努力把"小土豆"做成"大产业"，形成了一条从研发、种植、加工到物流营销的马铃薯全产业链，强力推进马铃薯产业转型升级。文章主要介绍了2022年乌兰察布市马铃薯产业发展情况，并对2023年发展趋势进行分析，以期为马铃薯产业在乌兰察布市健康、快速发展提供新思路。

关键词：马铃薯；产业；生产情况；存在问题；发展建议

1　2022年乌兰察布市马铃薯生产及种薯繁育情况

1.1　生产情况

1.1.1　种植面积及产量

农情数据，2022年乌兰察布市马铃薯种植面积12.07万hm^2，鲜薯产量203万t，平均单产16.8 t/hm^2，较2021年面积减少8.27万hm^2，减幅达40.65%，单产减少0.45 t/hm^2，减幅2.6%。

1.1.2　品种结构

2022年乌兰察布市主要种植品种有"希森6号""冀张薯12号""费乌瑞它""青薯9号""夏坡蒂""中加2号""V7""沃土5号"。品种"V7"种植面积2.33万hm^2左右，超过"希森6号"种植面积，新品种"沃土5号"种植面积急剧扩增，2022年种植面积约0.22万hm^2左右，"沃土5号"薯形好、产量高较受市场欢迎。

1.1.3　良种繁育情况

2022年乌兰察布市良种繁育基地面积2.67万hm^2，登记马铃薯新品种6个，引进推广应用马铃薯新品种11个，实现了"克新1号""一薯独大"向"百薯争艳"的转变，全市脱毒种薯种植比例91%，良种增产的贡献率达50%。乌兰察布市依托国家制种大县和高标准

作者简介：林团荣(1982—)，女，推广研究员，从事马铃薯栽培育种工作。

基金项目：现代农业产业技术体系(CARS-09-ES05)；乌兰察布市关键技术攻关项目(2021GJ203)；内蒙古自治区科技计划项目(2020GG0221，2021GG0357)；国家重点研发项目(2022YFD1601201)。

*通信作者：尹玉和，研究员，主要从事马铃薯遗传育种与栽培技术研究，e-mail：wlcbsyyh@163.com。

农田建设项目，创建了察右前旗、四子王旗 2 个国家区域性良种繁育基地。全市现有内蒙古中加农业生物有限公司、内蒙古民丰种业有限公司、内蒙古希森马铃薯种业有限公司、内蒙古鑫雨种业有限公司、察右中旗诚丰薯业有限公司、内蒙古龙珠生物科技有限公司、内蒙古嘉恒农业科技有限责任公司、察哈尔右翼后旗金豆豆薯业有限公司、化德县恒利农业综合开发有限责任公司、乌兰察布市经作马铃薯有限公司、内蒙古华颂农业科技有限公司、内蒙古薯都裕农种业有限公司、内蒙古梓源农业科技有限公司、察右前旗大地马铃薯种业有限公司、兴和裕丰薯业有限责任公司、四子王旗金烁农业科技有限公司种薯企业 16 家，组培室面积 9.65 万 m^2，网室面积达到 252 hm^2，气雾培面积 3.33 万 hm^2，具备了年生产脱毒苗 10 亿株、微型薯 20 亿粒的能力。

1.2 仓储情况

2022 年乌兰察布市马铃薯仓储能力 274 万 t，其中高标准智能仓储库 39 处，储量 154 万 t。高标准智能气调库和恒温库，在保鲜的基础上降低 5% 左右损耗，延长马铃薯销售期。

1.3 销售情况

2022 年马铃薯销售形势喜人，价格高于 2021 年同期。2022 年 8—9 月马铃薯销售价格持续高位运行，单薯 0.1 kg 以上马铃薯（往年都是 0.15 kg 以上）均作为商品薯被收走，"希森 6 号"、荷兰系列等优质品种 1.6 元/kg，最高 1.8 元/kg。主要销售地为上海、武汉；冀张薯系列价格 1.4 元/kg 左右，主要销售地为山西、陕西、重庆、四川等地。以"大西洋""夏坡蒂"为主的薯条薯片专用品种以订单收购为主，订单价格较商品薯平均价格高，达到 1.5 元/kg，主要销往本地加工企业和外地加企业。0.1 kg 以下小薯主要用于淀粉加工，收购价格 0.6 元/kg 左右，最高可达 0.7 元/kg，主要销往本地淀粉厂。种薯销售价格 2.6~3.6 元/kg，1—5 月销售，以订购为主，销往本地种植户和内蒙古自治区外马铃薯优势种植区。马铃薯销售喜人，进一步提振了种植户的信心。

1.4 加工转化情况

乌兰察布市现有内蒙古薯都凯达食品有限公司、商都县蓝威斯顿有限责任公司、内蒙古德义食品有限公司、兴和县明兴农牧业开发有限公司等重点马铃薯加工企业 32 家，淀粉年加工能力 17 万 t，薯条薯片年加工能力 16.2 万 t，全粉年加工能力 2.8 万 t，全市马铃薯加工产品从最初的淀粉增加到目前的全粉、薯条、薯片、方便粉丝、马铃薯醋、薯纤维、薯蛋白等。马铃薯主食产品有马铃薯酸奶饼、月饼、饼干、面包、馒头等。年转化鲜薯能力 200 万 t，实际转化 130 万 t 左右，年加工转化率 39%，产品主要销往山西、陕西、重庆、四川等地，全产业链产值达到 60 亿元。

1.5 技术推广情况

1.5.1 农技推广

乌兰察布市先后集成推广了马铃薯高垄滴灌栽培技术、马铃薯膜下滴灌栽培技术、马铃薯浅埋滴灌精准高效栽培技术等多项马铃薯绿色高效生产技术模式，使马铃薯生产技术水平处于内蒙古自治区乃至全国领先地位。马铃薯生产技术不断提档升级大大提升了标准化生产规模和水平，依托高标准农田建设、机械化种植、节水农业、农牧业重大技术推广、中央引导地方科技发展、科技成果转化等项目带动，使乌兰察布市标准化生产技术覆盖率达到 57%。

1.5.2 机械化收获情况

近年来，乌兰察布市以农机农艺融合、机械化与信息化融合、农机化生产与适度规模化经营相结合为基础，以马铃薯生产全程机械化示范县建设为抓手，已形成了以马铃薯播种、植保、杀秧、收获为主要环节的全程机械化生产技术模式。目前全市包括种植机、杀秧机、收获机等马铃薯全程机械化作业机具近 8 000 台套，开展马铃薯生产社会化服务的农机服务组织，农机大户 1 600 多家，为马铃薯全程全面机械化提供有效保障。

1.6 政策支持情况

2022 年乌兰察布市向内蒙古自治区争取马铃薯生产者补贴 1.6 亿元，在全市范围内实施，2022 年补贴 7 万 hm^2，平均补贴 150 元/667 m^2。在四子王旗、察右前旗建立国家马铃薯良种繁育基地，其中四子王旗获得国家马铃薯良种繁育基地项目每年获补贴资金 1 000 万元，以用于当地马铃薯产业发展。

2 2022 年马铃薯生产中存在的问题

2.1 薯农种植积极性不高，种植面积大幅下降

马铃薯价格市场预期不稳定，土地流转费用、化肥等农资价格普遍上涨，马铃薯种植成本增加，种植风险较大，种植户预期收益不高，积极性受挫，种植面积大幅下降。

2.2 科技创新体系不健全，科技带动能力较弱

目前，乌兰察布市虽然培育推广了一些适合本地种植的品种，但因科技实力较弱，缺少知名品种和拳头产品，加之市县乡三级推广体系人员、经费不足，科技带动能力较弱。

2.3 产业链条建设不完善，产业增效较低

乌兰察布市多数马铃薯加工企业还停留在鲜薯粗加工、淀粉生产初级加工阶段，马铃薯在食品加工业、纺织业、造纸业、医疗业等高附加值链条上的加工能力不足，产业增值效益发挥不充分。

2.4 旱作生产效益差

乌兰察布市马铃薯水地种植面积不足 5 万 hm^2，部分旗县还面临水改旱耕地调整，具备灌溉条件的马铃薯种植面积比例将继续缩小，大力发展旱作马铃薯势在必行。但是由于受到品种缺乏、栽培技术的限制，加上基础设施薄弱和农民传统的种植方式，导致旱作种植产量低而不稳，效益差。2022 年旱地马铃薯产量不足 500 kg/667 m^2。

3 2023 年马铃薯产业发展趋势

3.1 种植方面

2022 年商品市场较好，预测 2023 年内蒙古自治区马铃薯种植面积将相对稳定，或有上升趋势，旱地马铃薯种植面积将进一步扩大。

3.2 品种方面

2023 年乌兰察布市主要种植品种结构继续向多元化方向发展，其中"V7"种植面积将

相对稳定、"希森 6 号"面积会有所回升、"沃土 5 号"种植面积将大幅增加。

3.3 市场方面

2023 年种薯价格将迎来上涨。鲜食薯价格会下降至正常偏低水平，可能会出现断崖式下跌。

3.4 加工方面

随着订单种植面积的增加，加工薯种植面积将会有一个较大的提升。

4 2023 年马铃薯产业发展的建议及意见

4.1 抓好种薯链

建议由政府主导，划定马铃薯种薯繁育区域及商品薯生产区，实行长期稳定的土地流转合同，严格执行轮作倒茬制度，控制商品薯在种薯繁育区内生产种植。

4.2 优化种植链

通过差异化补贴政策做好宣传引导工作，稳定鲜食薯种植面积，持续扩大种薯、加工薯种植面积，鼓励和支持内蒙古福景堂马铃薯产业集团、商都县蓝威斯顿有限责任公司等加工龙头企业带动合作社、种植大户等新型经营主体建设标准化规模化订单种植基地，发展订单面积 1.33 万 hm² 以上。在察右前旗、四子王旗、察右后旗、兴和县、商都县打造以脱毒种薯应用、增施有机肥、高垄浅埋滴灌、统防统治、机械化作业等为核心的标准化种植示范带，每个示范县打造 66.67 hm² 以上马铃薯种植示范片不小于 5 个。

4.3 做强加工链

通过对加工专用薯种植给予补贴，鼓励引导加工企业和规模种植户(或村集体)签订产销合同，支持内蒙古薯都凯达食品有限公司、商都县蓝威斯顿有限责任公司、内蒙古福景堂马铃薯集团公司、内蒙古蒙淀农业科技有限公司等龙头企业发挥示范引领作用，带动察右后旗蒙地宝薯业有限责任公司、内蒙古健坤农产品加工有限公司、内蒙古亿茗农业科技有限公司等其他马铃薯中小加工企业技术改造转型升级，提升加工能力。同时加强招商引资力度，加快引进产品效益好、辐射带动强、发展潜力大、具有托底加工实力的大型马铃薯精深加工企业，补齐加工、仓储、交易短板，为马铃薯产业发展注入新活力。

4.4 完善流通链

加快构建市级马铃薯专业批发市场为龙头、旗县产地批发市场为骨干、乡镇产地交易市场为网点的产地与终端紧密连接的马铃薯市场销售体系。同时，以直播电商为驱动，以京东、淘宝、拼多多等传统电商平台为支撑，建立马铃薯电商销售全平台营销体系，促进乌兰察布市马铃薯网上销售。

2022年德宏州冬马铃薯产业现状、存在问题及发展建议

罗有卫*，李章田，谢文娟，杨　敏，张东华

(德宏州农业技术推广中心，云南　芒市　678400)

摘　要：文章对2022年德宏州冬马铃薯生产情况、技术推广情况等进行介绍，并分析了2022年德宏州冬马铃薯产业中存在的主要问题，针对德宏州冬马铃薯产业现状提出了针对性建议，旨在促进德宏州冬马铃薯产业的健康发展。

关键词：德宏州；冬马铃薯；现状；问题；建议

1　德宏州冬马铃薯产业现状

1.1　生产情况

据统计，2022年德宏州冬马铃薯种植面积为1.87万 hm^2，较2021年减少0.39万 hm^2；总产鲜薯56.1万 t，平均产量为30.0 t/hm^2。

德宏州冬马铃薯主栽品种为鲜食品种"丽薯6号"(白皮白肉)约占55.0%，鲜食兼加工型品种"合作88"(红皮黄肉)约占30.0%，鲜食品种"希森3号"(黄皮黄肉)约占7.5%，云薯系列(鲜食品种"云薯902""云薯306"，薯片加工型品种"云薯304")约占5.0%，其他品种约占2.5%。主要栽培品种"丽薯6号"和"合作88"占总面积的85%，较2021年减少12%；新品种"希森3号""云薯304""云薯902"等栽培面积不断扩大，品种多元化增强了德宏州冬马铃薯产业的市场竞争力。

1.2　技术推广情况

德宏州冬马铃薯主要推广"德宏州冬马铃薯生产技术规程"，推广应用"水稻-冬马铃薯-鲜食玉米(蔬菜、西瓜)"一年三熟的水旱轮作栽培模式，重点推广马铃薯种薯处理技术、减药减肥技术、安全除草技术、无人机飞防技术、早晚疫病综合防治技术、全程机械化栽培技术、小型机械分段应用等单项核心技术。

1.3　机械化技术推广情况

2022年，德宏州拥有各类马铃薯生产机械24 169台，其中，联合播种机405台、多功能管理机9 802台、专用施肥机6 832台，收获机械7 762台。完成机耕面积1.84万 hm^2，机耕率达98.40%；机械化种植1.49万 hm^2，机播率达79.68%；完成机械化收获1.71万 hm^2，机收率达91.44%。马铃薯耕种收机械化率达88.91%。

作者简介：罗有卫(1981—)，男，高级农艺师，主要从事马铃薯新品种、新技术试验、示范和推广工作。
基金项目：国家现代农业产业技术体系(CARS-09-ES28)；云南省重点研发计划(202102AE090019)；科技人才与平台计划技术创新人才培养对象项目(202305AD160014)。
*通信作者：罗有卫，e-mail：xiaomaishi@sina.com。

1.4 市场情况

德宏州生产的商品薯主要是外销，95%以上的鲜薯主要销往省内外大中城市。2022年2—4月收获期间，市场价格波动较大，市场价格在800~2 800元/t，呈现前期高–中期低–后期高的走势。

2 德宏州冬马铃薯产业存在的主要问题

2.1 生产成本增加

由于农资、人工、机械费用等生产投入成本增加，导致薯农的纯收益降低，少部分薯农出现亏本，影响马铃薯种植户的生产积极性。

2.2 种薯质量问题突出

调入的种薯质量参差不齐、种薯级别不清，导致田间病害较重、产量差异较大，影响种植户的收益。

2.3 田间病害多发

田间病害类型越来越多、越来越重，典型的青枯病、黑痣病、疮痂病等明显加重。

2.4 扶持力度不够

科研推广经费较少，各县乡农业技术推广部门没有稳定的经费支持，培训力度不够，新品种、新技术推广示范缓慢。

2.5 经营模式不规范

当地专业合作社、种植大户、代办等新型经营主体法律意识淡薄，与外来经销商没有签订正式的合作合同，导致出现白条、坏账、经济纠纷等问题。

3 德宏州冬马铃薯产业发展建议

3.1 产业政策方面

（1）加大对冬马铃薯产业的扶持

建议当地政府出台冬马铃薯产业扶持政策、立项冬马铃薯产业专项扶持资金，增加冬马铃薯科研推广经费投入。

（2）加强交流合作

加强与省内外科研院所、种薯企业、商品薯经销商、加工企业开展合作交流，加强宣传，加强信息交流，提高德宏州冬马铃薯商品的知名度，提高对外影响力。

（3）加强队伍建设

加强马铃薯科研技术团队人员建设，促进冬马铃薯产业团队人员技术水平的不断提高。

3.2 技术方面

（1）开展新品种的引进选育、筛选、示范展示试验，筛选一批适宜本地区种植推广的马铃薯新品种，为大面积生产提供新品种支撑。

（2）开展高产高效技术集成试验与病虫害综合防治技术研究，为冬马铃薯产业发展提供重要技术支持。

（3）推进马铃薯全程机械化技术的应用，降低生产成本，提高效能。

（4）加强科技培训力度，做到技术培训全方位、全覆盖，提高冬马铃薯主产区农民的生产技术水平。

（5）开展冬马铃薯产业发展情况调查，及时了解掌握本地区的马铃薯生产、销售情况，合理规划安排冬马铃薯生产，保证德宏州冬马铃薯产业健康稳定发展。

3.3 生产方面

（1）加强监管种薯市场，规范种薯生产经营行为，对种薯的生产和调运过程实行监管，建立准入制度，取缔无证经营，强化种薯质量的监督和管理。

（2）丰富品种结构，优化种植区域布局。在推广现有主栽品种的同时，加快推广应用具有优势的新品种；根据种植区域的气候特点、上市周期等，结合市场情况合理均衡安排品种、播种期，从而调节市场供应量，实现错峰上市。

（3）增强冬马铃薯产业抵御风险的能力。加大发展订单生产，保障种植户、销售商和加工企业的共同利益；积极引导保险公司把冬马铃薯纳入农业保险，减少自然灾害对产业造成的损失。

3.4 经营方面

（1）进一步规范生产经营行为

积极引导企业、专业合作社、营销大户、种植大户等新型经营主体改变现有的生产经营行为，做到生产资料"少赊账、不赊账"，不断规范生产资料经营市场。

（2）拓展产品营销渠道

继续培育企业、销售大户、电商交易平台等新型经营主体，打造"德宏土豆"马铃薯品牌，开拓"德宏土豆"的销售市场，从而拉动德宏州冬马铃薯产业的持续良性发展。

2021 年内蒙古自治区乌兰察布市马铃薯销售情况、原因分析及对策建议

智小青[1]，邢莹莹[2]，邢　杰[1*]，李慧成[1]，冯鑫红[1]，王玉凤[3]，

王雅楠[1]，王玉龙[1]，刘　丹[4]，郭建晗[4]

（1. 乌兰察布市农业技术推广中心，内蒙古　乌兰察布　012000；

2. 乌兰察布市农畜产品质量安全中心，内蒙古　乌兰察布　012000；

3. 乌兰察布市农林科学研究所，内蒙古　乌兰察布　012000；

4. 乌兰察布市植保植检站，内蒙古　乌兰察布　012000）

摘　要：详细介绍了 2021 年内蒙古自治区乌兰察布市马铃薯生产、销售情况等，分析了马铃薯销售困难主要原因，提出了扶持优势种薯企业发展、提高种植收益、提升种薯质量监管水平、提升加工能力、推行马铃薯贴标销售、拓宽营销渠道等对策建议。

关键词：马铃薯；销售现状；问题；建议

马铃薯产业是乌兰察布市的支柱产业。近年来，以提高马铃薯质量和产量、延伸马铃薯产业链，促进农民增收为目标，以提高良种繁育能力，提升马铃薯加工转化能力为抓手，坚持市场导向、政策引领、强化科技支撑、实施项目带动、拓展产业链条，强化基地建设、优化品种结构、提升仓储能力、发展精深加工，打造区域品牌，强力推进马铃薯产业转型升级，着力提升马铃薯产业高质量发展。

1　乌兰察布市马铃薯生产情况

全市马铃薯种植面积一直稳定在 20 万 hm^2 以上，产量稳定在 360 万 t 左右，占自治区马铃薯产量近 50%。2021 年全市马铃薯种植面积 20.33 万 hm^2（水地 5 万 hm^2，旱地 15.33 万 hm^2），产量 351 万 t。主要种植品种有"希森 6 号""V7""冀张薯 12 号""中加 2 号""华颂 7 号""大西洋""荷兰 15""青薯 9 号"等。种植面积较大的旗县有四子王旗、察右中旗、商都县、兴和县、察右后旗，全市形成了东起兴和县西至四子王旗长 250 km 的马铃薯产业带，建成了一大批马铃薯生产大乡大镇，如四子王旗东八号乡、中旗铁沙盖镇、后旗乌兰哈达苏木、商都小海子镇、兴和大库联乡、化德七号镇。后山地区重点发展种薯和加工专用薯，前山地区重点发展优质鲜食薯，实现种薯、商品薯、加工专用薯"三薯"协同并进。

作者简介：智小青(1970—)，女，正高级农艺师，从事马铃薯栽培技术推广工作。

基金项目：中央引导地方科技发展资金(2022ZY0103)。

*通信作者：邢杰，推广研究员，主要从事农业技术推广及土壤肥料工作，e-mail：lihuicheng1214@126.com。

2 乌兰察布市马铃薯销售情况

2.1 商品薯销售情况

为抢占马铃薯销售市场的空档期，乌兰察布市马铃薯播种日期提前，从2021年8月中旬收获开始销售，翌年5月销售结束。鲜薯销售形式主要以地头收购为主；地头未售完或地头价格不理想，则仓储后陆续销售，少量由电商销售。2021年8月收获初期销售价格较高，"希森6号""V7"等优质品种1.4元/kg，最高1.5元/kg，9月下旬至10月，"希森6号""V7"等价格1.4元/kg左右，"大西洋"1.2元/kg，冀张薯系列、中加系列0.9～1.04元/kg，销售量占总产量的30%；10月以后，鲜薯陆续入库，初期价格略有提高，平均1.0～1.2元/kg。2022年1—5月，由于市场供需变化，销售受南方上市新薯影响很大，价格随后一路走低，3月中旬至4月中旬，价格低至0.6～0.8元/kg；4月由于河北、山西等周边市场因疫情马铃薯不能外调，乌兰察布市马铃薯价格短时略有回升，平均1.0元/kg左右。之后价格低迷，后期以0.4元/kg销售给淀粉厂进行淀粉加工。截至2022年5月中旬统计，2021年商品薯剩余6.2万t未售出，饲喂牲畜或进行淀粉加工，主要集中在四子王旗和兴和县、察右中旗。

2.2 种薯销售情况

2021年秋季全市种薯价格较往年价格略偏低，2022年持续走低，部分种薯企业亏损严重。2021年秋冬季马铃薯原种价格2.8～3.2元/kg。2022年春季，价格有所下降，"希森6号"2.4元/kg，"中加2号"2.4～2.6元/kg，冀张薯系列2.0～2.2元/kg，4月以后，部分原种、一级种陆续转为商品薯销售，销售价格0.7～1.0元/kg，后期一些更是以0.4元/kg的低价销售给淀粉厂。察右中旗诚丰薯业有限公司近50%种薯转为商品薯销售，且目前尚未售完；商都县约上万吨种薯以0.4元/kg的价格售往淀粉厂。截至2022年5月中旬统计，种薯剩余1 300 t未出售，主要集中在察右中旗和卓资县，目前已经转为商品薯销售或进行淀粉加工，价格均不理想。

2022年初春微型薯价格0.2元/个，4月中旬以后价格0.1～0.2元/个，之后最低0.05元/个。

3 乌兰察布市马铃薯销售困难主要原因

3.1 种植成本增加，种植收益不高，种植积极性下降

一是农资、地租、柴油、人工费用上涨。2022年春季农资价格普遍上涨，其中化肥上涨1 000元/t左右，高的上涨近2 000元/t。水地地租400元/667 m²左右、人工捡拾费用300元/d。由于种植成本高，价格不稳定，多数小农户、散户不愿承担风险，选择种植玉米、燕麦等投入少，粮饲兼用的作物。二是重点流域治理地区用水限制。水价阶梯制收取，用水成本增加，用水上线控制，种植户反映不能满足马铃薯生长需求，产量上不去，种植收益较低，导致马铃薯种植面积有所减少，种薯需求量较往年减少。

3.2 种薯质量参差不齐，价格走低

种薯质量参差不齐，一些无资质的个体繁育原种成本低，销售价格低于乌兰察布市资

质种薯企业微型薯价格，冲击乌兰察布市种薯市场，导致市场供大于求，种薯价格普遍下跌。还有乌兰察布市马铃薯种薯与南方种植区马铃薯品种存在差异，不能完全满足对品种的需求有关，外地需求少。

3.3 商品薯集中上市，市场流通缓慢

近几年，乌兰察布市种植一些在8月上市的品种，向前拓展了供应周期。但总的来看很难改变集中大量上市的弊端，马铃薯销售价格普遍较其他种植区偏低。一方面，乌兰察布市马铃薯主要销往北京、山东、广州、杭州等地，集中上市时间在8月中旬至9月底，但销售时间短，此时价格相对较好，但流通较慢，不能全部售出，大量鲜薯因天气原因入库储存，至次年1月开始，南方新薯大量上市，造成乌兰察布市马铃薯价格疲软。另一方面，乌兰察布市品质优、品相好、市场需求大的马铃薯品种种植面积小，缺乏适宜乌兰察布市生产条件和自主知识产权的特色品种。

3.4 加工环节薄弱，本地消化能力不足

一是马铃薯清洗、筛选、分级包装等初级加工企业发展滞后，缺乏大型的带动能力强的兜底的类似甘肃省定西蓝天淀粉有限公司加工龙头企业。二是精深加工企业数量少、规模小、加工能力和消化鲜薯能力不强、产品单一、附加值低，如大部分企业加工原料供应基地主要在周边地区，乌兰察布市种植面积不大，种植户分散，种植观念、加工薯种植技术相对落后，无法实现规模化、现代化种植。三是淀粉加工企业环保设施设备投资大，多数企业难以承受，因环保问题受限大多企业无法开工。

3.5 品牌效应未凸显，市场竞争力不强

乌兰察布市马铃薯销售受宣传力度不足、外界知名度不高、市场开拓程度不够、品牌创建滞后、信息不畅、营销网络不配套等因素影响，马铃薯在全国竞争力不强，只能以批发价格销售，不能凸显"乌兰察布马铃薯"的价值，好产品卖不上好价钱。

4 乌兰察布市马铃薯产业下一步对策及建议

4.1 扶持优势种薯企业发展

对乌兰察布市具有较强研发能力、产业带动力和市场竞争力的种薯企业予以重点扶持，引导资源、技术、人才、资金等向优势企业聚焦，加快品种创新，提升种薯核心竞争力。丰富种薯生产品种，与南方市场对接，发挥自身种薯生产优势，提升种植质量和监管水平，树立口碑，增加南方地区种薯销售份额。

4.2 提高种植收益

一是加大力度选育适宜乌兰察布市生产的具有自主知识产权的特色新品种，推广种植国内优质、品相好、市场需求大的品种，扩大早熟早上市鲜食品种种植面积，延长市场供应时间。二是推广控水降耗、控肥增效、控药减害、控膜提效绿色生产技术，集成水肥一体化、增施有机肥、液体配方肥、微生物菌剂、绿色防控、统防统治等技术措施，提升马铃薯种植水平，降低成本，提高产量。三是政策支持培育马铃薯社会化服务组织开展社会化服务，促进小农牧户和现代农牧业有机衔接，把小农牧户生产引入现代农业发展轨道。四是科学核定马铃薯用水定额，基本满足马铃薯生长需求。五是有效整合土地资源，推动

适度集中连片土地整理、流转，实现合理轮作和规模化、现代化、科学化种植模式。多措并举提高种植马铃薯收益，调动种植马铃薯的积极性。

4.3 提升种薯质量监管水平

规范种薯生产、销售行为，引导种薯企业合理有序竞争发展。加强种薯特别是从外地调入马铃薯种薯时的检疫制度，加强监管，严把质量关，严禁劣质种薯扰乱乌兰察布市种薯市场秩序，形成统一的质量监管体系、统一的价格调整机制，稳定种薯市场。

4.4 提升加工能力

通过加工企业和加工薯种植协同发展，扩大各种加工薯种植面积和比例，是乌兰察布市马铃薯产业转型升级的最佳策略。鼓励支持引进马铃薯精深加工企业建设，通过政府引导、政策扶持、加工企业指导、种薯企业技术支持来持续加大推广加工薯订单生产，提高种植技术，扩大加工薯种植面积和比例。引导企业开展分级包装、净菜加工等商品薯初加工，提升鲜食商品薯质量和附加值。完善加工企业环保设备设施，探索实行以企业为主体，政府补贴的废水利用、治理模式。重点支持加工企业与规模经营主体建立长久订单模式，形成利益联结机制，兜底消化马铃薯，解除种植户的后顾之忧。

4.5 推行马铃薯贴标销售

制定区域公用品牌生产、质量、包装、加工标准化技术规程。推行马铃薯贴标销售，标准化生产的乌兰察布马铃薯进入全国市场要统一粘贴身份标识，让马铃薯带着"身份证"进市场，实现质优价优。

4.6 拓宽营销渠道

借助"原味乌兰察布"区域公用品牌打造契机，大力提升"乌兰察布马铃薯"知名度和美誉度。成立产业策略联盟，探索政府引导、市场主导的发展模式，通过政府搭台、种薯企业、种植户、加工企业联合，种薯企业提供种薯、种植户扩大种植、加工企业订单回收，建立合作共赢的伙伴关系，扶持培育专门的经纪人和营销团队。开展覆盖北京、乌兰察布、呼和浩特等地机场、车站、路桥、电视、报纸媒体的广告宣传，利用好各类展销会资源，提升"乌兰察布马铃薯"区域公用品牌市场占有率与知名度，发挥品牌溢价能力，提高马铃薯销售价格。

马铃薯指数发展现状及滕州市马铃薯指数体系应用提升探索

李慧芝[1*]，马海艳[1]，吴翠翠[2]

(1. 滕州市农业技术推广中心，山东　滕州　277500；
2. 滕州市农村经济事务中心，山东　滕州　277500)

摘　要：随着农业数字化进程不断延伸，马铃薯指数建设及应用已经成为马铃薯优势产区融合行业生产要素、做大做强马铃薯产业的重要工具。文章总结了近年来国内马铃薯指数体系建设及应用现状，分析了当前存在的问题，详述了滕州市马铃薯指数体系建设应用现状，探索了滕州市马铃薯指数体系应用效果提升路径。

关键词：马铃薯；指数；滕州；应用；提升

随着数字化进程发展，农产品指数体系建设及应用已经逐渐成为推动农业产业发展的重要抓手，在衡量产业发展状况、推动农业提档升级中起到重要作用。中国是马铃薯总产最多的国家[1]，马铃薯指数的建设与推广已经成为马铃薯优势产区吸引行业生产要素聚集融合、扩大本地品牌影响力、做大做强马铃薯产业的重要工具。近年来，马铃薯优势产区立足各地马铃薯产业优势，发挥指数的传播特性和工具属性，推动种薯、商品薯、马铃薯加工制品等全产业链信息交互，打造行业"风向标"和市场"晴雨表"，推动马铃薯产业发展。滕州市马铃薯因其独特的产业特点，在全国马铃薯产业中占有重要地位[2]。2018年，滕州市开发建设了马铃薯指数体系。文章全面总结国内马铃薯指数体系建设及应用现状，探索提升马铃薯指数在产业发展中的促进作用，将对推动滕州市乃至全国马铃薯产业标准化和数字化升级，实现产业健康发展具有重要意义。

1　国内马铃薯指数建设应用现状

1.1　建设历程

国内马铃薯产业发展类单品指数开发编制较晚，但近年发展迅速。深圳前海农产品交易所股份有限公司与深圳市中农数据有限公司以2011年1月4日(2011年第一个工作日)为基准期，联合编制和发布了"前海·中国马铃薯价格指数"，成为有据可查的最早马铃薯单品指数。内蒙古自治区价格监测和认定中心以2019年9月为基期编制发布了内蒙古马铃薯指数，于2020年上线运营。2019年11月19日，由中国经济信息社与威宁共同编制的新华(威宁)马铃薯价格指数正式发布。2021年5月，由甘肃省定西市安定区人民政府

作者简介：李慧芝(1982—)，女，农艺师，研究方向为农业技术推广和农业大数据应用。
*通信作者：李慧芝，e-mail：sdlhz82@126.com。

联合中国经济信息社共同编制研发的新华·中国(定西)马铃薯产业指数发布。

1.2　指数类型

国内马铃薯指数主要选择具有代表性的种薯、商品薯、加工产品为主题编制发布价格指数，其他类指数较为少见。如新华·中国(定西)马铃薯产业指数一期编制发布原原种、原种、一级鲜食商品薯、马铃薯淀粉优级品4支产地批发价格指数。新华(威宁)马铃薯价格指数选取了具有代表性的原种、一级种、一级商品薯、二级商品薯为代表规格品。"内蒙古马铃薯指数"指数体系设计包括种薯价格指数、商品薯价格指数、淀粉价格指数与行业景气指数四大类。

1.3　指数应用

当前，国内马铃薯指数多用于为政府、企业提供决策基础。如新华·中国(定西)马铃薯产业指数是以定西马铃薯全产业链数字化建设为基础，在定西马铃薯优势产区采集产地批发价格，综合反映定西马铃薯全产业链的价格信息，兼顾监测国内13个马铃薯主产省份产业发展动态，为全国马铃薯市场提供价值参考与决策依据。新华·中国(定西)马铃薯产业指数成为加速定西马铃薯产业标准化和数字化升级的重要抓手，在聚集产业智慧，提升定西马铃薯区域集聚效应，引领全国马铃薯产业高质量发展上起到了重要作用。

同时，马铃薯指数保险作为替代传统农业保险的风险管理工具被研究应用。塔娜[3]以内蒙古自治区乌兰察布市为样本设计了马铃薯收入指数保险。黄永录等[4]研究建立了天水市麦积区马铃薯干旱气象保险指数。唐欣和邹楚瑜[5]以马铃薯生长温度指数期货为例研究天气衍生品定价。在实际生产中，部分地区已经试点将马铃薯指数运用于农业保险。2016年，青岛市平度市试点马铃薯价格指数保险；2018年，内蒙古自治区武川县、安徽省界首市相继推出马铃薯价格指数保险，效果良好。

1.4　存在的问题

马铃薯产业发展类指数研究应用较少。在知网上使用"马铃薯指数"作为主题词进行搜索，搜索结果文献中多为马铃薯叶面指数、晚疫病指数、品种选择指数等马铃薯生长过程中生长类指数研究结果，36篇相关文献综述仅有4篇涉及马铃薯产业发展类指数研究，占比仅为11.1%。

2　滕州市马铃薯指数体系建设应用现状

2.1　马铃薯生产现状

马铃薯在滕州市已经有近百年的种植历史，近年来，滕州市紧紧抓住国家马铃薯主粮化战略机遇，全力做大做强滕州马铃薯优势特色产业，积极打造全国菜用马铃薯行业的"风向标"，有力促进了农业增效和农民增收。全市春秋两季马铃薯稳定在4.33万 hm^2，总产200余万t，总产值60余亿元，平均效益8 000元/667 m^2以上，是全国二季作区单产最高、效益最好的县(市)。滕州市被命名为"中国马铃薯之乡"，被农业部授予"全国马铃薯标准化示范县"，荣获全国十大马铃薯主食化示范基地县称号，滕州马铃薯获国家地理标志认证，入选中国100大地理标志，获国家工商总局地理标志证明商标注册，先后被评为"中国农产品区域公用品牌价值百强""最受消费者喜爱的中国农产品区域公用品牌""山东省首批知名农产品区域公用品牌""中国百强农产品区域公用品牌""山东省首批十大知名农产品区域公用品牌""首批'好品山东'品牌"，滕州马铃薯被评为首届中国农民丰收节100个品牌农产品，品牌价值158亿元，成为中国菜用马铃薯第一品牌。

2.2 指数体系建设应用现状

2018年，为进一步促进滕州市马铃薯产业健康发展，滕州市农业农村局和中国薯网共同打造了滕州市马铃薯大数据中心，并规划建设马铃薯指数体系。目前，中心研发发布了滕州马铃薯种植指数、价格指数、供求指数、气象指数、生态指数5个标志性指数，作为本地马铃薯种植、销售的主要参数，在实施滕州马铃薯"三百工程"，打造滕州马铃薯"百年品牌、百万亩面积、百亿产值"，对促进产业健康持续发展起到了一定作用。

3 滕州市马铃薯指数体系应用提升路径探索

3.1 完善指数建设

当前，滕州市马铃薯指数体系主要集中在本地种植面积(种植指数)、价格变化(价格指数)、供求对比(供求指数)、生产环境(气象指数、生态指数)等方面，未完全覆盖本地马铃薯全产业链生产经营领域，质量安全、加工开发、劳务用工、物流配送等方面指数尚未建立。应进一步完善指数体系，提高马铃薯质量安全、物流配送等敏感、关键环节指数化程度，持续优化指数组成。尤其在供求指数方面，目前滕州马铃薯有近1万经纪人，辗转内蒙古自治区等马铃薯主产区从事经销，掌握丰富的基础数据，应充分利用此部分数据资源，优化完善滕州市马铃薯指数体系。

3.2 丰富应用场景

当前，滕州市马铃薯指数体系尚未正式对外发布，仅用于地方政府分析研判本地马铃薯产业发展情况。相关基础数据仅以指数开发企业微信公众号形式对外发布，用于马铃薯经销企业、合作社、种植大户等主体生产经营参考，发布形式、应用场景较为单一，权威性较低。应进一步拓展指数应用场景，结合本地实际，打造马铃薯指数在实践中的有效应用。如通过分析供求指数，实现未来一段时间内马铃薯价格监测预警；分析生态指数，实现对马铃薯质量安全的监测预警；分析劳务用工指数，明确制约马铃薯机械化生产的关键环节，适时推进马铃薯机械设备的研制研发等。

3.3 提升应用效果

农产品指数体系的编制与发布，实质是通过指数信息将技术指标、质量指标、服务承诺、生产经营主体信用等信息打包宣传推荐，从而进一步提高品牌含金量和产品市场信用度，极大地增强消费者的品牌忠诚度和产品知名度、美誉度，提高"品牌溢价率"[6]。当前，与国内苹果大数据指数应用相比，滕州市马铃薯指数体系应用效果一般，基于指数体系的衍生工具开发基本没有，在"品牌溢价"效应上尚不明显。应进一步提升滕州市马铃薯指数体系应用效果，集中体现产业竞争力、影响力和辐射力，推动资源要素流动，延长品牌产业链和价值链，讲好滕州马铃薯"产业故事"，唱响"产业声音"，掌握市场主动权，规避市场风险。

[参 考 文 献]

[1] 孙竹梅, 张国强, 曾均. 马铃薯产业数字化转型升级路径探索 [J]. 农业科技通讯, 2020(9): 194-197.

[2] 陈明冰. 滕州市马铃薯产业现状及发展对策 [J]. 中国马铃薯, 2015, 29(2): 117-119.

[3] 塔娜. 马铃薯收入指数保险研究 [J]. 中外企业家, 2016(32): 246.

[4] 黄永录, 蒲金涌, 强玉柱, 等. 县域马铃薯干旱气象保险指数研究 [J]. 现代农业研究, 2019(8): 52-53.

[5] 唐欣, 邹楚瑜. 基于时变 O-U 均值回复模型的天气衍生品定价研究-以马铃薯生长温度指数期货为例 [J]. 粮食科技与经济, 2020, 45(8): 21-25.

[6] 武婕, 徐磊, 宋正阳. 中国农产品价格指数的研发、应用及前景 [J]. 农业展望, 2022, 18(1): 10-14.

湖北省宣恩县马铃薯产业高质量发展思考

成学敏[1]，于斌武[2*]，李雪晴[2]

（1. 宣恩县农业技术推广中心，湖北 宣恩 445500；
2. 恩施州农业发展服务中心，湖北 恩施 445000）

摘 要："十三五"以来，湖北省宣恩县抢抓国家马铃薯主粮化发展机遇，加快推进马铃薯产业向纵深发展，宣恩马铃薯与宣恩贡茶、宣恩白柚形成该县特色农业"三大支柱"产业，在脱贫攻坚、乡村振兴实践中发挥重要作用。文章分析了湖北省宣恩县马铃薯产业发展优势及瓶颈问题，有针对性地提出马铃薯产业发展对策及建议，旨在为山区马铃薯产业发展提供指导服务。

关键词：宣恩县；马铃薯；高质量发展；思考

马铃薯是湖北省恩施土家族苗族自治州宣恩县第二大粮食作物，常年种植面积0.76万 hm^2，产量10万 t 左右，占夏粮总产的96%、全年粮食总产的25%左右，人均鲜薯占有量350 kg 以上。马铃薯已逐步成为宣恩县种植业结构调整、乡村产业振兴和实现农业强县的重要支柱，研究马铃薯产业县域经济对推动"恩施土豆"品牌建设高质量发展具有重要意义。

1 宣恩县马铃薯产业发展优势

1.1 自然环境优越

宣恩县地处鄂西南边陲，位于世界硒都—恩施土家族苗族自治州南部，全县国土总面积2 740 km^2，其中常用耕地面积2.47万 hm^2，神秘的北纬30°黄金分割线穿境而过，属中亚热带季风性山地湿润气候，年平均降雨量1 410 mm，冬少严寒，夏无酷热，昼夜温差大，海拔320~1 800 m 区域均有马铃薯种植。尤其是高海拔地区具有近似马铃薯原产地安第斯山脉的气候条件，极适宜优质马铃薯生长。境内96%以上土壤含硒、55%左右土壤富硒，生产的硒土豆备受市场欢迎和消费者青睐，市场开发前景广阔。

1.2 精深加工赋能

宣恩县现有马铃薯生产、加工及电商营销企业16 家，其中精深加工企业3 家。2016年，所属马铃薯食品加工企业恩施州亚麦食品有限责任公司成为国家首批马铃薯主食化加工试点企业，连续3 年获得国家项目支持，研究开发的马铃薯主食化糕点系列产品200 余款，其中100 余款上市，探索开发的马铃薯酵母液、酵素饮料成为市场"新宠"，年加工总产值过亿元。湖北宏图现代农业有限公司主要加工生产马铃薯淀粉、薯片、粉丝、干果等产品，年加工马铃薯鲜薯能力5 000 t 以上。七里优选（宣恩）供应链有限公司生产的马铃

作者简介：成学敏（1969—），男，农艺师，从事马铃薯、粮油产业发展研究及技术推广工作。
* 通信作者：于斌武，正高级农艺师，主要从事马铃薯产业发展和品牌建设研究，e-mail：345046143@qq.com。

薯酱、马铃薯面条、马铃薯米等新产品，在淘宝、京东等网络平台热销。宣恩马铃薯加工转化率达到8%以上，在全州马铃薯精深加工方面起到引领作用。

1.3 种业基础具备

宣恩县以平均海拔1 700 m椿木营镇为代表的高山地区土壤肥沃，气候冷凉，马铃薯病虫传播媒介少，隔离条件好，是理想的马铃薯脱毒种薯繁供基地。在湖北恩施中国南方马铃薯研究中心的技术指导和支持下，以湖北省宣恩县明礼生态农业有限公司为主的种薯生产企业常年在椿木营乡、珠山镇东门关村等高山地区建立马铃薯脱毒种薯繁育基地总面积133.33余 hm^2 ，年生产马铃薯原原种1 000万粒、原种3 000余t，为全县脱毒马铃薯推广应用奠定了良好基础。

1.4 品牌效益明显

七里优选(宣恩)供应链有限公司创建的"漫土豆"品牌，是继"小猪拱拱"之后，"恩施土豆"州域公用品牌旗下的第2个子品牌，2019年以全国最高价33.6元/kg抢占"盒马鲜生"市场，并以38港元/kg价格挤入香港市场。近3年来，"漫土豆"核心生产基地达到0.13万 hm^2 以上，年销售鲜马铃薯3万余t，产品辐射全国10多个大中城市。从"恩施土豆"品牌建设实践历程来看，可以说"小猪拱拱"引领"恩施土豆"走进了"网红土豆"时代，而"漫土豆"将会推动"恩施土豆"创建中国土豆知名品牌。

1.5 政策帮扶助力

多年来，宣恩县在农业产业发展方面有多重政策叠加帮扶，为农业产业特别是马铃薯发展注入了强大的生机和活力。1986年以来，农业部定点帮扶、湖北省农业农村厅对口驻村帮扶、杭州东西湖区东西部对接帮扶，以及州、县级马铃薯专项扶持，在马铃薯方面投入财政资金1.5亿元以上，在马铃薯产业链各个环节建设中发挥了重要作用。"十四五"期内，武汉青山区及江夏区对口支援宣恩县，重点在马铃薯种薯设施及商品化处理、马铃薯主食加工等方面给予项目扶持。

2 宣恩县马铃薯产业存在的问题

2.1 基地规模小，不满足市场需求

宣恩县马铃薯生产经营较为分散，70%以上耕地由一家一户的农户进行种植，组织化程度低，新品种、新技术应用不够，生产的马铃薯因虫眼、青头、畸形等导致商品薯率不高。农户生产的马铃薯自留作为蔬菜、粮食、饲料、种薯约占60%以上，作为商品流通不足40%，商品化率较低。全县集中连片的商品薯生产基地少，不利于集约化繁种、晚疫病统防统治和商品化处理，市场供应量不足的矛盾突出。

2.2 基础设施差，不适宜周年供应

受山区地形地貌限制，种植过程中机耕、机种、机收等小型机械化装备不足，缺乏相应机械和农机手，农机作业率不到40%，机械程度低。产后清杂、分级分选、包装运输装备少，大多依靠人工分选或简易分选设备，自动化程度低，导致产品成本上升。贮藏设施建设滞后，因地制宜多样化的贮藏方法和技术欠缺，全县新建马铃薯仓库3万 m^3 ，仅满足季节性贮藏，马铃薯气调库建设尚未启动，周年供应无保障。物流公司对网络延伸不

足，严重影响物流规模、冷链运输、服务能力等，导致运输物流成本高。

2.3 主体带动弱，不适应发展要求

宣恩县从事马铃薯种植、加工、销售的企业和专业合作社等与种植规模不相适应，种薯及商品薯基地生产组织化程度低，市场主体带动能力相对较弱。马铃薯主食产品加工设施设备简陋，马铃薯加工产品种类少，消耗马铃薯原材料不多，加之企业融资难度大，社会资本对产业发展投入积极性不高，企业转型升级难，缺乏骨干龙头企业对马铃薯产业的拉动。

3 宣恩县马铃薯产业发展对策建议

3.1 加强核心基地建设

优化区域布局和品种结构，在海拔 600 m 以下低山地区重点发展早熟鲜食薯，海拔 600~1 200 m 二高山地区重点发展中熟商品薯及加工专用薯，海拔 1 200 m 以上高山地区重点发展中晚熟商品薯及脱毒种薯。优化茬口衔接，增加春马铃薯净作面积，挖掘秋马铃薯生产潜力，扩大商品薯基地规模。创新种植模式，大力推广马铃薯净作和"薯+玉+X"高效种植模式，提高单产水平。推动马铃薯主产区构建集种薯繁育规模化种植、加工、储运、营销为一体的马铃薯产业集群。

3.2 提升科技创新水平

着力建立一支县域高素质、高水平的科研推广队伍，不断提升马铃薯生产、加工、流通等领域的科技创新和应用水平，重点突破品种创新、种薯繁殖、高效栽培、病虫防控、产品贮藏、主食产品加工等关键技术。加强适宜山区马铃薯机械的研发，推进马铃薯全程机械化步伐，推行节能、环保、可持续发展理念，提高科研成果转化率和产业发展效率。加快马铃薯商品化处理和鲜薯贮藏技术研究，着力解决产品优选、分级包装、鲜薯发芽、冷链物流等供应链方面的核心技术难题。加大马铃薯主食加工产品研发，着力引进、开发适宜城市人群广泛消费的马铃薯主食产品如马铃薯面条、马铃薯馒头、马铃薯豆皮、马铃薯蛋糕等系列休闲食品。

3.3 加强市场主体培育

遵循市场主体、政府推动、各方参与的原则，积极出台优惠政策，加大招商引资、招才引智力度，引进和培植一批马铃薯生产及营销企业，实施龙头企业带动战略，提升产业整体实力，延伸马铃薯产业链，增加产品附加值。鼓励支持企业与科研院校合作，着力开展新产品、新工艺研发。重点扶持加工龙头企业引进技术、改进装备、研发主食加工产品、提高产品竞争力和市场占有率。加快培育新型市场主体，积极引导土地经营权向市场主体流转，加大产业人才培养，推进新型主体向专业化、规模化和集约化方向发展。支持信贷资金向马铃薯市场主体倾斜，探索马铃薯生产保险试点，构建马铃薯种植生产风险保障体系。

3.4 构建市场营销体系

充分利用多方资源，加速改善马铃薯分选、贮藏、加工、包装、运输条件，完善马铃薯流通体系和物流基础设施建设，创新流通方式，建立形式多样、产销联结紧密、经营多

元的市场流通格局，拓展马铃薯消费市场。引导、支持多种经营实体开展专业市场建设，在马铃薯生产集中、交通便捷的区域建立设施齐全、功能完善、吞吐量大的种薯、鲜薯、加工产品对外开放市场。鼓励跨区域销售的专业门店和电商平台建设，完善"农商对接""农超对接""直销直供""连锁经营"等产销模式，规范交易行为，提升马铃薯的综合效益。

3.5　加强品牌体系建设

引导和支持在"恩施土豆"公用品牌的基础上创建企业子品牌，开展马铃薯"三品一标"等的申报、认证、利用、保护工作。积极组织开展"土豆花节""土豆营商大会"等大型活动，组团参加国际、国内马铃薯大会、薯业博览会等相关活动，吸引国内外客商和资源向宣恩县集聚。从种植端开始，制定具备可操作性的企业生产标准，确保产品品质；建立严格品牌准入机制，从产品外观、营养质量等方面制定标准；建立健全产品质量追溯机制，积极配合州马铃薯产业协会，共同抵制和打击未经授权的产品及假冒产品，形成良好的品牌运作机制，共同维护区域品牌形象，扩大影响力及竞争力。

武陵山区马铃薯机械化发展探索与研究

——以湖北省利川市团堡镇为例

冉　旭[1]，于斌武[2*]，刘元生[1]，何　平[1]，李雪晴[2]

（1. 利川市团堡镇农业服务中心，湖北　利川　445420；

2. 恩施州农业发展服务中心，湖北　恩施　445000）

摘　要：国家实施马铃薯主粮化战略以来，恩施土家族苗族自治州山区马铃薯产业发展如火如荼，在推进种植业结构调整、助力乡村振兴方面发挥了重要作用。文章深入分析了湖北省利川市团堡镇马铃薯生产全程机械化现状、问题，有针对性地提出对策建议，对湖北省山区马铃薯产业发展具有指导意义。

关键词：马铃薯；机械化；探索；研究

处于武陵山区腹地的湖北省利川市团堡镇近 7 万人口，常年外出务工人数多达 2 万人，且绝大部分是青壮男劳动力。马铃薯产业种植和收获劳动强度大，需要大量的人工，这就迫切需求机械来代替人工劳动。

近年来，利川市团堡镇抢抓机遇，顺势而上，充分利用生态、区位和旅游资源优势，大力发展马铃薯全程机械化作业取得实效。随着产业发展的需要和农村劳动力减少等因素影响，马铃薯全程机械化生产已经成为武陵山区主导趋势。

1　团堡镇马铃薯产业及机械化发展优势

1.1　产业发展优势

团堡镇是恩施土家族苗族自治州农业产业大镇、强镇，全镇辖 31 个村（社区），总人口 71 816 人，该镇耕地面积 0.98 万 hm²，常年种植马铃薯 0.3 万 hm²，分别占利川市、全州马铃薯种植规模的 13.5% 和 2.7%，年产鲜马铃薯 7 万 t 以上，产值 1.5 亿元。全镇有 15 000 余户种植马铃薯，马铃薯种植人均增收 1 200 元以上。马铃薯产业已成为团堡镇特色农业主导产业，是团堡镇社会经济发展"三驾马车"之一，与利川山药、高山蔬菜并称为团堡镇的"3 亿元"产业。

1.2　生态环境优势

团堡镇地处利中盆地，位于群山环抱的高原盆地，云腾雾绕，山清水秀。境内年均海拔 1 200 m，土壤多为黄棕壤，年平均温度在 12.8 ℃，相对湿度 80%~85%，平均降雨量 1 400 mm，极适于优质马铃薯生长。该镇城属西南山区马铃薯单双季混作区，生长的马铃

作者简介：冉旭（1972—），男，工程师，主要从事农机管理及技术推广工作。

* 通信作者：于斌武，正高级农艺师，主要从事马铃薯产业发展和品牌建设研究，e-mail：345046143@qq.com。

薯天然含硒，绿色生态，其淀粉含量15%以上，糖类1.5%左右，蛋白质2%左右，矿质盐类1.1%，富含维生素B、C等，营养价值高，口感细腻、软绵、糯香，既可当主粮，也是优良蔬菜。团堡镇马铃薯种植突出"生态化"特点，充分利用山、水、林、田等生产要素有机结合，走绿色生态健康循环发展生产模式，成为恩施土家族苗族自治州第一个马铃薯绿色生态种植示范乡镇，并成功承办了第21届中国马铃薯大会生态化种植示范参观现场。

1.3 市场主体优势

"十三五"以来，随着恩施土家族苗族自治州马铃薯产业的快速发展，团堡镇马铃薯市场主体迅速崛起，全镇从事农业产业的龙头企事业5家，专业合作社85家，种植大户126家，农业经纪人75人。恩施硒源、利川旭昌、农二嫂等一批市场主体经营打造的四方洞村、石板岭村、云雾山村、白果坝村"四大马铃薯基地"，实行"全沿线、全覆膜、全净作、全植保、全机械"方式高标准、高水平种植，成为团堡镇绿色产业发展模式核心示范基地，有效地带动了全镇乃至全州马铃薯产业的高质量发展。

1.4 品牌创建优势

团堡镇是"恩施硒土豆"标准化核心生产示范基地之一，也是"小猪拱拱"品牌马铃薯核心生产示范基地。近年来，团堡镇立足马铃薯全产业链开发，实施全程标准化生产，从种薯、种植、收获到仓储、加工等全过程按照标准执行，全程机械化运用得到充分实践。基地建立了严格的产品质量分级标准体系，以马铃薯每粒大于5 g为标准线，40~60 g为特级产品，其他标准2~5级不等，市场供应价格6~15元/kg，基地价、市场价均高于全州平均价20~30个百分点，鲜马铃薯产品产销两旺、供不应求。2022年，"小猪拱拱"差异化发展推动恩施马铃薯产业提质增效，成功入选全国农业品牌创新发展典型案例。

1.5 基础条件优势

2016年以来，团堡镇积极争取国家、省、州、市各类资金2亿多元，加快了生态环境改善、乡村综合治理和特色产业基地建设。已建成高标准农田0.3万 hm²，千亿斤粮食产能提升项目面积0.03万 hm²，新建田间耕作道105 km，河道整治25 km，灌溉蓄水地9 800 m³。高标准农田建设对实施马铃薯生产全程机械化奠定了良好基础。"十四五"期间，团堡镇将着力打造全国绿色食品原料生产基地和优质马铃薯生产供应基地。

1.6 农机作业优势

目前，团堡镇有农机合作社18个，农机大户53个，马铃薯播种机9台，马铃薯收获机12台，机耕、机播、机收面积分别达到了0.29万、0.03万和0.04万 hm²，马铃薯耕种收综合机械化水平达到42%。马铃薯全程机械化主要包括深松耕整地、开沟、起垄、播种、覆土、填压、中耕、除草和病害防治，以及上土压膜和追肥、杀秧、收获、分拣、包装等全过程。机械化的推广使用大幅度提高了马铃薯产业标准化生产效率，减轻劳动强度，改善了劳作环境，有效地推进马铃薯产业标准化和全产业链开发。

2 团堡镇马铃薯全程机械化面临的问题

2.1 农机装备结构不合理

团堡镇农机总动力2.5万 kW，但农户持有的小型微耕机、耕整机占比较大，新机具、新主体占比低。动力机械多、配套机具较少，耕整地机具多、种植收获机具少，导致综合机械化水平相对较低，难以很好地发挥农业机械在抢农时促进度方向的优势。

2.2 农机社会化服务组织发展缓慢

全镇现有的农机服务组织规模小，农机服务社会化、专业化、产业化、市场化程度还不高，服务模式单一，服务业链窄，服务功能不强，经营效益差，广大农民的参社积极性不高。农机农艺融合不够紧密，农机新技术、新机具引进、示范、推广应用发展不平衡，一些先进适用的技术推广普及受到制约。

2.3 适合山区坡耕地小型机械较少

团堡镇地处鄂西武陵山区东段北坡向四川盆地过渡地带和清江中下游河谷平原的交接处，地形地貌复杂多样，土地面积小，尤其是坡改梯面积更小，导致大型机械不能开展，同时，缺少适合小型地块的机械。

2.4 规模化经营不够

团堡镇土地经营仍以千家万户小规模分散为主，集约程度低，不利于新型农业机械生产最大效能的发挥，土地规模经营的发展远远落后于现代农业机械化的发展要求。

3 团堡镇马铃薯全程机械化发展对策

3.1 加强政策扶持引导

充分利用农机具购置补贴及薯玉、薯玉豆高效种植模式以奖代补等政策，着力改善农机设备结构，提高实用保有量。充分发挥农机补贴政策的调控作用，加快引导新型高效、绿色环保、信息智能机械发展，促进马铃薯生产机械化结构优化升级，带动薄弱环节机械化协同发展，全面提升全程机械化发展质量和效益。

3.2 推进农机农艺融合

以农机农艺融合为主方向，结合团堡镇马铃薯大多在山区种植、地块小、地形复杂、田间交通不便等特点，不断提升工艺水平。引进方便动力配套便于在小地块中作业的小型机械和轮距小便于控制播种行距的中小型机械，提高马铃薯生产效率。

3.3 培育社会化服务组织

大力推进农业机械服务体系建设，培育壮大农机大户、农机专业户、农机合作社、农机作业公司等新型农机社会化服务组织，把发展壮大农机专业合作社作为解决现行"一家一户干不了、干不好、干了不划算"问题的重要途径。努力提高农机作业的组织化程度和经营效益。坚决防止农机事故发生，有效维护用机户的人身财产安全。

3.4 强化科技示范引导

按照重要农时、不同作业环节，因地制宜、因时制宜，积极开展形式多样的新机具新技术现场演示活动，大力宣传推广马铃薯全程机械化设备，提升新机具、新技术示范应用水平。建立马铃薯全程机械化生产示范点、示范区，实现建立一个示范点、探索一种模式、完善一套技术、形成一个规范、培养一批职业农民、辐射带动一方农户，不断提高马铃薯生产全程机械化水平。

打造晚疫病预警体系　护航山区马铃薯产业

尹　鑫[1]，谷　勇[1*]，肖春芳[2]，王　甄[2]，李求文[1]，

高剑华[2]，骆俊婷[1]，向武贻[3]，张　君[4]

（1. 恩施州农业发展服务中心，湖北　恩施　445000；

2. 湖北恩施中国南方马铃薯研究中心，湖北　恩施　445000；

3. 湖北省恩施市崔坝镇农业技术服务中心，湖北　恩施　445000；

4. 北京汇思君达科技有限公司，北京　131016）

摘　要：湖北省恩施土家族苗族自治州结合本地马铃薯产业发展需求，立足深化智慧农业的发展，利用马铃薯晚疫病监测预警系统和田间视频监控的大数据融合，建立起了马铃薯晚疫病数字化监测预警体系。通过连续多年应用研究，因地制宜精准施策，同时强化技术推广，形成了马铃薯晚疫病监测预警种植区全覆盖、绿色防控技术全程指导、实施精准防控提质增效的良好格局，有力提升了恩施土家族苗族自治州山区农业信息化、智能化水平，推动了恩施土家族苗族自治州山区马铃薯产业绿色高质量发展。

关键词：马铃薯；晚疫病；监测预警；绿色防控；高质量发展

马铃薯是恩施土家族苗族自治州的第一大粮食作物，常年种植面积在 11 万 hm² 左右，占全省种植规模的 50% 以上，属于中国西南种薯和商品薯优势区。恩施山区马铃薯生长季节气候冷凉、雨多雾浓，光照不足，湿度较大，致使马铃薯晚疫病等常发多发重发，因晚疫病具有发生率高、传播较快、损失严重等特点，成为马铃薯生产的"头号杀手"，被农户称为马铃薯的"癌症"，存在严重的"望天收"现象，爆发年份减产 50% 以上甚至绝收。恩施土家族苗族自治州农业农村局、恩施土家族苗族自治州农业科学院从 2016 年开始，在上级业务部门的支持和帮助下，引进马铃薯晚疫病监测预警系统（CARAH），结合本地生产实际推广应用于马铃薯晚疫病数字监测和预报，指导马铃薯晚疫病绿色防控。

1　打造晚疫病预警体系主要做法

1.1　争取财政资金支持，监测预警站点全覆盖

2016 年开始，恩施土家族苗族自治州财政先后安排专项资金 400 余万元，引进建设了马铃薯晚疫病监测预警系统（CARAH），在恩施土家族苗族自治州八县市马铃薯产区共建晚疫病监测预警站点 108 个，全省监测预警站点 128 个，监测预警站数量占全国的 10% 以上，实现了恩施土家族苗族自治州马铃薯产区乡镇的全覆盖。同时配套建设完成远程监控

作者简介：尹鑫(1984—)，男，高级农艺师，主要从事植物保护与农业技术推广工作。

* 通信作者：谷勇，农艺师，主要从事植物保护与农业技术推广工作，e-mail：56105252@qq.com。

设备 55 套、监测预警发布平台大型 LED 显示屏 3 个及"恩施州马铃薯晚疫病监测预警及信息发布系统"一套。设备配置和应用达到了全国一流水平，2019 年 4 月经湖北省农业农村厅批复同意，在恩施土家族苗族自治州挂牌成立"湖北省马铃薯晚疫病监测预警指挥中心"，会同湖北省植保总站共同承担全省马铃薯晚疫病监测预警信息发布及防控指导。

1.2 开展大田试验示范，制定科学防控方案

恩施土家族苗族自治州植保及农技推广部门联合恩施土家族苗族自治州农业科学院、华中农业大学等，连续多年积极开展马铃薯晚疫病监测预警配套技术研究，相继制定并发布实施了《马铃薯晚疫病田间抗性鉴定技术规程》和《马铃薯晚疫病数字化预警及防控技术规程》，同时把马铃薯监测预警及防控技术纳入恩施土家族苗族自治州农业主推技术，进一步规范了马铃薯晚疫病监测预警系统运行、预警信息发布、防控决策等，为实现马铃薯安全生产目标、有效推进马铃薯生产水平、促进农户增产增收和产业健康发展提供了强有力的技术支撑。

1.3 创办绿色防控样板，强化技术推广服务

恩施土家族苗族自治州及各县市植保及农技推广部门依托新型经营主体、病虫害防治社会化服务组织举办核心绿色防控示范样板，召开现场会带动及辐射周边基地，同时积极争取项目资金，以"三统一"（统一防治方案、统一采购药剂、统一绿色防控）的方式开展马铃薯晚疫病统防统治工作。在技术推广服务上组建全州马铃薯晚疫病预警防控技术专家团队和服务工作专班，形成了州、县（市）、乡（镇）三级服务管理和技术推广的联动机制。自晚疫病监测预警体系建设以来，各级植保部门共开展马铃薯晚疫病预警系统及防控技术培训 800 余期，培训基层农技人员、种植户 5 万人次以上。通过网络、短信、微信、APP等平台发布预警信息 400 余期，各地结合生态区域和品种布局，实行分类指导和绿色防控。

2 护航山区马铃薯产业取得成效

2.1 预测预报被动变主动

该系统在湖北省的应用推广，让马铃薯晚疫病的监测预警实现了数字化和智能化，解决了湖北省西南山区特别是恩施土家族苗族自治州长期以来广大种植户对马铃薯晚疫病发生流行趋势、防治适期等只能靠人为经验进行预测预报的被动格局，让防治工作实现了精准化，杜绝了因防控不及时而造成的损失问题，也减少了盲目用药所导致的浪费和环境污染问题。从 2018 年起，该技术在全省山区大面积推广应用，各级植保部门利用马铃薯晚疫病监测预警系统共发布预警情报 100 余期，对晚疫病发生预测的准确率在 95% 以上。

2.2 科学防控实现农药减量增效

全省植保及农技推广部门联合科研院所，以监测预警系统为依托，结合生产实际，通过试验研究，总结出了一套适合当地的防控技术方案。根据品种抗性及监测预警系统确定首次防治时间，后期防治时间结合预警系统并参考天气预报，间隔 7 d 左右雨前防治；药剂的选择低山以保护性药剂为主，后期辅以治疗性药剂，二高山、高山因发病重选择"治疗剂 + 保护剂"的组合用药。一般一季马铃薯种植开展防治 3 次左右，与该系统引进发起

地比利时 10 余次防治相比，可大幅减少农药使用次数和使用量。

2.3 效益显著促进农民增产增收

马铃薯是湖北省山区最主要的夏粮作物之一，特别是恩施土家族苗族自治州，占全州夏粮总产的 90% 以上。监测预警系统经过多年大面积推广应用，证明即使在马铃薯晚疫病大爆发年份，也可保证 90% 以上的防效，马铃薯单产由传统的 850 kg/667 m² 左右，提升到 1 500 kg/667 m² 左右，高产甚至达到 2 500 kg/667 m²，马铃薯商品质量也显著提升，马铃薯面积、产量和效益连年递增，成为了恩施土家族苗族自治州农业支柱产业，在保障了粮食安全的同时，也促进了农民增产增收。

3 山区晚疫病预警体系创新经验

3.1 强化应用研究，因地制宜精准施策

湖北省西南山区具有垂直气候的分带性和局部气候的特殊性，加之马铃薯种植季节及品种的差异，监测预警系统必须与不同生态亚区的实际情况进行不断试验校正才能正确的应用于特定的自然生态区域，据此通过开展相关系列研究，明确了各海拔区域下马铃薯晚疫病发生与系统监测预警发生代次的关联性，同时通过多年的田间药效试验总结出了一套适合湖北省山区的绿色防控技术，在保障防治效果的同时减少农药使用次数和用药总量，达到了绿色提质增效的目的。

3.2 创新实时监控，可视化精准监管

在数据分析的基础上，部分马铃薯晚疫病监测预警站点配备了远程视频监控设备，实现了田间可视化，可结合预警系统第一时间远程观察田间实际发病情况，同时，基地图片和视频利用云储存技术上传云端，可用于马铃薯的全程质量追溯监管和产品品牌的打造等。

3.3 夯实技术培训，推进成果应用普及

马铃薯晚疫病监测预警体系在湖北省特别是恩施土家族苗族自治州的大范围推广应用，监测预警信息如何快捷高效到达种植户"最后一公里"是关键。自预警体系建设以来，各级植保和农技推广部门创新信息发布平台，及时发布病虫情报，积极开展马铃薯晚疫病预警系统应用及绿色防控技术培训，指导马铃薯种植户及市场主体如何应用监测预警系统于生产实践，极大地提升他们的防控意识和技术水平，破解了"最后一公里"难题，使预警体系充分发挥了其监测预警和指导防控的功能，全力保障了山区马铃薯产业绿色高质量发展。

3.4 体系提档升级，提升服务职能

"湖北省马铃薯晚疫病监测预警指挥中心"落户恩施土家族苗族自治州，在立足服务恩施土家族苗族自治州马铃薯产业的基础上，充分发挥指挥中心的职能职责，会同湖北省植保总站共同承担全省 128 个站点预警信息发布等工作，同时积极争取专项资金支持，并不断扩大防控指导面积，提升服务能力，在遵循农药零增长、农药减施增效的要求下，制定马铃薯全生育期病虫害综合解决方案，为全州乃至全省的马铃薯病虫害绿色防控工作保驾护航。

"恩施土豆"实现周年供应对策研究

于斌武[1]，李求文[1]，秦光才[1*]，高剑华[2]，罗　利[3]，

宋波涛[4]，李大春[2]，赵锦慧[1]，李雪晴[1]，成学敏[5]

（1. 恩施州农业发展服务中心，湖北　恩施　445000；

2. 湖北恩施中国南方马铃薯研究中心，湖北　恩施　445000；

3. 湖北英硒生物科技有限公司，湖北　恩施　445000；

4. 华中农业大学，湖北　武汉　430070；

5. 宣恩县农业技术推广中心，湖北　宣恩　445500）

摘　要：随着"恩施土豆"市场需求量逐年扩大，鲜薯周年供应不足的矛盾越来越凸显。文章分析了"恩施土豆"生产供应现状、存在的瓶颈问题，研究集成相关技术措施，提出产品实现周年供应的发展对策，对恩施土家族苗族自治州马铃薯产业做大做强具有重要指导意义。

关键词：恩施土豆；周年供应；对策；研究

湖北省恩施土家族苗族自治州地处武陵山腹地，属于中国南方马铃薯生产优势区，有着 300 多年栽培历史。"十三五"以来，恩施土家族苗族自治州抢抓机遇，着力打造"恩施土豆"区域公用品牌，把恩施小土豆推向了全国，并走进了香港、日本、新加坡等市场，产品供不应求。马铃薯已逐步成为恩施土家族苗族自治州山区人民种植结构调整、稳定增产增收、粮食安全生产的重要支柱产业。如何让"恩施土豆"实现周年供应，不断满足市场需求，是当前亟待解决的关键问题。

1 "恩施土豆"生产供应现状

1.1 种植规模

2022 年，全州马铃薯常年种植面积 11.1 万 hm² 以上，总产量 150 万 t 左右，种植面积占湖北省"半壁江山"，其中夏收马铃薯种植规模占 97.3%。"恩施土豆"品牌核心生产基地达到 7.8 万 hm²，占全州马铃薯总种植规模的 70.3%。全州 8 县市各海拔区域均有种植，低山、二高山、高山区域分别占比 15%、50%、35%，其中海拔 1 200 m 以上高山区域种薯生产基地约占总规模的 5%。从生产企业、种植大户发展积极性来看，逐年扩大种植规模的空间较大。

1.2 营销总量

据农情调度，2022 年"恩施土豆"总销量达到 94.8 万 t，占全州马铃薯总产量的

作者简介：于斌武（1967—），男，正高级农艺师，主要从事马铃薯产业发展和品牌建设研究。

＊**通信作者**：秦光才，正高级农艺师，主要从事农作物育种、栽培研究及推广，e-mail：1076411129@ qq.com。

63.2%，其中：线上销售 19.9 万 t，占总销量的 21%，销售均价 8 500 元/t；线下销售 74.9 万 t，占总销量的 79%，销售均价 7 500 元/t；基地种植产值达到 20.84 亿元，全年马铃薯综合产值达到 85 亿元，是 2015 年的 5 倍。尚未销售的马铃薯，主要是马铃薯生产企业及种植户留种、自食或加工成干土豆片、干土豆果、淀粉等。从近年来市场需求来看，提高生产量发展空间巨大。

1.3 品种结构

低海拔区域重点以早中熟品种为主，主推品种为"米拉""中薯 5 号""费乌瑞它""鄂马铃薯 4 号""华薯 2 号"等，一般生育期在 70~95 d；海拔 800 m 以上二高山、高山区域重点以中晚熟品种为主，主推品种为"米拉""鄂马铃薯 10 号""鄂马铃薯 13""鄂马铃薯 16"等，生育期在 95~120 d。目前，种植规模较大的品种主要是"米拉""鄂马铃薯 10 号"，分别占总种植规模的 45% 和 42%，市场接受度高的品种储备不足、脱毒种薯普及率偏低、整体产量水平不高成为制约"恩施土豆"产业发展的核心问题。通过优良品种更新换代、种薯提纯复壮，依靠良种芯片提升产能是当务之急。

1.4 供应周期

"恩施土豆"市场供应时间一般集中在 5—12 月，其中：7—10 月为旺季，供应量占销售总量的 80% 以上；次年 1 月，有少量马铃薯外销，总供应量不超过 2 万 t；2—3 月，仅本地有少量马铃薯供应，月供应量不超过 1 万 t，主要是由于越冬薯逐步发芽，无法外销；1—4 月，除了具备低温气调仓储条件和个别高山冷凉地区迟收且保管条件较好的有少量供货外，绝大多数生产主体无法供应优质商品薯，多数网络平台处于"关停"状况。但近几年随着市场需求上升和市场主体带动，以及设施设备及配套栽培技术的应用，市场供应有所拓展，4 月上中旬有零星采收，早熟马铃薯陆续上市，以线上销售为主，但供应量少，日供应量不足 500 t。"恩施土豆"市场供给近 4 个月"断货"，不仅影响到"恩施土豆"品牌的市场占有率和满意度，而且为网络电商平台更多不法商贩创造了假冒伪劣、以次充好的营销机会。

1.5 品牌创建

2022 年，"恩施土豆"成为中国农业品牌创新大会唯一推介品牌，作为全国三个马铃薯品牌之一入选国家农业品牌精品培育计划，"小猪拱拱"差异化发展以及品牌及模式创新推动"恩施土豆"高质量发展入选全国农业品牌创新发展典型案例，"薯玉豆"高效复合种植模式及"恩施土豆"品牌创建列入全国农技推广典型案例。由浙江大学 CARD 中国农业品牌研究中心等组织的"2021 中国地理标志农产品品牌声誉评价"，"恩施土豆"进入百强，位列（粮油）品牌声誉第 41 位。"恩施土豆"品牌实行"双标"（地理标志、地标商标）授权管理制定，目前授权使用企业（专业合作社）76 家，均为恩施土家族苗族自治州内从事马铃薯种植、加工和营销市场主体。

2 "恩施土豆"周年供应制约因素

2.1 早熟品种严重缺乏

从销售时间、价格来看，"春提早"和"秋延后"的马铃薯产地价格远高于集中上市的马铃薯价格，种植户积极性高，但目前低海拔区域主推品种"米拉"生育期在 90 d 以上，市场接受度高且适宜种植的早熟(60~70 d)品种严重缺乏,加上网室大棚等保温栽培设施不足,提前播种又面临低温寒潮风险,导致马铃薯上市比平原地区滞后1个月左右。秋马铃薯生产由于缺乏适宜品种和脱毒种薯,且产品"绿头"现象明显,其鲜薯口感及商品性不适应市场要求,扩大秋马铃薯种植规模难度大。

2.2 种植产量相对较低

近年来,全州各级农业农村部门采取积极措施推广高产、高效种植技术和模式,一大批市场主体标准化基地产量水平均可以达到2 t/667 m²以上,但大面积种植农户良种良法普及率不高,部分农户十多年没有进行品种更新,缺乏科学病虫防控技术,全州马铃薯种植平均产量仅在0.9 t/667 m²左右,远低于全省、全国水平,与内蒙古自治区、河北省、江汉平原地区等主产区相比差距更大,种植户积极性受到冲击,远不能满足市场需求。加速良种良法推广,马铃薯增产增收的潜力十分巨大。

2.3 商品化处理能力弱

目前,全州马铃薯商品化处理能力相对较弱,主要表现在通风贮藏库设备简陋、马铃薯气调库规模小、冷链物流不配套等,导致马铃薯供应周期不长、延时供应量不足,大多优质商品薯因贮藏条件差就地发芽或运送到市场销售点后很快发芽,不被消费者接受。2018年以来,全州支持马铃薯企业新建马铃薯气调库3座1.2万 m³,贮藏能力不足1万 t,年吞吐量不足20万 t,且1/4库容为种薯库,远不能满足周年供应需求。

3 实现"恩施土豆"周年供应对策

加强"恩施土豆"周年供应关键技术措施集成推广,加快提升鲜薯保供能力,是推进"恩施土豆"产业高质量发展的必由之路。

3.1 着力科学规划种植布局

着力实施"五个三"工程。即:全州规划创建30个种植规模0.14万 hm²以上的马铃薯专业乡镇、300个种植规模66.67 hm²以上的马铃薯专业村,扩大种植规模;以湖北尚农种业有限公司等优势企业为龙头,加快推进恩施、建始、宣恩和鹤峰相邻连片高山片区、利川齐岳山片区,巴东绿葱坡片区,恩施市崔坝片区,宣恩东门关片区等为重点的脱毒种薯繁育基地建设,逐步完善马铃薯"三级"脱毒种薯繁供体系;二高山及低海拔区域重点建设优质商品薯、食品加工薯和秋薯种"三薯合一"生产基地;海拔1 200 m以上高山区域着力扩大马铃薯脱毒种薯、优质商品鲜薯和优质加工薯"三薯合一"生产基地。"十四五"期内,全州建成"恩施土豆"核心生产示范基地9万 hm²以上,其中优质商品薯生产基地7.5万 hm²、脱毒种薯繁育基地0.8万 hm²、加工专用薯生产基地0.7万 hm²。

3.2 着力加快早熟品种研发

充分发挥湖北恩施中国南方马铃薯研究中心科技优势,加强与华中农业大学强强联合,着力选育、引进适宜低山栽培、秋作马铃薯种植的早熟或早中熟马铃薯抗病新品种,产量潜力2.5 t/667 m²左右,优质商品薯率达到90%以上。支持、鼓励科技型种薯生产企业与科研院所合作,积极开展马铃薯早熟品种引进和开发,建立具有一定规模、分布不同海拔区域的生产示范基地,加快早熟品种的推广应用。加强"米拉"品种改良、提纯复壮力度，研究提早上市的相关技术措施，确保市场有效供给。加快"鄂马铃薯 4 号""华渝 5 号""华薯 16 号"等早中熟品种示范推广，缓解早熟品种缺乏导致市场供给不足的矛盾。

3.3 着力推广高效种植模式

按照《绿色食品 恩施土豆生产技术规程》和《国家地标农产品恩施土豆质量管理规范》，加快推广高密植净作栽培模式，种植密度为 5 000~5 500 株/667 m^2，配套深沟宽垄、单垄双行、地膜覆盖、育芽移栽、绿色防控等高产栽培技术，确保产量潜能达到 2.5~3 t/667 m^2，优质商品薯率达到 95% 以上。全力推进马铃薯绿色生产全覆盖，把绿色食品认证作为"恩施土豆"品牌授权使用前置条件。加快马铃薯全程机械化技术研究与推广，重点研发、引进适宜山区耕、种、管、收一体化作业的小型农机，节约生产成本，降低劳动强度，减少人为损伤，提高商品化率。积极推广"薯 + 玉 + 豆""薯 + 玉 + X"宽幅复合种植模式，有效利用耕地资源，实现一地多季作物持续增收目标，降低单一作物种植风险，从而提高市场主体及种植户种植粮食作物的积极性，确保马铃薯增收、粮食安全生产"两不误""两促进"。

3.4 着力发展秋马铃薯生产

恩施山区秋马铃薯收获时间在 11—12 月，秋马铃薯贮藏保鲜时间较长，且不易发芽，是填补 1—3 月马铃薯供应"断档"的最佳措施。目前，全州秋马铃薯生产规模不足 0.33 万 hm^2，集中在海拔 600~1 200 m 区域，且生产种源"低引高种"在海拔 1 400 m 以上区域试验成功，产量潜力 2 t/667 m^2 以上，扩种发展空间较大。可利用夏收作物空闲地大力发展秋马铃薯生产，以缓解马铃薯周年供应不足的矛盾。力争通过 2~3 年时间，使全州秋马铃薯生产规模达到 0.67 万 hm^2 以上，市场供应量超过 20 万 t。

3.5 着力加强贮藏能力建设

充分利用和积极争取国家、省级农产品冷链物流项目扶持，重点支持市场主体建设马铃薯仓储和分选包装设施，支持在全国供应链终端营销城市建立分拣车间，不断提高马铃薯生产组织化程度和产业化水平，确保鲜薯周年供应。贮藏库建设以建在马铃薯核心生产基地为主，海拔 1 200 m 以下区域以新建、改扩建马铃薯气调库为重点，高海拔区域以建马铃薯通风库、常温库为主，可采取"依山而建""掘地而建""择洞而建"等方式。加强马铃薯抑芽技术研究及推广，提高优质商品薯质量，降低贮藏及营销损失，"十四五"期内，全州新增马铃薯气调库达到 5 万 m^3、通风库(常温库)20 万 m^3，年吞吐马铃薯综合能力达到 100 万 t 以上。

3.6 着力市场营销功能建设

依托恩施州马铃薯产业协会、马铃薯生产及营销龙头企业，组建恩施马铃薯产业营销联盟，逐步形成资源共享、产销统筹、共同缔造、优势互补的产业营销机制。支持市场主体在马铃薯主产区建设一批产地交易市场和专业批发市场，支持在省级目标市场建立恩施马铃薯品牌营销点，积极推广"农商对接""农超对接""直销直供""专区专柜"等产销模式。支持电商平台、连锁网点、网络直播等流通业态发展，拓展马铃薯营销方式和销售渠道。加强与物流企业对接、合作，建立功能完备的产、供、销一体化的冷链物流体系，顺畅运营市场，提升产品品质。

以模式和品牌创新　促马铃薯高质量发展

李求文[1]，骆俊婷[1*]，尹　鑫[1]，谷　勇[1]，罗金华[2]，

钟育海[1]，于斌武[1]，高剑华[2]，降巧龙[2]

（1. 恩施州农业发展服务中心，湖北　恩施　445000；

2. 恩施土家族苗族自治州农业科学院，湖北　恩施　445000）

摘　要：湖北省恩施土家族苗族自治州结合山区实际，创新研究推广"薯玉豆"复合种植模式，优化马铃薯、玉米与大豆间套作的行比和株距，光能和土地利用率显著提高，抗倒性和抗病性明显增强，将传统两收改为三收，实现粮油增产增效。打造"恩施土豆"品牌，推进马铃薯产业向商品化、规模化、品牌化发展，实现马铃薯从产品到商品，从品牌到精品的蝶变，推进马铃薯产业高质量发展，入选全国农技推广典型案例。文章分析了恩施土家族苗族自治州马铃薯产业存在的问题及主要推进措施，介绍了马铃薯产业取得的主要成效，分享了马铃薯产业创新发展的主要经验。

关键词：模式创新；品牌打造；粮食安全；产业发展

1　恩施土家族苗族自治州马铃薯产业基础较弱

1.1　科学种植水平不高

恩施土家族苗族自治州"十三五"之前马铃薯常年种植面积 11 万 hm² 左右，总产量 150 万 t 左右。虽然种植面积占湖北省一半以上，但 90% 以上是与玉米套种，一般是两行玉米套种 1~2 行马铃薯，导致田间光照不足，荫蔽较重，湿度较高，病害较重，也不利于机械化生产。脱毒良种普及率不高，部分农户多年没有进行品种更新，大面积种植品种"米拉"等退化较严重；缺乏科学病虫防控技术，特别是马铃薯晚疫病多发重发，全州马铃薯单产水平在 900 kg/667 m² 左右，远低于全省、全国平均水平，严重影响农户种植积极性和产业健康发展。

1.2　产业带动能力不强

2015 年之前，恩施土家族苗族自治州作为中国南方马铃薯研究中心所在地的科研优势没能很好转化为产业优势，没有形成自己的马铃薯产业品牌，更缺乏品牌的引领带动，全州从事马铃薯生产经营的市场主体不到 10 家。据调研，全州马铃薯 30% 左右为农户自己食用，30%~40% 作为饲料，20%~30% 仓贮损失，加工和商品薯占比不到 10%，加上恩施土家族苗族自治州主要推广种植的马铃薯收获偏晚，个体偏小，芽眼偏多，没有得到消费

作者简介：李求文（1968—），男，推广研究员，主要从事马铃薯产业发展研究与农业技术推广工作。

＊通信作者：骆俊婷，助理农艺师，主要从事马铃薯产业发展研究与农业技术推广工作，e-mail：luojuntingcl@163.com。

者的认可，缺乏市场竞争能力。

2 恩施土家族苗族自治州马铃薯产业主要推进措施

2.1 积极争取重视，高位谋划推进

2015年国家刚提出马铃薯主粮化战略，恩施土家族苗族自治州第一时间提交调研报告并得到各级党委政府高度重视，《关于率先开展马铃薯主粮化试点的报告》得到了国务院、农业部、省委、省政府领导的批示。州委、州政府先后出台《关于加快推进马铃薯主粮化的实施意见》《恩施州推进马铃薯产业高质量发展行动方案（2021—2025年）》，成立了由州长任组长的产业化领导小组，州及县市成立了马铃薯产业发展局，州政府聘请全国知名专家担任顾问，邀请多位部级领导和产业顶级专家于北京召开恩施马铃薯产业咨商、规划评审并来恩施调研指导，州及县市每年共安排5 000万元以上专项经费支持马铃薯产业发展。

2.2 技术模式创新，落实藏粮于技

恩施土家族苗族自治州研究并发布了《绿色食品 恩施土豆生产技术规程》，2016年到四川省考察"玉米大豆带状复合种植模式"，结合恩施土家族苗族自治州90%以上的马铃薯玉米传统套种，围绕不同的品种、规格、密度、播期、管理等，积极开展"薯玉豆"复合种植模式系统研究。筛选出2.6 m适宜带宽的马铃薯、玉米和大豆复合种植模式，2019年编制州级技术规程《马铃薯玉米大豆复合种植模式技术规程》并发布实施，2022年编制《马铃薯玉米大豆复合种植模式技术规程》湖北省技术规程并全面推广。这一模式以宽幅为基础，马铃薯玉米大豆复合种植以及拓展的"薯玉X"种植（马铃薯收获后种植红薯、小豆、荞麦、蔬菜、药材等）均获成功，极大地改善了山区田间通风透光条件，有利于肥料农药节本增效，有利于山区农技农艺融合，有利于解决粮经争地矛盾，在保持玉米稳产的基础上，可使马铃薯及后茬作物增产2%～3%，成为了湖北省山区种植模式的一项重大改革，连续入选恩施土家族苗族自治州、湖北省农业科技推广项目及省州产业发展专项支持。

2.3 示范样板带动，促进科技转化

"薯玉豆"复合高效种植模式从2019年入选恩施土家族苗族自治州农业主推技术，州委州政府把该模式推广作为确保粮食安全以及推进乡村振兴的重要考核内容，通过农业推广部门和市场主体等创建核心示范样板，"薯玉豆复合种植"及"马铃薯+玉米大豆带状种植"等迅速开始辐射和推广，恩施土家族苗族自治州在全国玉米大豆带状种植模式观摩研讨会及湖北省多次举办的高效模式及体系会议上进行了典型交流和推介，2022年入选全国农技推广中心19个农技推广典型案例之一。

2.4 发掘特色文化，打造土豆品牌

恩施土家族苗族自治州从2015年开始申报打造"恩施土豆"品牌，先后获得国家质检总局、农业农村部和国家知识产权局的国家地理标志保护产品和国家地理标志证明商标。恩施土家族苗族自治州通过成功举办中国马铃薯大会、南方马铃薯大会以及马铃薯农旅融合、农商结合节庆活动，编印土豆书刊画册，打造土豆饮食文化。"恩施土豆"相关节目和广告在央视、卫视、12306、机场、车站等展播；"恩施土豆"成为楚菜名品并入选武汉东湖国事活动、外交部全球推介活动及世界军运会等；众多明星公益推介，盒马鲜生、良品

铺子、东方甄选等定点生产和直播带货，让"恩施土豆"走进全国消费者的餐桌；先后入选"湖北地理标志名片""湖北地理标志大会金奖""我最喜爱的湖北品牌电视大赛金奖""最受消费者喜爱的中国农产品区域公用品牌""全国绿色农业十大最具影响力地标品牌"。2022年"恩施土豆"荣登中国农业品牌创新发展大会，入选农业农村部农业品牌创新发展典型案例和全国首批农业品牌精品培育计划，"恩施土豆"品牌建设成功走入国家队。

3 恩施土家族苗族自治州马铃薯产业取得的主要成效

3.1 模式效益显著提升，应用面积逐年扩大

"薯玉豆"复合种植模式有效解决了山区光温资源综合利用不足、产量不高、农机不足等问题。一年两熟变成一年三熟且粮油双丰，经中国农业科学院油料作物研究所和湖北省农业技术推广总站等2018—2020年连续三年测产验收，平均玉米产量638.5 kg/667 m²，马铃薯产量2 470.3 kg/667 m²、大豆产量117.3 kg/667 m²，与传统套种模式比较，分别增产2.13%、29.42%和41.67%，平均增收1 110.1元/667 m²。立体空间利用和大豆的普遍推广，实现减肥减药目标。幅宽2.6 m，玉米大行2.2 m，利于山区小型农机推广并提高劳动效率，缓解农村劳力不足。恩施土家族苗族自治州长期以来采用间作套种，新模式一经推出便广受欢迎，2018年示范种植近万亩，2019—2022年分别达到0.34万、0.82万、1.39万和1.87万 hm²，"薯玉豆"复合种植模式和马铃薯单作配套玉米大豆带状种植模式从2019年成为地方主推技术并在全省示范推广，2021年开始分别入选湖北省九大绿色高效吨粮模式，在保持玉米密度和产量的前提下，马铃薯及后茬大豆等作物面积及种植密度较传统套种模式提升了1/4~1/3，可以实现增产2%~3%。

3.2 品牌影响力凸显，产业竞争力飙升

恩施土家族苗族自治州强化品牌营销管理，"恩施土豆"成功进入国内一线城市的生鲜商超，成为全国知名的网红土豆，2019年贝店电商平台24 h销售29.832 9万 kg，创造吉尼斯世界纪录；2022年东方甄选总裁俞敏洪直播恩施土豆，2万多单5万 kg用时仅12 s。2015—2021年，全州马铃薯面积、产量连年递增，市场主体是2015年的40倍，收购价格由1.0元/kg提升至2.2元/kg以上，市场价由2.1元/kg提升至4.1元/kg以上，高端商超最高售价达到31.6元/kg，通过良品铺子等销售到香港、日本和新加坡等，综合效益从15亿元上升到85亿元。品牌引领产业发展将恩施土家族苗族自治州马铃薯产业发展推进新阶段，市场供不应求，价格五年翻番，马铃薯产业成为全州调结构转方式的重点产业、脱贫增收的致富产业、提质增效的优势产业、稳粮安民的希望产业。

4 恩施土家族苗族自治州马铃薯产业创新发展的主要经验

4.1 新优模式是提升粮油产能的动力

在中国耕地资源日益趋紧的背景下，全国推进双减进程，要保持粮油产能，只有集成推广"薯玉豆"等复合新优模式，充分利用光温和地力，各种作物互利共生，农艺农机充分融合，才能确保绿色高效持续发展，让藏粮于技落到实处。

4.2 全链融合是做强特色产业的基础

恩施土家族苗族自治州马铃薯产业近7年的成功实践和井喷式发展经验表明，产业做

精做优做强，需立足区位、生态等优势，围绕全产业链建设，聚合产业链、创新链、政策链，聚集政产学研用综合发力，久久为功，持续发力，不断延链、强链、补链、锻长板、补短板、强基础，筑牢新发展格局坚实根基。

4.3　精品名牌是产业升级巨变的源泉

通过创建和打造"恩施土豆"品牌，让名不见经传的土疙瘩变成了金豆豆，成为恩施土家族苗族自治州农业主导产业，让农户和主体有利可图，种植积极性空前高涨，从根本上激发了粮油产业发展的活力和潜力，确保了稳粮与增收的有机结合。

研究进展

2022 年马铃薯遗传育种研究进展

何　铭，徐建飞，金黎平*

（中国农业科学院蔬菜花卉研究所/
农业农村部薯类作物生物学与遗传育种重点实验室，北京　100081）

摘　要：基于美国国立生物技术信息中心（NCBI）数据库和中国知网（CNKI）数据库，从种质资源评价与利用、基因组学与功能基因组学研究、重要性状遗传机制解析方面概述了 2022 年马铃薯遗传育种领域取得的重要进展，以期为从事马铃薯遗传育种和基础研究的科研人员提供参考。

关键词：马铃薯；种质资源；基因组学；遗传机制

马铃薯是世界上重要的块茎类作物，在 160 多个国家或地区广泛种植，约 10 亿人将马铃薯作为主要粮食。中国是世界马铃薯生产第一大国，总面积 466.67 多万 hm²，总产近亿 t。生产上，马铃薯经常遭受生物和非生物胁迫，造成产量降低、品质下降。因此，迫切需要优质、高产、抗病、抗逆的马铃薯新品种。传统育种技术在马铃薯育种过程中做出了重大贡献，但由于栽培马铃薯为同源四倍体，基因组杂合度高，在很大程度上限制了品种改良进程。随着测序技术的普及、基因编辑技术的快速发展，综合性育种技术不断发展与完善，对马铃薯基础生物学的理解也将更加深入。现将 2022 年国内外在马铃薯种质资源评价与利用、基因组学与功能基因组学研究、重要性状遗传机制解析领域取得的重要成果进行概述，以期为从事马铃薯遗传育种和基础研究的科研人员提供参考。

1　种质资源评价与利用

优异种质资源收集、鉴定与评价是品种选育、优异基因挖掘的前提。Hu 等[1]对国内 149 份主栽品种进行性状评价和指纹图谱鉴定，定位到一个与淀粉含量和熟性显著相关的分子标记 STI032。惠志明等[2]对早熟品种"中薯 5 号"和晚熟品种"中薯 18 号"分离群体进行熟性评价，开发了 3 个熟性连锁标记。Singh 等[3]评价了 243 份四倍体马铃薯去皮与带皮块茎矿质营养元素含量，发现块茎表皮层中营养物质浓度较高，剥皮会导致营养物质的损失，为选育高营养马铃薯品种提供了参考。Selga 等[4]通过对 133 份北欧地区的育种骨干亲本和基因库保存重要资源进行基因分型与性状评价，发现北欧马铃薯育种种质的遗传潜

作者简介：何铭（1990—），女，博士，副研究员，主要从事马铃薯分子育种研究。
基金项目：国家现代农业产业技术体系建设专项（CARS-09）。
*通信作者：金黎平，博士，研究员，主要从事马铃薯遗传育种研究，e-mail：jinliping@caas.cn。

力很低，建议后续育种过程中应多引入北欧地区以外的基因型。Caraza - Harter 和 Endelman[5]调查了 586 个材料的块茎表皮成熟度，在 Chr9 定位到块茎表皮熟性 QTL。Santayana 等[6]对 142 个育种品系进行了评价，发现花粉活力不能有效评估雄性不育，T 型细胞质组的品系比 D 型细胞质组的品系具有更高的雄性育性水平，鉴定出四个育性恢复存在分离的雄性亲本系和三个产生 100% 雄性不育后代的雌性亲本系，将有助于开发细胞质雄性不育性状的线粒体或核标记，创制可育性恢复的双单倍体。Xue 等[7]利用早疫病抗性品种"B0692-4"与易感品种的杂交分离群体，在 Chr5 和 Chr7 定位到早疫病 QTLs。

地区适宜性品种筛选是推动当地马铃薯产业发展的重要途径。沈升法等[8]对浙江省搜集到的 95 份种质资源进行了表型鉴定，筛选出 9 份地区适宜性的优良品种。李建武等[9]在甘肃省多点评价了多个参试品种（系），筛选出丰产、稳产品系"L1036-34"。李玉涛等[10]在甘肃省筛选出适宜主粮化加工的专用品种"陇薯 15 号""陇薯 7 号""陇薯 14 号""陇薯 12 号""青薯 10 号""陇薯 10 号""青薯 9 号"和"庄薯 3 号"。李丰先等[11]采用盆栽控水方式筛选出 5 份抗旱性较强的品系。张帆等[12]筛选出 7 个适合榆林市种植的优良品种。罗文彬等[13]发现"闽薯 2 号"较"费乌瑞它"有更强的耐寒性，建议在中国马铃薯南方冬作区推广种植。于国红等[14]筛选出"F8""135""冀张薯 5 号""克新 23 号""冀张 3 号"耐盐品种。肖春芳等[15]在武陵山区筛选出晚疫病抗性品种"鄂马铃薯 13""南中 101"和"鄂马铃薯 14"。聂峰杰等[16]利用孢悬液灌根法鉴定了 70 份马铃薯资源的疮痂病抗性，筛选出 5 份高抗疮痂病品种"Aquila""LBr-33""Z2843""Redsen"和"Fita 2"。

2　基因组学与功能基因组学研究

栽培马铃薯为同源四倍体，生产过程中主要靠块茎进行无性繁殖，品种选育过程中的优良基因聚合需要染色体之间进行遗传重组，导致栽培马铃薯品种定向遗传改良难度极大。分子育种和基因组选择育种是加快多倍体育种的重要途径，高质量的参考基因组为分子育种和基因组选择育种提供了前提。Sun 等[17]采用 PacBio HiFi、单细胞测序、HiC 相结合的方式，组装了德国重要品种"Otava"的四套单体型基因组。Bao 等[18]利用自交群体遗传作图和 Polyploid graph binning 方法，组装了国内品种"合作 88"的单体型基因组，得到 3.15 Gb 组装序列，其中 3.03 Gb 被锚定成四组共 48 条染色体，揭示了四个同源染色体之间两两差异且不均衡的现象，在基因组上造成了大量"局部坍缩"的纯合区域。Wang 等[19]组装了"青薯 9 号"的基因组，系统评价了来自国内和国际马铃薯中心的 150 份四倍体马铃薯块茎颜色，通过进行全基因组关联分析，挖掘到类黄酮合成酶、查尔酮合成酶等调控薯肉颜色的重要基因。高质量单体型基因组的成功组装，为挖掘和利用优异基因，加快栽培马铃薯分子育种提供了重要条件。

此外，Achakkagari 等[20]组装了 9 个非近交的二倍体马铃薯基因组，通过与双单倍体 DM 基因组和二倍体 RH 基因组进行比较，鉴定出马铃薯熟性关键基因 *StCDF1* 的新变异。Bonthala 和 Stich[21]利用四个已知的二倍体基因组，分析了不用基因型之间串联重复基因簇的遗传差异，揭示了串联重复基因的表达、启动子和蛋白质分化的显著相关性，基因簇主要位于着丝粒附近，有四分之一的串联重复基因在多个马铃薯基因组中具有谱系特异性，大多数重复基因通过功能进化和冗余保留，而只有小部分重复基因通过新的功能获得而保留。

泛基因组是一个物种所有基因信息的总和，与单一参考基因组相比，涵盖更多的遗传多样性。Tang 等[22]基于 432 个二倍体材料的进化分析，选取了包括 24 个野生种和 20 个栽培种的二倍体材料，利用 HiFi 和 Hi-C 技术构建了 44 个高质量的二倍体马铃薯基因组，鉴定到多个高质量的结构变异，构建了栽培种和近缘野生种的大片段倒位图谱及高质量的二倍体马铃薯泛基因组图谱。这一研究为依据基因组变异进行品种改良奠定了重要基础。

3 重要农艺性状遗传机制解析

块茎是马铃薯的商品器官，StSP6A 是块茎发育的核心调控因子，StSP6A 蛋白从叶片长距离运输到葡匐茎调控块茎发育。Wang 等[23]以 StSP6A 为诱饵，利用酵母双杂交系统鉴定出 77 个 StSP6A 的互作蛋白，包括 StFPF1.1、StNFL1 和 StNFL2，为深入研究 StSP6A 调控块茎发育的遗传机制提供了重要参考。

植物激素、光周期、温度是调控块茎发育的重要因素。目前研究比较多的植物激素主要是生长素、细胞分裂素、赤霉素、乙烯和脱落酸，而其他激素在调控块茎发育过程中的作用尚不清晰。Yuan 等[24]通过外源添加茉莉酸，发现低浓度茉莉酸能够促进块茎发育，而高浓度茉莉酸则抑制块茎发育。光周期是调控马铃薯从营养生长转变为生殖生长的关键因素。黑暗处理可以诱导试管薯形成，这一过程中核糖体蛋白家族成员、PEBP 家族成员和细胞周期蛋白表达水平增加，光合作用、激素响应、衰老相关基因的表达水平降低[25]。光敏色素 StPHYF 通过调控结薯复合物（TAC），间接调控了 StMADS1，从而诱导植株在长日照条件下结薯[26]。刘菊等[27]研究了夜间温度对试管薯形成的影响，发现与 13 和 23 ℃相比夜间温度为 18 ℃时最有利于结薯。

块茎休眠和发芽对马铃薯生产和加工极为重要。Mouzo 等[28]对"Agata""Kennebec"和"Agria"3 个品种块茎休眠初期、中期和后期进行了蛋白质组学分析，发现线粒体 ADP/ATP 载体果激酶、过氧化氢酶同工酶 2 和热休克 70 kDa 蛋白在不同阶段的含量差异最显著，可能是调控块茎休眠的重要物质。Wang 等[29]发现转录因子 StTCP15 过量表达后降低了 ABA/GA 的比例，诱导块茎提前发芽。Muñiz 等[30]揭示了 StPP2Ac2b 通过调控源库平衡，增加块茎的源容量和芽的库强度，从而加速芽生长。抗病基因 StSN2 与 StGAPC1 相互作用，增强了 StGAPC1 的活性，进而降低了其抑制出芽的氧化修饰作用[31]。生产上，在块茎贮藏过程中常喷施二氧化氯来抑制块茎发芽，Zheng 等[32]发现这一过程中与苯丙烷生物合成和 MAPK 信号通路相关基因被激活。Haider 等[33]评价了激素、电流、温度和辐照对块茎休眠的影响，确定了喷施植物生长调节剂 PGR 是缩短休眠时间最有效的方式。块茎收获过程中经常会出现损伤，Han 等[34]发现喷施硅酸钠可以加速块茎表皮木质素和木脂素积累，促进伤口愈合，以减少贮藏过程中的腐烂和失水。

开花、结薯和叶片衰老是评价马铃薯熟性的重要指标。开花是营养生长转变为生殖生长的重要标志。Kiełbowicz-Matuk 等[35]发现生物钟基因 *StBBX24* 功能缺失导致开花提前，并且表现出盐敏感性。Hui 等[36]将早熟品种"中薯 5 号"和晚熟品种"中薯 18 号"进行相互嫁接，根据嫁接后叶片的衰老变化，提出调控熟性的信号来自接穗，获得了熟性相关的候选基因。Jing 等[37]发现转录因子 StABL1 可以分别与 StSP3D 和 StSP6A 结合，形成成花激活复合物和块茎激活复合物，进而促进马铃薯提早开花和提前结薯。此外，Villányi 等[38]将早熟品种"CE3130"和晚熟品种"CE3027"相互嫁接，发现砧木和接穗中代谢物浓度相似，但是块茎中的代谢物含量发生明显改变，表明这些代谢物可能从源叶运输到块茎，因此熟性与块茎品质密切相关。

马铃薯四分体不育由来自墨西哥野生种 *Solanum stoloniferum* 的特异性细胞质 TSCsto 引起。当 *S. stoloniferum* 作为母本与 *S. tuberosum* 杂交，会产生 12 个可育和 27 个不可育的后代。Sanetomo 等[39]对 2 个可育和 3 个不可育的后代进行了线粒体基因组测序，鉴定到 2 个重要的重组区段 RC-I 和 RC-II，其中 RC-I 是导致四体不育的关键区段。

大部分二倍体马铃薯具有自交不亲和现象，在育种过程中常发生自交衰退，限制了高纯度二倍体自交系创制。传统的马铃薯二倍体自交系创制需要多代自交，周期长、效率低。单倍体育种可以通过单倍体诱导和加倍两个世代即可创制高纯度自交系。Zhang 等[40]利用 CRISPR/Cas9 构建了单倍体诱导基因 *StDMP* 的功能缺失突变体，发现 *StDMP* 功能缺失突变体可诱导产生纯母本来源的单倍体，且单倍体的基因组几乎不含任何杂合区域，纯合度显著高于高代自交系。

4 重要品质性状遗传机制解析

薯形是重要块茎外观品质，决定了加工过程的难易程度。Huang 等[41]利用二倍体分离群体在 6 号染色体定位到薯形 QTL，开发了 CAPS 标记 C6-58.27_ 665。Fan 等[42]在 10 号染色体上定位到薯形 QTL，解释了 61.7%～72.9%的薯形变异，通过结合转录组分析，筛选出 5 个薯形相关候选基因。

Tanvir 等[43]发现拟南芥孤儿基因 QQS 及其互作因子 NF-YC4 可以提高块茎中的蛋白质含量，降低淀粉含量，但不影响块茎产量、形状和数量。液泡中糖和淀粉转换可以保证植物的能量供给，液泡膜糖转运蛋白 StTST3.1 不仅可以促进糖转运，也可以进行淀粉转运，抑制 *StTST3.1* 表达，降低了植株体内淀粉合成与降解[44]。过表达葡萄 *VvNHX* 和 *VvCLC* 可以提高块茎产量以及蛋白质和淀粉含量[45]。

花青素是彩色马铃薯中具有的重要抗氧化物质。花青素合成后，经过甲基化、糖基化和酰基化修饰，生成多种花青素类化合物。表观修饰甲基化抑制甲基转移酶 OMT30376 的表达，进而阻碍花青素转化，引起块茎颜色发生改变[46]。Wu 等[47]分析了紫色马铃薯不同发育阶段参与花青素积累的 miRNA 及其靶基因。武小娟等[48]发现 *stu-miR5021* 负调控靶

基因 *StMYB*，在紫色马铃薯中抑制花青素合成，在红色马铃薯中促进花青素合成。Ahn 等[49]提出 *StWRKY44* 可能是促进块茎中花青素积累的重要候选基因。

5　非生物胁迫遗传机制解析

低温诱导块茎中淀粉降解和蔗糖积累，液泡酸转化酶（StVInv）可将蔗糖裂解成己糖，以增加渗透保护作用，当 *StVInv* 敲除后，低温糖化现象减轻；与野生型植株相比，*StVInv* 敲除突变体在低温环境中浇水后表现出正常的生命活力[50,51]。ICE-CBF-COR 调控模块在植物响应冷胁迫过程中起到重要作用，Wang 等[52]发现 *StICE1* 不仅可以激活 *StCBFs* 和 *StCOR* 表达，还可以通过结合 *StLTI6A* 的启动子区域，激活 *StLTI6A*，从而提高植物细胞膜的稳定性，增强活性氧的清除能力，增强马铃薯对低温的耐受能力。与耐寒野生种 *S. commersonii*（*Sc*）和 *S. acaule*（*Sa*）相比，栽培品种 *S. tuberosum*（*St*）对低温更敏感，过量表达 *ScCBF* 比过量表达 *StCBF* 更能提高马铃薯的耐寒性[53]。Chen 等[54]发现 SaCBL1 能够与 SaCIPK3-1 相互作用，共同调控马铃薯耐寒性。Yan 等[55]基于全长转录组分析，提出 *StLPIN10369. 5* 和 *StCDPK16* 可能在马铃薯响应低温胁迫中起到重要作用。此外，过量表达 *StLTO1* 和 *StMAPK4* 也能增强马铃薯耐寒性[56,57]。

15~22 ℃ 是最适的结薯温度，当环境温度超过 22 ℃ 会抑制块茎生长。在高温条件下，甲基转移酶和去甲基化酶在热敏感基因型中显著上调表达，揭示了表观修饰是调控高温胁迫下块茎发育的重要因素[58]。

全球有超过 10 亿 hm² 的盐碱地，土壤盐渍化已成为世界性难题。培育耐盐碱作物，提高盐碱地作物产量，是保障粮食安全的重要途径。Jing 等[59]鉴定到关键的盐响应因子 *StGLK014720* 及其调控基因 *StAST021010* 和 *StAST017480*。唐鑫华等[60]发现喷施浓度 0. 02 mg/L 油菜素内酯类似物可以显著降低土壤盐渍化对马铃薯生长和块茎品质的不利影响，表明油菜素内酯在马铃薯耐盐碱中起到重要作用。Zhu 等[61]发现过量表达 *StCDPK28* 不仅可以提高马铃薯耐盐性，也可以提高对干旱胁迫的耐受性。

马铃薯是一种干旱敏感型作物，不同品种对干旱胁迫响应的差异发生在胁迫早期[62]，选育耐旱马铃薯品种是干旱半干旱地区提高马铃薯产量和品质的重要途径。细胞形态和细胞壁形成与根深密切相关[63]，基于全长转录组和比较转录分析，找到了响应干旱胁迫的重要候选基因[63,64]。Jian 等[65]基于 SMRT 和 RNA 测序构建了马铃薯干旱胁迫的调控网络。

改善品种氮肥利用效率可以有效减少环境中的氮肥使用量。Lu 等[66]比较了氮高效品种"延薯4号"和氮低效品种"Atlantic"在不同氮肥处理下 miRNAs 的表达差异，筛选出氮代谢相关的 *stu-miR396-5p*、*stu-miR8036-3p*、*stu-miR482a-3p* 等 miRNA 及其调控的靶基因，发现 *stu-miR396-5p* 负调控下游靶基因。Guo 等[67]分析了缺氮条件下，不同组织中氮转运和氮积累相关基因的表达差异及潜在的调控途径，为解析氮代谢的遗传机制提供了参考。

植物特有的 *SROs* 家族参与植物生长发育和胁迫响应多个过程，在 DM v6. 1 版本基因组中注释到 6 个 *StSROs*[68]。He 等[69]发现 *StSRO6* 可以提高植株对镉的耐受性。此外，Herath 和 Verchot[70]利用衣霉素处理马铃薯叶片，挖掘了一批内质网应激反应相关基因。

6 生物胁迫遗传机制解析

晚疫病由 *Phytophthora infestans*（*P. infestans*）引起，是马铃薯中最具破坏性的病害之一。生产上，晚疫病防控主要依赖于化学杀菌剂，常对环境造成负面影响。研究表明，阿米巴虫 *Willaertia magna* C2c Maky 裂解物可以有效防治葡萄霜霉病。Troussieux 等[71]发现 *Willaertia magna* C2c Maky 裂解物同样可以触发马铃薯的防御反应，直接杀死晚疫病菌。

病原体相关的分子作用模式具有一定的保守性，由病原触发的免疫响应可以提供持久的抗病性。Mu 等[72]基于 SWATH-MS 方法，在烟草中构建了 *P. infestans* 侵染后的蛋白质图谱，鉴定出晚疫病免疫响应的相关蛋白组分。Moon 等[73]建立了高效 RNA 介导的 *CRISPR/Cas9* 基因编辑系统，通过敲除晚疫病易感基因 *SR4* 创制了晚疫病抗性突变体，揭示了突变体中水杨酸大量积累是抗病性增强的重要原因。Razzaq 等[74]发现敲除 *StERF3* 基因也可以增强植株的晚疫病抗性。Yan 等[75]构建了抗晚疫病基因 *SD20* 的激素信号转导网络，挖掘了重要的抗性基因。Zhou 等[76]发现晚疫病效应子 Pi22798 促进 StKNOX3 特异性的同源二聚化，从而提高致病性。受体激酶 StLecRK-IV.1 与 StTET8 相互作用，改变 StTET8 的蛋白稳定性，促进 *P. infestans* 侵染[77]。Sun 等[78]发现晚疫病易感基因 *StDMR1* 和 *StDMR6* 在病菌侵染初期阶段促进细胞死亡，而 *StDND1* 诱导的晚疫病菌侵染机制不依赖于细胞死亡反应。Muñiz 等[79]发现 *StPP2A* 过量表达植株更容易被 *P. infestans* 侵染。目前，已经克隆的抗晚疫病基因主要适用于 *P. infestans*，不适用于其他晚疫病生理小种。Lin 等[80]在 *P. infestans* 中鉴定到一个新的 RXLR-WY 效应子 AVRamr3，其在多个 *Phytophthora* 菌种中高度保守，可以被马铃薯野生种 *S. americanum* 的 *Rpi-amr3* 基因识别，进而激活多个抗病基因。Li 等[81]利用 IP-MS 鉴定到 StMPK7 的下游调控因子 StUBA2a/b，揭示了 StMPK7 通过磷酸化 StUBA2a/b 增强植物对致病疫霉菌的响应。

此外，Lukan 等[82]以马铃薯免疫反应因子 *MIR160a*，*MIR160b* 和 *MIR390a* 为靶点，建立了 CRISPR-Cas9 介导的马铃薯 miRNA 表达调控系统，发现使用双 sgRNA 方法进行 miRNA 编辑会在转基因株系之间产生不同类型的突变，也会在同一植物的不同等位基因中产生不同类型的突变，miRNA 丰度与引入突变的频率和类型相关，并且一些突变位点可以产生替代的 miRNA。

Streptomyces scabies 是马铃薯疮痂病的主要致病菌。目前主要通过栽培减轻疮痂病的发生，但是效果有限。Zhao 等[83]发现喷施色氨酸可以提高马铃薯疮痂病抗性。Feng 等[84]发现解淀粉芽孢杆菌 Ba01 可以有效防治疮痂病的发生，其分泌的 Surfactin 是降低疮痂病发生的主要物质。Yu 等[85]揭示了木质素合成与粉痂病抗性相关，外施果胶酶可以减少孢子在根部的附着。Balotf 等[86]检测了粉痂病侵染后的蛋白质和磷蛋白质，揭示了氧化还原酶活性、电子转移和光合作用与根系感染初期密切相关。Dwivedi 等[87]发现马铃薯萜烯合酶

StTPS18 可以被丁香假单胞菌和茉莉酸甲酯诱导，过量表达后可以增强植株对丁香假单胞菌和青枯菌的耐受性。

植物病毒感染过程中招募多种宿主因子进行翻译、复制和移动。*EXA1* 是植物体内多种病毒和细菌的易感因子，大部分的隐性抗性基因是真核生物翻译起始因子 4E 家族成员，如 *nCBP*。马铃薯中 StEXA1 与 StnCBP 相互作用，诱导植株体内 PVY 病毒积累，当 *StEXA1* 和 *StnCBP* 的表达水平降低时，则提高了植株对 PVY 病毒的抗性[88]。StnCBP 还可以与 PVS 病毒的外壳蛋白相互作用，促进 PVS 侵染，但不能与 PVX 病毒外壳蛋白相互作用[89]。Li 等[90] 从野生二倍体 *S. chacoense* 中克隆了 PVY 抗性基因 Ry_{chc}，在四倍体"E3"中过表达后表现出对 PVY^O、$PVY^{N:O}$ 和 PVY^{NTN} 的极高抗性。PVY 的 VPg 蛋白也可以与易感因子 eIF4E 相互作用，eIF4E 功能缺失后植株对 PVY^O 的抗性增强[91]。Alexandrova 等[92] 在感染 PVS、PVM 的马铃薯中转入 PVS 反向重复序列或外壳蛋白序列，有效防止了田间 PVS、PVM 感染，建立了基于 RNA 干扰的抗病毒防御系统。此外，Otulak-Kozieł 等[93] 研究了谷胱甘肽含量在 PVY 侵染中的作用，提出谷胱甘肽转移酶 *StGSTF2* 可以作为 PVY^{NTN} 反应类型的标志基因。

马铃薯甲虫是国际公认的重要毁灭性检疫害虫，会对马铃薯生产造成毁灭性灾害。Zhang 等[94] 利用 HiFi 和 Hi-C 相结合组装了染色体级别的马铃薯甲虫基因组 1 008.42 Mb，注释到 29 606 个蛋白编码基因，发现基因家族扩展或收缩可能与入侵扩散和抗药性演化等生态适应有关，为马铃薯甲虫的精准绿色防控技术研发奠定了遗传学基础。

7 结论与展望

随着生物技术的快速发展和测序技术的普及，马铃薯基础研究领域取得了重要成效，这将进一步促进马铃薯重要性状的遗传机制解析和综合育种技术的发展与完善。四倍体栽培种单体型基因组的成功组装，二倍体野生种与栽培种变异图谱和泛基因组图谱的成功构建，是分子育种和全基因组选择育种方向的重要突破。利用泛基因组的基础研究优势，通过一系列农艺、品质、抗逆、抗病等重要性状调控基因挖掘以及遗传调控机理和分子调控网络解析，将极大促进种质资源的评价和利用以及马铃薯品种遗传改良。

[参 考 文 献]

[1] Hu J, Mei M, Jin F, et al. Phenotypic variability and genetic diversity analysis of cultivated potatoes in China [J]. Frontiers in Plant Science, 2022, 13: 3 625.

[2] 惠志明, 徐建飞, 简银巧, 等. 基于 2b-RAD 测序的四倍体马铃薯熟性相关的分子标记开发 [J]. 作物学报, 2022, 48 (9): 2 274-2 284.

[3] Singh B, Sharma J, Bhardwaj V, et al. Genotypic variations for tuber nutrient content, dry matter and agronomic traits in tetraploid potato germplasm [J]. Physiology and Molecular Biology of Plants, 2022, 28(6): 1 233-1 248.

[4] Selga C, Chrominski P, Carlson-Nilsson U, et al. Diversity and population structure of Nordic potato cultivars and breeding

clones [J]. BMC Plant Biology, 2022, 22(1): 1-12.

[5] Caraza-Harter M V, Endelman J B. The genetic architectures of vine and skin maturity in tetraploid potato [J]. Theoretical and Applied Genetics, 2022, 135(9): 2 943-2 951.

[6] Santayana M, Aponte M, Kante M, et al. Cytoplasmic male sterility incidence in potato breeding populations with late blight resistance and identification of breeding lines with a potential fertility restorer mechanism [J]. Plants, 2022, 11(22): 3 093.

[7] Xue W, Haynes K G, Clarke C R, et al. Genetic dissection of early blight resistance in tetraploid potato [J]. Frontiers in Plant Science, 2022, 13: 851 538.

[8] 沈升法, 项超, 李兵, 等. 浙江省马铃薯种质资源的表型鉴定与多样性分析 [J]. 浙江农业学报, 2022, 34(11): 2 319-2 328.

[9] 李建武, 李高峰, 文国宏, 等. 甘肃省多点联合试验马铃薯产量要素稳定性及试点鉴别力分析 [J]. 西北农业学报, 2022, 31(11): 1 422-1 434.

[10] 李玉涛, 章宪霞, 唐德晶, 等. 马铃薯主粮化加工专用品种筛选研究 [J]. 江苏农业科学, 2022, 50(19): 98-103.

[11] 李丰先, 罗磊, 李亚杰, 等. 基于 PCA 和隶属函数法分析的马铃薯创新种质抗旱性鉴定与分类 [J]. 干旱区资源与环境, 2022, 36(11): 141-147.

[12] 张帆, 李源, 陈梦茹, 等. 20 个马铃薯品种品质比较与综合评价 [J]. 河南农业科学, 2022, 51(8): 28-36.

[13] 罗文彬, 李华伟, 许国春, 等. 南方冬作区马铃薯新品种闽薯 2 号耐寒性鉴定 [J]. 中国蔬菜, 2022(9): 63-67.

[14] 于国红, 刘朋程, 李明哲, 等. 不同马铃薯品种(品系)耐盐性鉴定与综合评价 [J]. 江苏农业科学, 2022, 50(18): 188-194.

[15] 肖春芳, 王甄, 张等宏, 等. 不同马铃薯品种对晚疫病的田间抗性评价 [J]. 中国植保导刊, 2022, 42(5): 44-48, 19.

[16] 聂峰杰, 巩檑, 甘晓燕, 等. 马铃薯资源抗疮痂病鉴定及 SSR 遗传多样性分析 [J]. 分子植物育种, 2022, 20(5): 1 609-1 618.

[17] Sun H, Jiao W B, Krause K, et al. Chromosome-scale and haplotype-resolved genome assembly of a tetraploid potato cultivar [J]. Nature Genetics, 2022, 54(3): 342-348.

[18] Bao Z, Li C, Li G, et al. Genome architecture and tetrasomic inheritance of autotetraploid potato [J]. Molecular Plant, 2022, 15(7): 1 211-1 226.

[19] Wang F, Xia Z, Zou M, et al. The autotetraploid potato genome provides insights into highly heterozygous species [J]. Plant Biotechnology Journal, 2022, 20(10): 1 996-2 005.

[20] Achakkagari S R, Kyriakidou M, Gardner K M, et al. Genome sequencing of adapted diploid potato clones [J]. Frontiers in Plant Science, 2022, 13: 954 933.

[21] Bonthala V S, Stich B. Genetic divergence of lineage-specific tandemly duplicated gene clusters in four diploid potato genotypes [J]. Frontiers in Plant Science, 2022, 13: 875 202.

[22] Tang D, Jia Y, Zhang J, et al. Addendum: Genome evolution and diversity of wild and cultivated potatoes [J]. Nature, 2022, 609(7929): E14.

[23] Wang E, Liu T, Sun X, et al. Profiling of the candidate interacting proteins of SELF-PRUNING 6A (SP6A) in *Solanum tuberosum* [J]. International Journal of Molecular Sciences, 2022, 23(16): 9 126.

[24] Yuan J, Cheng L, Li H, et al. Physiological and protein profiling analysis provides insight into the underlying molecular mechanism of potato tuber development regulated by jasmonic acid *in vitro* [J]. BMC Plant Biology, 2022, 22(1): 1-22.

[25] Valencia-Lozano E, Herrera-Isidrón L, Flores-López J A, et al. *Solanum tuberosum* microtuber development under darkness unveiled through RNAseq transcriptomic analysis [J]. International Journal of Molecular Sciences, 2022, 23(22): 13 835.

[26] Wang E, Zhou T, Jing S, et al. Leaves and stolons transcriptomic analysis provide insight into the role of phytochrome F in potato flowering and tuberization [J]. The Plant Journal, 2023, 113(2): 402-415.

[27] 刘菊, 李广存, 段绍光, 等. 不同夜间温度处理对马铃薯试管薯及块茎形成相关基因表达的影响 [J]. 作物杂志, 2022, 208(3): 92-98.

[28] Mouzo D, Rodríguez-Vázquez R, Barrio C, et al. Comparative proteomics of potato cultivars with a variable dormancy period [J]. Molecules, 2022, 27(19): 6 621.

[29] Wang K, Zhang N, Fu X, et al. StTCP15 regulates potato tuber sprouting by modulating the dynamic balance between abscisic acid and gibberellic acid [J]. Frontiers in Plant Science, 2022, 13: 1 009 552.

[30] Muñiz García M N, Cortelezzi J I, Capiati D A. The protein phosphatase 2A catalytic subunit StPP2Ac2b is involved in the control of potato tuber sprouting and source-sink balance in tubers and sprouts [J]. Journal of Experimental Botany, 2022, 73 (19): 6 784-6 799.

[31] Li L, Lyu C, Chen J, et al. Snakin-2 interacts with cytosolic glyceraldehyde-3-phosphate dehydrogenase 1 to inhibit sprout growth in potato tubers [J]. Horticulture Research, 2022, 9: uhab060.

[32] Zheng X, Li M, Tian S, et al. Integrated analysis of transcriptome and metabolome reveals the mechanism of chlorine dioxide repressed potato (*Solanum tuberosum* L.) tuber sprouting [J]. Frontiers in Plant Science, 2022, 13: 887 179.

[33] Haider M W, Nafees M, Ahmad I, et al. Postharvest dormancy-related changes of endogenous hormones in relation to different dormancy-breaking methods of potato (*Solanum tuberosum* L.) tubers [J]. Frontiers in Plant Science, 2022, 13: 945 256.

[34] Han Y, Yang R, Wang Q, et al. Sodium silicate promotes wound healing by inducing the deposition of suberin polyphenolic and lignin in potato tubers [J]. Frontiers in Plant Science, 2022, 13: 942 022.

[35] Kiełbowicz-Matuk A, Grądzka K, Biegańska M, et al. The StBBX24 protein affects the floral induction and mediates salt tolerance in *Solanum tuberosum* [J]. Frontiers in Plant Science, 2022, 13: 965 098.

[36] Hui Z, Xu J, Jian Y, et al. Identification of long-distance transport signal molecules associated with plant maturity in tetraploid cultivated potatoes (*Solanum tuberosum* L.) [J]. Plants, 2022, 11(13): 1 707.

[37] Jing S, Sun X, Yu L, et al. Transcription factor StABI5-like 1 binding to the FLOWERING LOCUS T homologs promotes early maturity in potato [J]. Plant Physiology, 2022, 189(3): 1 677-1 693.

[38] Villányi V, Gondor O K, Bánfalvi Z. Metabolite profiling of tubers of an early- and a late-maturing potato line and their grafts [J]. Metabolomics, 2022, 18(11): 88.

[39] Sanetomo R, Akai K, Nashiki A. Discovery of a novel mitochondrial DNA molecule associated with tetrad pollen sterility in potato [J]. BMC Plant Biology, 2022, 22(1): 302.

[40] Zhang J, Yin J, Luo J, et al. Construction of homozygous diploid potato through maternal haploid induction [J]. Abiotech, 2022, 3(3): 163-168.

[41] Huang W, Dong J, Zhao X, et al. QTL analysis of tuber shape in a diploid potato population [J]. Frontiers in Plant Science, 2022, 13: 1 046 287.

[42] Fan G, Wang Q, Xu J, et al. Fine mapping and candidate gene prediction of tuber shape controlling Ro locus based on integrating genetic and transcriptomic analyses in potato [J]. International Journal of Molecular Sciences, 2022, 23(3): 1 470.

[43] Tanvir R, Wang L, Zhang A, et al. Orphan genes in crop improvement: enhancing potato tuber protein without impacting yield [J]. Plants, 2022, 11(22): 3 076.

[44] Liu T, Kawochar M A, Liu S, et al. Suppression of the tonoplast sugar transporter, StTST3. 1, affects transitory starch turnover and plant growth in potato [J]. The Plant Journal, 2023, 113(2): 342-356.

[45] Ayadi M, Chiab N, Charfeddine S, et al. Improved growth and tuber quality of transgenic potato plants overexpressing either NHX antiporter, CLC chloride channel, or both [J]. Plant Physiology Biochemistry, 2022, 189: 46-58.

[46] Zhang H, Zhao Y, Zhao X, et al. Methylation level of potato gene *OMT30376* regulates tuber anthocyanin transformations [J]. Frontiers in Plant Science, 2022, 13: 1 021 617.

[47] Wu X, Ma Y, Wu J, et al. Identification of microRNAs and their target genes related to the accumulation of anthocyanin in purple potato tubers (*Solanum tuberosum*) [J]. Plant Direct, 2022, 6(7): e418.

[48] 武小娟, 谢锐, 吴娟, 等. 彩色马铃薯花青素生物合成相关 microRNAs 及其靶基因表达分析 [J]. 植物遗传资源学报, 2022, 23(6): 1 856-1 866.

[49] Ahn J Y, Kim J, Yang J Y, et al. Comparative transcriptome analysis between two potato cultivars in tuber induction to reveal associated genes with anthocyanin accumulation [J]. International Journal of Molecular Sciences, 2022, 23(7): 3 681.

[50] Teper-Bamnolker P, Roitman M, Katar O, et al. An alternative pathway to plant cold tolerance in the absence of vacuolar invertase activity [J]. The Plant Journal, 2023, 113(2): 327-341.

[51] Yasmeen A, Shakoor S, Azam S, et al. CRISPR/Cas-mediated knockdown of vacuolar invertase gene expression lowers the cold-induced sweetening in potatoes [J]. Planta, 2022, 256(6): 107.

[52] Wang X, Song Q, Guo H, et al. *StICE1* enhances plant cold tolerance by directly upregulating StLTI6A expression [J]. Plant Cell Reports, 2023, 42(1): 197-210.

[53] Li C, Sun Y, Li J, et al. ScCBF1 plays a stronger role in cold, salt and drought tolerance than StCBF1 in potato (*Solanum tuberosum*) [J]. Journal of Plant Physiology, 2022, 278: 153 806.

[54] Chen L, Zhao H, Chen Y, et al. Comparative transcriptomics analysis reveals a calcineurin B-like gene to positively regulate constitutive and acclimated freezing tolerance in potato [J]. Plant, Cell and Environment, 2022, 45(11): 3 305-3 321.

[55] Yan C, Zhang N, Wang Q, et al. Full-length transcriptome sequencing reveals the molecular mechanism of potato seedlings responding to low-temperature [J]. BMC Plant Biology, 2022, 22(1): 1-20.

[56] Song Q, Wang X, Liu Y, et al. StLTO1, a lumen thiol oxidoreductase in *Solanum tuberosum* L., enhances the cold resistance of potato plants [J]. Plant Science, 2022, 325: 111 481.

[57] 冯亚, 朱熙, 罗红玉, 等. 马铃薯 StMAPK4 响应低温胁迫的功能解析 [J]. 作物学报, 2022, 48(4): 896-907.

[58] Dutta M, Raturi V, Gahlaut V, et al. The interplay of DNA methyltransferases and demethylases with tuberization genes in potato (*Solanum tuberosum* L.) genotypes under high temperature [J]. Frontiers in Plant Science, 2022, 13: 933 740.

[59] Jing Q, Hou H, Meng X, et al. Transcriptome analysis reveals the proline metabolic pathway and its potential regulation TF-hub genes in salt-stressed potato [J]. Frontiers in Plant Science, 2022, 13: 1 030 138.

[60] 唐鑫华, 孟欣, 石忆, 等. 表油菜素内酯对 NaCl 胁迫下马铃薯生长和块茎品质的影响 [J]. 中国农业大学学报, 2022, 27(12): 127-137.

[61] Zhu X, Wang F, Li S, et al. Calcium-dependent protein kinase 28 maintains potato photosynthesis and its tolerance under water deficiency and osmotic stress [J]. International Journal of Molecular Sciences, 2022, 23(15): 8 795.

[62] Ponce O P, Torres Y, Prashar A, et al. Transcriptome profiling shows a rapid variety-specific response in two Andigenum potato varieties under drought stress [J]. Frontiers in Plant Science, 2022, 13: 1 003 907.

[63] Qin T, Ali K, Wang Y, et al. Global transcriptome and coexpression network analyses reveal cultivar-specific molecular signatures associated with different rooting depth responses to drought stress in potato [J]. Frontiers in Plant Science, 2022, 13: 1 007 866.

[64] Alvarez-Morezuelas A, Barandalla L, Ritter E, et al. Transcriptome analysis of two tetraploid potato varieties under water-stress conditions [J]. International Journal of Molecular Sciences, 2022, 23(22): 13 905.

[65] Jian H, Sun H, Liu R, et al. Construction of drought stress regulation networks in potato based on SMRT and RNA sequencing data [J]. BMC Plant Biology, 2022, 22(1): 1-17.

[66] Lu Y, Zhang J, Han Z, et al. Screening of differentially expressed microRNAs and target genes in two potato varieties under nitrogen stress [J]. BMC Plant Biology, 2022, 22(1): 1-24.

[67] Guo H, Pu X, Jia H, et al. Transcriptome analysis reveals multiple effects of nitrogen accumulation and metabolism in the

roots, shoots, and leaves of potato (*Solanum tuberosum* L.) [J]. BMC Plant Biology, 2022, 22(1): 282.

[68] Ma Y, Zhou X, Liu Z, et al. Comprehensive analysis of *StSRO* gene family and its expression in response to different abiotic stresses in potato [J]. International Journal of Molecular Sciences, 2022, 23(21): 13 518.

[69] He Y, He G, Lou F, et al. Identification of the major effector stsros in potato: a potential *StWRKY−SRO6* regulatory pathway enhances plant tolerance to cadmium stress [J]. International Journal of Molecular Sciences, 2022, 23(22): 14 318.

[70] Herath V, Verchot J. Comprehensive transcriptome analysis reveals genome−wide changes associated with endoplasmic reticulum (ER) stress in potato (*Solanum tuberosum* L.) [J]. International Journal Of Molecularf Sciences, 2022, 23 (22): 13 795.

[71] Troussieux S, Gilgen A, Souche J L. A new biocontrol tool to fight potato late blight based on *Willaertia magna* C2c Maky lysate [J]. Plants, 2022, 11(20): 2 756.

[72] Mu Y, Guo X, Yu J, et al. SWATH−MS based quantitative proteomics analysis reveals novel proteins involved in PAMP triggered immunity against potato late blight pathogen *Phytophthora infestans* [J]. Frontiers in Plant Science, 2022, 13: 1 036 637.

[73] Moon K B, Park S J, Park J S, et al. Editing of StSR4 by Cas9−RNPs confers resistance to *Phytophthora infestans* in potato [J]. Frontiers in Plant Science, 2022, 13: 997 888.

[74] Razzaq H A, Ijaz S, Haq I U, et al. Functional inhibition of the *StERF3* gene by dual targeting through CRISPR/Cas9 enhances resistance to the late blight disease in *Solanum tuberosum* L [J]. Molecular Biology Reports, 2022, 49(12): 11 675−11 684.

[75] Yan W, Jian Y, Duan S, et al. Dissection of the plant hormone signal transduction network in late blight−resistant potato genotype SD20 and prediction of key resistance genes [J]. Phytopathology, 2023, 113(3): 528−538.

[76] Zhou J, Qi Y, Nie J, et al. A *Phytophthora* effector promotes homodimerization of host transcription factor StKNOX3 to enhance susceptibility [J]. Journal of Experimental Botany, 2022, 73(19): 6 902−6 915.

[77] Guo L, Qi Y, Mu Y, et al. Potato StLecRK−IV. 1 negatively regulates late blight resistance by affecting the stability of a positive regulator StTET8 [J]. Horticulture Research, 2022, 9: uhac010.

[78] Sun K, Schipper D, Jacobsen E, et al. Silencing susceptibility genes in potato hinders primary infection of *Phytophthora infestans* at different stages [J]. Horticulture Research, 2022, 9: uhab058.

[79] Muñiz García M N, Grossi C, Ulloa R M, et al. The protein phosphatase 2A catalytic subunit StPP2Ac2b enhances susceptibility to *Phytophthora infestans* and senescence in potato [J]. PLoS One, 2022, 17(10): e0 275 844.

[80] Lin X, Olave−Achury A, Heal R, et al. A potato late blight resistance gene protects against multiple *Phytophthora* species by recognizing a broadly conserved RXLR−WY effector [J]. Molecular Plant, 2022, 15(9): 1 457−1 469.

[81] Li T, Zhang H, Xu L, et al. StMPK7 phosphorylates and stabilizes a potato RNA−binding protein StUBA2a/b to enhance plant defence responses [J]. Horticulture Research, 2022, 9: uhac177.

[82] Lukan T, Veillet F, Križnik M, et al. CRISPR/Cas9−mediated fine−tuning of miRNA expression in tetraploid potato [J]. Horticulture Research, 2022, 9: uhac147.

[83] Zhao P, Liu L, Cao J, et al. Transcriptome analysis of tryptophan−induced resistance against potato common scab [J]. International Journal of Molecular Sciences, 2022, 23(15): 8 420.

[84] Feng R Y, Chen Y H, Lin C, et al. Surfactin secreted by Bacillus amyloliquefaciens Ba01 is required to combat *Streptomyces scabies* causing potato common scab [J]. Frontiers in Plant Science, 2022, 13: 998 707.

[85] Yu X, Wilson R, Balotf S, et al. Comparative proteomic analysis of potato roots from resistant and susceptible cultivars to *Spongospora subterranea* zoospore root attachment *in vitro* [J]. Molecules, 2022, 27(18): 6 024.

[86] Balotf S, Wilson C R, Tegg R S, et al. Large−scale protein and phosphoprotein profiling to explore potato resistance

mechanisms to *Spongospora subterranea* infection [J]. Frontiers in Plant Science, 2022, 13: 872 901.

[87] Dwivedi V, Kumar S R, Shilpashree H B, et al. An inducible potato (E, E)−farnesol synthase confers tolerance against bacterial pathogens in potato and tobacco [J]. The Plant Journal, 2022, 111(5): 1 308−1 323.

[88] Chen R, Tu Z, He C, et al. Susceptibility factor StEXA1 interacts with StnCBP to facilitate potato virus Y accumulation through the stress granule−dependent RNA regulatory pathway in potato [J]. Horticulture Research, 2022, 9: uhac159.

[89] Chen R, Yang M, Tu Z, et al. Eukaryotic translation initiation factor 4E family member nCBP facilitates the accumulation of TGB−encoding viruses by recognizing the viral coat protein in potato and tobacco [J]. Frontiers in Plant Science, 2022, 13: 946 873.

[90] Li G, Shao J, Wang Y, et al. Ry$_{chc}$ confers extreme resistance to Potato virus Y in potato [J]. Cells, 2022, 11(16): 2 577.

[91] Noureen A, Khan M Z, Amin I, et al. CRISPR/Cas9−mediated targeting of susceptibility factor eIF4E−enhanced resistance against potato virus Y [J]. Frontiers in Genetics, 2022, 13: 922 019.

[92] Alexandrova A, Karpova O, Kryldakov R, et al. Virus elimination from naturally infected field cultivars of potato (*Solanum tuberosum*) by transgenic RNA Interference [J]. International Journal of Molecular Sciences, 2022, 23(14): 8 020.

[93] Otulak−Kozieł K, Kozieł E, Przewodowski W, et al. Glutathione modulation in PVY^{NTN} susceptible and resistant potato plant interactions [J]. International Journal of Molecular Sciences, 2022, 23(7): 3 797.

[94] Zhang M, Cheng X, Lin R, et al. Chromosomal−level genome assembly of potato tuberworm, *Phthorimaea operculella*: a pest of solanaceous crops [J]. Scientific Data, 2022, 9(1): 748.

中国加工型马铃薯发展现状及展望

付怡菁，胡　祚，杨健康，马　列，李　周*

（云南省昭通市农业科学院，云南　昭通　657000）

摘　要：马铃薯是中国第四大粮食作物，对国家粮食安全起到重要作用。文章对加工型马铃薯主要品种进行梳理，分析马铃薯淀粉、马铃薯全粉、马铃薯食品、马铃薯变性淀粉4种马铃薯加工产品生产加工现状，介绍中国马铃薯加工业发展的整体情况，存在的差距及不足，并从马铃薯品种选育及贮存、加工技术的改进、马铃薯食品开发等方面为加工型马铃薯发展提出具体建议。

关键词：加工型；马铃薯；品种；生产

中国是世界上马铃薯种植面积最大的国家，产量也居世界首位，目前中国马铃薯面积超 466.67 万 hm^2，总产量达 9 700 万 t。据中国淀粉工业协会及相关数据显示，2021 年中国马铃薯种植面积约为 460.6 万 hm^2，同比下降 1.08%；马铃薯产量为 1 830.9 万 t，同比增长 1.81%。中国马铃薯种植区域分为北方一作区、中原二作区、西南混作区和南方冬作区四大产区[1]，其中北方一作区种植面积最大，约占全国的 50%。中原二作区约占全国的 8%，西南混作区种植面积约占全国的 37%，南方冬作区占全国的 5%[2]，未来发展潜力较大。

马铃薯营养成分非常丰富，营养结构也很合理。主要含有淀粉、蛋白质、脂肪、粗纤维等，其中淀粉 9%~20%，蛋白质 1.5%~2.3%，脂肪 0.1%~1.1%，粗纤维 0.6%~0.8%。脂肪含量较低，100 g 马铃薯仅含有热量 318 kJ。马铃薯含有丰富矿物质，钾、磷、铁、钙、碘等，维生素类成分也比较丰富，每 100 g 马铃薯含胡萝卜素高达 12~30 mg，还含有尼克酸、硫胺素及核黄素等成分[3]。马铃薯的蛋白质含量不高，但其品质类似于鸡蛋的蛋白质，易于消化和吸收。含有丰富的膳食纤维和钾盐，是非常好的高钾低钠食品，很适合高血压及肥胖人群食用，食用马铃薯能起到一定的通便和减肥作用[4]。

随着 2015 年马铃薯主粮化战略的提出，加工型马铃薯的需求量迅速增加，马铃薯的加工产品逐渐丰富，加工技术得到显著提高，马铃薯产业链不断延伸和完善，中国马铃薯加工业向规模化发展。但目前中国马铃薯加工能力不足，马铃薯加工型品种，尤其是全粉加工型品种缺乏[5]，加工量占比仅 10% 左右，与美国及欧盟的加工比例相比差距巨大[6]。

作者简介：付怡菁（1993—），女，助理农艺师，从事马铃薯生物技术及种薯繁育研究。

基金项目：云南省重大科技专项计划（202102AE090019）。

*通信作者：李周，硕士，高级农艺师，从事马铃薯、苦荞新品种选育与农业科技推广工作，e-mail：lizhou1313@163.com。

1 加工型马铃薯品种发展情况

1.1 加工型马铃薯的品质要求

国家标准 GB/T 31784—2015[7] 马铃薯商品薯分级与检验规程对加工型马铃薯的品质要求做了详细的规定，其中，薯片加工型和薯条加工型薯形要求分别是圆形或卵圆形、长形或长椭圆形，块茎均要求芽眼浅，蔗糖含量均要求小于 0.15 mg/g，还原糖含量要求略有不同，薯片小于 0.2%，薯条小于 0.25%。薯片加工要注意油炸次品率，根据干物质含量分为三级：21%~24% 为一级，20%~20.99% 为二级，19%~19.99% 为三级；薯条加工要注意油炸颜色不合格率，根据干物质含量也可以将马铃薯分为三级：21%~23% 为一级，20%~20.99% 为二级，18.5%~19.99% 为三级。全粉加工型要求块茎还原糖不高于 0.30%，块茎芽眼浅，块茎最小直径不小于 4 cm，也根据干物质含量将马铃薯分为三级：≥21% 为一级，≥19% 为二级，≥16% 为三级。淀粉加工型根据淀粉含量将马铃薯分为三级：≥16%为一级，≥13% 为二级，≥10% 为三级。同时国家标准对用于加工的马铃薯腐烂、杂质、品种混杂、机械伤、冲伤、青皮、空心等缺陷做了共性要求。

1.2 加工型马铃薯品种概况

加工型马铃薯主要是指专门用来加工马铃薯淀粉、全粉和油炸薯片、油炸薯条的马铃薯品种。自 2017 年马铃薯等非主要农作物实行登记政策以来，截至 2022 年 3 月，全国共登记马铃薯新品种 397 项，其中鲜食型品种（包含特色鲜食品种）占到了 84.63%，为 336 个，加工型（包含兼用加工型）品种 61 个，占比 15.36%[8]。2023 农业农村部首次发布《国家农作物优良品种推广目录》，其中收录了用于加工用途的特专型品种 4 个，分别是鲜食、淀粉加工用途的"中薯早 39"、淀粉加工型的"东农 310"、鲜食、炸片、炸条类型品种"克新 30 号"，炸片、炸条、富锌薯片加工型"云薯 304"。中国用于加工生产的马铃薯种类分为淀粉加工型马铃薯、薯条及薯片加工型马铃薯和全粉加工型马铃薯。

1.2.1 适合加工淀粉的马铃薯品种

经过多年的努力，中国在淀粉品种选育方面取得了显著进展。黑龙江省选育出高淀粉马铃薯品种"克新 12 号""克新 22 号"、淀粉加工型马铃薯"东农 308""垦薯 1 号"[9-12]，甘肃省完成高淀粉及全粉加工马铃薯新品种"腾薯 1 号"选育，淀粉与全粉加工兼用型马铃薯新品种"陇薯 6 号"[13,14]，宁夏回族自治区完成了马铃薯淀粉加工品种"庄薯 3 号"最佳生态区域的筛选[15]，云南省完成淀粉加工专用型马铃薯新品种"云薯 201""云薯 202"选育[16,17]。宁夏回族自治区开展淀粉加工专用型马铃薯品种比较试验，发现"陇薯 6 号""陇薯 8 号""陇薯 11 号""庄薯 3 号"4 个品种可以作为淀粉加工专用型品种大面积推广种植，"陇薯 3 号"可以作为淀粉加工型补充品种进行推广种植[18]，河北省完成专用淀粉加工型马铃薯新品种"冀张薯 6 号"的选育[19]，吉林省高淀粉加工型马铃薯新品种"吉薯 1 号"完成示范与推广[20]。

1.2.2 马铃薯薯条及薯片

中国适合炸条加工油炸薯条品种有由河北省围场满族蒙古族自治县农业农村局从美国引入的"夏坡蒂"[21]，云南省农业科学院经济作物研究所通过有性杂交选育而成鲜食、薯条加工兼用型品种"云薯401"[22]。油炸薯片品种有由农业部种子局从美国引进"大西洋"[21]，河北省高寒作物研究所选育"张薯7号"[23]，中国南方马铃薯研究中心利用杂交育种培育出来的"鄂马铃薯3号"（原"泉引1号"）[24]。

1.2.3 全粉加工型马铃薯

目前中国常用于全粉加工型的马铃薯品种有"陇薯3号""大西洋"等[25]。王腾等[8]将国内的马铃薯全粉加工型品种的登记现状进行梳理，发现目前全粉加工专用型品种有3个，仅占总登记数的0.76%，适宜全粉加工的兼用品种31个，占总登记数的7.81%。当前马铃薯全粉加工型品种存在全粉加工型品种数量过少，全粉加工品种评价体系较混乱、缺乏统一的标准，品种推广薄弱，更新换代慢等不足问题。

2 马铃薯加工产品现状

2.1 马铃薯淀粉

马铃薯淀粉是指利用马铃薯原料经过洗涤、磨碎、筛分、流槽去杂、淀粉清洗回收、脱水干燥等一系列加工工艺得到的产品，广泛用于食品、医药、纺织、造纸、化学等行业[26]。根据中国淀粉工业协会发布的有关数据显示，近几年中国马铃薯淀粉产量保持在45万~70万t。2020年中国马铃薯淀粉产量为66万t，较2019年增加46.6%，2021年中国马铃薯淀粉产量为65万t，马铃薯淀粉主要应用于食品行业，消费占比超过80%。2019—2021年，中国马铃薯淀粉行业表观消费量逐年增长，由47.48万t增长至74.28万t。中国马铃薯淀粉主要应用于食品行业，消费占比超过80%。受中国马铃薯种植区域分散影响，马铃薯淀粉企业分布也比较分散，且整体企业生产规模偏小[2]。

2.2 马铃薯全粉

马铃薯全粉是指马铃薯经切分、清洗后，进行蒸煮、冷却、制泥、干燥、破碎、筛分等工艺过程得到除薯皮以外的全部干物质[27]。国内马铃薯全粉分为颗粒全粉和雪花全粉两种类型。马铃薯全粉是食品深加工的基础，常作为添加剂使用以改善产品的品质。还可用作各种风味或营养强化的食品原料[28]。马铃薯全粉加工关键技术，主要有去皮、脱毒技术，护色技术，减少细胞破损率技术及干燥技术[29]。马铃薯全粉与马铃薯淀粉的根本区别在于全粉的加工没有破坏植物细胞，因此马铃薯全粉制品保留了马铃薯天然风味及固有的营养价值，目前国内学者致力于马铃薯全粉工艺流程及食品开发的研究。张晴晴[30]根据单因素实验的添加范围进行响应面优化，得到马铃薯全粉功能性主食馒头的最佳工艺条件为：大豆卵磷脂的添加量为0.45%、红茶粉的添加量为0.15%、牛磺酸的添加量为0.03%。王含[31]研究了不同护色方法对马铃薯全粉理化性质及其加工应用效果的影响，发现添加护色处理马铃薯全粉的吐司在色泽和抗老化性质方面更加优质。由于全粉制品符合消费者健康饮食消费观念，近年来马铃薯全粉市场需求不断释放，产能产量逐渐增加。据统计，中国马铃薯全粉生产能力为45万t，实际产量和市场需求量为10万t左右。

2.3 马铃薯食品

马铃薯食品加工产品丰富多样，主要包括速冻薯条、净鲜马铃薯、马铃薯全粉、马铃薯油炸鲜薯片、去皮马铃薯、薯泥、薯饼、速溶早餐薯粉等。根据马铃薯制品的工艺特点和使用目的，可以将马铃薯食品分为干制品、冷冻制品、油炸食品、在公共饮食服务中用马铃薯配菜四大类。不同的马铃薯食品有着不同的加工工艺，共性技术有原料输送技术、清洗除杂技术、去皮技术、防褐变技术、油炸技术、干燥技术。加工中也有需要注意的个性问题，如马铃薯速冻薯条的加工技术关键要注意原料的品质控制、褐变控制、漂烫温度时间及添加剂使用量、烘干温度及时间的控制，油炸对薯条品质的影响[29]。速冻马铃薯薯条和马铃薯油炸薯片是中国主要的马铃薯食品，近年来中国速冻薯条产业发展比较快，年产能约 40 万 t，实际产量约 20 万 t，市场刚需 25 万 t 左右。薯片加工量保持稳定，以全粉为原料的复合薯片年产量 25 万 t 左右，年产鲜切薯片 40 万 t 左右[6]。

2.4 马铃薯变性淀粉

马铃薯变性淀粉是以马铃薯原淀粉为原料，经物理、化学方法及酶制剂处理，改变原淀粉的溶解度、黏度、渗透性、凝胶性、吸水性等天然理化性质，产生一系列不同性质的变性淀粉及其衍生物[32]。马铃薯变性淀粉在食品工业中的应用，主要有以下几种形式：增稠剂、凝胶剂、乳化稳定剂、改良剂、保水剂赋型剂、填充剂、膨松剂等[33]。马铃薯及其变性淀粉的相关研究多停留在高校研究阶段，实际产业链条短、应用范围窄，在物理、化学方面的某些优势还未被重视起来，存在较好的发展前景[34]。

3 马铃薯加工存在的问题及展望

虽然中国马铃薯生产和加工能力不断提高，但总的来说国内马铃薯加工利用率、增值率低，产业链条短，没有充分发挥其应有的经济价值。与国外相比，中国马铃薯加工业的发展差距仍很明显，主要存在以下问题：马铃薯选育品种专用化程度低，贮藏技术落后，腐烂、品质劣化严重，原料基地建设薄弱，生产过程和原料标准化程度影响加工质量。加工品种单一，加工率仅有 10%，规模化深加工企业少且生产规模较小，多数企业加工技术装备、管理水平和生产经营方式落后。因此在未来要重视马铃薯品种选育及贮存，加工型马铃薯的选育重点应集中在优质品种的抗病、耐贮藏品种的选育与推广。同时加强加工技术的改进，优化马铃薯食品加工工艺，推动马铃薯生产加工企业实现标准化、规模化。还要开发丰富多样的马铃薯加工品，满足消费者的多元化需求。积极引导马铃薯加工品消费，拓宽海内外销售渠道，不断推动马铃薯加工产业的持续健康发展。

[参 考 文 献]

[1] 徐宁,张洪亮,张荣华,等.中国马铃薯种植业现状与展望 [J].中国马铃薯,2021,35(1):81-96.

[2] 孙永立.马铃薯淀粉产量大幅增长 高端需求增长空间大 [J].中国食品工业,2021(15):104-107.

[3] 赵祉强,李晓龙.浅议马铃薯的营养价值与功效 [J].中国果菜,2019,39(1):45-47.

[4] 贾艺悦,牟感恩,龙伟,等.马铃薯营养健康功效的评价及其主粮化问题的思考 [J].食品科技,2018,43(7):169-174.

[5] 王腾,马爽,金光辉.中国马铃薯全粉加工型品种研究进展 [J].中国马铃薯,2022,36(3):266-270.

[6] 王世光,吕黄珍,卢天齐,等.我国马铃薯加工业发展现状及建议 [J].农业工程,2022,12(3):76-79.

[7] 中华人民共和国国家质量监督检验检疫总局,中国国家标准化管理委员会.GB/T 31784—2015 马铃薯商品薯分级与检验规程 [S].北京:中国标准出版社,2015.

[8] 王腾,金光辉,张桂芝,等.中国马铃薯全粉加工型品种登记现状分析 [C]//金黎平,吕文河.马铃薯产业与种业创新.哈尔滨:黑龙江科学技术出版社,2022.

[9] 金光辉.优质淀粉加工专用马铃薯新品种—克新 12 号 [J].农民致富之友,2000(11):8.

[10] 盛万民.高淀粉加工型马铃薯新品种克新 22 号 [Z].黑龙江省,黑龙江省农业科学院克山分院,2010-04-26.

[11] 石瑛,张丽莉,魏峭嵘,等.淀粉加工型马铃薯新品种东农 308 的选育 [J].中国蔬菜,2014,30(2):54-56.

[12] 金光辉,孙秀梅,台莲梅,等.淀粉加工型马铃薯新品种'垦薯 1 号'的选育 [J].中国马铃薯,2014,28(2):125-126.

[13] 杨花莲.高淀粉及全粉加工马铃薯新品种腾薯 1 号选育 [Z].甘肃省,甘肃腾胜农产品集团有限公司,2009-10-30.

[14] 文国宏,王一航,李高峰.淀粉及全粉加工型马铃薯陇薯 6 号 [J].中国种业,2007(4):65-66.

[15] 余帮强,佘萍,张国辉,等.马铃薯淀粉加工品种庄薯 3 号最佳生态区域的筛选 [J].中国种业,2013(3):55-56.

[16] 隋启君.淀粉加工专用型马铃薯新品种云薯 201 选育及应用 [Z].云南省,云南省农业科学院经济作物研究所,2005-12-01.

[17] 李燕山,徐宁生,隋启君.淀粉加工型马铃薯新品种云薯 202 [J].中国马铃薯,2018,32(2):124-126.

[18] 张国辉,董风林,王收良,等.宁南山区淀粉加工专用型马铃薯品种筛选试验研究 [J].现代农业科技,2013(10):85-86.

[19] 张希近,尹江,姚瑞,等.专用淀粉加工型马铃薯新品种冀张薯 6 号的选育及配套栽培技术 [J].杂粮作物,2003(4):195-196.

[20] 王忠伟,高淀粉加工型马铃薯新品种吉薯 1 号示范与推广 [Z].吉林省,吉林吉科生物高技术有限公司,2015-12-04.

[21] 李艳梅.专用型马铃薯品种介绍 [J].青海农林科技,2012(1):62-63.

[22] 隋启君,白建明,杨琼芬,等.鲜食、薯条加工兼用型马铃薯新品种'云薯 401' [J].中国马铃薯,2014,28(4):255-256.

[23] 温利军,尹江,刘君馨,等.专用炸片马铃薯新品种'张薯 7 号'选育 [J].中国马铃薯,2004,18(5):293-294.

[24] 田恒林.马铃薯新品种 88P-30 选育(鄂马铃薯 3 号)[Z].湖北省,湖北恩施中国南方马铃薯研究中心,2000-03-01.

[25] 张颢城,李中慧,王秀丽.中国马铃薯主要品种特征与产业布局分析 [J].中国马铃薯,2022,36(1):78-85.

[26] 张煜欣,刘慧燕,方海田,等.马铃薯淀粉加工的副产物及资源化利用现状 [J].中国果菜,2020,40(1):46-52.

[27] 景战军.马铃薯全粉加工技术及应用研究进展 [J].食品安全导刊,2019(6):152.

[28] 李树君.马铃薯加工学 [M].北京:中国农业出版社,2014.

[29] 李若良,初雅洁.国内马铃薯全粉生成工艺及产业化应用研究 [J].现代食品,2021(18):68-70.

[30] 张晴晴.马铃薯全粉在功能性主食馒头中的应用研究 [D].济南:济南大学,2016.

[31] 王含.不同护色方法对马铃薯全粉品质特性的影响及其应用研究 [D].沈阳:沈阳农业大学,2022.

[32] 佚名.什么是马铃薯变性淀粉? [J].青海农技推广,2015(3):13.

[33] 佚名.马铃薯淀粉在食品工业中作用突显 [J].中国食品工业,2002(4):32.

[34] 李秀秀,王凯,连惠章,等.马铃薯变性淀粉在食品应用中的研究进展 [J].农产品加工,2020(3):92-94.

国内外马铃薯贮藏技术现状及发展趋势

田甲春[1]，田世龙[1*]，葛　霞[1]，许奕雯[2]，李守强[1]，李　梅[1]，程建新[1]，吕春娟[2]

(1. 甘肃省农业科学院农产品贮藏加工研究所，甘肃　兰州　730070；
2. 甘肃农业大学食品科学与工程学院，甘肃　兰州　730070)

摘　要：文章论述了中国马铃薯贮藏装备及抑芽保鲜技术方面研究进展，并就目前国内外智能化装备、抑芽保鲜技术及病虫害防治方面进行对比分析，对中国马铃薯贮藏技术发展趋势和对策进行展望和分析，以期为马铃薯贮藏及加工产业的发展提供参考。

关键词：马铃薯；贮藏；装备；抑芽技术；病虫害防治

1　中国马铃薯贮藏技术研究进展

1.1　马铃薯贮藏装备方面

随着社会经济的快速发展，人们提高了对马铃薯的个性化需求，为了迎合市场发展导向，一些新兴的马铃薯贮藏设施和技术应运而生，马铃薯贮藏智能化日趋明显。深圳博德维 Broadcool 快装洁净冷藏库主要为田间地头的预冷环节服务，所有部件在工厂统一生产，现场进行组合拼装，一套冷藏库大约只需 3 h 即可安装完成[1]。王相友等[2,3]根据马铃薯贮藏环境要求，设计了一套贮藏环境调控系统。该调控系统利用温湿度传感器和 CO_2 浓度传感器对环境参数进行实时检测，通过调节进出气窗、风机、压缩机组以及加湿装置，对马铃薯贮藏环境的温度、相对湿度、CO_2 体积分数等参数进行调控，使环境满足马铃薯的贮藏要求。田世龙等[4]发明了一种采用 EPS 新型保温材料建造的生鲜农产品贮藏设施，该设施隔热保温效果好，建造速度快，成本较低，并且可实现马铃薯贮藏过程中防腐剂、抑芽剂等药剂的简便、高效、安全施用。李少川等[5]设计了一种马铃薯贮藏调控监测系统，该系统包括库体、加湿装置、贮藏仓、加湿仓和压力仓，混气装置及混气仓具有良好的通风换气效果，可以提高马铃薯的贮藏质量。崔英俊和王相友[6]介绍了一种马铃薯贮藏库的主要设备，通过相关设备改变库内的温度、湿度以及二氧化碳浓度来达到贮藏保鲜的目的，抑制马铃薯的生命活力，保持持久的新鲜度。李学峰和李义森[7]发明了一种马铃薯种薯贮藏窖放风系统，该系统通过在窗扇铰接轴上设置链轮，采用手摇绞盘或电机驱动的方式带动链轮转动。陈思羽等[8]发明了一种家用抽屉结构的马铃薯贮藏装置，该贮藏装置具有自然通风和机械通风结合的特点，贮藏室中均有紫外灯照射起到了杀菌的作用。

作者简介：田甲春(1984—)，女，副研究员，研究方向为马铃薯贮藏加工。
基金项目：财政部和农业农村部国家现代农业产业技术体系资助(CARS-09-P26)；国家自然科学基金(32160596)；联合国世界粮食计划署项目(WFPGSPP-3)。
＊**通信作者**：田世龙，研究员，主要从事马铃薯贮藏保鲜及加工研究，e-mail：tianshilong@ gsagr. ac. cn。

1.2 马铃薯抑芽保鲜技术方面

施用抑芽剂是贮藏期间抑制马铃薯块茎发芽的有效措施,植物精油提取物也被用于马铃薯抑芽保鲜中[9],袁丽雪等[10]发现常温(25 ℃)贮藏期间,施用香茅精油可有效抑制马铃薯块茎发芽。甘肃省农业科学院农产品贮藏加工研究所葛霞等[11-13]发明了一种以羟丙基-β-环糊精为缓释载体的右旋香芹酮马铃薯抑芽剂,该团队还公开了一种马铃薯贮藏用雾化施药装置,使用时可将雾化施药装置单独装入吨袋或木条箱中,或置于贮藏空间较小的农用贮藏库窖中,并配合马铃薯抑芽剂或防腐剂施用,具有较强的实用性,在降低使用成本的同时提高了马铃薯抑芽和防腐的保鲜功效。

2 国内外马铃薯贮藏技术发展比较

2.1 马铃薯智能化装备方面

国外马铃薯智能化装备起步较早、发展快、技术水平高。具有代表性的企业如荷兰牧易农业(Mooij Agro)公司、美国IVI通风设备公司、美国AGRI-STOR公司、Tolsma公司等[14]。Tolsma公司在仓储设施中配备视觉控制智能存储计算机,通过控制风扇、百叶窗、加热器和冷却装置来调节温度、相对湿度和二氧化碳水平[15,16]。此外,还研发了马铃薯保鲜箱和高效LED节能照明灯来减轻马铃薯的贮藏损失[17,18]。目前,中国马铃薯仓储装备市场上,高端领域仍然被一些历史悠久、实力雄厚的外企牢牢占据着,而中国专业从事马铃薯机械生产的企业虽然已开始研发相应的综合控制系统,但马铃薯仓储设备的研究与开发仅仅处于起步阶段。北京航天慧工科技有限公司在马铃薯仓储方面,可实现精细控制仓储的空气条件,还可远程实时访问、回溯仓储数据;北京雨禾佳业农业科技有限公司与美国GELLERT及AGRI-STOR公司建立合作,在国内推广美式仓储系统及马铃薯贮藏期间的抑芽剂服务[19]。

2.2 马铃薯抑芽保鲜方面

随着人们对食品安全的重视,一些物理方法被用于马铃薯抑芽保鲜方面,如UV-C照射处理、高能电子束处理、气调贮藏、乙烯处理等[20-22]。Restrain公司研发了一种乙烯释放监测器来抑制马铃薯贮藏期的发芽,适用于商品薯与种薯,监测器根据贮藏空间内温度及CO_2浓度控制乙烯气体的均匀分布,3 d就可以达到较好的抑芽效果,且处理后对后续的加工无影响,用于种薯可消除种薯顶芽优势,提高马铃薯产量[23]。另外,部分植物精油及次生代谢物也具有良好的抑芽保鲜效果,如香芹酮、绿原酸、咖啡酸、臭椿提取物、香茅精油、薄荷精油等[24-26],国内外学者在此方面都有相应的研究,国外用于实际生产中较多,而国内还主要集中在实验室的药物筛选阶段。

2.3 马铃薯病害防治方面

Lastochkina等[27]研究了内生细菌枯草芽孢杆菌(10-4、26D)对马铃薯贮藏期间的病害具有抑制作用。一些植物源药剂也被用于防治马铃薯病害方面,杨帅等[28]将植物源农药丁子香酚和苦参碱用于马铃薯黑痣病菌和早疫病菌的防治,结果表明,两种植物源药剂均具有较好的室内抑菌效果。ClO_2处理可显著降低马铃薯块茎软腐病发病率和病斑扩展速度[29]。

目前，无损检测技术也被用于马铃薯贮藏加工中，如基于机器视觉的马铃薯褐变检测方法[30]。

3 中国马铃薯贮藏技术发展趋势与对策

马铃薯贮藏对其产业健康持续发展具有十分重要的意义，传统的贮藏方式已经不能满足人们对马铃薯多样化的深加工需求，因此，需要利用现代科技控制贮藏环境。加强马铃薯产后贮藏方面的研究与开发尤为必要：一是加强对抑芽防腐技术和病害控制新技术的研究，降低成本的同时提高马铃薯的贮藏品质；二是马铃薯贮藏设施应向自动化、智能化、精准化的方向发展，未来应大力加强和推进自动化控制系统、监测系统、远程检测与控制系统的研发与应用，实现马铃薯贮藏库数字化与智能化管理；三是加强发展配套的清洗分级、分拣设备、包装设备等研发及配套集成应用，实现从收获到入库及出库全程机械化和自动化作业；四是加强利用新型、无污染、可降解的生物保鲜技术研究，如微生物拮抗菌保鲜、天然提取物质保鲜及基因工程技术保鲜，以减少污染，实现马铃薯采后绿色贮藏保鲜和抑芽调控；五是加强贮藏设施、配套设备与保鲜技术的集成及协调优化应用，以降低成本，节约管理成本，提高马铃薯贮运品质。

[参 考 文 献]

[1] 网易.博德维快装洁净冷藏库助力我国"最先一公里"冷链基建 [EB/OL]. (2022-05-06). https://m. 163. com/dy/article/H6M6DGHQ053808ZX. html.

[2] 王相友,李少川,王法明,等. 马铃薯贮藏库调控系统设计与试验 [J].农业机械学报,2020,51(3): 363-370.

[3] 王相友,王荣铭,李学强,等. 马铃薯通风储藏库加湿系统设计与试验 [J].农业机械学报,2021,52(7): 358-366.

[4] 田世龙,程建新,李守强,等. 一种生鲜农产品贮藏设施:中国,CN212876791U [P].2021-04-06.

[5] 李少川,王法明,王相友.一种马铃薯贮藏调控监测系统:中国,CN210094013U [P].2020-02-21.

[6] 崔英俊,王相友.马铃薯贮藏库设备的研究 [J].农机使用与维修,2021(3): 25-27.

[7] 李学峰,李义森.一种马铃薯种薯储窖放风系统:中国,CN213485823U [P].2021-06-22.

[8] 陈思羽,徐爱迪,刘春山,等.一种家用马铃薯贮藏装置以及控制方法:中国,CN112913486A [P].2021-06-08.

[9] Li L Q, Chen J, Li Z Y, et al. Proteomic analysis of garlic essential oil-treated potato reveals that StHSP26. 5 as a vital gene involving in tuber sprouting [J]. Postharvest Biology and Technology, 2022(183): 111 725.

[10] 袁丽雪,赵愉涵,孙斐,等.香茅精油处理对马铃薯的抑芽作用研究 [J].食品与发酵工业,2022,48(23): 256-263.

[11] Cai X, Huang Z, Tian J, et al. S-(+)-carvone/HPβCD inclusion complex: Preparation, characterization and its application as a new sprout suppressant during potato storage [J]. Food Chemistry Advances, 2022(1): 100 100.

[12] 葛霞,田世龙,徐瑞,等.一种以羟丙基-β-环糊精为缓释载体的右旋香芹酮马铃薯抑芽剂:中国,CN110226600A [P].2019-09-13.

[13] 葛霞,田世龙,程建新,等.一种马铃薯贮藏用雾化施药装置:中国,CN 215649081U [P].2022-01-28.

[14] AGRI-STOR COMPANIES. Storage Service [EB/OL]. (2023-04-11). https://agri-stor. com/service/.

[15] TOLSMA. Wet Cleaning [EB/OL]. (2023-04-11). https://www. tolsmagrisnich. com/us/branches/wet-cleaning.

[16] TOLSMA. Control Technology [EB/OL]. (2023-04-11). https://www. tolsmagrisnich. com/us/branches/control-technology.

[17] TOLSMA. Fresh Box [EB/OL]. (2023-04-11). https://www. tolsmagrisnich. com/us/pages/fresh-box.

[18] TOLSMA GRISNICH. Led High Bay Lighting [EB/OL]. (2023-04-11). https://www. tolsmagrisnich. com/pages/led-

high-bay-verlichting.

[19] 薯博会. 2022 中国国际薯业博览会 [EB/OL]. (2022-04-26). https://mp. weixin. qq. com/s/atk1hLAld0jiw_XCve26Qw.

[20] Pelaić Z, Čošić Z, Pedisić s, et al. Effect of UV-C irradiation, storage and subsequent cooking on chemical constituents of fresh-cut potatoes [J]. Foods, 2021, 10(8): 1 698.

[21] 彭雪, 高月霞, 张琳煊, 等. 高能电子束辐照对马铃薯贮藏品质及芽眼细胞超微结构的影响 [J]. 中国农业科学, 2022, 55(7): 1 423-1 432.

[22] 田甲春, 田世龙, 李守强, 等. 低 O_2 高 CO_2 贮藏环境对马铃薯块茎淀粉-糖代谢的影响 [J]. 核农学报, 2021, 35(8): 1 832-1 840.

[23] Restrain. Potato storage [EB/OL]. (2023-04-11). https://restrain. io/products/potato-storage/.

[24] 邹聪, 陈凤真, 王波, 等. 马铃薯抑芽保鲜的研究进展 [J]. 黑龙江农业科学, 2020(8): 115-120.

[25] 涂勇, 刘川东, 姚昕. 3 种植物精油对马铃薯青薯 9 号贮藏效果的影响 [J]. 现代农业科技, 2020(2): 208-209, 211.

[26] Murigi W W, Nyankanga R O, Shibairo S I. Effect of storage temperature and postharvest tuber treatment with chemical and biorational inhibitors on suppression of sprouts during potato storage [J]. Journal of Horticultural Research, 2021, 29(1): 83-94.

[27] Lastochkina O, Baymiev A, Shayahmetova A, et al. Effects of endophytic *Bacillus subtilis* and salicylic acid on postharvest diseases (*Phytophthora infestans, Fusarium oxysporum*) development in stored potato tubers [J]. Plants, 2020, 9(1): 76.

[28] 杨帅, 王文重, 魏琪, 等. 植物源农药丁子香酚与苦参碱对两种马铃薯主要病害的毒力测定及评价 [J]. 黑龙江农业科学, 2021(11): 35-38.

[29] 徒鸿杨, 黄达明, 黄星奕. 基于机器视觉的马铃薯褐变检测方法: 中国, CN112734688A [P]. 2021-04-30.

[30] 田世龙, 李梅, 程建新, 等. ClO_2 对马铃薯块茎软腐病菌的控制效果及作用机理 [J]. 保鲜与加工, 2020, 20(3): 1-6.

马铃薯染色体加倍方法及倍性鉴定

逯春杏，曹春梅*，王晓娇，许 飞

（内蒙古自治区农牧业科学院，内蒙古 呼和浩特 010031）

摘 要：马铃薯（*Solanum tuberosum* L.）是继水稻、小麦、玉米之后全球第四大粮食作物。在自然界中，二倍体马铃薯中包括了绝大部分的原始栽培种和野生种，具有抗病、抗虫、抗逆等特性，但由于倍性差异，往往难以杂交成功，从而限制了杂种优势在育种上的应用。生产上种植的马铃薯品种多为四倍体普通栽培种，由于其遗传背景狭窄、亲缘关系近、染色体倍性不同、杂交不亲和等原因，同样严重制约着马铃薯的选育工作。因此，如何利用二倍体马铃薯种质资源中等位基因多样性对提高栽培种马铃薯的杂合性、扩大栽培种遗传资源、将野生种的遗传多样性和目标性状导入栽培种具有非常重要的作用。文章主要概述了马铃薯染色体加倍的技术方法（秋水仙素结合组织培养、马铃薯试管苗原生质体融合技术）、倍性鉴定方法（流式细胞术、马铃薯根尖或匍匐茎尖鉴定）方面的研究。

关键词：马铃薯；染色体加倍；秋水仙素；倍性鉴定

马铃薯属多倍体作物，染色体基数 $x=12$，在自然条件下 $2n=24$、36、48、60、72 等不同倍性的马铃薯均有存在。马铃薯种间杂交是指在育种中不同倍性的马铃薯种间进行杂交，产生的杂交后代染色体数目不尽相同。在自然界中，马铃薯通过自花授粉难以得到纯合体，从而限制了杂种优势在马铃薯育种上的应用。二倍体马铃薯中包括了绝大部分的原始栽培种和野生种，其特点是抗病、抗虫、抗逆、还原糖含量低、淀粉含量较高等，是专用型马铃薯新品种选育的重要种质资源。但这些野生种，由于倍性差异难以杂交成功，然而倍性水平的调节为解决这一难题提供了技术与材料基础。另外，目前生产上应用的基本上是四倍体普通栽培品种，由于遗传背景狭窄、亲缘关系近，后代的变异停留在近交水平；由于染色体倍性不同、杂交不亲和等原因，从而严重制约着马铃薯优质新品种的选育工作。因此，如何利用二倍体马铃薯种质资源中等位基因多样性对提高栽培种马铃薯的杂合性、扩大栽培种遗传资源、将野生种的遗传多样性和目标性状导入栽培种具有非常重要的作用[1,2]。近年来，马铃薯染色体倍性研究、倍性鉴定成为育种家日益关注的问题。将针对马铃薯遗传育种研究中染色体的加倍方法、优化处理组合、倍性鉴定操作等进行综合概述。

1 马铃薯染色体加倍的技术方法

马铃薯倍性操作具有重要的理论和实际意义。首先，将四倍体栽培种降至二倍体水平

作者简介：逯春杏（1990—），女，博士，助理研究员，主要从事马铃薯遗传育种研究。

基金项目：内蒙古自治区种业科技创新重大示范工程"揭榜挂帅"项目（2022JBGS0037）；中央引导地方科技发展资金项目（2022ZY0044）；内蒙古农牧业青年创新基金项目（2021QNJJN14）。

*通信作者：曹春梅，硕士，研究员，主要从事马铃薯遗传育种及病虫害防治研究，e-mail：906738310@qq.com。

并与野生种杂交，可将野生种丰富的抗性和品质基因转入栽培种之中，以扩充栽培品种基因库。其次，对一单倍体马铃薯进行二次加倍使其成为纯合四倍体，然后选择两种不同的纯合四倍体杂交，可获得具有强大杂种优势的 F_1 代不分离实生种子，从而彻底解决病毒病所引起的马铃薯品种退化问题，节省连年制种所耗费的人力物力。因此，倍性操作是分解育种方案的重要环节，而染色体加倍技术是获得纯系以及杂交品系用于生产的关键步骤。常见的马铃薯染色体加倍法包括：秋水仙素加倍法、组织培养加倍法以及原生质体培养及体细胞融合方法。

原生质体培养与融合技术的加盟，赋予了马铃薯倍性育种新的内涵。过去二倍体有性杂交后代必须通过秋水仙素或组织培养加倍方法使之恢复到四倍体水平才能在生产中应用。现在，通过野生种体细胞原生质体与优良栽培种（双单倍体）花粉原生质体融合，同时对杂种细胞进行染色体倍性鉴定即可实现。从而快速实现野生种的优良抗性及品质基因向栽培种的转移。

1.1 秋水仙素结合组织培养

董建科等[3]利用马铃薯"AC142"（二倍体）、"BLV29-2"（二倍体）、"E3"（四倍体，对照材料）和"FT073-4"（二倍体种间杂种）共4份马铃薯材料探索了染色体加倍的高效技术方法。前期采用组织培养的方法进行材料茎段扩繁，随后转入新的装有培养基的盒内保存备用。培养4周后，用于后期染色体加倍处理。染色体加倍所用培养基分为固体培养基和液体培养基，固体培养基是在液体培养基基础上加琼脂8 g/L，用于秋水仙素处理后的恢复生长。液体培养基高温灭菌后在超净工作台上加入过滤灭菌的秋水仙素母液，根据设置浓度梯度使最终秋水仙素浓度分别为0.05%（A）、0.1%（B）、0.25%（C）和0.5%（D）后分装到培养盒中，用于材料加倍处理。

选取生长4周左右长势健壮的组培苗进行加倍处理，具体操作：在超净工作台上剪去植株顶端，剪取第2到第4节带叶片单节间转入含不同秋水仙素浓度的液体培养基的PCR板孔中，剪取茎段长度约1.5 cm，使茎段基部完全浸没，腋芽和叶片在PCR板面位置略高于液体培养基表面，放入组培室[16 h光照/8 h黑暗，20 ℃/18 ℃，湿度（50±10%）]，处理时间梯度依次为3、5、7和10 d，同时设置不同处理方式，一部分材料置于转速120 r/min摇床上，一部分放置不转动摇床上。到达处理时间后，在超净工作台用灭菌水清洗处理茎2~3次，转入正常固体MS培养基，继续放入植物培养室，后期进行倍性检测。

研究结果表明，相同处理浓度相同处理时间，不同处理方式转速为0 r/min比转速120 r/min植株生长更快；相同处理浓度相同处理方式，不同处理时间对植株生长影响差异很大，处理时间越长，秋水仙素对植株胁迫越严重，植株生长越慢；在处理方式及处理时间相同的情况下，处理浓度越高，植株生长受抑制情况越严重，植株生长越缓慢。在秋水仙素浓度为0.05%下，7 d之内处理时间越长加倍率越高；0.1%浓度下，植株成活率降低；0.25%、0.50%浓度下，材料成活率极低，不易作为染色体加倍处理浓度。

王清[4]利用秋水仙素结合组织培养将马铃薯单双倍体材料"81-15""82-6"染色体加倍，试验采用了0.05%、0.20%和0.40%三种秋水仙素不同浓度。供选用500粒大小均一的马铃薯材料"81-15"实生种子，平均分配到10个小培养皿中，其中3个培养皿以清水处理作为对照，其他的分为3份加入不同浓度的秋水仙素，给予4、8、12 d的不同天数处理，处理温度均控制在4 ℃左右。

处理后的种子在70%酒精中浸泡1 min，再用10%次氯化钠水溶液浸泡15 min，用无菌水冲洗3次后将种子种于无蔗糖的MS培养基上，待发芽后检查倍性。用过滤灭菌法将80 mg秋水仙素加入到经高压灭菌过的400 mL MS固体培养基中，摇匀后分于三角瓶内，剪取含有2个茎节的"81-15""82-6"茎段50段分插于培养基内，5 d后，剪去上部茎节，将下部茎转入无秋水仙素的MS固体培养基中，带腋芽长出后，检查倍性。

秋水仙素结合组织培养进行愈伤组织诱导加倍培养基配制方法：

(1)MS + 2.25 mg/L BAP + 0.0 mg/L NAA + 0.2%秋水仙素 + 3%蔗糖 + 0.7%琼脂；

(2)MS + 2.25 mg/L BAP + 0.2 mg/L NAA + 0.2%秋水仙素+3%蔗糖 + 0.7%琼脂；

(3)MS + 2.25 mg/L BAP + 0.4 mg/L NAA + 0.2%秋水仙素+3%蔗糖 + 0.7%琼脂；

分化培养基：MS + 5 mg/L GA_3 + 2.25 mg/L BAP + 3%蔗糖 + 0.7%琼脂。

剪取"82-6"的叶片、叶柄、茎段各90片(段)，平均分置于3种组织诱导培养基中，15~20 d后转入无秋水仙素的愈伤组织培养基中，待30 d后再转入分化培养基中，植株的倍性鉴定只对L1和L3胚层进行鉴定。

研究结果表明，在4 ℃左右进行秋水仙素浸种试验，种子成活率达到70%以上，染色体加倍率随处理浓度和天数的不同而异，其中0.05%和0.20%浓度下以秋水仙素处理8~12 d的加倍效果较好；而0.40%浓度的秋水仙素处理种子4 d的效果最佳，加倍率可达66.67%，完全加倍率可达58%；试验中倍性嵌合现象普遍存在。在无秋水仙素培养基上，愈伤组织生长旺盛，但加倍率较低，而在加有秋水仙素的培养基上，愈伤组织生长明显受阻，长势不良，然而加倍率较高，其中，以4.0%秋水仙素加倍效果较好，尤其在半叶外植体处理中，最高加倍率达到60%以上。

刘磊[5]以高度杂合四倍体脱毒马铃薯作为试验材料，经组培后剪其茎尖作为外植体。将组培苗在无菌操作台上取其茎尖，直接放入普通分化培养基中培养5~10 d，分化形成愈伤组织。再分别在附加有20、30和40 mg/L秋水仙素的分化培养基上培养1~3 d，而后转入未附加秋水仙素的分化培养基上诱导培养，获取变异植株。将诱导培养后的材料，放在含有浓度分别为0.1 mg/L NAA与IBA的培养基上进行生根培养，培养条件均为温度(22±2)℃、光照1 500~2 000 lx、光照时间24 h/d、相对湿度70%。诱导材料经生根培养一段时间后观察生长变化，选出变化明显的植株，得到生长良好的、性状表现突出的诱导植株材料。结果表明，要获得染色体加倍和嵌合体的马铃薯苗，秋水仙素的浓度应该在30~40 mg/L，预培养时间在6~8 d为宜，诱导培养时间以2~3 d为宜。

1.2 马铃薯试管苗原生质体融合技术

用具有优良抗性基因的野生种与双单倍体品系或栽培种花粉原生质体的异体融合产生四倍体杂种植株，再通过无性繁殖迅速固定基因资源，为常规育种提供材料。化学融合法与电融合法是细胞融合的两种主要方法，前期细胞融合主要采用这两种方法对大量体细胞进行随机融合。近年来又出现对雌雄配子、体细胞的成对融合及不对称原生质体融合。融合技术的不断创新及使用材料的广泛性，使体细胞融合在倍性育种中独树一帜。

另有研究学者通过研究马铃薯试管苗原生质体融合技术，找出了单倍体马铃薯叶外植体，在染色体加倍的研究中，提出了原生质体自体融合可作为一种新的染色体加倍方法，该技术在国内达到领先水平。

2 马铃薯染色体鉴定方法

马铃薯栽培种是高度杂合的四倍体，也存在一些三倍体，野生型一般为二倍体，在确定育种目标后，父母本的选择尤为重要。倍性可以减少，由于倍性差异而导致的杂种不育和杂交不实，减少不必要的杂交组合并能预测杂交后代的倍性水平，这些均依赖于染色体数目的鉴定。

常选用马铃薯的组培芽、组培苗移栽后产生的匍匐茎尖、组培苗根尖作为马铃薯染色体数目的鉴定材料。倍性鉴定方法主要包括流式细胞术鉴定和马铃薯根尖或匍匐茎尖染色体压片镜检。

2.1 流式细胞术

流式细胞法(Flow cytometry，FCM)是利用流式细胞分析仪检测植物细胞 DNA 含量，分析得到 DNA 含量直方图，根据 DNA 含量直方图的峰值位置推断出植株的倍性。其原理是利用特异的荧光染色剂对细胞进行染色，通过流式细胞仪测定荧光含量[6,7]。以荧光含量与细胞 DNA 含量成正比关系，随着染色体数目的成倍增加，细胞核 DNA 含量也必然成倍增加，细胞核 DNA 相对含量的高低与细胞的倍性密切相关，因此根据细胞核 DNA 含量的高低可进行倍性鉴定。

王婷婷等[8]在利用流式细胞术鉴定染色体倍性的试验中，取大约 20 mg 正常生长 3 周左右的马铃薯组培苗幼嫩叶片，置于预冷的培养皿中央，加入 1 mL 预冷的核分离缓冲液 LB01，用锋利的双面刀片迅速切碎，然后将匀浆混匀，用预先浸泡在解离液 LB01 中的 400 目滤膜将匀浆过滤到 1.5 mL 离心管中。加入 10 μL 预冷的 PI(50 μg/mL)染料，同时加入 RNase(50 μg/mL)，避光染色半小时以上，最后在流式细胞仪上样检测。试验研究结果表明，二倍体马铃薯"E"的细胞核荧光强度在 200 道附近有明显的峰，而"青薯 9 号"在 400 道附近出现明显的峰，为二倍体马铃薯"E"的 2 倍，符合四倍体核 DNA 的特征。试验研究建立的方法适合进行马铃薯的倍性分析。同时，采用流式细胞术鉴定马铃薯染色体倍性，所需材料用量少、速度快、短时间内便可鉴定出植株倍性，可以为马铃薯的倍性研究提供实验依据。

2.2 马铃薯根尖或匍匐茎尖鉴定

选取马铃薯匍匐茎尖的最佳时期应是在匍匐茎伸长生长的旺盛期。这时，匍匐茎尖分生能力强可获得较多的分裂相；而当匍匐茎停止伸长生长，顶端开始膨大时，匍匐茎尖的分裂减弱甚至停止，这时很难获得好的分裂相，加之由于淀粉粒的积累，在镜检时淀粉粒的存在亦会影响视野的观察。一般在苗期匍匐茎即开始生长，因此取材时间应是马铃薯出苗之后，最好是在匍匐茎发生初期。这样，既能获得好的分裂相又能减轻对马铃薯根系的破坏程度，尽可能的不影响植株的生长发育。

植物材料的染色体压片观察，首先要对材料进行预处理，目的是使染色体收缩变短，易于观察，同时也可以阻止纺锤体的形成，获得较多的中期分裂相。用于植物材料预处理的药品很多，如0.05%~0.2%秋水仙素水溶液，饱和的对二氯苯水溶液等。将预处理后的匍匐茎尖用水冲洗3~5次后，用卡诺固定液固定4 h以上，可将固定好的材料转入70%乙醇中，在4 ℃的条件下可保存数月。最后进行染色并镜检，马铃薯匍匐茎尖的染色观察与根尖的镜检方法一样，关键是获得较好的中期分裂相。因此，取材和预处理尤为重要。通过相关研究者实验摸索，取材以刚由地下茎基部长出，处于伸长生长阶段的匍匐茎尖为佳。

人工诱导作物染色体加倍是育种研究的重要突破。马铃薯杂交育种试验由于存在子代表现不可控的不确定性，同时亲本材料收集困难、试验周期长等困难，传统的育种方式已经不能满足当下科研以及市场的需求，因此对马铃薯育种以及品种的改良非常重要。采用现代科学技术辅助育种工作，可大大缩短育种时间，减少人工成本，从而打破传统育种所面临的难题。探究马铃薯染色体加倍的方法，可以将二倍体马铃薯材料中的优良性状导入普通栽培品种上，增强马铃薯新品种的抗性。同时，丰富了马铃薯种质资源材料。通过介绍马铃薯染色体加倍技术、倍性鉴定等方面的研究方法，为加快马铃薯多倍体育种和野生种质资源利用提供了研究技术及方法，为马铃薯遗传育种工作提供理论基础。

[参 考 文 献]

[1] Hawkes J G. The potato: Evolution, biodiversity and genetic resources [M]. London: Belhaven Press, 1990: 1-259.

[2] Bradshaw J E, Bryan G J, Ramsay G. Genetic resources (including wild and cultivated *Solanum* species) and progress in their utilisation in potato breeding [J]. Potato Research, 2006, 49(1): 49-65.

[3] 董建科, 涂卫, 王海波, 等. 马铃薯高效染色体加倍方法建立与抗寒资源创制 [J]. 作物学报, 2020, 46(11): 1 659-1 666.

[4] 王清. 利用秋水仙素结合组织培养对马铃薯双单倍体染色体加倍的研究 [C]//陈伊里. 中国马铃薯学术研讨文集. 哈尔滨: 黑龙江科学技术出版社, 1996: 259-262.

[5] 刘磊. 秋水仙素对马铃薯多倍体诱导的初步研究 [J]. 农业科技通讯, 2019(3): 113-115.

[6] Mallón R, Rodríguez-Oubiña J, González M L. *In vitro* propagation of the endangered plant *Centaurea ultreiae*: assessment of genetic stability by cytological studies, flow cytometry and RAPD analysis [J]. Plant Cell Tissue and Organ Culture, 2010, 101(1): 31-39.

[7] 周香艳, 张宁, 王旺田, 等. 流式细胞术检测4种提取沙棘核DNA方法的比较 [J]. 甘肃农业大学学报, 2012, 47(4): 155-160.

[8] 王婷婷, 张光海, 蔡汶玻, 等. 利用流式细胞法鉴定马铃薯倍性方法的优化 [J]. 中国马铃薯, 2019, 33(1): 1-7.

马铃薯 StWRKY 转录因子响应胁迫功能研究进展

田佩耕[1,2]，张　峰[1,2]，田再民[3*]

(1. 西南作物基因资源发掘与利用国家重点实验室，四川　成都　611130；
2. 四川农业大学农学院，四川　成都　611130；
3. 河北北方学院，河北　张家口　075000)

摘　要：马铃薯是世界上重要的粮食作物，其生育过程受多种胁迫的影响。WRKY 家族是近几年来研究的较为广泛的转录因子，在植物中响应多个逆境胁迫调控网络。文章从 StWRKY 转录因子的分类与结构特点、在非生物胁迫和生物胁迫响应中的功能作一概述，为进一步研究马铃薯 WRKY 功能及应用提供理论依据。

关键词：马铃薯；转录因子；WRKY；生物胁迫；非生物胁迫

马铃薯(*Solanum tuberosum* L.)属茄科茄属，其分布广泛、抗逆性强、产量高且富含人体所需多种氨基酸和维生素，是世界上仅次于小麦、水稻和玉米的第四大粮食作物。马铃薯产量受生物胁迫与非生物胁迫的影响，全国马铃薯因种植面积减少和寒、旱、晚疫病的发生导致减产。截至目前，全球每年因马铃薯晚疫病造成 170 亿美元的直接经济损失[1-4]。随着分子生物学的发展，学界逐渐聚焦在从分子水平上揭示马铃薯的抗逆机理。

转录因子(Transcription factor)是指具有特殊结构并能够与基因 5' 端上游序列特异结合的蛋白质分子[5]，其作为顺式作用元件可参与基因的转录过程，对目的基因的表达起上调或下调作用[6]。目前研究较多的特异性转录因子有 WRKY、bZIP、C2H2、bHLH、MYB、AP2/ERF 和 NAC 等[7]。WRKY 家族是近几年来研究较为广泛的转录因子，主要存在于植物中，其参与调控与植物的生长发育有关的生理活动，如逆境响应机制、光信号转导、植物衰老进程、果胶降解和果实软化等[8-11]。自 1994 年首次报道甘薯 WRKY 转录因子 SPF1 以来，WRKY 转录因子在许多植物中被克隆出[12]，目前已报道的 WRKY 成员在番茄中约有 81 个[13]、在大豆中有 182 个[14]、在小麦中有 124 个[15]。本文总结了 WRKY 转录因子在马铃薯生物与非生物胁迫调控网络中的作用研究进展，旨在为进一步研究马铃薯 WRKY 功能及应用提供理论依据。

1　StWRKY 转录因子的分类与结构特点

StWRKY 蛋白含有 1~2 个高度保守 WRKY 结构域，每个结构域约由 60 个氨基酸残基

作者简介：田佩耕(2000—)，男，硕士研究生，主要从事马铃薯种薯活力调控研究。
基金项目：国家现代农业技术体系四川薯类创新团队项目(scHTSStd-2023-09)；西南作物基因资源与利用国家重点实验室"生物育种"揭榜挂帅项目(SKL - ZY202203)；河北省现代农业产业技术体系薯类创新团队(HBCT2018080201)。
*通信作者：田再民，博士，副教授，主要从事分子育种研究，e-mail：nkxtzm@163.com。

组成，其保守核心七肽序列 WRKYGQK 位于 N 末端，因其而得名，C 端为锌指结构，主要由 C_2H_2 或 C_2HC 组成[16]。WRKY 转录因子能特异性地与目的基因顺式作用元件 W-box (TTGACC/T)结合[17]，W 盒所处的启动子区主要与植物抗逆、损伤和衰老相关基因有关[18]，通过增强或减弱下游基因的表达[19]，参与植物对盐、热、低温、干旱、氧化、重金属和晚疫病等各种生物胁迫和非生物胁迫的反应机制[20]。WRKY 转录因子根据其核心保守序列和锌指结构主要分为三类，Ⅰ类 N 端有 2 个 WRKY 核心结构域，C 端锌指结构为 C_2H_2；Ⅱ类 N 端只有 1 个 WRKY 核心七肽保守序列，C 端锌指结构仍为 C_2H_2，根据氨基酸核心序列的不同又可分为 a、b、c、d、e 五个亚类；Ⅲ类 C 端锌指结构由 C_2HC 组成，N 端同样只有 1 个七肽序列[21,22]。

2 StWRKY 转录因子在非生物胁迫响应中的功能

近些年学界对马铃薯 WRKY 转录因子非生物胁迫的研究主要集中在干旱、盐、低温、低磷镉等方面(表1)。

表1 马铃薯 WRKY 转录因子响应非生物胁迫的研究进展

转录因子	胁迫类型	表达模式	参考文献
StWRKY	低温、NaCl	上调	[23]
StWRKY2	低磷/干旱、PEG	下调/上调	[24, 25]
StWRKY3	低温	上调	[26]
StWRKY6	镉、低钾	上调	[27, 28]
StWRKY14	干旱/盐	下调/上调	[29]
StWRKY15	低温	上调	[26]
StWRKY16	干旱/盐	下调/上调	[29]
StWRKY18	镉	上调	[30]
StWRKY19	盐	下调	[31]
StWRKY20	干旱、盐	上调	[28]
StWRKY26	镉	上调	[30]
StWRKY29	镉	上调	[30]
StWRKY31	低温	上调	[29]
StWRKY34	镉	上调	[30]
StWRKY38	干旱/盐	下调/上调	[29]
StWRKY40	NaCl、PEG	上调	[32]
StWRKY44	干旱/盐	下调/上调	[29]
StWRKY48	干旱/盐	下调/上调	[29]
StWRKY49	干旱/盐	下调/上调	[29]
StWRKY50	干旱/盐	下调/上调	[29]
StWRKY57	高温、干旱、盐	上调	[33]

转录因子	胁迫类型	表达模式	参考文献
StWRKY60	镉	上调	[30]
StWRKY62	干旱/盐	下调/上调	[29]
StWRKY64	镉	上调	[30]
StWRKY70	镉	上调	[30]
StWRKY74	干旱/盐	下调/上调	[29]
StWRKY75	干旱/盐	下调/上调	[29]
StWRKY81	干旱/盐	上调/下调	[29]

2.1 StWRKY 转录因子对干旱胁迫的响应

中国大部分马铃薯主产区位于干旱和半干旱地带，常年缺水，而马铃薯为浅根性作物，根系主要分布在距地表 30 cm 的土层内，可利用水分面积小，目前干旱胁迫已成严重制约马铃薯产业发展的因素[34,35]。WRKY 家族大部分成员参与马铃薯干旱胁迫响应网络，干旱可对马铃薯造成细胞缺水、代谢水平降低、叶绿素降解等损伤。已有研究表明，将 WRKY2 转录因子转入马铃薯中可显著提高植株的叶片保水力、相对含水量、脯氨酸含量和叶绿素含量[25]，此外李立芹和王西瑶[24]用 NaCl 处理"米拉"组培苗 6 h 后的 qPCR 结果显示，WRKY2 的相对表达量显著上升，说明 StWRKY 转录因子在调控马铃薯干旱胁迫响应网络中有重要作用，但也有报道显示在干旱条件下 StWRKY 转录因子负调控马铃薯抗旱性[36]。还需进一步研究马铃薯 WRKY 转录因子在抗旱中的作用。

2.2 StWRKY 转录因子对盐胁迫的响应

随着世界上耕地盐碱化的加重，越来越多的作物产量受到盐碱严重制约[37]。马铃薯是盐中度敏感作物，盐胁迫可导致马铃薯叶片气孔闭合、叶绿素含量减少、组织氧化、渗透胁迫物质合成增多等[38]。有研究显示 StWRKY 转录因子参与马铃薯盐胁迫早期调控网络，正调控马铃薯对盐胁迫的抗性[23]。黄胜雄等[29]对马铃薯盐胁迫后 StWRKY 的聚类分析表明，大部分基因在胁迫 1 d 后显著上调表达，2 d 后表达下调，但也有基因负调控马铃薯对盐胁迫的抗性。目前 WRKY 在马铃薯盐胁迫中的研究较少，有报道表明将 SlWRKY8 转入番茄后，转基因对盐胁迫的耐受力更高，脯氨酸等渗透胁迫物质积累较多，且可提高其他胁迫基因的转录水平，如 SlAREB、SlDREB2A 和 SlRD29 等[39]。

2.3 StWRKY 转录因子对镉胁迫的响应

镉是自然界中广泛存在的重金属，对生物危害严重，可通过在食物链中积累，传递到人体中[40]。镉胁迫后的转录组分析显示，差异基因主要位于氨基酸、蛋白和离子跨膜转运等位置，差异表达最多的基因为 StWRKY，并且 7 个 StWRKY 转录因子在镉胁迫 6 和 12 h 时表达量显著上升，进一步研究显示 StWRKY29 可增强 $\triangle ycf1$ 菌株的耐镉性，过表达 StWRKY29 可有效阻止镉从根向地上部的运输[30]。同样有研究表明镉胁迫 12 h 时 StWRKY6 在马铃薯根和茎中表达量最高，但在叶中 6 h 时表达最高，在拟南芥中过表达 StWRKY6 可提高叶片 SPAD 值、SOD、POD 和 CAT 等活性氧清除酶活性。此外 StWRKY6 可通过

APR2、*DFRA*、*VSP2*、*ABCG1D* 和 *BBX20* 等基因调控马铃薯对镉的耐受性[27]。

3 StWRKY 转录因子在生物胁迫响应中的功能

马铃薯 WRKY 转录因子在调控生物胁迫相应网络中的功能研究较少，主要集中在晚疫病和青枯病的研究上(表2)。

表 2 马铃薯 WRKY 转录因子响应非生物胁迫的研究进展

转录因子	胁迫类型	表达模式	参考文献
StWRKY1	软腐、晚疫、青枯病	上调	[41–43]
StWRKY5	晚疫病	上调	[44, 45]
StWRKY6	晚疫病	上调	[42]
StWRKY7	青枯病	上调	[46]
StWRKY8	晚疫、青枯病	上调	[47–49]
StWRKY30	晚疫病	上调	[50]
StWRKY59	晚疫病	上调	[51]

3.1 StWRKY 转录因子对晚疫病的响应

晚疫病由疫霉菌(*Phytophthora infestans*)引起，疫霉菌属卵菌纲疫霉属，是一种半活体营养型异宗配合卵菌[52]，其游动孢子囊形成的萌发管可侵染植物组织，菌丝在植物细胞内侵染部位形成侵染泡，形成可破坏细胞壁的吸器，在吸器除掉细胞壁后便与植物细胞进行分子交换，建立寄生关系[53]。有证据显示 StWRKY1 转录因子可通过与启动子结合调控羟基肉桂酸酰胺(Hydroxycinnamic acid amide，HACC)合成，HACC 的合成有助于次生细胞壁的加强，而沉默 *StWRKY6* 后细胞内 HACC 积累量显著下降，晚疫病菌丝生长量显著增多[42]。β-氨基丁酸可诱导 *StWRKY5* 早期上调表达，使病菌侵染部位的 H_2O_2、胼胝质和 HR 提早积累，阻遏病菌入侵，超量表达 *StWRKY5* 有效增强了对晚疫病的抗性[45]。谭雪[51]发现过表达 *StS6K2* 可抑制晚疫病菌入侵马铃薯植株，StWRKY59 作为下游转录因子与其存在互作，同样正调控马铃薯对晚疫病的抗性，沉默 StWRKY59 后植株对晚疫病的抗性下降。贺苗苗[50]在晚疫病胁迫后马铃薯叶片转录组数据中观察到共有 52 个 WRKY 家族成员差异表达，qPCR 结果显示 StWRKY30 在胁迫 48 h 时表达量达到峰值，与转录组数据一致。此外，李洪浩[54]对马铃薯中 60 个 WRKY 转录因子进行分析，结果显示大多数转录因子响应晚疫病，预示了 StWRKY 转录因子在马铃薯抗晚疫病中有重要作用。

3.2 StWRKY 转录因子对青枯病的响应

青枯病是维管束病害，可从马铃薯根部伤口或气孔处侵染，沿维管束向地上部运动[55]。在马铃薯幼苗上接种青枯病菌后，qPCR 显示 StWRKY1 在接种 2 d 后表达量达到峰值，随后下降，而感病品种中 StWRKY1 相对表达量较抗病品种低，且峰值出现时间延后，推测 StWRKY1 可能介导防御青枯病菌侵染马铃薯，故在前期表达量高[42]。同样有研究表明抗病品种中类 *StWRKY8* 在受青枯病侵染前期迅速表达，达到峰值，原位杂交表明

StWRKY8 主要定位在维管组织中[49]。李晓静[56]发现青枯菌效应子 Rip6 转基因株系较野生型更易感病，flg22 诱导前后 StWRKY7 在转基因与野生型中的表达量变化规律一致，表明 Rip6 不抑制 StWRKY7 介导的 PTI 免疫途径。

4 展 望

马铃薯的生育受多种生物与非生物胁迫的影响，近年来马铃薯 WRKY 转录因子的功能得到了一定程度的解析，但主要集中在对单个基因的研究上，对其上下游响应信号与逆境胁迫调控途径的研究较少。杨瑞[57]通过酵母单杂发现青枯病抗性基因 *StBAK1-20* 的启动子序列与 StGATA9、StWGA1 和 StWRKY1 转录因子存在互作，但尚不清楚其互作方式。有报道显示樟脑可抑制马铃薯块茎发芽，减少块茎水分、干物质的损失，StWRKY75 受樟脑诱导上调表达，传递 MPK4 信号，调控下游防御信号[58]。此外 StWRKY13 可促进马铃薯块茎花青素合成，花青素具有抗氧化能力，而 StWRKY40 受 DA-6 诱导上调表达，DA-6处理同样可提高马铃薯组培苗的过氧化物酶活性，降低过氧化氢含量，这预示着 StWRKY 转录因子在马铃薯抗氧化调控途径中有重要作用[59,60]。

[参 考 文 献]

[1] 谢从华.马铃薯产业的现状与发展 [J].华中农业大学学报:社会科学版,2012,2012(1):1-4.

[2] 刘维刚,唐勋,付学,等.马铃薯抗旱性研究进展 [J].中国马铃薯,2022,36(4):358-369.

[3] 金黎平,罗其友.我国马铃薯产业发展现状和展望 [C]//陈伊里,屈冬玉.马铃薯产业与农村区域发展.哈尔滨:哈尔滨地图出版社,2013:20-30.

[4] 田甲佳,刘良燕.马铃薯主要真菌病害及防治方法研究进展 [J].中国马铃薯,2021,35(5):444-455.

[5] 刘强,张贵友,陈受宜.植物转录因子的结构与调控作用 [J].科学通报,2000(14):1 465-1 474.

[6] 李洁.植物转录因子与基因调控 [J].生物学通报,2004(3):9-11.

[7] Riechmann J L, Heard J, Martin G, et al. *Arabidopsis* transcription factors: genome-wide comparative analysis among eukaryotes [J]. Science, 2000, 290(5499):2 105-2 110.

[8] Mukhi N, Brown H, Gorenkin D, et al. Perception of structurally distinct effectors by the integrated WRKY domain of a plant immune receptor [J]. Proceedings of the National Academy of Sciences, 2021, 118(50):E2 113 996 118.

[9] Sun Q, Wang S, Xu G, et al. SHB1 and CCA1 interaction desensitizes light responses and enhances thermomorphogenesis [J]. Nature Communications, 2019, 10(1):3 110.

[10] Chen L, Xiang S, Chen Y, et al. *Arabidopsis* WRKY45 interacts with the DELLA protein RGL1 to positively regulate age-triggered leaf senescence [J]. Molecular Plant, 2017, 10(9):1 174-1 189.

[11] Zhang W W, Zhao S Q, Gu S, et al. FvWRKY48 binds to the pectate lyase *FvPLA* promoter to control fruit softening in *Fragaria vesca* [J]. Plant Physiology, 2022, 189(2):1 037-1 049.

[12] Ishiguro S, Nakamura K. Characterization of a cDNA encoding a novel DNA-binding protein, SPF1, that recognizes SP8 sequences in the 5′ upstream regions of genes coding for sporamin and β-amylase from sweet potato [J]. Molecular and General Genetics MGG, 1994, 244(6):563-571.

[13] Huang S, Gao Y, Liu J, et al. Genome-wide analysis of WRKY transcription factors in *Solanum lycopersicum* [J]. Molecular Genetics and Genomics, 2012, 287:495-513.

[14] Bencke-Malato M, Cabreira C, Wiebke-Strohm B, et al. Genome-wide annotation of the soybean WRKY family and functional characterization of genes involved in response to *Phakopsora pachyrhizi* infection [J]. BMC Plant Biology, 2014,

14: 1−18.

[15] Ye H, Qiao L, Guo H, et al. Genome−wide identification of wheat *WRKY* gene family reveals that *TaWRKY75−A* is referred to drought and salt resistances [J]. Frontiers in Plant Science, 2021, 12: 663 118.

[16] Eulgem T, Rushton P J, Robatzek S, et al. The WRKY superfamily of plant transcription factors [J]. Trends in Plant Science, 2000, 5(5): 199−206.

[17] 黄幸, 丁峰, 彭宏祥, 等. 植物 WRKY 转录因子家族研究进展 [J]. 生物技术通报, 2019, 35(12): 129−143.

[18] Eulgem T, Somssich I E. Networks of WRKY transcription factors in defense signaling [J]. Current Opinion in Plant Biology, 2007, 10(4): 366−371.

[19] Agarwal P, Reddy M P, Chikara J. WRKY: its structure, evolutionary relationship, DNA−binding selectivity, role in stress tolerance and development of plants [J]. Molecular Biology Reports, 2011, 38: 3 883−3 896.

[20] Chen L, Song Y, Li S, et al. The role of WRKY transcription factors in plant abiotic stresses [J]. Biochimica et Biophysica Acta(BBA)−Gene Regulatory Mechanisms, 2012, 1819(2): 120−128.

[21] Zhang Y, Wang L. The WRKY transcription factor superfamily: its origin in eukaryotes and expansion in plants [J]. BMC Evolutionary Biology, 2005, 5: 1−12.

[22] ülker B, Somssich I E. WRKY transcription factors: from DNA binding towards biological function [J]. Current Opinion in Plant Biology, 2004, 7(5): 491−498.

[23] 刘子刚, 田佩耕, 王宁, 等. 马铃薯 StWRKY 转录因子的克隆和生物信息学分析 [J]. 西南农业学报, 2022, 35(2): 432−437.

[24] 李立芹, 王西瑶. 马铃薯 *WRKY2* 基因的克隆和非生物逆境下的表达模式 [J]. 广西植物, 2015, 35(3): 401−407.

[25] 张欢, 张丽莉, 卢翠华, 等. 农杆菌介导 *WRKY II* 基因转化马铃薯抗旱性研究 [J]. 作物杂志, 2012(4): 30−33, 162.

[26] 冯月娟, 杨振红, 王芳. 马铃薯 *StWRKY15* 在转基因烟草的耐寒性分析 [J]. 分子植物育种, 2021, 19(21): 7 101−7 112.

[27] 黄云. 马铃薯 *WRKY6* 基因增强拟南芥镉耐受性功能验证 [D]. 贵阳: 贵州大学, 2022.

[28] 王伟. 马铃薯 *WRKY6* 基因的功能分析 [D]. 雅安: 四川农业大学, 2013.

[29] 黄胜雄, 刘永胜. 土豆 WRKY 转录因子家族的生物信息学分析 [J]. 应用与环境生物学报, 2013, 19(2): 205−214.

[30] 何冠谛. 低积累 Cd 型马铃薯相关基因挖掘及耐镉分子机制研究 [D]. 贵阳: 贵州大学, 2021.

[31] 何玉格, 赵东波, 姜谦, 等. 马铃薯 *WRKY* 基因家族的鉴定与表达分析 [J/OL]. 分子植物育种: 1−12 [2023−02−12]. http://kns. cnki. net/kcms/detail/46. 1068. S. 20220531. 1549. 008. html.

[32] 杨振红, 王芳, 王舰. 马铃薯 *StWRKY40* 基因的序列及表达模式分析 [J]. 分子植物育种, 2020, 18(22): 7 283−7 292.

[33] Zhang C, Wang D, Yang C, et al. Genome−wide identification of the potato WRKY transcription factor family [J]. PloS one, 2017, 12(7): E0 181 573.

[34] 崔勇, 李培贵, 李珍, 等. 马铃薯干旱胁迫响应及抗旱综合技术研究进展 [J/OL]. 中国蔬菜: 1−9 [2023−04−07]. DOI: 10. 19928/J. CNKI. 1000−6346. 2023. 2019.

[35] 赵海超, 抗艳红, 龚学臣, 等. 干旱胁迫对不同马铃薯品种苗期生理生化指标的影响 [J]. 作物杂志, 2013(6): 63−69.

[36] 刘震. 膜下滴灌条件下不同水分供应量对马铃薯生长发育的影响及其响应干旱胁迫的候选基因鉴定 [D]. 兰州: 甘肃农业大学, 2020.

[37] 李青, 秦玉芝, 胡新喜, 等. 马铃薯耐盐性研究进展 [J]. 园艺学报, 2017, 44(12): 2 408−2 424.

[38] 康益晨. 马铃薯响应碱性盐胁迫的生理及分子机制研究 [D]. 兰州: 甘肃农业大学, 2021.

[39] Gao Y F, Liu J K, Yang F M, et al. The WRKY transcription factor WRKY8 promotes resistance to pathogen infection and mediates drought and salt stress tolerance in *Solanum lycopersicum* [J]. Physiologia Plantarum, 2020, 168(1): 98−117.

[40] Larison J R, Likens G E, Fitzpatrick J W, et al. Cadmium toxicity among wildlife in the Colorado Rocky Mountains [J]. Nature, 2000, 406(6792): 181−183.

[41] Dellagi A, Heilbronn J, Avrova A O, et al. A potato gene encoding a WRKY−like transcription factor is induced in interactions with *Erwinia carotovora* subsp. *atroseptica* and *Phytophthora infestans* and is coregulated with class I endochitinase

expression [J]. Molecular Plant-microbe Interactions, 2000, 13(10): 1 092-1 101.

[42] Yogendra K N, Kumar A, Sarkar K, et al. Transcription factor StWRKY1 regulates phenylpropanoid metabolites conferring late blight resistance in potato [J]. Journal of Experimental Botany, 2015, 66(22): 7 377-7 389.

[43] 智艳平. 马铃薯青枯病关键防卫基因的生物信息学分析及验证 [D]. 太原: 山西师范大学, 2014.

[44] 任亚娟, 王海霞, 李亚军, 等. β-氨基丁酸早期诱导表达基因 *StWRKY5* 参与马铃薯晚疫病抗性 [J]. 分子植物育种, 2015, 13(6): 1 207-1 213.

[45] 王静. β-氨基丁酸诱导马铃薯晚疫病抗性机理的初步研究 [D]. 武汉: 华中农业大学, 2012.

[46] 李晓静. 马铃薯 3 个青枯菌效应蛋白功能研究 [D]. 武汉: 华中农业大学, 2018.

[47] 王海霞, 余小玲, 戚烨通, 等. 超量表达响应 β-氨基丁酸诱导的 *StWRKY8* 基因提高马铃薯晚疫病抗性 [J]. 农业生物技术学报, 2018, 26(7): 1 107-1 115.

[48] Yogendra K N, Dhokane D, Kushalappa A C, et al. StWRKY8 transcription factor regulates benzylisoquinoline alkaloid pathway in potato conferring resistance to late blight [J]. Plant Science, 2017, 256: 208-216.

[49] 薛珍. 青枯菌诱导的马铃薯转录因子类 *StWRKY8* 基因的克隆及表达分析 [D]. 太原: 山西师范大学, 2016.

[50] 贺苗苗. 马铃薯抗晚疫病资源的评价和青薯 9 号响应晚疫病菌侵染的转录组分析 [D]. 杨凌: 西北农林科技大学, 2020.

[51] 谭雪. 晚疫病菌 RxLR 效应子 PITG_04085 靶向 *StS6k2* 抑制马铃薯免疫应答机制研究 [D]. 重庆: 重庆大学, 2021.

[52] Sharma S, Guleria A, Lal M, et al. Cataloguing variability in *Phytophthora infestans* with respect to ploidy status and response of different polyploids to temperature [J]. Indian Phytopathology, 2018, 71: 183-189.

[53] Whisson S C, Boevink P C, Moleleki L, et al. A translocation signal for delivery of oomycete effector proteins into host plant cells [J]. Nature, 2007, 450(7166): 115-118.

[54] 李洪浩. 中国西南马铃薯晚疫病菌遗传结构及其与寄主互作转录组研究 [D]. 雅安: 四川农业大学, 2020.

[55] 贾士荣, 屈贤铭, 冯兰香, 等. 转抗菌肽基因提高马铃薯对青枯病的抗性 [J]. 中国农业科学, 1998(3): 5-12.

[56] 李晓静. 马铃薯 3 个青枯菌效应蛋白功能研究 [D]. 武汉: 华中农业大学, 2018.

[57] 杨瑞. *StBAK1-20* 基因在马铃薯抗青枯病中的功能研究 [D]. 太原: 山西师范大学, 2021.

[58] 邹雪, 丁凡, 余金龙, 等. 挥发性抑芽物质对马铃薯块茎萌芽的影响及其作用机制 [J]. 作物学报, 2019, 45(2): 235-247.

[59] Zhang H, Zhang Z, Zhao Y, et al. StWRKY13 promotes anthocyanin biosynthesis in potato (*Solanum tuberosum*) tubers [J]. Functional Plant Biology, 2021, 49(1): 102-114.

[60] 王静. 二烷氨基乙醇羧酸酯对马铃薯生长及基因表达的影响 [D]. 雅安: 四川农业大学, 2020.

氮肥对黑土地马铃薯田碳氮转化过程的影响

邱　璐，刘　鹏，石晓华，樊明寿，贾立国*

（内蒙古农业大学农学院，内蒙古　呼和浩特　010019）

摘　要：黑土作为东北地区典型的土壤类型，自然肥力高，为作物的生长提供了良好的资源。但由于长期不合理的种植制度，导致东北黑土地土壤有机质、氮素养分的调控能力减退。马铃薯是中国东北地区的重要栽培作物，但是施氮对薯田土壤碳氮转化过程还不清楚。研究氮素对土壤碳氮含量及其相关酶活性的影响，既可以明确碳氮在土壤中的转化，又可以根据作物在不同时期需氮规律提出合理的施氮量，对维持土壤肥力和提高氮肥利用率具有现实意义。文章对相关研究进行了综述，对施氮条件下薯田土壤碳氮转化过程的研究方向进行了展望，以便为相关的研究者提供参考。

关键词：氮素；黑土；有机碳；有机氮；马铃薯

马铃薯（*Solanum tuberosum* L.）是全球仅次于水稻、小麦、玉米的第四大粮食作物，因其具有耐旱、优质、高产等特点在世界各地广泛种植[1]。中国马铃薯种植面积大，但是单产较低，仅为世界平均水平的83%[2]。氮素作为马铃薯生长发育的必需元素[3]，即使在东北氮肥利用效率相对较高的产区，氮肥偏生产力也仅为180 kg/kg，远低于欧美发达国家，在华北集约化经营的马铃薯生产体系，氮肥的偏生产力更是不到90 kg/kg[4]。因此，需要通过合理施肥调控养分的分配比例，提高氮素的利用效率，从而促进农业的可持续发展以及生态环境保护。氮肥的施入在提高土壤氮素供应的同时，为土壤活性有机库营造了良好的环境。土壤活性碳氮库是土壤活性有机库中最为活跃的组分之一，与土壤碳氮周转、作物生长密切相关[5]。微生物分泌的酶类是土壤酶的重要组成部分，也是土壤中一切生化反应的"催化剂"[6]，其高低可以表征土壤综合肥力特征及土壤养分转化进程，反映土壤中各种生物化学过程的强度和方向[7]。

1　氮肥对马铃薯田土壤碳含量的影响

土壤是陆地生态系统中最大的有机碳库，其储存的碳比大气和植物多2～3倍[8]。依据物理、化学和生物学分组相结合的方式可将土壤有机碳库分为活性碳库和惰性碳库，其中活性碳库易被微生物分解矿化，可以成为直接有效地对植物供应养分的碳库。短期内有机碳库变化不明显，不能及时反映土壤质量变化，但其组分如可溶性有机碳（Dissolved organic carbon，DOC）、微生物量碳（Microbial biomass carbon，MBC）、颗粒有机碳

作者简介：邱璐（1997—），女，硕士研究生，主要从事马铃薯氮素营养研究。
基金项目：内蒙古自治区科技计划项目（2022YFHH0022）；中央引导地方发展基金资助（2022ZY0202）。
*通信作者：贾立国，副教授，主要从事马铃薯水分及营养生理的研究，e-mail：nndjialiguo@163.com。

（Particulate organic carbon，POC）等与农业管理措施，如施肥、秸秆还田、耕作方式等密切相关，对田间管理措施响应较快，能反映土壤有机碳的有效性[9]。DOC 是农田生态系统中最为活跃的物质，参与各生态圈的物质交换[10]，也是土壤微生物代谢活动的中间产物，其含量的高低是土壤微生物对有机物分解与利用的综合反映，是衡量土壤肥力的一个重要指标。MBC 与植物之间存在既相互依存又相互制约的关系，通过同化作用保存一部分养分的同时，还会在矿化同化过程中造成养分的损失，与植物争夺有效的无机养分[11]。POC 被视为处于新鲜的动植物残体和腐殖化有机物之间暂时的或过渡的有机碳库[12]，其在土壤中周转速度较快，对外界因素的响应敏感[13]，因此，提高其在土壤中的比例，可能对缓解大气 CO_2 浓度上升、减轻全球气候变化起着重要作用。

在碳转化过程的各影响机制中，氮输入对其的影响是不容忽视的，一方面，植物进行光合作用吸收 CO_2 的同时亦需要从土壤中吸收适量的可利用氮素构成生命有机体；另一方面，自然界中对于大多数陆地生态系统而言，土壤中的可利用氮素相对于植物的生长需要往往是不足的，氮限制着植物对 CO_2 的持续吸收[14]，同时氮的输入也能够促进土壤有机碳库的积累[15]。杨馨逸等[16]的研究表明，施用氮肥能够显著增加 DOC 的含量，但当施氮量超过 135 kg N/hm² 时，土壤可溶性有机质库显著降低。而靳玮[17]在研究玉米各生育期内不同形态氮肥处理的土壤 DOC 影响时发现，不同形态氮肥处理之间以及与不施氮比较，土壤可溶性有机碳的含量没有显著差异。夏雪等[18]的研究证明，氮肥的施用可以提高MBC 的利用率。国外研究者通过秸秆还田配施氮肥对稻田土壤活性碳氮组分的影响研究，发现秸秆还田加习惯施氮量（195 kg/hm²）显著提高了 MBC 的含量[19]。安崇霄等[20]的研究表明，深松和免耕均能够有效增加表层土壤 POC 的质量分数，其中深松对土层深度 30 cm以下的颗粒有机碳质量分数与比率具有显著提升，而在土层 20~30 cm 翻耕覆膜能够更好保持土壤 POC。佟小刚等[21]提出旱地农田 POC 与土壤关系最为密切、对农业措施反应最为敏感，能够作为土壤有机碳和土壤肥力变化的指标。目前国内对 POC 的研究也主要集中于旱地农田系统。

这些研究主要集中于水稻、小麦等种植体系中，而在东北黑土区马铃薯种植体系下不同施氮量对土壤有机碳及活性有机碳库的变化特征的研究相对较少。为此，有必要明确马铃薯各生育期内氮肥对土壤碳库动态变化的影响，为该地区制定有利于土壤碳固持和农业可持续发展的最适施氮量提供理论依据。

2 氮肥对马铃薯田土壤氮含量的影响

氮肥是一种良好的、利于农业可持续发展的外源氮输入途径。多年来，中国氮肥施用量远高于其他国家，但氮肥利用效率一直偏低，存在增肥不增产、土壤保氮供氮能力不足等问题[22]。前人就施氮量、施氮方式、施氮时期及施氮类型等对马铃薯生长发育、产量及品质的影响进行了诸多研究，国内研究者对马铃薯氮肥利用率也进行了许多研究，结果表明不同氮肥运筹方式下马铃薯对普通氮肥吸收利用率为 4.45%~67.97%，控释氮肥吸收利用率为 34.52%~65.02%[23]。适量施氮能促进植株对氮素的吸收，提高马铃薯产量和氮肥吸收利用效率[24]。

土壤氮素是土壤肥力中最活跃的因素，包括无机态氮和有机态氮，表层土壤中的氮素主要以有机态氮为主，约占土壤氮库的85%[25]。国内外常用的土壤有机氮的分级是根据土壤有机氮的化学形态组成成分划分。根据活性程度的不同，土壤有机氮库可分为活性有机氮库与惰性有机氮库[26]。在土壤活性有机氮组分中，可溶性有机氮（Dissolved organic nitrogen，DON）以及微生物量氮（Microbial biomass nitrogen，MBN）被认为是土壤活性氮库中的重要组成成分[27]，在土壤氮转化过程中具有重要作用[28]。MBN是土壤硝态氮、铵态氮和可溶性有机氮3种氮库的中转站，是土壤活性氮的主要"源"和"库"[29]。作为土壤活性氮的重要组分，尽管DON所占比例很小，占土壤全氮的0.15%~0.19%[30]，但是却被认为是参与动态变化及生物可利用矿质氮源中最重要的部分[31]。沈其荣[32]研究表明，施用氮肥后MBN与固定态铵的变化相似，在小麦三叶期上升，之后随小麦生长而下降，成熟期又有所上升。韩晓日等[33]发现，MBN在小麦生长过程中一直处于上升状态。Quan等[34]研究不同施肥量对温室蔬菜0~60 cm土层DON的影响，发现其含量范围在71~133 kg/hm²。

综上可知，施肥对土壤有机氮组成有显著影响，但由于土壤类型、肥料管理等的不同，各研究结果间存在差异。了解长期不同施肥措施下土壤有机氮组成特征和典型活性氮组分的变化，对土壤氮转化的动态过程及特征的理解尤为重要。

3 氮肥对土壤碳氮转化相关酶的影响

土壤酶是指在细胞内合成后通过细胞质膜释放到土壤中的聚积酶，他们有些镶嵌在质膜上，有些存在于质膜周腔，还有的一些则完全脱离细胞扩散到环境中，其是催化土壤生物化学过程的一类酶。土壤酶主要来源于微生物，既具有专一性又具有综合性，既可维持土壤结构稳定，又对土壤碳氮周转过程中所必需的几种重要过程具有不可替代的作用。影响土壤-植物-微生物及其相互作用的因素反过来又决定土壤酶的产量和活性。叶家颖[35]认为，适量施用氮肥对土壤酶有一定的激活效应，其活性的高低代表了土壤生物活性和土壤生化反应强度，在一定程度上可反映作物对养分的吸收利用与作物生长发育状况[36]。而土壤碳氮转化的过程中离不开酶的参与。

土壤β-葡糖苷酶、亮氨基酸氨基肽酶、脲酶与土壤纤维素酶作为土壤碳氮转化的关键酶，均可表征土壤碳转化速率，可作为指标表征其影响[37,38]。有研究发现，低氮胁迫下，苦荞可以通过升高根际土壤纤维素酶活性，β-葡萄糖苷酶的活性来调节根际土壤中养分有效性，增加抵抗逆境的风险[39]。Li等[40]通过逐步回归分析发现，纤维素酶和β-葡萄糖苷酶活性是显著影响土壤可溶性有机碳、微生物生物量碳的正效应因子。可能是因为这两种酶能够将植物中的纤维素类物质转化为易溶于水的纤维二糖、果糖、葡萄糖等小分子成分[41]，从而有利于土壤活性有机碳的形成。脲酶为水解酶类，能促进土壤中尿素分子酰胺碳氮链水解成NH_3和CO_2，生成的NH_3是植物氮素营养主要来源之一，其活性的高低可表示土壤氮素供应状况。在土壤氮转化的过程中，土壤亮氨酸氨基肽酶可水解蛋白质，还可催化蛋白质和多肽N端氨基酸残基代谢，其活性可以充分反映土壤氮素转化和养分供给情况。

4 展 望

在马铃薯的生长发育过程中，需氮量较高，合理施用氮肥，提高氮肥的利益效率，是进一步提高马铃薯品质的有效措施。而东北黑土地条件下氮肥施入薯田后的碳氮转化过程鲜有报道，为此认为未来应从以下几个方面展开研究：

（1）设置不同的氮输入量、氮输入形式，从更多维度研究氮输入对黑土碳氮转化的影响，为当地马铃薯田合理施肥提供理论依据；

（2）明确影响碳氮转化的关键微生物群落，探索黑土地马铃薯田的土壤碳氮转化机制；

（3）在碳氮转化的过程中，系统的解析土壤酶与土壤有机碳和土壤有机氮之间的相互影响机制；

（4）研究明确土壤有机碳氮的不同组分含量，以及不同组分的差异与互作关系，进而从土壤有机碳氮组分角度研究碳氮转化的耦合作用。

[参 考 文 献]

[1] 李利.不同施氮量对马铃薯氮素吸收、积累及利用的影响 [J].山西农业科学,2012,40(12):1 292-1 295.

[2] 张卫峰,马林,黄高强,等.中国氮肥发展、贡献和挑战 [J].中国农业科学,2013,46(15):3 161-3 171.

[3] 何文寿,马琨,代晓华,等.宁夏马铃薯氮、磷、钾养分的吸收累积特征 [J].植物营养与肥料学报,2014,20(6):1 477-1 487.

[4] 于静,陈杨,樊明寿.马铃薯氮素营养特性及氮肥管理 [J].中国马铃薯,2021,35(2):183-190.

[5] 王树起,韩晓增,乔云发,等.不同土地利用和施肥方式对土壤酶活性及相关肥力因子的影响 [J].植物营养与肥料学报,2009,15(6):1 311-1 316.

[6] 王士超,闫志浩,王瑾瑜,等.秸秆还田配施氮肥对稻田土壤活性碳氮动态变化的影响 [J].中国农业科学,2020,53(4):782-794.

[7] 刘善江,夏雪,陈桂梅,等.土壤酶的研究进展 [J].中国农学通报,2011,27(21):1-7.

[8] 胡雪纯,解文艳,马晓楠,等.长期秸秆还田对旱地玉米土壤有机碳及碳库管理指数的影响 [J].中国农学通报,2022,38(34):8-13.

[9] Rudrappa L, Purakayastha T J, Singh D, et al. Long-term manuring and fertilization effects on soil organic carbon pools in a Typic Haplustept of semi-arid sub-tropical India [J]. Soil and Tillage Research, 2006, 88(1-2): 180-192.

[10] Knicker H. Soil organic N-an under-rated player for C sequestration in soils [J]. Soil Biology and Biochemistry, 2011, 43(6): 1 118-1 129.

[11] 彭新华,张斌,赵其国.土壤有机碳库与土壤结构稳定性关系的研究进展 [J].土壤学报,2004(4):618-623.

[12] 巨晓棠,刘学军,张福锁.长期施肥对土壤有机氮组成的影响 [J].中国农业科学,2004,37(1):87-91.

[13] Golchin A, Oades J M, Skjemstad J O, et al. Soil structure and carbon cycling [J]. Australian Journal of Soil Research, 1994, 32: 1 043-1 068.

[14] 彭琴,董云社,齐玉春.氮输入对陆地生态系统碳循环关键过程的影响 [J].地球科学进展,2008(8):874-883.

[15] 孙小花,牛俊义,赵刚.不同前茬与施氮量对半干旱黄土高原夏玉米产量和土壤有机碳库的影响 [J].干旱地区农业研究,2018,36(1):19-27.

[16] 杨馨逸,刘小虎,韩晓日,等.不同品种小麦下土壤微生物量和可溶性有机物对不同施氮量的响应 [J].中国农业科学,2016,49(7):1 315-1 324.

[17] 靳玮.不同施肥处理对玉米产量及土壤碳、氮的影响 [J].广东农业科学,2014,41(9):69-71,87.

[18] 夏雪, 谷洁, 车升国, 等. 施氮水平对垆土微生物群落和酶活性的影响 [J]. 中国农业科学, 2011, 44(8): 1 618-1 627.

[19] Jones D L, Healey J R, Willett V B, et al. Dissolved organic nitrogen uptake by plants-an important N uptake pathway [J]. Soil Biology and Biochemistry, 2005, 37(3): 413-423.

[20] 安崇霄, 张永杰, 符小文, 等. 夏大豆土壤微生物有机碳及颗粒有机碳对不同耕作措施的响应 [J]. 新疆农业科学, 2019, 56(6): 1 012-1 021.

[21] 佟小刚, 黄绍敏, 徐明岗, 等. 长期不同施肥模式对潮土有机碳组分的影响 [J]. 植物营养与肥料学报, 2009, 15(4): 831-836.

[22] 李春俭, 张福锁, 李文卿, 等. 我国烤烟生产中的氮素管理及其与烟叶品质的关系 [J]. 植物营养与肥料学报, 2007, 56(2): 331-337.

[23] 韦剑锋, 宋书会, 韦巧云, 等. 施氮量对冬马铃薯氮素利用和土壤氮含量的影响 [J]. 作物杂志, 2015, 166(3): 93-97.

[24] 胡雪纯, 解文艳, 马晓楠, 等. 长期秸秆还田对旱地玉米土壤有机碳及碳库管理指数的影响 [J]. 中国农学通报, 2022, 38(34): 8-13.

[25] Jones D L, Shannon D, Murphy D V, et al. Role of dissolved organic nitrogen (DON) in soil N cycling in grassland soils [J]. Soil Biology and Biochemistry, 2004, 36(5): 749-756.

[26] Polglase P J, Jokela E J, Comerford N B. Mineralization of nitrogen and phosphorus from soil organic matter in southern pine plantations [J]. Soil Science Society of America Journal, 1992, 56(3): 921-927.

[27] Taylor J P, Wilson B, Mills M S, et al. Comparison of microbial numbers and enzymatic activities in surface soils and subsoils using various techniques [J]. Soil Biology and Biochemistry, 2002, 34(3): 387-401.

[28] Xu Y C, Shen Q R, Ran W. Content and distribution of forms of organic N in soil and particle size fractions after long-term fertilization [J]. Chemosphere, 2003, 50(6): 739-745.

[29] 文启孝, 程励励. 土壤有机氮的化学本性 [J]. 土壤学报, 2002, 39(s1): 90-99.

[30] 李玲, 赵西梅, 孙景宽, 等. 造纸废水灌溉对盐碱芦苇湿地土壤活性氮的影响 [J]. 土壤通报, 2013, 44(2): 450-454.

[31] 陈伟, 杨洋, 崔亚茹, 等. 低氮对苦荞苗期土壤碳转化酶活性的影响 [J]. 干旱地区农业研究, 2019, 37(4): 132-138, 162.

[32] 沈其荣. 土壤微生物量和土壤固定态铵的变化及水稻对残留 N 的利用 [J]. 土壤学报, 2000, 37(3): 330-338.

[33] 韩晓日, 郑国砥, 刘晓燕, 等. 有机肥与化肥配合施用土壤微生物量氮动态、来源和供氮特征 [J]. 中国农业科学, 2007, 40(4): 765-772.

[34] Quan Z, Lu C, Shi Y, et al. Manure increase the leaching risk of soil extractable organic nitrogen in intensively irrigated greenhouse vegetable cropping systems [J]. Acta Agriculture Scandinavica, Section B— Soil and Plant Science, 2014, 65(3): 199-207.

[35] 叶家颖. 不同施肥水平对花生根际土壤酶活性的影响 [J]. 广西农业科学, 1990(2): 27-29.

[36] 郭永盛, 李鲁华, 危常州, 等. 施氮肥对新疆荒漠草原生物量和土壤酶活性的影响 [J]. 农业工程学报, 2011, 27(1): 249-256.

[37] Liang B, Kang L Y, Ren T, et al. The impact of exogenous N supply on soluble organic nitrogen dynamics and nitrogen balance in a green house vegetable system [J]. Journal of Environmental Management, 2015, 154: 351-357.

[38] 钱佳彤. 不同轮作与施肥方式下土壤固碳特征及碳氮转化研究 [D]. 重庆: 西南大学, 2021.

[39] 王佳, 陈伟, 张强, 等. 低氮胁迫对不同耐瘠性苦荞土壤氮转化酶活性的影响 [J]. 水土保持研究, 2021, 28(5): 47-53.

[40] Li S, Zhang S R, Pu Y L, et al. Dynamics of soil labile organic carbon fraction and C-cycle enzyme activities under straw mulch in Chengdu Plain [J]. Soil and Tillage Research, 2016, 155: 289-297.

[41] 杨万勤, 王开运. 土壤酶研究动态与发展 [J]. 应用与环境生物学报, 2002, 8(5): 564-570.

马铃薯试管薯诱导技术现状及发展方向

吴芷瑶[1]，黄雪丽[1]，邓昌海[1]，郑顺林[1,2*]

（1. 四川农业大学西南作物基因资源发掘与利用国家重点实验室/
作物生理生态及栽培四川省重点实验室，四川　成都　611130；
2. 农业农村部薯类作物遗传育种重点实验室/
成都久森农业科技有限公司，四川　新都　610500）

摘　要：文章以马铃薯试管薯诱导技术的现状为切入点，通过总结相关文献和研究成果，介绍了马铃薯试管薯诱导技术的研究现状，包括培养基配方、光照等影响诱导的因素，指出马铃薯试管薯技术目前存在的问题和研究热点，探讨了该技术的发展方向，为马铃薯快速繁殖技术的深入研究和工厂化繁殖技术的推广应用提供参考。

关键词：马铃薯；试管薯诱导；组织培养；快繁技术；发展方向

马铃薯（*Solanum tuberosum* L.）是世界第四大粮食作物，是重要的粮菜兼用作物，在欧美国家已成为第二主食[1]，根据联合国粮食及农业组织（FAO）发布的数据，中国 2020 年马铃薯总产量为 968.3 万 t[2]，对保障国家粮食安全发挥了重要作用。大量实践证明，推广应用脱毒种薯能显著提高马铃薯的产量和品质，而马铃薯试管薯是继脱毒试管苗之后发展起来的一种种质保存和生产脱毒种薯的新形式，既能加快脱毒种薯的繁殖，缩短种薯生产周期，又能周年繁殖，应用已日益广泛。本文结合马铃薯试管薯诱导技术的研究进展，从培养基优化、诱导结薯影响因素等方面进行了总结，并针对试管薯诱导技术在实际应用中的优缺点，提出了未来可能发展方向和应用前景，为今后马铃薯快速繁殖技术的深入研究、工厂化高效繁育技术的推广提供应用参考。

1　马铃薯试管薯诱导技术及其优势

马铃薯试管薯诱导技术是一种将马铃薯组织培养在体外条件下诱导生成微型块茎的技术，是 20 世纪 80 年代发现的新型生产脱毒种薯的形式[3]，具有高效、快速、节省土地资源、增大生产效益等优点[4,5]。其大致操作流程是利用组织培养技术，将优质的脱毒马铃薯试管苗进行扩繁、壮苗培养，然后在培养瓶中通过诱导技术，于试管苗叶腋间形成直径为 2~10 mm 的块茎[6,7]。马铃薯试管薯与其他基因工程研究中使用的外植体（如叶片和茎段）相比，具有更高的再生频率，因此其是良好的基因转移接收体材料[8]。利用马铃薯试

作者简介：吴芷瑶（2003—），女，本科生，研究方向为薯类高产栽培生理及栽培技术。
基金项目：四川省自然科学基金（2022NSFSC0014）；四川省科技计划育种攻关项目（2021YFYZ0005，2021YFYZ0019）；国家现代农业产业技术体系四川薯类创新团队（sccxtd-2022-09）。
＊通信作者：郑顺林，博士，教授，主要从事薯类高产栽培生理及栽培技术研究，e-mail：248977311@qq.com。

管薯作为基因受体[9]，不仅可以实现马铃薯遗传改良[10]，还可以将其他物种的基因转移到马铃薯中，实现马铃薯抗病抗虫、耐环境胁迫、高产优质等优点，进一步推动马铃薯产业发展。

马铃薯试管薯诱导技术不仅是一种新型生产脱毒种薯的形式，而且大大提高了脱毒种薯的生产效率，在马铃薯基因工程研究和育种中也具有广阔的应用前景，成为现代马铃薯育种研究的重要手段之一[11]。

2 马铃薯试管薯诱导技术现状

2.1 马铃薯试管薯诱导技术的发展

长期以来，脱毒种薯的生产一直依赖脱毒苗，需要经历炼苗、洗苗、移栽、驯化等一系列复杂烦琐的步骤，导致脱毒种薯的生产与推广受到极大的限制[12]。直到20世纪80年代，一种新的马铃薯试管薯技术被发现，可以用于生产无毒种薯并保存种质[13,14]。该技术最初主要用于研究基因工程和组织培养等方面，但由于国内外对马铃薯产量及品质的需求不断提升，这项技术很快被应用于马铃薯育种中。之后国内外大量学者对该技术进行了不断改进，在试管薯诱导培养基配方优化、环境因素的筛选、培养诱导方式以及不同品种的诱导差异等方面取得了较好的进展[15,16]。同时马铃薯试管薯技术便于种质资源的交流、贮存和推广，适合规模化种植，因此试管薯的快速繁殖在工厂化生产上很快得到了广泛利用[17]。总之，马铃薯试管薯诱导技术经历了不断的探索和优化，技术手段还在不断提高与完善，具有广阔的应用前景。

2.2 马铃薯试管薯诱导技术研究进展

2.2.1 培养基配方对试管薯诱导的影响

在进行马铃薯试管薯诱导前，需要将优质的脱毒试管苗，通过组织培养技术扩繁，在短时间内得到大量的所需材料，再将得到的试管苗进行壮苗培养。其中所需培养基的配方十分关键，培养基的组成和浓度直接影响到马铃薯苗细胞和组织的生长、分化和再生能力。在一般生产中，研究者一般以 MS 培养基为基础，再根据需求添加适量所需生长激素等附加物。张宇宏和赵菊香[18]发现，N_7 培养基适合春秋季扩繁，夏季和冬季贮存保苗以MS 固体培养基为佳。除了传统 MS 固体培养基，近年来有学者以此为基础，研究出液体培养基，以提高试管薯诱导效率、降低污染。国外学者研究发现，在相同浓度条件下，液体培养基诱导的试管薯在结薯率、薯块重量、薯块直径方面优于固体培养基[19]。赵元增等[20]先采用固体培养基进行壮苗培养，再添加液体培养基诱导结薯，捣烂原固体培养基，可以避免试管苗的转移，操作简便，不易污染，且有利于液体培养基的吸收利用和试管薯的生长发育。

培养基碳源一般选择蔗糖，杨璐等[21]认为，适当的增加蔗糖浓度能促进结薯，提高大薯率，并且能增加薯块的淀粉含量，伴随着蔗糖浓度的升高，试管薯结薯数、结薯重、大薯数和大薯重呈先上升后下降的趋势，其中 $60 \sim 80$ g/L 蔗糖的处理效果较好。陈兆贵等[22]研究表明，相同浓度的食用白糖和蔗糖对马铃薯试管苗继代增殖作用区别较小，添加白糖不仅有壮苗功效，还有利于试管薯的形成，在实际生产中使用食用白糖代替蔗糖以降低生产成本。

外源激素在马铃薯试管薯诱导中起着十分重要的作用,其通过模拟植物内源激素的作用方式,调控细胞分化、生长和发育等生物学过程,从而影响马铃薯试管薯的诱导效果。大量研究证实吲哚乙酸(Indoleacetic acid, IAA)、萘乙酸(Naphthaleneacetic acid, NAA)、矮壮素(Chlormequat chloride, CCC)、香豆素等在试管薯诱导中起调控作用[23-25]。颉瑞霞等[26]研究发现,合适的外源激素添加能够增加结薯产量,减少生产时间,但是添加的外源激素浓度不当易导致薯块畸形率升高。植物体内不同的激素之间具有协同和拮抗作用,有学者研究发现,NAA与细胞分裂素(6-Benzylaminopurine, 6-BA)协同有利于改变组培苗腋芽处茎尖的生长方向,诱导试管薯的形成。而同一种激素在发挥作用时具有双面性,如6-BA在低浓度时促进结薯,高浓度则抑制结薯[27]。不同品种马铃薯对外源激素的种类、用量要求差异也较大,许多学者致力于研发针对不同马铃薯品种的专一性培养基配方[28,29]。

2.2.2 光照对试管薯诱导的影响

光是植物生长发育最初的能量来源,也是植物生长发育的信号源[30],是影响植物生长和发育的重要因素之一,光照强度、光周期和光质都是影响马铃薯试管薯诱导的关键因素。

黑暗有利于试管薯的膨大,进而有利于微型薯的形成、生长,提高马铃薯的结薯率和结薯质量[31-33]。但张武等[34]研究认为在弱散射光照射条件下(约100 lx),试管薯的诱导效果更好,能够显著提高大薯率,增加结薯数量和产量,这可能是由于不同马铃薯品种对光照需求差异导致的,应根据不同品种对光照条件的反应来选择适当的光照强度,以获得最佳的诱导效果[35]。光质方面,红光影响叶片中可溶性糖和淀粉的合成,蓝光影响植物中可溶性蛋白质的生物合成[36],刺激植物中氨基酸成分的合成[37],因此马铃薯试管薯诱导过程中,红光往往被认为抑制微型薯的形成,蓝光促进微型薯的后续生长[38]。曹嫱[39]设置不同梯度的蓝光强度来探究单色光质对试管薯膨大的影响,发现蓝光在试管薯诱导期具有明显的促进作用,可以用于诱导提前结薯,且可使薯重和有效薯率增加。常宏等[40]认为,壮苗培养阶段采用红光,试管薯诱导阶段采用蓝光处理利于提高试管薯产量。孙邦升[41]通过数量性状统计分析结果发现,LED灯完全可以替代日光灯应用于马铃薯试管薯生产。

此外,光照周期对马铃薯的诱导也有显著影响,短时间光照或黑暗条件利于试管薯的形成,长时间光照有利于试管薯的发育[42]。杨璐等[21]研究认为短时间光照有利于试管薯的形成和发育,但随着光周期延长,试管薯的大薯数、大薯重均呈现下降趋势。吴京姬等[43]研究表明,先在完全黑暗条件下培养14 d,然后将其转移到自然光下进行分阶段培养,可以提高马铃薯试管苗的产量。

3 试管薯诱导技术存在的问题及发展趋势

3.1 马铃薯试管薯诱导技术存在的问题和挑战

马铃薯种性易退化,影响生产潜力,通过脱去引起马铃薯品种退化的病毒,提高种薯质量，是解决这一问题的关键，生产脱毒苗来诱导试管薯是有效的技术途径之一[33]。目前国内学者对试管薯诱导条件的研究较多，其中包括基因型[44]、光照条件[45]、糖浓度[46]和外源激素配比[47,48]、不同品种诱导条件差异[4]等，但在进行试管薯诱导时，仍然存在一些问题：一是种质资源的创新能力相对不足，对一些专用型马铃薯品种的育种工作重视不够[49]，如淀粉加工品种、食品加工品种等；二是试管薯繁育的基础苗在不同程度上带有病毒[50]，这会导致后续生产中的原种以及各级种薯质量受到不良影响；三是马铃薯试管薯诱导过程中存在细胞变异、基因突变等现象，使得试管薯遗传稳定性较差，容易导致品种特性丢失[51]；四是在实际应用中，由于细菌、真菌等污染的存在，试管薯的生产效率和品质会受到影响[52]。面对这些问题和挑战，需要在科技和管理上加强研究和探索，提高试管薯诱导技术的准确性和稳定性，推动其在实际生产中的广泛应用。

3.2 马铃薯试管薯诱导技术的改进和创新方向

马铃薯试管薯诱导技术在不断完善和改进，中国既是马铃薯生产大国也是种薯需求大国[53]，该项技术具有巨大的需求潜力和应用前景。诸多研究表明，基因型、外源激素、培养基配方、光照等因素相互作用影响着试管苗的生长和试管薯的结薯情况[54]，针对不同品种进行培养基成分和外源生长激素的配比优化，以研发出更有目的性、指向性的培养基配方，是值得继续努力的方向。在外源激素的影响上，除继续优化传统 IAA、NAA、CCC、香豆素等配比，还可以发掘和利用新的植物生长调节剂，以提高试管薯的产量和质量。探索新的培养技术，如悬浮培养和固体/液体混合培养，以实现更高的产量和更好的生长条件，将是重要的技术路径。此外马铃薯试管薯诱导技术的进一步发展也需要加强与其他领域的交叉融合，如与遗传学、生物化学、分子生物学等学科相结合，进一步研究马铃薯试管薯的基因表达和代谢途径，探索更多潜在的应用价值。同时应该重视试管薯诱导的工厂化生产技术体系研究，如何提高试管薯的产量和质量、如何降低生产成本等，以促进试管薯诱导技术的商业化应用。

4 展望

中国是全球马铃薯生产和消费大国，马铃薯试管薯诱导技术在国内已经取得了显著进步，为提高马铃薯种薯生产效率提供了技术支撑。尽管如此，目前试管薯诱导体系仍然存在一定的问题，需要进一步研究和优化，发掘新的创新方向，优化试管薯培养条件、制定试管薯诱导标准，提高诱导效率并筛选适宜品种等。此外，应更多关注试管薯质量的稳定性和抗性育种，以满足不同环境下马铃薯生产需求，推动马铃薯产业发展。

[参 考 文 献]

[1] 罗其友,刘洋,高明杰,等.中国马铃薯产业现状与前景 [J].农业展望,2015,11(3)：35-40.

[2] FAO. Crops [EB/OL]. (2023-04-17). https://www.fao.org/faostat/zh/#home.

[3] 刘尚前,袁丁,张凤英,等.马铃薯试管薯诱导影响因子的研究 [J].安徽农业科学,2007,35(21)：6 383-6 384.

[4] 李有忠,刘海英,张宁,等.马铃薯试管薯诱导及其遗传转化体系的优化 [J].生物技术,2008,18(3)：65-68.

[5] 宁志珩,吕国华.国外马铃薯试管薯诱导技术的研究 [J].吉林蔬菜,2007(3)：84-86.

[6] 徐艳.马铃薯试管薯快速微繁技术 [J].陕西农业科学, 2022, 68(10): 101-102.

[7] 孙慧生.马铃薯育种学 [M].北京: 中国农业出版社, 2003.

[8] 霍凤兰, 栾清业, 尹玉花.蔗糖浓度和光照对马铃薯试管薯诱导的影响 [J].甘肃农业科技, 2009(11): 3-5.

[9] Ooms G, Karp A, Roberts J. From tumour to tuber; tumour cell characteristics and chromosome numbers of crown gall-derived tetraploid potato plants (*Solanum tuberosum* cv. 'Maris bard') [J]. Theoretical and Applied Genetics, 1983, 66(2): 169-172.

[10] 李璐.农杆菌介导的马铃薯遗传转化体系的优化及 *StNTP* 基因功能的验证 [D].武汉: 华中农业大学, 2017.

[11] 沈清景, 叶贻勋, 凌永胜.马铃薯试管薯诱导因素研究 [J].福建农业学报, 2001, 16(1): 54-56.

[12] 王肖云, 胡宗利, 陈国平, 等.马铃薯试管薯诱导体系的优化 [J].广东农业科学, 2008(5): 10-13.

[13] Hussey G, Stacey N J. *In vitro* propagation of potato (*Solanum tuberosum* L.) [J]. Annals of Botany, 1981, 48(6): 787-796.

[14] Wang P J, Hu C Y. *In vitro* mass tuberiztion and virus-free seed potato production in Taiwan [J]. American Potato Journal, 1982, 59(1): 33-37.

[15] 陈春伶, 徐美隆, 李永华.马铃薯试管薯诱导体系研究 [J].中国农学通报, 2012, 28(27): 53-56.

[16] 陈佳宇, 王娟, 李立芹.马铃薯试管薯诱导体系的研究进展 [J].安徽农业科学, 2010, 38(23): 12 377-12 379.

[17] 李东方, 张爱萍, 陈英, 等.马铃薯脱毒快繁及工厂化生产技术 [J].黑龙江农业科学, 2013(7): 27-30, 31.

[18] 张宇宏, 赵菊香.脱毒马铃薯快繁技术研究 [J].陕西农业科学, 2000(11): 39-40.

[19] Piao X C, Chakrabarty D, Hahn E J, et al. A simple method for mass production of potato microtubers using a bioreactor system [J]. Current Science, 2003, 84(8): 1 129-1 132.

[20] 赵元增, 杨靖, 孙海燕.固液双层培养中不同处理方式对马铃薯试管薯诱导的影响 [J].河南科技学院学报: 自然科学版, 2019, 47(5): 1-5.

[21] 杨璐, 刘希元, 张广臣.光周期、蔗糖及6-BA对马铃薯试管薯诱导的影响 [J/OL].吉林农业大学学报: 1-12 [2023-04-17]. http://kns.cnki.net/kcms/detail/22. 1100. S. 20220512. 1913. 004. html.

[22] 陈兆贵, 殷芳, 钟志铭.马铃薯微型薯诱导因素的研究 [J].黑龙江农业科学, 2009(5): 10-13.

[23] 罗丽萍, 杨柏云, 蔡奇英.马铃薯试管微型薯诱导的研究 [J].南昌大学学报: 理科版, 2002, 26(4): 372-374.

[24] 陈峥, 金红, 罗智敏.提高马铃薯遗传转化体系再生频率的研究 [J].天津农业科学, 2002, 8(4): 4-6.

[25] 曾述容, 付文进, 对三汗, 等.香豆素浓度及光照条件对马铃薯试管薯诱导影响初步研究 [J].生物学通报, 2009, 44(9): 47-49.

[26] 颉瑞霞, 张小川, 张国辉, 等.激素配比对马铃薯试管薯诱导和块茎形成的影响 [J].分子植物育种, 2018, 16(13): 4 355-4 362.

[27] 李扬, 凌永胜, 林金秀.不同激素及添加物对马铃薯组培苗生长的影响 [J].安徽农业科学, 2020, 48(21): 39-42, 46.

[28] 张天宇, 张俊莲, 王蒂, 等.不同品种马铃薯试管薯诱导体系的优化 [J].中国农学通报, 2006, 22(10): 85-88.

[29] Hossain M S, Hossain M M, Hossain T, et al. Varietal response to benzylaminopurine and chlorocholine chloride on *in vitro* tuberization of potato [J]. Agricultural Research, 2019, 8(4): 452-460.

[30] 周文义.光谱能量分布对组培大豆和金线莲再生体系的影响 [D].南京: 南京农业大学, 2016.

[31] 王红梅, 李淑洁, 张正英, 等.不同基因型马铃薯试管薯的诱导及其再生研究 [J].甘肃农业大学学报, 2008, 43(5): 55-58.

[32] 胡海英, 王华芳, 姚新灵, 等.转基因马铃薯离体快繁与微型薯诱导技术研究 [J].江苏农业科学, 2007(1): 146-148.

[33] 李爽, 张雪, 韩玉珠.马铃薯试管薯诱导的研究现状及进展 [J].长江蔬菜, 2014(14): 11-15.

[34] 张武, 齐恩芳, 王一航, 等.马铃薯试管薯诱导集成优化研究 [J].长江蔬菜, 2008(16): 31-33.

[35] 刘玲玲.光照和培养基类型对马铃薯微型薯诱导结薯的影响 [J].黑龙江农业科学, 2004(6): 21-23.

[36] Li C X, Xu Z G, Dong R Q, et al. An RNA-seq analysis of grape plantlets grown *in vitro* reveals different responses to blue, green, red LED light, and white fluorescent light [J]. Frontiers in Plant Science, 2017, 8: 78.

[37] Felker F C, Doehlert D C, Eskins K. Effects of red and blue light on the composition and morphology of maize kernels grown *in vitro* [J]. Plant Cell, Tissue and Organ Culture, 1995, 42(2): 147-152.

[38] Aksenova N P, Konstantinova T N, Chailakhyan M K. Morphogenetic effect of blue and red light under illumination of the overground and underground potato plant organs *in vitro* [J]. Dokladv Akademic Nauk SSSR, 1989, 305(2): 508–512.

[39] 曹嫱. 蓝光对马铃薯试管薯诱导效果的影响 [D]. 武汉: 华中农业大学, 2022.

[40] 常宏, 王玉萍, 王蒂, 等. 光质对马铃薯试管薯形成的影响 [J]. 应用生态学报, 2009, 20(8): 1 891–1 895.

[41] 孙邦升. LED 光源在马铃薯种质资源试管苗保存的应用 [J]. 中国马铃薯, 2010, 24(2): 69–72.

[42] 张小川, 张建虎, 郭志乾, 等. 光照周期对马铃薯试管薯诱导的影响 [J]. 现代农业科技, 2017(12): 65, 68.

[43] 吴京姬, 金顺福, 姜成模, 等. 马铃薯试管薯工厂化生产优化试验 [J]. 中国马铃薯, 2011, 25(4): 200–203.

[44] Khalil M, Aal A A E, Samy M M. Studies on microtuberization of five potato genotypes [J]. Egyptian Journal of Horticulture, 2017, 44(1): 91–97.

[45] Hussain I, Chaudhry Z, Muhammad A, et al. Effect of chlorocholine chloride, sucrose and BAP on *in vitro* tuberization in potato (*Solanum tuberosum* L. cv. Cardinal) [J]. Pakistan Journal of Botany, 2006, 38(2): 275–282.

[46] 欧建龙, 黄振霖, 赵雨佳, 等. 几种因素对马铃薯试管薯诱导的影响 [J]. 中国马铃薯, 2009, 23(2): 94–95.

[47] 毛碧增, 何伯伟, 苏善根, 等. 马铃薯试管苗及微型种薯形成的几个因素研究 [J]. 浙江大学学报: 农业与生命科学版, 2002, 28(4): 417–420.

[48] 刘璇, 巩檑, 张丽, 等. 不同激素类型对马铃薯液体诱导试管薯的影响 [J]. 东北农业科学, 2022, 47(3): 75–78, 155.

[49] 杨小刚, 王艳红, 魏阳, 等. 我国马铃薯生产与发达国家对比 [J]. 农业工程, 2014, 4(4): 178–180, 185.

[50] 谢开云, 屈冬玉, 金黎平, 等. 中国马铃薯生产与世界先进国家的比较 [J]. 世界农业, 2008, 349(5): 35–38, 41.

[51] 杨艳佩, 朱才华, 柳俊, 等. 马铃薯不同基因型试管薯形成能力比较及遗传位点分析 [J]. 中国马铃薯, 2020, 34(3): 129–138.

[52] 孙伟势. 马铃薯试管苗的污染防治方法 [J]. 陕西农业科学, 2012, 58(3): 276–278.

[53] 崔永伟, 杜聪慧, 李树君. 中国马铃薯种薯产业发展分析与展望 [J]. 农业展望, 2020, 16(1): 71–76.

[54] 戴雅婷, 刘广晶, 吕文霞, 等. 马铃薯试管薯诱导研究概述 [C]//屈冬玉, 陈伊里. 马铃薯产业与脱贫攻坚. 哈尔滨: 哈尔滨地图出版社, 2018: 138–143.

乌兰察布市马铃薯贮藏期主要病害及防治技术

王玉凤[1]，王　真[1]，林团荣[1]，王　伟[1]，范龙秋[1]，

焦欣磊[1]，张志成[1]，王懿茜[1]，郭建晗[2]，朱庆福[1]，尹玉和[1*]

(1. 乌兰察布市农林科学研究所，内蒙古　乌兰察布　012000；

2. 乌兰察布市植保植检站，内蒙古　乌兰察布　012000)

摘　要：马铃薯是内蒙古自治区重要经济作物，乌兰察布市作为内蒙古自治区马铃薯的主产区，种植面积占比较高，是中国重要的种薯、商品薯和加工专用薯生产基地。由于市场覆盖面较大，价格波动较大，马铃薯贮藏成为乌兰察布市马铃薯产业链延伸的重要环节。但马铃薯贮藏期间的病害问题普遍存在，直接影响马铃薯贮藏品质及出库量，贮藏损失率极高，严重阻碍了马铃薯产业发展。在马铃薯仓储保鲜技术应用推广的基础上，对当地马铃薯贮藏期病害的发生特点及症状识别进行了研究，针对病害出现的原因进行了剖析，并提出了相应的防治技术，提高了乌兰察布市马铃薯贮藏水平，提升了马铃薯贮藏质量，增加了经济效益，促进了贮藏技术的发展。

关键词：马铃薯；贮藏；病害；防治技术

马铃薯是内蒙古自治区的重要经济作物，是全国五大马铃薯主产区之一[1]。乌兰察布市是内蒙古自治区主要的马铃薯种植区之一，乌兰察布市马铃薯种植历史悠久，拥有独特的气候优势和区位优势，是中国重要的种薯、商品薯和加工专用薯生产基地[2]。马铃薯贮藏作为产业链延伸的重要环节，关注并解决其存在的关键问题是该产业健康发展的必然要求。据报道，中国70%~75%以上的马铃薯用于鲜食和饲用，或加工成粉条及淀粉，每年由于贮藏不当造成的损失占15%~25%[3,4]，加上马铃薯种植过程中连作现象普遍存在，造成土传病害蔓延，各类田间病害缺乏有效防治措施，造成马铃薯晚疫病、环腐病、黑胫病、枯萎病、干腐病、软腐病等直接侵染马铃薯块茎，对安全贮藏造成巨大隐患和挑战。

2022年乌兰察布市农作物病虫害总体呈偏轻发生，局部偏重发生。据植保统计报表：全市农作物病虫害总发生面积14.58万 hm²(次)，其中病害发生6.35万 hm²，虫害发生8.23万 hm²(次)；总防治面积25.09万 hm²(次)，其中病害防治面积17.38万 hm²(次)，虫害防治面积2.57万 hm²(次)，总挽回损失12.20万 t。马铃薯病害在乌兰察布市为主要病害，生长期病害总体偏轻发生，局部中度或偏重发生。早疫病偏轻发生，局部中度发生，发生面积1.51万 hm²，防治面积1.33万 hm²(次)；黑痣病偏轻发生，局部中度发生，发生面积0.73万 hm²，防治面积1.03万 hm²(次)；黑胫病偏轻发生，局部中度或偏重发

作者简介：王玉凤(1986—)，女，农艺师，主要从事马铃薯病虫害防治及仓储保鲜工作。

基金项目：乌兰察布市科技成果转化项目(马铃薯仓储保鲜技术推广与利用)；内蒙古农牧业青年创新基金项目(2021QNJJNO8)。

*通信作者：尹玉和，研究员，主要从事马铃薯遗传育种与栽培技术研究，e-mail: wlcbsyyh@163.com。

生，发生面积 0.39 万 hm²，防治面积 0.63 万 hm²（次）；枯、黄萎病轻发生，局部中度发生，发生面积 0.01 万 hm²，防治面积 0.02 万 hm²（次）。生长期马铃薯病害发生种类较多，相对发生面积不大，马铃薯贮藏压力不大，但马铃薯贮藏期病害仍需高度重视，马铃薯贮藏期来自病害的损失在 10% 左右，为了进一步减轻当地马铃薯贮藏病害损失，乌兰察布市农林科学研究所在研发适合当地广大种植户使用的中型半地下式节能保鲜贮藏库建库及仓储保鲜技术的基础上，开展了当地马铃薯贮藏病害的发生特点及防治技术研究。就马铃薯贮藏期病害种类及防治技术作以介绍，提高马铃薯贮藏期病害的重视程度，精准识别该类病害，有效减轻马铃薯贮藏期病害损失，为马铃薯仓储保鲜技术提供技术支撑，促进当地马铃薯产业长足发展。

1 马铃薯贮藏期主要病害

马铃薯病害生长期为害植株或块茎，造成块茎带菌或潜伏侵染后，在贮藏期条件适宜时发病引起块茎腐烂，已报道的马铃薯病害有几十种[5]，在贮藏期危害较重的病害主要有干腐病、晚疫病、环腐病、软腐病、枯萎病、疮痂病、银腐病、早疫病、黑痣病、马铃薯粉痂病、马铃薯癌肿病等。目前，在乌兰察布市马铃薯主产区贮藏期病害主要有马铃薯干腐病、软腐病、湿腐病、黑心病、环腐病、黑痣病等，且在部分地区发现少数马铃薯灰霉病的出现，多数情况是混合侵染。

1.1 马铃薯干腐病

马铃薯干腐病是窖藏病害最常见的一种，发生最为严重，是造成马铃薯烂窖的主要因素。马铃薯干腐病由镰刀菌（*Fusarium oxysporum*）所致，主要危害块茎。据报道，在内蒙古自治区锡林郭勒盟引起马铃薯烂窖的干腐病占发病率的 90% 以上[6]。干腐病发病初期仅局部变褐稍凹陷，侵染扩展形成较大的暗褐色凹陷或穴状斑，病部逐渐疏软，扩大后病部出现很多皱瘤，呈同心轮纹状，其上有时长出灰白色的绒状颗粒，即病菌子实体。剖开病薯可见空心，空腔内长满菌丝，薯内则变为深褐色或灰褐色，终致整个块茎僵缩或干腐，不堪食用。病菌以菌丝体或分生孢子在病残组织或土壤中越冬。多系弱寄生菌，从伤口或芽眼侵入。病菌在 5~30 ℃ 下均能生长。贮藏条件差，通风不良利于发病。

1.2 马铃薯软腐病

目前所发现的马铃薯软腐病主要致病菌有胡萝卜软腐果胶杆菌（*Pectobacterium carotovorum* subsp. *carotovorum*）、黑腐果胶杆菌（*P. atrosepticum*）和菊狄克氏菌（*Dickeya chrysanthemi*）[7]。马铃薯软腐病危害叶片、茎及块茎。植株感病后，近地面老叶片先发病，病部为不规则暗褐色病斑，湿度大时易腐烂；病茎上部枝叶萎蔫下垂，叶变黄；块茎软化，薯肉呈灰白色，腐烂，有恶臭味。在贮藏期间，病菌易从块茎伤口或皮孔侵入，形成轻微、浅褐色、稍凹陷的病斑，病斑在潮湿温暖的条件下，扩大变软，受害块茎呈水浸状，后块茎组织崩解，髓部组织腐烂，病组织感染腐生菌后会有难闻的气味[8]。病菌在块茎的表面，遇高温、高湿、缺氧，尤其是块茎表面有水膜，块茎伤口难以恢复，病原菌大量繁殖，在块茎薄壁细胞间隙中扩展，同时分泌果胶酶降解细胞中胶层，引起软腐，严重发生块茎病部会有大量菌脓出现。

1.3 马铃薯黑心病

马铃薯黑心病是贮藏期间的主要非生物性病害之一。黑心病不仅发生在贮藏期，在田间亦有发生。黑心病发生后，在块茎中心的髓部组织细胞死亡，当切开块茎后，块茎内部起初为红褐色，以后逐渐变为灰蓝色至蓝黑色的病斑，切开后发现病斑的形状呈不规则状，但边缘清晰，在黑心的区域马铃薯的块茎组织极其硬，严重的在中部呈现开裂的空洞，黑色组织并无特殊异味，块茎受害后，经历一段时间发病组织开始腐烂。黑心病在块茎外部难以发现，无任何异常的症状，块茎较大的发生频率较块茎较小的高，发病也较重。通常病组织与健康组织边界较明显。在马铃薯块茎内部缺陷中，由于运输和贮藏条件不当造成的马铃薯黑心病是最严重的内部缺陷之一。黑心马铃薯没有任何使用价值，明显降低马铃薯食用、种用及加工用价值。黑心病由于块茎内部组织供氧不足引致呼吸窒息所造成，缺氧严重时整个块茎都可能变黑。

1.4 马铃薯环腐病

马铃薯环腐病可危害叶片，也可危害块茎。块茎发病，薯皮变为褐色，薯尾(脐)部皱缩凹陷，剖视内部，维管束环变黄褐色，环腐部分也有黄色菌脓溢出。继续切开块茎，块茎横切面可见一层有光亮的白色或棕黄色维管束，特别严重时受病维管束可连成一圈，呈弧形或环状，皮层与髓部也发生明显的分离现象，用手挤压时有乳白色或黄褐色脓状黏稠菌液流出，一些发病严重的种薯块茎在贮藏后期也可能出现部分芽眼变黑、干枯的现象。

环腐病的主要传播时期在收获期，健康块茎受损伤后维管束接触到病菌即可染病，在收获、搬运、贮藏入窖等相关活动中块茎碰伤破损情况较多，增加了染病几率。播前种薯切块时病原菌极易通过切刀传播，经切块的伤口侵入健康种块。病薯播到土壤中，块茎发芽、幼苗生长后，环腐菌从块茎的维管束侵染到幼苗的维管束内，随着幼苗生长，病菌在地下沿着维管束侵染匍匐茎和新块茎的维管束，完成侵染循环，造成新块茎发病。病株结薯数量较少，块茎小。刚收获的染病块茎外表和健康块茎差异不大，仅一般尾部会出现轻微的褐色斑块，贮存一段时间后，病薯脐部出现褐色塌陷状褶皱，将病薯块茎对半切开可以看到皮层内维管束出现乳黄色或黄褐色坏死，轻者出现半环状腐烂，重者出现全环腐烂，造成贮藏期该病严重发生。

1.5 马铃薯晚疫病

马铃薯晚疫病主要侵染叶片、茎和块茎。马铃薯晚疫病以生长期发病最为主要，为爆发性、流行性强的真菌病害，发生严重时，直接造成产量损失85%以上。贮藏期间，马铃薯晚疫病一般由于田间发病块茎带菌贮藏引起，块茎染病后，被侵染块茎表面有褐色小斑点，逐渐扩大，形成稍凹陷的淡褐色至紫褐色的不规则病斑，造成整个马铃薯腐烂或溃烂，且易造成周边块茎发病，严重影响品质，增加损失。

1.6 马铃薯黑胫病

马铃薯黑胫病整个生育期均可以发病，可以危害植株和块茎。幼芽染病，节间短缩，叶片黄化，上卷，茎基以下部位组织发黑腐烂，故称为马铃薯黑胫病。成株期发病早、发病重的可全植株凋萎，不结薯。田间块茎发病始于脐部，纵切块茎，病部黑褐色，呈放射状向髓部扩展。贮藏期黑胫病块茎带菌传播发病，病部黑褐色，横切可见维管束呈黑褐色，用手压挤皮肉不分离，湿度大时，块茎变为黑褐色，腐烂发臭。

病菌主要依靠带菌种薯传播，通过伤口侵入植株，用刀切种薯是病害扩大传播的主要途径。贮藏期间，窖内通风不良，高温高湿，有利于细菌繁殖和危害，往往造成大量烂薯。播种前，种薯切块堆放在一起，不利于切面伤口迅速形成木栓层，发病率增高。

1.7 马铃薯灰霉病

马铃薯灰霉病主要侵染叶片、茎秆，有时为害块茎。病斑多从叶尖或叶缘开始显现，并呈"V"字形水渍状向内扩展，后呈青褐色，形状常不规整。湿度大时，病斑上形成灰色霉层。后期斑部碎裂、穿孔。有时病部沿叶柄扩展，在茎秆产生条状褪绿斑和灰色霉层。在田间，病菌分生孢子借气流、雨水、灌溉水、昆虫和农事活动传播，低温高湿条件下发病严重，由伤口、残花或枯衰组织侵入，条件适宜，多次扩展蔓延。块茎受侵染时也可产生干腐，块茎呈现凹陷及变色。块茎偶有受害，贮藏期发病严重，块茎变灰黑色或褐色半湿性腐烂，其上长出霉层。近年来，乌兰察布市马铃薯贮窖有少数该病害发生。

2 贮藏期病害产生的原因

2.1 田间病害发生严重

贮藏期病害发生的主要原因是生长期病害马铃薯早疫病、晚疫病、黑胫病、环腐病等发生严重，田间感病严重时导致块茎发病。收获时，块茎带菌量大，带病率高，有部分块茎在田间就表现出危害症状。在收获前受感染的马铃薯块茎，收获后病菌会继续蔓延，使马铃薯块茎腐烂发病，并在贮藏期间使病害扩展、蔓延，导致病害发生程度加重，发病率提高，损失率增高。

2.2 虫害及外力因素影响

马铃薯虫伤、机械损伤造成的伤口是导致干腐病大范围蔓延的主要原因[9]，在收获时或收获后由于人为或其他因素影响，使块茎受伤，形成伤口，造成病菌感染。随着机械化程度越来越高，大面积收获及搬运过程粗放，使得马铃薯严重创伤，形成侵染伤口，大大提高了各种病害的侵染几率，尤其是造成干腐病、软腐病等病害发生严重。

2.3 品种混合贮存

由于近几年马铃薯品种种类多样，市场需求多元化，鲜食品种、加工品种可选择性越来越多，为了有效降低市场风险，大部分种植者同年种植多种品种，但在贮藏方面，仍然依靠习惯经验贮藏，将不同品种或不同用途品种贮藏在同一个窖内，造成品种混杂，因不同品种对不同病害的抗病性不同，导致品种间病害相互侵染传播扩散，严重影响品种品质及贮藏价值。

2.4 管理不够科学

马铃薯贮藏期科学管理至关重要。秋季温高气燥，在马铃薯收获后，不采取任何覆盖遮荫等避光降温措施，将块茎直接曝露于阳光之下，贮藏库和运输车通风不畅，或者将马铃薯长期置于或贮于密闭的塑料袋内，会出现缺氧的情况，加重黑心病的发生。贮藏块茎在温度过高的条件下，会进一步加强呼吸，所产生的水分又不能及时散发，凝结在块茎表面，就会引起软腐。另外，湿度高则有利于许多病菌萌发、繁殖和蔓延，导致病害加剧。

更有的种植户为了省时省力，在马铃薯入窖后到天冷时封住窖口至次年出窖时打开窖门，贮藏期间不通风换气，窖温长期不易下降，易导致多种病害发生。

3 贮藏期病害防治技术

马铃薯贮藏期病害防治坚持"预防为主、综合防治"的植保方针，贮藏期病害的发生一般是由于病菌在田间生长期初次侵染和贮藏期二次复合侵染，以及其他因素综合作用引起的。因此，贮藏期病害防治应从田间收获入手，加强贮藏期科学管理、科学用药，采取多种技术措施并用，进行综合防治。

3.1 适时收获

马铃薯收获要选择合适的时期，当马铃薯生长期茎叶50%出现成熟干枯时，开始收获。收获前，先进行杀秧处理，杀秧7~10 d后，当块茎内部温度降低、水分散失、表皮木质化后再进行收获，可有效减轻地上部分病菌传到块茎的几率，减少田间病薯的出现，减轻贮藏期病薯的出现[10]。

3.2 入窖准备

在马铃薯入库前10~15 d将贮藏库的门、窗、通风孔全部打开，充分通风换气。贮藏前先将地窖内清理干净，在贮藏前1周左右，对贮藏库(窖)、辅助设施及包装材料(袋、箱等)进行彻底消毒，可用45%百菌清等烟剂密闭熏蒸1~2 d，通风1~2 d，或用50%多菌灵可湿性粉剂等喷雾消毒，密闭1~2 d，然后通风1~2 d。也可在入窖前，按甲醛∶高锰酸钾 = 1∶4的比例，熏蒸窖2~4 d，并将块茎放在干燥、通风、避光处晾2~5 d[9]。

3.3 严格淘汰病薯

块茎入窖前，进行剔除病、烂、伤薯操作，严防病、烂、伤薯混入合格薯中，引起贮藏后烂薯的大量发生。块茎贮藏前应注意块茎带病、损伤程度高、裂薯、青头薯、冻薯的出现，尽量捡拾干净。入库时要轻拿轻放，避免磕伤、碰伤。严禁将收获的马铃薯不经晾晒、预贮、挑选，直接将病、烂、伤薯等块茎一起入库，避免在入库时将马铃薯直接从库口向库内倾倒，造成压伤和摔破，或人在薯堆上踩踏，造成块茎受伤等，严重影响块茎入库质量，做好保湿、防潮、通风、散热工作。

3.4 窖内管理

马铃薯贮藏管理要及时调节库内温度，最大限度保持库内温度适宜且恒定；及时通风，保证窖内湿度适宜，降低 CO_2 浓度，散失薯堆热量，处理库内冷凝水。确保入窖质量，按不同品种、不同用途、不同等级分类贮藏，入窖数量不超过窖体容积的2/3。贮藏期，病害防治药剂种类较多，据报道，甲霜灵锰锌和多菌灵等农药常用作窖藏期处理药剂，用甲霜灵锰锌和多菌灵浓度为500~600倍液在马铃薯入窖前进行喷雾处理，用以防治窖藏期病害，有一定防治效果。用30%百菌清气雾剂200 g，马铃薯入窖后，点燃烟雾剂，密闭24 h，然后通风散热，防治贮藏病害效果很好[6]。荧光假单胞杆菌还被广泛的应用于小麦全蚀病(*Gaeumanomyces graminis*)、马铃薯软腐病(*Erwinia carotovora*)等多种病害的防治[11]。马铃薯贮藏期病害防治可采取化学防治和生物防治相结合的方式开展。

3.5 窖内温湿度控制

马铃薯贮藏初期贮存温度应控制在4 ℃左右，贮藏中期温度应控制在1~3 ℃，贮藏末期应特别注意通风，确保马铃薯在贮存末期，温度恢复到 4 ℃左右。整个马铃薯贮藏期间窖内空气相对湿度应控制在 85%~95%，马铃薯入库前期湿度较大，应采用石灰吸湿法或加强通风降低湿度。马铃薯贮藏过程中，应随时注意观察，避免冷害和冻害发生，保障贮藏质量，确保贮藏安全。

[参 考 文 献]

[1] 丁强, 郭景山, 韩志刚, 等. 内蒙古中西部地区马铃薯乡村振兴发展策略 [C]//金黎平, 吕文河. 马铃薯产业与绿色发展. 哈尔滨: 黑龙江科学技术出版社, 2021: 24-29.

[2] 董岩. 乌兰察布市马铃薯产业的竞争力研究 [D]. 呼和浩特: 内蒙古农业大学, 2020.

[3] 伍玉菡, 尤逢惠, 万娅琼, 等. 马铃薯贮藏·加工·主食化研究进展 [J]. 安徽农业科学, 2016, 44(29): 71-72.

[4] 金黎平, 罗其友. 我国马铃薯产业发展现状和展望 [C]//陈伊里, 屈冬玉. 马铃薯产业与农村区域发展. 哈尔滨: 哈尔滨地图出版社, 2013: 8-18.

[5] 刘大群, 董金皋. 植物病理学导论 [M]. 北京: 科学出版社, 2007.

[6] 宋丽琴. 马铃薯窖藏病害研究与防治措施 [J]. 内蒙古农业科技, 2009(1): 41-43.

[7] 佘小漫, 汤亚飞, 蓝国兵, 等. 广东省马铃薯块茎软腐病病原菌鉴定 [J]. 植物保护学报, 2019, 46(3): 618-625.

[8] 李莉, 杨静, 刘文成. 马铃薯软腐病的辨别及防治方法 [J]. 园艺与种苗, 2017(8): 63-64, 79.

[9] 孙小娟, 李永才, 毕阳, 等. 西北地区马铃薯贮藏期病害调查分析 [J]. 中国马铃薯, 2009, 23(6): 364-365.

[10] 章宪霞. 东乡县马铃薯主要病害综合防控技术 [J]. 农业科技与信息, 2019(10): 26-27.

[11] 程亮, 游春平, 肖爱萍. 拮抗细菌的研究进展 [J]. 江西农业大学学报, 2003, 25(5): 732-736.

遗 传 育 种

西藏自治区不同鲜食马铃薯品种适应性评价

尼玛卓嘎*，祁驰恒，曾钰婷，许娟妮

（西藏自治区农牧科学院蔬菜研究所，西藏 拉萨 850032）

摘　要：为了推进西藏自治区马铃薯育种工作，筛选出适合西藏自治区种植的马铃薯新品种，以当地品种"艾玛土豆"为对照，对从国内引进的 9 个马铃薯品种在拉萨市进行 2 年田间性状、产量及稳定性评价。"冀张薯 12 号""川凉芋 1 号"和"青薯 9 号"的产量分别达 4 149，3 939 和 4 080 kg/667 m^2，较对照分别增产 24.70%、18.39%和 22.64%，商品薯率分别为 83%、59%和 62%。"冀张薯 12 号"和"川凉芋 1 号"2 个品种的产量高、稳定性好，适宜西藏自治区多点示范推广；"青薯 9 号"产量高，其稳定性一般，有待进一步进行适应性试验评价。

关键词：西藏；马铃薯；品种；引进；评价

马铃薯（*Solanum tuberosum* L.）俗称洋芋、土豆、荷兰薯、山药蛋等，为茄科茄属一年生草本植物，是世界上第四大粮食作物[1]。西藏自治区高海拔、强光照、昼夜温差大等自然环境条件适合马铃薯种植，生产出的马铃薯产量高、品质好，是西藏自治区继青稞、小麦之后的第三大粮食作物，受到西藏自治区广大消费者的青睐，且西藏自治区马铃薯消费以鲜食为主[2-4]。但西藏自治区马铃薯生产应用的品种单一，多数地区以当地农家品种为主，栽培年份久，退化严重，商品性低[5]。虽然已选育出了"藏农薯 1 号"和艾玛系列等适应当地的新品种[6-8]，但仍无法满足市场需求，亟需选育与引进一批高产优质适应当地种植的新品种。为此，从内地马铃薯育种单位引进 9 个马铃薯鲜食品种，开展马铃薯新品种适应性筛选试验，从中选出适合当地种植的高产优质稳定性好的马铃薯新品种，为西藏自治区马铃薯品种更新换代和应用推广提供依据。

1　材料与方法

1.1　试验材料

试验以西藏自治区当地品种"艾玛土豆"为对照，对引进的 9 个品种进行筛选比较，供试品种及来源见表 1。

1.2　试验地概况及田间管理

试验分别于 2019、2020 年 4—9 月在西藏自治区农牧科学院蔬菜研究所马铃薯试验基地进行，海拔 3 650 m，年日照时数在 3 000 h 以上，年降水量为 400~510 mm，前茬均为

作者简介：尼玛卓嘎（1988—），女，农艺师，从事马铃薯栽培、推广及育种工作。
基金项目：现代农业产业技术体系专项资金（CARS-09-ES30）。
*通信作者：尼玛卓嘎，e-mail：136712195@qq.com。

藜麦，土壤为砂壤土。播种时施羊粪 1 500 kg/667 m²、复合肥（N：P₂O₅：K₂O = 15：15：15）50 kg/667 m² 作为基肥，苗期漫灌 1 次，生育期内中耕、除草、培土各至少 1 次。

表 1　供试品种及来源

品种	来源
冀张薯 12 号	河北省高寒作物研究所
渝薯 5 号	重庆市农业技术推广总站
川凉芋 1 号	凉山州西昌农业科学研究所
宣薯 6 号	宣威市马铃薯种薯研发中心
鄂薯 10 号	湖北恩施中国南方马铃薯研究中心
黔芋 6 号	毕节市农业科学研究所
青薯 10 号	青海省农林科学院
青薯 9 号	青海省农林科学院
天薯 11 号	天水市农业科学研究所
艾玛土豆（CK）	西藏自治区农牧科学院蔬菜研究所

1.3　试验方法

试验采用一点两年随机区组设计，10 个处理，3 次重复，小区长 6 m，垄距 70 cm，株距 30 cm，4 行区，小区面积 16.8 m²，每行 20 株，共 80 株。

1.4　数据测定及方法

田间性状、产量性状调查方法参考《马铃薯种质资源描述规范和数据标准》[9]，生育期、株高、茎粗、主茎数均取 2 年平均值，收获时按整小区测产。

1.5　数据处理

试验数据采用 DPS 7.05 软件进行处理与分析，平均数多重比较采用 Duncan's 新复极差法。回归系数 $b<1$，表示该品种高于平均适应性；$b=1$，表示该品种等于平均适应性；当 $b>1$，表示该品种低于平均适应性[10]。

2　结果与分析

2.1　植株形态特征

参试品种茎色为绿带紫的有"渝薯 5 号""鄂薯 10 号""青薯 10 号""青薯 9 号"和"天薯11 号"，叶色为深绿的品种有"渝薯 5 号""鄂薯 10 号""青薯 9 号"和"天薯 11 号"，其他品种的茎色和叶色均为绿色。"冀张薯 12 号"生育期为 99 d，表现为中晚熟品种，其他品种均为晚熟品种，其中"川凉芋 1 号"生育期为 105 d，其他品种均为 120 d。参试品种株高平均在 40.65~70.40 cm，"冀张薯 12 号"（40.65 cm）最矮，其次是"鄂薯 10 号"（47.00 cm），除"宣薯 6 号"（70.40 cm）和"青薯 9 号"（68.40 cm）较对照品种"艾玛土豆"高外，其他品种均较对照品种"艾玛土豆"矮。茎粗平均在 0.99~1.19 cm，"冀张薯 12 号"和"黔芋 6 号"最粗为 1.19 cm，最小的是"鄂薯 10 号"（0.99 cm），除"冀张薯 12 号""黔芋

6号"和"川凉芋1号"茎粗较对照品种"艾玛土豆"粗外,其他品种茎粗小于对照品种"艾玛土豆"。主茎数平均在3.10~6.10个,除"黔芋6号""青薯9号"较对照"艾玛土豆"少外,其他品种均较对照品种"艾玛土豆"多(表2)。

表2　不同马铃薯品种农艺性状

品种	茎色	叶色	生育期(d)	株高(cm)	茎粗(cm)	主茎数(No.)
冀张薯12号	绿	绿	99	40.65 e	1.19 a	4.45 b
渝薯5号	绿带紫	深绿	120	56.00 cd	1.14 ab	4.60 b
川凉芋1号	绿	绿	105	57.25 bcd	1.18 a	5.15 ab
宣薯6号	绿	绿	120	70.40 a	1.14 ab	4.60 b
鄂薯10号	绿带紫	深绿	120	47.00 de	0.99 b	5.15 ab
黔芋6号	绿	绿	120	51.90 cde	1.19 a	3.10 c
青薯10号	绿带紫	绿	120	55.25 cd	1.12 ab	4.35 b
青薯9号	绿带紫	深绿	120	68.40 ab	1.10 ab	4.00 bc
天薯11号	绿带紫	深绿	120	48.00 cde	1.11 ab	6.10 a
艾玛土豆(CK)	绿	绿	120	60.00 abc	1.16 a	4.05 bc

注:不同小写字母表示0.05水平差异显著,下同。

2.2　产量分析

参试品种的平均产量介于2 637~4 149 kg/667 m²,其中3个品种的平均产量高于对照,"冀张薯12号""川凉芋1号"和"青薯9号"产量分别达4 149,3 939和4 080 kg/667 m²,分别较对照增产24.70%、18.39%和22.64%。方差分析表明,"冀张薯12号""川凉芋1号"和"青薯9号"的平均产量与其他7个品种差异显著,"黔芋6号"和"青薯10号"的平均产量显著低于对照。单株结薯数平均为9.00~13.50个,最多的是"川凉芋1号",最少的是"渝薯5号","川凉芋1号"平均单株结薯数显著高于对照品种"艾玛土豆",其他品种单株结薯数与对照品种差异不显著。商品薯率平均为54%~83%,最高的是"冀张薯12号"(83%),对照"艾玛土豆"(54%)最低,达到60%以上有"冀张薯12号"(83%)、"渝薯5号"(80%)、"宣薯6号"(74%)、"青薯10号"(66%)和"青薯9号"(62%)。单株薯重平均为0.78~1.41 kg,最低的是"青薯10号"(0.78 kg),"冀张薯12号"(1.41 kg)最高,"冀张薯12号"单株薯重显著高于对照品种"艾玛土豆","青薯10号"显著低于对照"艾玛土豆",其他品种平均单株薯重与对照差异不显著(表3)。

表3　不同马铃薯品种产量

品种	单株结薯数(No.)			商品薯率(%)			单株薯重(kg)			产量(kg/667 m²)			较CK±
	2019	2020	平均	2019	2020	平均	2019	2020	平均	2019	2020	平均	(%)
冀张薯12号	9.50	9.00	9.25 c	76	90	83 a	1.29	1.52	1.41 a	4 099	4 198	4 149 a	24.70
渝薯5号	7.30	10.70	9.00 c	75	84	80 ab	0.90	1.07	0.99 c	2 870	3 350	3 110 bcd	-6.52

品种	单株结薯数（No.）			商品薯率（%）			单株薯重（kg）			产量（kg/667 m²）			较 CK±（%）
	2019	2020	平均	2019	2020	平均	2019	2020	平均	2019	2020	平均	
川凉芋 1 号	13.30	13.70	13.50 a	57	61	59 cd	1.21	1.23	1.22 b	3 829	4 048	3 939 a	18.39
宣薯 6 号	10.50	8.70	9.60 c	70	77	74 abc	1.06	0.94	1.00 c	3 326	3 043	3 185 bc	-4.27
鄂薯 10 号	10.30	11.80	11.05 abc	63	53	58 d	0.92	1.03	0.97 c	2 921	3 132	3 026 bcd	-9.04
黔芋 6 号	10.20	10.30	10.25 bc	55	55	55 d	0.97	0.98	0.98 c	2 615	2 990	2 803 cd	-15.76
青薯 10 号	9.30	10.70	10.00 bc	63	68	66 bcd	0.75	0.82	0.78 d	2 384	2 890	2 637 d	-20.75
青薯 9 号	10.40	12.00	11.20 abc	60	64	62 cd	1.29	1.27	1.28 ab	4 095	4 065	4 080 a	22.64
天薯 11 号	12.30	12.80	12.55 ab	46	65	56 d	0.89	1.08	0.98 c	2 817	2 932	2 875 bcd	-13.60
艾玛土豆（CK）	11.40	9.70	10.55 bc	45	63	54 d	1.12	1.19	1.16 bc	3 147	3 507	3 327 b	—

2.3 稳定性与丰产性

"冀张薯 12 号""川凉芋 1 号"和"青薯 9 号"的丰产效应值高于对照品种"艾玛土豆"，且 3 个品种的综合评价为很好，"冀张薯 12 号"和"川凉芋 1 号"变异度低于对照品种"艾玛土豆"，表明"冀张薯 12 号"和"川凉芋 1 号"的丰产性及稳定性较好。"渝薯 5 号""宣薯 6 号""鄂薯 10 号""黔芋 6 号""青薯 10 号"和"天薯 11 号"6 个品种的综合评价为一般、较差或不好，均较对照品种差。"冀张薯 12 号"和"青薯 9 号"的回归系数均低于 1，表现出强的适应性，"川凉芋 1 号"和"鄂薯 10 号"的回归系数接近 1，低于对照品种"艾玛土豆"的回归系数，说明具有优于对照品种的年份间适应性（表 4）。

表 4 不同马铃薯品种丰产性和稳产性

品种	丰产性参数		稳定性参数			回归分析	综合评价
	产量（kg/16.8 m²）	效应	方差	变异度	回归系数		
冀张薯 12 号	104.40	20.90	4.48	2.03	0.42	$y = 69.04 + 0.42x$	很好
渝薯 5 号	78.43	-5.08	24.19	6.27	2.34	$y = -116.89 + 2.34x$	较差
川凉芋 1 号	99.25	15.75	0.05	0.22	1.06	$y = 10.84 + 1.06x$	很好
宣薯 6 号	80.18	-3.33	78.68	11.06	-1.42	$y = 198.33 - 1.42x$	一般
鄂薯 10 号	76.30	-7.20	0.02	0.19	1.04	$y = -10.51 + 1.04x$	一般
黔芋 6 号	70.70	-12.80	9.70	4.41	1.85	$y = -83.62 + 1.85x$	一般
青薯 10 号	66.53	-16.98	30.07	8.24	2.49	$y = -141.65 + 2.49x$	不好
青薯 9 号	102.85	19.35	17.37	4.05	-0.14	$y = 114.10 - 0.14x$	很好
天薯 11 号	72.50	-11.00	2.41	2.14	0.58	$y = 24.27 + 0.58x$	一般
艾玛土豆（CK）	83.90	0.40	8.00	3.37	1.77	$y = -63.91 + 1.77x$	较好

3 讨 论

鲜薯食用作为西藏自治区马铃薯消费的主要方式，引进与筛选高产稳产的马铃薯鲜食品种对提高农牧民增收、促进西藏自治区马铃薯产业发展具有重要意义。同一地区不同年份间的环境差异包括光照、降雨、积温等气候因子，一点多年试验是评价品种在该地区能否推广的关键环节[11]，研究表明引进的 9 个马铃薯品种在不同年份间的稳定性差异较大，变异度在 0.19~11.06，变异度最低的是"鄂薯 10 号"（0.19）和"川凉芋 1 号"（0.22），变异度较大的是"宣薯 6 号"（11.06）和"青薯 10 号"（8.24），说明不同品种的稳定性可以通过不同年份间的比较试验筛选出来，这与其他研究结果一致[12,13]，在区域试验前多年适应性评价，从而加大高产稳产品种筛选概率。

综上所述，"冀张薯 12 号"表现中晚熟特性，其茎粗、商品薯率高，"青薯 9 号"株高、单株薯重表现好，"川凉芋 1 号"主茎数、单株结薯数较多，这 3 个马铃薯品种综合评价很好，但仅"冀张薯 12 号"和"川凉芋 1 号"丰产性及稳定性均表现较好，可参加多点试验或者区域试验推广应用，提高西藏自治区马铃薯鲜食品种的产量，"青薯 9 号"品种有待进一步进行多年适应性试验评价。

[参 考 文 献]

[1] 李丰先，陈小花.干旱半干旱区马铃薯新品种(系)对比试验 [J].中国马铃薯，2018，32(6)：340-344.

[2] 曾钰婷，祁驰恒，许娟妮，等.西藏高产优质马铃薯新品种筛选及稳产性研究 [J].中国马铃薯，2020，34(3)：139-146.

[3] 尼玛央宗，拉巴扎西.不同栽培环境对西藏马铃薯品种营养成分的影响 [J].西藏农业科技，2020，42(4)：68-70.

[4] 范继红，巴桑次仁，边巴次仁，等.西藏山南红皮马铃薯脱毒快繁技术研究 [J].安徽农业科学，2020，48(3)：50-53.

[5] 祁驰恒，许娟妮，尼玛卓嘎，等.西藏自治区马铃薯地方品种遗传多样性分析 [J].中国马铃薯，2020，34(5)：268-274.

[6] 曾钰婷，许娟妮，祁驰恒，等.马铃薯新品种'藏农薯 1 号'的选育 [J].中国马铃薯，2020，34(4)：252-253.

[7] 覃亚，张延丽.艾玛土豆 1 号在日喀则市的播期试验研究 [J].西藏农业科技，2019，41(1)：45-48.

[8] 珍珍.脱毒马铃薯艾玛 2 号在江孜县的区域试验初报 [J].种子科技，2020，38(10)：17，19.

[9] 刘喜才，张丽娟.马铃薯种质资源描述规范和数据标准 [M].北京：中国农业出版社，2006.

[10] 岳新丽，王春珍，陈云，等.马铃薯新品种晋薯 27 号丰产稳产及适应性分析 [J].种子，2018，37(9)：135-137.

[11] 谢俊贤，王守义，田晓峰，等.马铃薯一点多年试验统计分析 [J].中国马铃薯，1995，9(2)：47-48.

[12] 闫雷，张远学，邹莹，等.不同基因型马铃薯产量评价及植株倒伏性状研究 [J].种子，2020，39(12)：88-91.

[13] 赵世锋，曹丽霞，石碧红，等.冀北燕麦一点多年高产试验分析 [J].农学学报，2018，8(9)：1-8，19.

云南省宣威市中薯系列马铃薯新品种比较试验

张正禹[1,2]，王杏婷[1,2]，徐尤先[1,2]，韩小女[1,2]，

杨亚琼[1,2]，王朋军[1,2]，何彩花[1,2]，展　康[1,2]*

（1. 宣威市农业技术推广中心，云南　宣威　655400；
2. 宣威市马铃薯种薯研发中心，云南　宣威　655400）

摘　要：试验以引进的 11 个中薯系列马铃薯新品种为材料，"宣薯 2 号"为对照品种，开展物候期、农艺性状调查和产量测定，旨在筛选符合在宣威市气候条件下，市场接受程度较高、适宜小春种植的中早熟马铃薯新品种。"中薯 24"与对照相比，产量高，商品薯率高达 92.36%，黄皮黄肉，薯形椭圆、芽眼浅，生育期 114 d，综合性状良好，可在宣威市进行下一步的生产试验和作为多点示范小春种植品种在西南地区推广种植。"中薯 28"为红皮白肉，增产显著，商品薯率高，也可在宣威市作为搭配品种种植推广。"中薯 WN11"为黄皮白肉，产量高、商品薯率高，但生育期较长，可作为晚熟品种在宣威市进行下一步的生产试验和示范推广种植。"中薯 41"的产量低于对照，不宜在宣威市推广种植。

关键词：宣威市；马铃薯；品种；比较试验

马铃薯（*Solanum tuberosum* L. ）是云南省第三大粮食作物，拥有广阔的市场前景，在保障全省粮食安全、巩固脱贫成果和助力乡村振兴中发挥着重要作用[1]。宣威市地处云南省东北部，立体气候明显，海拔高度差异大，气候冷凉，比较适宜马铃薯种植，马铃薯作为宣威市第二大粮食作物，常年种植面积 6 万 hm^2，宣威市是云南省马铃薯生产大县[2]，在大力推进乡村振兴战略的背景下，大力发展马铃薯产业，能有效带动当地经济发展。为优化宣威市马铃薯种植品种结构、加快马铃薯品种创新，2022 年在宣威市现代农业种业园内开展马铃薯新品种比较试验，以中国农业科学院蔬菜花卉研究所选育的 11 个中薯系列新品种为试验材料，对其田间农艺性状和产量性状调查分析，旨在筛选适合宣威市种植的高产、优质、中早熟、适宜小春种植的马铃薯新品种，推动宣威市马铃薯产业高质量发展，助推乡村振兴、农民增收致富。

1　材料与方法

1.1　试验地概况

试验地位于云南省宣威市现代农业种业园内，土地平整，土壤类型为红壤土，前茬作

作者简介：张正禹（1990—），男，农艺师，主要从事马铃薯良繁与推广工作。
基金项目：国家现代农业产业技术体系专项资金（CARS-09-ES27）。
*** 通信作者**：展康，推广研究员，从事马铃薯育种与生产技术推广工作，e-mail：qjzkang@126.com。

物玉米，海拔 1 956 m，地理位置 E 104°2′36″、N 26°6′21″，土壤肥力中等。

1.2 试验材料

参试品种："中薯 24""中薯 28""中薯 33""中薯 38""中薯 41""中薯 566""中薯 649""中薯 861""中薯 983""中薯 K6""中薯 WN11"，11 个品种均由中国农业科学院蔬菜花卉研究所提供。对照品种："宣薯 2 号"(CK)，为云南省宣威市农业技术推广中心所选育的品种。

供试肥料：一次性以底肥方式施入，肥料为腐植酸有机肥($N：P_2O_5：K_2O = 10：8：9$，腐植酸≥10%，可溶性腐植酸≥3%，有机质≥45%)，云南天丰农药有限公司生产，施肥量 80 kg/667 m²。

1.3 试验设计

采用随机区组排列，3 次重复，小区面积 16.8 m²，每小区 4 行，行距 70 cm，株距 30 cm，行长 6 m，每行 20 株，共 80 株，密度 3 176 株/667 m²。保护行 2 行。调查记载各品种的物候期、植株形态特征、块茎性状和小区马铃薯产量[3,4]。

1.4 栽培管理

种薯不进行药剂处理，于 2022 年 3 月 5 日机械起垄、人工点播、侧膜覆盖；5 月 5 日揭膜并中耕培土；5 月中下旬至 7 月上旬进行晚疫病防治 4 次；5 月 26 日喷施砜·喹·嗪草酮除草剂防治草害；8 月 29 日收获。

2 结果与分析

2.1 物候期

各参试品种 3 月 5 日播种，8 月 29 日收获。出苗期在 4 月 12—16 日；最早的是"中薯 861""中薯 983"和"中薯 WN11"，为 4 月 12 日出苗；最晚的是"中薯 38"和"中薯 41"，为 4 月 16 日出苗；最早和最晚相差 4 d。所有品种均于 5 月中旬开始现蕾，现蕾期在 5 月 10—16 日；最早的是"中薯 WN11"，为 5 月 10 日；最晚的是"中薯 983"，为 5 月 16 日；最早和最晚相差 6 d。现蕾后，只有"中薯 861"不能正常开花，其余品种均能够正常开花；开花期在 5 月 16—27 日；最早的是"中薯 WN11"，为 5 月 16 日；最晚的是"中薯 983"，为 5 月 27 日；最早和最晚相差 11 d。封行期在 5 月 19—23 日。成熟期在 7 月 15 日至 8 月 16 日；最早的是"中薯 33""中薯 41""中薯 649""中薯 861"和"中薯 K6"，为 7 月 15 日；最晚的是"中薯 WN11"，为 8 月 16 日；最早和最晚相差 32 d。参试品种的生育期为 90~126 d，不同品种生育期存在一定差异；除了"中薯 33""中薯 41""中薯 649""中薯 861"和"中薯 K6"短于对照，其余品种均长于对照；生育期最短品种为"中薯 41"，生育期为 90 d；生育期最长品种为"中薯 WN11"，生育期为 126 d(表 1)。

表1 不同马铃薯品种物候期

品种	播种期 （D/M）	出苗期 （D/M）	现蕾期 （D/M）	开花期 （D/M）	封行期 （D/M）	成熟期 （D/M）	收获期 （D/M）	生育期 （d）
中薯24	05/03	15/04	14/05	20/05	23/05	07/08	29/08	114
中薯28	05/03	13/04	14/05	20/05	23/05	27/07	29/08	105
中薯33	05/03	13/04	14/05	24/05	19/05	15/07	29/08	93
中薯38	05/03	16/04	14/05	19/05	23/05	28/07	29/08	103
中薯41	05/03	16/04	14/05	24/05	19/05	15/07	29/08	90
中薯566	05/03	13/04	13/05	19/05	23/05	05/08	29/08	114
中薯649	05/03	13/04	14/05	23/05	23/05	15/07	29/08	93
中薯861	05/03	12/04	15/05	—	23/05	15/07	29/08	94
中薯983	05/03	12/04	16/05	27/05	19/05	16/08	29/08	126
中薯K6	05/03	14/04	13/05	19/05	23/05	15/07	29/08	92
中薯WN11	05/03	12/04	10/05	16/05	19/05	16/08	29/08	126
宣薯2号(CK)	05/03	15/04	14/05	19/05	23/05	21/07	29/08	97

2.2 植株形态特征

"中薯24""中薯38""中薯41"和"中薯WN11"茎色为紫绿色，"中薯28"茎色为紫色，其余品种茎色均为绿色。

"中薯28""中薯38"和"中薯566"叶色为深绿色，其余品种叶色均为绿色。

"中薯24"和"中薯649"花繁茂性表现为中等，"中薯28""中薯38""中薯566"和"宣薯2号"（CK）表现为很繁茂，"中薯33""中薯41"和"中薯K6"表现为少花，"中薯983"表现为极少花，"中薯WN11"表现为极繁茂，"中薯861"花蕾自然脱落。

在花冠色方面，"中薯28""中薯38"和"中薯566"为紫色，"中薯41"为浅紫色，其余品种花冠色均为白色（"中薯861"除外）。

在结实性方面，"中薯38"结实性中等，"中薯649"和"宣薯2号"（CK）结实少，其余品种均不能正常结实（表2）。

表2 不同马铃薯品种植株形态特征

品种	茎色	叶色	花繁茂性	花冠色	结实性
中薯24	紫绿	绿	中等	白	无
中薯28	紫	深绿	很繁茂	紫	无
中薯33	绿	绿	少花	白	无
中薯38	紫绿	深绿	很繁茂	紫	中等
中薯41	紫绿	绿	少花	浅紫	无
中薯566	绿	深绿	很繁茂	紫	无

品种	茎色	叶色	花繁茂性	花冠色	结实性
中薯 649	绿	绿	中等	白	少
中薯 861	绿	绿	落蕾	—	无
中薯 983	绿	绿	极少花	白	无
中薯 K6	绿	绿	少花	白	无
中薯 WN11	紫绿	绿	极繁茂	白	无
宣薯 2 号(CK)	绿	绿	很繁茂	白	少

2.3 田间性状

各参试品种的田间出苗率在 85.42% ~ 100%，"中薯 28""中薯 33""中薯 41""中薯 649""中薯 861""中薯 983"和"中薯 WN11"出苗率均在 98% 以上，"中薯 566"出苗率最低，为 85.42%。

各参试品种中株高最高的是"中薯 WN11"，为 92.2 cm；最矮的是"中薯 649"，为 67.4 cm。

所有参试品种茎粗均大于 1.2 cm，其中"中薯 566"最粗，为 1.68 cm，茎粗最细的品种为"中薯 38"，为 1.27 cm。

各参试品种的主茎数为 2.0~3.8 个，"中薯 33""中薯 861"和"中薯 WN11"比对照多，其余品种均少于对照，其中"中薯 33"和"中薯 861"主茎数最多，为 3.8 个；"中薯 566"和"中薯 K6"主茎数最少，为 2.0 个。

各参试品种的单株块茎数均少于对照，除对照外的 11 个参试品种中"中薯 WN11"的单株块茎数最多，为 13.1 个/株；"中薯 28"的单株块茎数最少，为 7.7 个/株。

"中薯 28""中薯 41"和"中薯 983"的单株块茎重低于对照，其余品种均高于对照。"中薯 K6"单株块茎重最高，为 1 646.0 g/株；"中薯 983"最低，为 929.2 g/株。

所有参试品种的单薯重均高于对照，除对照的 11 个参试品种中"中薯 K6"的单薯重最高，为 182.89 g；"中薯 983"的单薯重最低，为 82.23 g(表 3)。

表 3　不同马铃薯品种田间性状

品种	出苗率（%）	株高（cm）	茎粗（cm）	主茎数（个）	单株块茎数（个/株）	单株块茎重（g/株）	单薯重（g）
中薯 24	89.17	86.5	1.45	2.6	10.3	1 635.0	158.74
中薯 28	99.58	75.3	1.44	2.2	7.7	1 150.4	149.40
中薯 33	98.33	76.9	1.31	3.8	10.1	1 346.0	133.27
中薯 38	92.50	76.1	1.27	2.1	9.0	1 194.0	132.67
中薯 41	99.58	75.0	1.38	2.8	8.0	944.9	118.11
中薯 566	85.42	88.0	1.68	2.0	12.1	1 621.0	133.97

品种	出苗率 （%）	株高 （cm）	茎粗 （cm）	主茎数 （个）	单株块茎数 （个/株）	单株块茎重 （g/株）	单薯重 （g）
中薯 649	99.17	67.4	1.39	2.8	8.8	1 169.7	132.92
中薯 861	99.58	70.8	1.36	3.8	9.9	1 223.3	123.57
中薯 983	100	92.1	1.60	2.6	11.3	929.2	82.23
中薯 K6	88.75	73.5	1.31	2.0	9.0	1 646.0	182.89
中薯 WN11	100	92.2	1.33	3.4	13.1	1 574.9	120.22
宣薯 2 号（CK）	90.42	78.0	1.46	2.9	14.5	1 159.0	79.93

2.4 块茎性状

"中薯 28"和"中薯 861"薯形为长椭圆形，"中薯 33"薯形为倒卵形，"中薯 WN11"薯形为扁圆形，其余品种薯形均为椭圆形。

"中薯 28"和"中薯 38"皮色为红色，其余品种皮色均为黄色。

"中薯 28""中薯 38"和"中薯 WN11"肉色为白色，"中薯 649"肉色为浅黄色，其余品种肉色均为黄色。

"中薯 41"芽眼中等，其余品种芽眼均为浅。

"中薯 28"的薯皮类型为麻，"中薯 33""中薯 38""中薯 861"和对照"宣薯 2 号"薯皮类型为光滑，其余品种薯皮类型均为略麻。

所有参试品种商品薯率均高于对照"宣薯 2 号"，商品薯率大于 90%的品种有"中薯 K6""中薯 28""中薯 24"和"中薯 566"，分别为 94.50%、92.94%、92.36%和 91.98%，对照'宣薯 2 号'的商品薯率最低，仅为 72.56%（表 4）。

表 4 不同马铃薯品种块茎性状

品种	薯形	皮色	肉色	芽眼深浅	薯皮类型	商品薯率（%）
中薯 24	椭圆	黄	黄	浅	略麻	92.36
中薯 28	长椭圆	红	白	浅	麻	92.94
中薯 33	倒卵	黄	黄	浅	光滑	89.85
中薯 38	椭圆	红	白	浅	光滑	88.64
中薯 41	椭圆	黄	黄	中	略麻	86.96
中薯 566	椭圆	黄	黄	浅	略麻	91.98
中薯 649	椭圆	黄	浅黄	浅	略麻	89.31
中薯 861	长椭圆	黄	黄	浅	光滑	89.27
中薯 983	椭圆	黄	黄	浅	略麻	82.27
中薯 K6	椭圆	黄	黄	浅	略麻	94.50
中薯 WN11	扁圆	黄	白	浅	略麻	89.29
宣薯 2 号（CK）	椭圆	黄	黄	浅	光滑	72.56

注：商品薯标准为 75 g 以上。

2.5 产量比较

"中薯 28""中薯 WN11""中薯 24""中薯 566"和"中薯 983"产量居前 5 位，分别为 3 535，3 496，3 338，3 231 和 3 196 kg/667 m²，分别较对照"宣薯 2 号"增产 39.28%、37.75%、31.52%、27.30%和 25.93%，较对照增产均超过 25%，5 个品种之间差异不显著，与对照"宣薯 2 号"差异极显著。"中薯 41"产量最低，仅为 2 399 kg/667 m²，较对照减产 5.47%，只有"中薯 41"产量低于对照品种"宣薯 2 号"。"中薯 38""中薯 861"和"中薯 K6"，产量分别为 2 839，2 836 和 2 738 kg/667 m²，分别较对照增产 11.86%、11.74%和 7.88%，但与对照间差异不显著（表 5）。

表 5 不同马铃薯品种产量

品种	小区产量（kg/16.8 m²）				折合产量（kg/667 m²）	较对照增产（kg/667 m²）	增产率（%）
	I	II	III	平均			
中薯 24	82.45	90.65	79.25	84.12 aAB	3 338	800	31.52
中薯 28	83.85	94.50	88.85	89.07 aA	3 535	997	39.28
中薯 33	79.25	80.16	74.05	77.82 abcABC	3 088	550	21.67
中薯 38	75.20	72.44	66.95	71.53 bcdBCD	2 839	301	11.86
中薯 41	64.50	62.22	54.65	60.46 dD	2 399	-139	-5.47
中薯 566	83.15	81.36	79.75	81.42 abAB	3 231	693	27.30
中薯 649	84.75	82.53	70.70	79.33 abcAB	3 148	610	24.03
中薯 861	68.45	76.78	69.15	71.46 bcdBCD	2 836	298	11.74
中薯 983	74.95	80.49	86.15	80.53 abAB	3 196	658	25.93
中薯 K6	59.30	85.96	61.70	68.99 cdBCD	2 738	200	7.88
中薯 WN11	86.15	101.75	76.35	88.08 aA	3 496	958	37.75
宣薯 2 号（CK）	57.80	74.74	59.30	63.95 dCD	2 538	—	—

注：同列不同小写字母表示在 0.05 水平差异显著，不同大写字母表示在 0.01 水平差异极显著。产量数据采用 Duncan's 新复极差法分析。

3 讨 论

马铃薯产业收入是宣威市当地农民经济收入的主要来源之一，也是乡村振兴的支柱产业之一。马铃薯对促进全市农民增收致富具有重要意义。为加快宣威市马铃薯品种结构调整，解决品种单一和部分品种退化严重的问题，迫切需要加大引种力度，开展优良品种筛选比较试验，满足全市薯农生产需求和多元化市场需求[5]。

试验以"宣薯 2 号"为对照，对 11 个中薯系列参试品种的物候期、植株形态特征、块茎性状和产量性状进行了比较分析，以物候期、商品薯率和产量性状为主要考核指标，其他特征为参考指标进行优良品种筛选。结果表明，各参试品种生育期天数为 90~126 d，均能在宣威地区正常生长与成熟。在商品薯率方面，商品薯率大于 90%的品种有 4 个，分别为"中薯 K6""中薯 28""中薯 24"和"中薯 566"，其中"中薯 K6"最高，为 94.50%；其次为"中薯 28"，为 92.94%。在产量方面，产量超过 3 300 kg/667 m^2 的品种有 3 个，即"中薯 28""中薯 WN11"和"中薯 24"，产量分别达到 3 535、3 496 和 3 338 kg/667 m^2；除"中薯 41"产量低于对照"宣薯 2 号"，其余品种产量均高于对照。

综合分析，"中薯 24"为黄皮黄肉，皮色与肉色均为消费者喜欢的黄色，丰产性好，块茎性状好，增产显著，综合性状良好，可在宣威市进行下一步的生产试验和作为多点示范小春种植品种在西南地区推广种植，但要做好病虫害防治。同时，部分地区在近年来马铃薯消费也从原来认可的黄皮黄肉逐渐开始接受红皮黄肉、白肉的品种，引进红皮马铃薯品种，满足了市场需求，也可以为农民科学选种、用种提供新的思路与想法[6,7]。"中薯 28"为红皮白肉，增产显著，商品薯率高，也可在宣威市作为搭配品种种植推广。"中薯 WN11"为黄皮白肉，产量高、商品薯率高，但生育期较长，可作为晚熟品种在宣威市进行下一步的生产试验和示范推广种植。"中薯 41"的产量低于对照"宣薯 2 号"，不宜在宣威市推广种植。其余品种需进一步观察和试验。以上品种均为一年的试验调查数据，还需进一步试验在不同年份气候条件下，继续根据植株生长特性、块茎性状、产量等指标进一步开展评价分析，从而确定是否有推广价值。

[参 考 文 献]

[1] 李永贤, 张延金, 平秀敏. 山地夏播马铃薯主要病害生物制剂防控试验 [J]. 中国农技推广, 2023, 39(1): 69-71.
[2] 刘志吕, 缪应省, 宁彩虹, 等. 云南宣威市马铃薯全程机械化促进产业化发展 [J]. 农业工程技术, 2022, 42(29): 9, 11.
[3] 中华人民共和国农业部. NY/T 1489—2007 农作物品种试验技术规程 马铃薯 [S]. 北京: 中国农业出版社, 2008.
[4] 中华人民共和国农业部. NY/T 2940—2016 马铃薯种质资源描述规范 [S]. 北京: 中国农业出版社, 2017.
[5] 刘王叶, 马艳利, 王永霞, 等. 榆林市榆阳区马铃薯优良品种比较试验 [J]. 现代农业科技, 2022(17): 96-98, 103.
[6] 罗焕明, 李成晨, 索海翠, 等. 广东红皮马铃薯引种及筛选试验 [J]. 广东农业科学, 2020, 47(6): 8-14.
[7] 唐景华, 陈卓, 朱熙, 等. 粤西马铃薯品种比较试验 [J]. 中国马铃薯, 2022, 36(4): 289-295.

宁夏回族自治区马铃薯高干物质含量品种筛选试验

王效瑜[1]，王元元[2]，张国辉[1]，余帮强[1]，胡智琪[1]，郭志乾[1*]

（1. 宁夏农林科学院固原分院，宁夏　固原　756000；

2. 宁夏原种场，宁夏　贺兰　750200）

摘　要：针对当前宁夏回族自治区马铃薯加工需求，积极开展高干物质品种的筛选研究，从中选出产量高、干物质含量高的新品种。根据试验研究设定目标干物质含量≥23%，在宁夏农林科学院隆德观庄科研基地旱地上对选育的 10 个马铃薯品种进行筛选试验。结果表明，"16-49-1"平均产量 2 727 kg/667 m²，较对照"青薯 9 号"增产 40.6%，干物质含量 26.7%，淀粉含量 20.4%；"16-28-1"平均产量 2 556 kg/667 m²，较对照"青薯 9 号"增产 31.8%，干物质含量 26.6%，淀粉含量 20.7%；"16-200-1"平均产量 2 515 kg/667 m²，较对照"青薯 9 号"增产 29.5%，干物质含量 24.8%，淀粉含量 18.5%；这 3 个品种抗旱性强，产量高，干物质含量高，块茎整齐且以大薯为主，单株结薯数集中在 5～8 个，单株薯重分别为 1.36，1.39 和 1.24 kg/株，商品薯率较高，综合性状表现良好，适合在宁夏回族自治区旱地大面积推广种植。

关键词：宁夏；马铃薯；品种；高干物质；筛选

马铃薯是宁夏回族自治区特色优势农作物，全区年种植面积达 16.67 万 hm²。主要分布在经济欠发达的宁夏回族自治区中部干旱带和固原市。近年来，随着种植业结构调整步伐的加快，以及马铃薯加工业的发展，对新品种的需求日益迫切，为了适应马铃薯生产和市场发展的需要，积极开展高干物质马铃薯品种的筛选研究，从中选出产量高、干物质含量高的新品种，旨在为该区推广抗旱高产高干物质马铃薯新品种提供科学依据。

1　材料与方法

1.1　试验地概况

2022 年试验地设在宁夏农林科学院隆德观庄科研基地旱地上进行，海拔 2 330 m，年平均温度为 6.2 ℃，年降雨量 511.6 mm，无霜期 138 d。土壤类型为浅黑垆土，地势平坦，肥力均匀，前茬为马铃薯。秋季机耕一次。结合春季旋地，施腐熟牛粪 2 000 kg/667 m²，生物有机肥（总养分＞13%）120 kg/667 m²，磷酸二铵（N 18%、P 46%，总养分＞64%）30 kg/667 m²。

1.2　试验材料

参试品种（系）10 个，即"16-84-4""16-108-4""固薯 3 号""16-28-1""16-49-1""16-125-11""16-52-4""16-200-1""16-118-2""青薯 9 号"（CK）。

作者简介：王效瑜（1965—），男，推广研究员，主要从事马铃薯新品种选育及栽培技术研究。

基金项目：宁夏自治区财政育种专项（2019NYYZD1）。

* **通信作者**：郭志乾，推广研究员，主要从事马铃薯新品种选育及农业技术推广工作，e-mail：nxguozhiqian@126.com。

1.3 试验方法

采用随机区组排列，3 次重复，5 行区，小区面积 20 m²，小区间距 50 cm，区组间及保护行设 50 cm 走道，行距 50 cm。播深为 30 cm，播种量按 3 333 株/667 m² 计算，每小区播种量 100 株，株距 33.3 cm。生育期间管理同一般大田。

2 结果与分析

2.1 不同马铃薯品种(系)物候期

参试品种生育期集中在 103～113 d，均能正常成熟，其中以"固薯 3 号"103 d 最短，较对照"青薯 9 号"短 10 d，其他品种的生育期集中在 109～113 d，与对照相差不大(表 1)。

表 1 不同马铃薯品种(系)物候期比较

品种(系)	播种期 (D/M)	出苗期 (D/M)	现蕾期 (D/M)	开花期 (D/M)	成熟期 (D/M)	收获期 (D/M)	生育期 (d)
16-84-4	24/04	30/05	23/06	10/07	18/09	21/09	111
16-108-4	24/04	31/05	23/06	08/07	20/09	21/09	112
固薯 3 号	24/04	30/05	23/06	03/07	10/09	21/09	103
16-28-1	24/04	30/05	20/06	15/07	20/09	21/09	113
16-49-1	24/04	30/05	25/06	10/07	20/09	21/09	113
16-125-11	24/04	30/05	25/06	08/07	18/09	21/09	111
16-52-4	24/04	30/05	23/06	08/07	20/09	21/09	113
16-200-1	24/04	30/05	23/06	08/07	18/09	21/09	111
16-118-2	24/04	30/05	20/06	08/07	16/09	21/09	109
青薯 9 号(CK)	24/04	30/05	24/06	08/07	20/09	21/09	113

2.2 不同马铃薯品种(系)田间性状

参试品种的出苗率集中在 95.0%～99.0%。株高在 46.0～68.0 cm，相差较大，其中"16-108-4"最低为 46.0 cm，较对照"青薯 9 号"矮 15.0 cm，"16-49-1"和"16-84-4"最高为 68.0 cm，较对照"青薯 9 号"高 7.0 cm，其他品种间相差不大。单株结薯数集中在 5.0～9.2 个，"16-108-4"最多为 9.2 个，其他品种的单株结薯数与对照"青薯 9 号"差不多。单株薯重在 0.93～1.53 kg/株，其中"16-84-4"最重为 1.53 kg/株，较对照"青薯 9 号"0.96 kg/株重 0.57 kg/株。单薯重在 0.11～0.49 kg，"16-84-4"最重为 0.49 kg，较对照"青薯 9 号"0.14 kg 重 0.35 kg，其他品种相差不大(表 2)。

表 2 不同马铃薯品种(系)田间性状比较

品种(系)	出苗率 (%)	株高 (cm)	茎色	分枝数 (No.)	叶色	花冠色	结实性	匍匐茎 长短	单株结 薯数 (No.)	单株 薯重 (kg/株)	单薯重 (kg)
16-84-4	97.0	68.0	深绿	4	深绿	紫	多	短	5.1	1.53	0.49

品种(系)	出苗率 (%)	株高 (cm)	茎色	分枝数 (No.)	叶色	花冠色	结实性	匍匐茎长短	单株结薯数 (No.)	单株薯重 (kg/株)	单薯重 (kg)
16-108-4	99.0	46.0	浅绿	6	浅绿	白	少	短	9.2	1.04	0.11
固薯 3 号	99.0	61.0	浅绿	5	浅绿	紫	无	短	5.7	1.18	0.21
16-28-1	99.0	59.0	浅绿	5	浅绿	紫	无	短	7.5	1.39	0.19
16-49-1	99.0	68.0	深绿	4	深绿	白	无	短	7.9	1.36	0.17
16-125-11	95.0	58.0	浅绿	4	浅绿	紫	无	短	5.4	0.79	0.15
16-52-4	99.0	66.0	浅绿	5	浅绿	白	多	短	5.0	1.17	0.23
16-200-1	99.0	61.0	深绿	5	深绿	白	无	短	5.4	1.24	0.23
16-118-2	96.0	60.0	深绿	5	深绿	白	中	短	7.9	0.93	0.12
青薯 9 号(CK)	95.0	61.0	深绿	5	深绿	紫	无	短	6.9	0.96	0.14

2.3 不同马铃薯品种(系)块茎性状

参试品种的商品薯率集中在 63.3%～84.7%，相差不大；各品种均无二次生长、裂薯率和空心率(表3)。

表 3 不同马铃薯品种(系)块茎性状比较

品种(系)	块茎整齐度	薯形	皮色	肉色	薯皮类型	芽眼深浅	商品薯率 (%)	二次生长 (%)	裂薯率 (%)	空心率 (%)
16-84-4	整齐	扁圆	淡黄	淡黄	光滑	中	67.8	0	0	0
16-108-4	较齐	扁圆	黄	淡黄	麻皮	中	84.7	0	0	0
固薯 3 号	较齐	长圆	紫	紫	麻皮	中	77.0	0	0	0
16-28-1	较齐	长圆	淡黄	淡黄	中	中粉	78.4	0	0	0
16-49-1	较齐	圆	淡黄	白	麻皮	浅	80.0	0	0	0
16-125-11	较齐	长圆	黄	淡黄	中	浅	63.3	0	0	0
16-52-4	较齐	长圆	黄	淡黄	中	中	70.0	0	0	0
16-200-1	不齐	扁圆	黄	淡黄	麻皮	中	70.3	0	0	0
16-118-2	较齐	长圆	淡黄	淡黄	中	中	64.4	0	0	0
青薯 9 号(CK)	较齐	长圆	紫红	黄	中	中	71.9	0	0	0

2.4 不同马铃薯品种(系)品质性状

参试品种的干物质含量在 19.0～26.7 g/100 g，以"16-49-1"为 26.7 g/100 g 最高，"16-28-1"为 26.6 g/100 g 次之，"16-200-1"为 24.8 g/100 g 居第 3，其他品种的相差不大。淀粉含量在 12.6%～20.7%，以"16-28-1"为 20.7%最高，对照"青薯 9 号"12.6%最

低(表4)。

表4 不同马铃薯品种(系)品质性状比较

品种(系)	干物质 (g/100 g)	淀粉 (%)	还原糖 (g/100 g)	维生素C (mg/100 g)	粗蛋白 (g/100 g)	褐变 (多酚氧化 酶活性)	Zn (mg/kg)	Fe (mg/kg)	食味	综合 评分
16-84-4	20.5	14.1	3.14	2.7	5.13	134.7	0.34	13.62	中	5.3
16-108-4	22.4	16.1	0.58	13.4	1.12	140.0	3.16	56.05	中	8.4
固薯3号	22.2	15.8	1.72	15.4	1.88	69.3	3.34	172.08	优	8.0
16-28-1	26.6	20.7	0.41	10.5	1.41	78.9	3.17	253.52	中	8.0
16-49-1	26.7	20.4	1.75	13.5	1.55	78.3	4.73	111.99	优	8.0
16-125-11	22.6	16.7	1.24	11.6	2.82	84.5	5.08	85.10	优	8.0
16-52-4	21.1	14.8	0.65	12.4	2.22	132.4	5.86	50.48	中	7.8
16-200-1	24.8	18.5	0.82	11.7	1.78	146.5	3.60	128.86	中	7.1
16-118-2	23.9	19.6	0.41	10.5	1.41	78.9	3.17	253.52	中	8.4
青薯9号(CK)	19.0	12.6	1.75	13.5	1.55	78.3	4.73	111.99	优	8.2

2.5 不同马铃薯品种(系)产量表现

参试品种的产量集中在 1 566~2 727 kg/667 m²，以"16-49-1"平均产量 2 727 kg/667 m² 最高，较对照"青薯9号"增产40.6%；"16-28-1"平均产量 2 556 kg/667 m²，较对照"青薯9号"增产31.8%居第2；"16-200-1"平均产量 2 515 kg/667 m²，较对照"青薯9号"增产29.5%居第3。以"16-125-11"平均产量 1 566 kg/667 m² 最低，较对照"青薯9号"减产19.3%。其他品种产量相差不大(表5)。

表5 不同马铃薯品种(系)产量比较

品种(系)	折合产量(kg/667 m²)	较对照增产(%)	位次
16-84-4	2 243 deDE	15.6	5
16-108-4	2 121 efEF	9.4	7
固薯3号	2 152 deDE	10.9	6
16-28-1	2 556 abAB	31.8	2
16-49-1	2 727 aA	40.6	1
16-125-11	1 566 hH	-19.3	10
16-52-4	2 354 cdCD	21.5	4
16-200-1	2 515 bcBC	29.5	3
16-118-2	1 818 gG	-6.2	9
青薯9号(CK)	1 940 fgFG	—	8

注：不同小写和大写字母分别表示 0.05 和 0.01 水平差异显著性。

3 讨 论

试验表明，对照品种"青薯 9 号"干物质含量 19.0 g/100 g，淀粉含量 12.6%，平均产量 1 940 kg/667 m²，"16-84-4"产量 2 243 kg/667 m²，干物质含量 20.5 g/100 g，淀粉含量 14.1%，故干物质含量较低，商品薯率高，口感好，可作为鲜食菜用型品种种植；其他各品种干物质和淀粉含量基本符合高干物质的需求，适合在宁夏回族自治区固原市种植。"16-49-1"系宁夏农林科学院固原分院 2016 年用"宁薯 16 号"作父本，"天薯 10 号"作母本杂交选育而成；其平均产量 2 727 kg/667 m²，较对照"青薯 9 号"(1 940 kg/667 m²)增产 40.6%，参试品种第 1 位；该品种丰产性较好，单株结薯数量较多，干物质和淀粉含量较高，直观块茎品质优异，是主食化较理想的品种，未来应进行多点示范。"16-28-1"系宁夏农林科学院固原分院 2016 年用"宁薯 16 号"作父本，"陇薯 8 号"作母本杂交选育而成；其平均产量 2 556 kg/667 m²，较对照"青薯 9 号"(1 940 kg/667 m²)增产 31.8 %，居参试品种第 2 位；该品种丰产性较好，但单株结薯数量较少，干物质和淀粉含量特别高，是淀粉加工较理想的品种，未来应进行多点试种，进一步鉴定其产量和适应性。"16-200-1"系宁夏农林科学院固原分院 2016 年用"陇薯 14 号"作父本，"948a 号"作母本杂交选育而成；其平均产量 2 515 kg/667 m²，较对照"青薯 9 号"(1 940 kg/667 m²)增产 29.5%，居参试品种第 3 位；该品种丰产性较好，但单株结薯数量较少，干物质和淀粉含量较高，直观块茎品质优异，是淀粉加工较理想的品种，未来应进行多点试种。

昭通市马铃薯品种适应性比较试验

李怀龙，胡　祚，张清凤，刘小红，李　周*

（云南省昭通市农业科学院，云南　昭通　657000）

摘　要：为筛选满足市场需求、适合昭通市大春种植的优质马铃薯新品种，以当地主栽品种"合作88"为对照，2019~2020年对9个自选系列马铃薯品系（"15-9-11""09-14-9""10-9-33""E27-22""ZT-022-2""YN-3""10-9-11""E37-2""F-72"）进行适应性、丰产性、农艺性状及抗病性试验。结果表明，"ZT-022-2""15-9-11""F-72""E37-2""10-9-11""09-14-9"6个品系产量均在2 500 kg/667 m² 以上，产量均超过对照"合作88"，具有一定的丰产性和稳产性，有较好的经济效益，均可在昭通市推广种植。

关键词：马铃薯；品系；大春；生育期；性状；产量

马铃薯是中国主要的粮食和蔬菜作物，对保障中国粮食安全和农民持续增收起到重要的作用[1]。马铃薯在昭通市种植范围广，是西南地区马铃薯生产的主产区之一[2]。脱贫攻坚期马铃薯优势区建档立卡贫困户19.2万户、64万人，占全市建档立卡贫困人口60%左右[3]，马铃薯产业是巩固脱贫攻坚成果、衔接乡村振兴的支柱产业。然而，当前昭通市马铃薯种薯优新品种少，制约了马铃薯产业发展。2019—2020年昭通市农业科学院对9个马铃薯新品系的丰产性、稳产性、抗逆性和块茎品质等性状进行2年的田间试验，客观评价品种特性和利用价值，为马铃薯新品种登记备案和推广提供科学依据。

1　材料与方法

1.1　试验地概况

试验安排在昭通市昭阳区靖安镇松杉村西魁梁子，海拔2 267 m，N 27°35′45″，E 103°41′47″。土壤属壤土，pH 6.5，土地平整，土层深厚，肥力较好。播种前20 d用拖拉机翻犁和耙平，除去杂物。

1.2　品系名称及来源

品系"15-9-11""09-14-9""10-9-33""10-9-11"由大理州农业科学推广研究院提供，品系"E27-22""E37-2"由昆明市农业科学研究院提供，品系"ZT-022-2""YN-3""F-72"为昭通市农业科学院提供，"合作88"作为对照。

1.3　试验设计

2019—2020年采用随机区组排列，3次重复，小区行长5.5 m，行距60 cm，株距

作者简介：李怀龙（1991—），男，助理农艺师，从事马铃薯、苦荞新品种选育与农业科技推广工作。

* 通信作者：李周，硕士，高级农艺师，从事马铃薯、苦荞新品种选育与农业科技推广工作，e-mail：lizhou1313@163.com。

35 cm，小区面积 10 m²，每小区播种 60 株。重复间走道 60 cm，区组内走道 50 cm，试验地周边设 1 m 保护行。在 1 d 内播完，肥料采用底肥一次施入，不再进行追肥，于播种时施用腐熟农家肥 20 kg/10 m²，马铃薯专用复合肥(N∶P∶K = 18∶12∶20)60 kg/667 m²，生育期期内按当地种植模式进行其他管理措施。

1.4 数据记录

对播种至收获期间的农艺性状进行记录，参照"马铃薯品种区域试验田间考察项目及记载参考标准"，晚疫病发生情况按照"国际马铃薯中心(CIP)马铃薯晚疫病感染情况田间统计分级标准"观察记录。

1.5 数据分析

采用 Microsoft Excel 2003 和 DPS 数据分析系统(DPS 16.05 高级版)软件进行数据统计分析。

2 结果与分析

2.1 生育期

与对照"合作 88"相比，2019 年对照"合作 88"5 月 3 日出苗，出苗期为 59 d，"F-72"最早出苗，出苗期 41 d，较对照早 18 d；生育日数在 110~128 d。2020 年对照"合作 88"5 月 5 日出苗，"E27-22"出苗最早，生育日数在 110~127 d(表 1)。

表 1　参试品种(系)大春试验生育期

品种(系)	2019						2020					
	播种期 (D/M)	出苗期 (D/M)	开花期 (D/M)	成熟期 (D/M)	收获期 (D/M)	生育期 (d)	播种期 (D/M)	出苗期 (D/M)	开花期 (D/M)	成熟期 (D/M)	收获期 (D/M)	生育期 (d)
15-9-11	05/03	05/05	03/06	01/09	26/09	123	05/03	13/05	28/06	16/09	29/10	127
09-14-9	05/03	02/05	16/06	02/08	26/09	110	05/03	16/05	26/06	03/09	29/10	110
10-9-33	05/03	26/04	09/06	14/08 病死	26/09		05/03	14/05	22/06	02/08 病死	29/10	
E27-22	05/03	18/04	29/05	22/08	26/09	126	05/03	03/05	13/06	03/09	29/10	123
ZT-022-2	05/03	28/04	03/06	14/08 病死	26/09		05/03	04/05	16/06	31/08 病死	29/10	
YN-3	05/03	05/05	05/06	25/08	26/09	112	05/03	09/05	17/06	06/09	29/10	120
10-9-11	05/03	06/05	18/06	06/09	26/09	123	05/03	14/05	01/07	01/09	29/10	119
E37-2	05/03	28/04	19/06	22/08	26/09	116	05/03	07/05	19/06	30/08	29/10	115
F-72	05/03	16/04	22/05	14/08 病死	26/09		05/03	04/05	09/06	25/08	29/10	113
合作 88 (CK)	05/03	03/05	22/06	08/09	26/09	128	05/03	05/05	02/06	05/09	29/10	123

2.2 植株性状

对照"合作88"出苗率98.9%，参试品种出苗率均在96%以上，整体出苗整齐。植株形态上除"YN-3"半直立外，其余8个品系和对照"合作88"均是直立。对照"合作88"株高79.8 cm，"YN-3""F-72"两品系株高超过对照，分别为82.3和90.1 cm，其余品系株高在56.5~76.9 cm。对照"合作88"茎粗1.32 cm，"10-9-33""E27-22""ZT-022-2"3品系茎粗在1.17~1.25 cm，低于对照"合作88"茎粗，其他品系茎粗在1.35~1.67 cm，均高于对照"合作88"(表2)。

表2 参试品种(系)大春试验植株性状

品种(系)	出苗率(%)	幼苗长势	茎色	叶色	花色	天然结实性	株高(cm)	茎粗(cm)	植株形态	植株繁茂性	花繁茂性
15-9-11	96.1	中	绿带褐	绿	浅紫	无	76.9	1.64	直立	中	中
09-14-9	98.9	中	绿带褐	绿	浅粉	中	68.2	1.41	直立	中	中
10-9-33	96.1	弱	褐带绿	深绿	白	无	56.5	1.17	直立	中下	中上
E27-22	98.3	中	绿带褐	绿	浅紫	无	67.3	1.25	直立	强	强
ZT-022-2	99.4	强	绿	绿	紫	无	72.8	1.22	直立	强	中
YN-3	97.2	中	绿带褐	绿	浅紫	无	82.3	1.47	半直立	中	强
10-9-11	97.8	中	绿带褐	绿	白	无	73.9	1.67	直立	中	中
E37-2	98.3	强	褐带绿	绿	浅紫	无	71.5	1.35	直立	强	强
F-72	100	强	绿带褐	绿	紫	无	90.1	1.39	直立	强	强
合作88(CK)	98.9	中	褐带绿	浅绿	浅紫	少	79.8	1.32	直立	强	强

2.3 抗病性状

参试品系"10-9-33""ZT-022-2"病情指数达304.5和283.5，抗病性差；其次是"F-72""YN-3""E37-2""E27-22""合作88"(CK)病情指数位于154.0~192.5，抗病性稍差；"09-14-9"病情指数14.0，抗病性好；"10-9-11""15-9-11"病情指数80.5，抗病性较好(表3)。

2.4 块茎性状

参试品系结薯集中性，除品系"F-72"结薯分散外，其余品系和对照"合作88"结薯集中。块茎大中薯率，本批材料块茎大中薯率为86.2%~95.4%，对照"合作88"大中薯率为86.3%，"E27-22"大中薯率略低于对照"合作88"，其余品系大中薯率均高于对照"合作88"，"F-72"大中薯率最高95.4%。田间烂薯率，除"YN-3""E37-2""F-72"3品系田间烂薯率分别为1.9%、0.4%、0.4%，其余品系和对照"合作88"田间烂薯率均为0。食味品质，对照"合作88"和"E27-22"食味品质属于上等，其余品系食味品质中等。淀粉含量，对照"合作88"淀粉含量15.16%，"15-9-11"淀粉含量为15.91%，略高于对照淀粉含量，其余品系淀粉含量处于9.49%~14.15%，均低于对照淀粉含量(表3)。

表3 参试品种(系)大春试验抗病性及块茎性状

品种(系)	抗病性状		块茎性状														
	晚疫病最高病级	病情指数	结薯集中性	块茎形状	表皮光滑度	皮色	肉色	芽眼		块茎分类(%)			田间烂薯率(%)	食味品质	淀粉含量(%)	裂薯率(%)
								多少	深浅	大薯	中薯	小薯				
15-9-11	2	80.5	集中	圆	光滑	红	黄	多	深	71.4	22.3	6.3	0	中	15.91	0
9-14-9	2	14.0	集中	圆	光滑	红	黄	中	深	59.0	29.3	11.7	0	中	13.90	0
10-9-33	9	304.5	集中	长卵圆	光滑	黑	紫少白	少	浅	70.1	22.6	7.3	0	中	9.69	0
E27-22	7	154.0	集中	圆	略麻	黄	黄	少	中	29.0	57.2	13.8	0	上	12.91	0
ZT-022-2	9	283.5	集中	扁圆	光滑	黄	黄	中	中	76.9	17.7	5.4	0	中	12.66	0
YN-3	7	157.5	集中	长扁圆	光滑	红	黄	中	中	71.2	21.9	6.9	1.9	中	14.15	0
10-9-11	2	80.5	集中	长卵圆	光滑	红	黄	多	中	65.9	26.3	7.8	0	中	13.15	0
E37-2	7	154.0	集中	圆	光滑	黄	黄	少	中	58.0	31.1	10.9	0.4	中	12.91	0
F-72	7	192.5	分散	圆	略麻	黄	黄	中	深	82.2	13.2	4.6	0.4	中	9.49	0
合作88(CK)	7	164.5	集中	椭圆	光滑	红	黄	多	中	45.9	40.4	13.7	0	上	15.16	0

注:采用比重法测定淀粉含量。

2.5 产量

经两年的小区平均产量折算,产量从高到低的位次排名依次是:"ZT-022-2"(3 524 kg/667 m²)、"15-9-11"(2 990 kg/667 m²)、"F-72"(2 962 kg/667 m²)、"E37-2"(2 802 kg/667 m²)、"10-9-11"(2 758 kg/667 m²)、"09-14-9"(2 655 kg/667 m²)、"合作88"(2 615 kg/667 m²)、"E27-22"(2 500 kg/667 m²)、"YN-3"(2 478 kg/667 m²)、"10-9-33"(1 582 kg/667 m²)(表4)。

表4 参试品种(系)大春试验产量

品种(系)	小区产量(kg/10 m²)					折合产量(kg/667 m²)	较 CK±		位次
	I	II	III	合计	平均		kg	%	
ZT-022-2	52.7	53.8	52.1	158.6	52.9	3 524 aA	908.8	34.7	1
15-9-11	48.9	43.0	43.0	134.9	43.6	2 990 bB	375.0	14.3	2
F-72	45.7	43.2	44.4	133.3	44.4	2 962 bcBC	346.6	13.3	3
E37-2	41.9	42.0	42.2	126.1	42.0	2 802 bcdBCD	186.6	7.1	4
10-9-11	41.9	39.9	42.3	124.1	41.4	2 758 cdBCD	142.2	5.4	5
09-14-9	37.9	40.0	41.6	119.5	39.8	2 655 deCD	40.0	1.5	6
合作88(CK)	38.7	38.4	40.6	117.7	39.2	2 615 deD	—	—	7
E27-22	37.2	35.5	39.8	112.5	37.5	2 500 eD	-115.5	-4.4	8
YN-3	36.0	39.9	35.7	116.6	35.5	2 478 eD	-137.8	-5.3	9
10-9-33	21.8	23.6	25.8	71.2	23.7	1 582 fE	-1 033.2	-39.5	10

注:方差分析表明,区组间 P>0.05,说明区组间即3次重复间产量差异不显著;处理间 P<0.01,说明处理间即不同品种间产量存在极显著差异。

3 讨 论

对引进的 6 个和自选的 3 个新品种马铃薯的丰产性、稳产性、抗逆性和块茎品质等性状连续 2 年进行适应性比较试验鉴定，9 个品种均能在收获期正常成熟，其中有 6 个品系的产量超过对照"合作 88"的产量，分别是"ZT-022-2""15-9-11""F-72""E37-2""10-9-11""09-14-9"，产量均超过 2 500 kg/667 m²，具有一定的丰产性和稳产性，可进一步试验鉴定、评价，进一步挖掘其中更好、更适合昭通市种植的品种，为昭通市马铃薯种质资源保存与利用提供科学依据。

[参 考 文 献]

[1] 许国春, 罗文彬, 李华伟, 等.地膜与稻秸覆盖对冬作马铃薯产量和品质的影响及其抑草效应 [J].中国农学通报, 2021, 37(4): 13-18.

[2] 王韵雪, 胡祚, 刘小红, 等.不同品种马铃薯在昭通市的适应性分析 [J].农业技术与装备, 2022(7): 9-10, 13.

[3] 昭通市人民政府.发展马铃薯产业 助推脱贫攻坚 [C]//屈冬玉, 陈伊里.马铃薯产业与脱贫攻坚.哈尔滨: 哈尔滨地图出版社, 2018.

乌兰察布市马铃薯新品种对比试验

冯鑫红[1]，李慧成[1]，王玉龙[1]，智小青[1]，李　倩[1]，陈瑞英[2]，
赵培荣[2]，王雅楠[1]，吕月清[3]，邢　杰[1*]

(1. 乌兰察布市农业技术推广中心，内蒙古　乌兰察布　012000；
2. 四子王旗农业技术服务中心，内蒙古　乌兰察布　011800；
3. 乌兰察布市农牧业生态资源保护中心，内蒙古　乌兰察布　012000)

摘　要：试验结合中央引导地方资金项目，2022 年对 23 个马铃薯新品种开展对比试验，研究不同品种在乌兰察布市的物候期、田间性状和产量表现情况，以期筛选出适宜乌兰察布市大面积推广的优质专用新品种。试验结果表明，黄皮品种中"刘平 2 号"和"中加 7 号"综合表现优良，产量达到 4 000 kg/667 m^2 以上，商品薯率达 80% 以上；红皮品种中"雪川红"平均产量为 2 867 kg/667 m^2，需要加强水肥管理促进产量形成；"青薯 9 号"生育期长，不能在乌兰察布市成熟；"旱丰 1 号"田间植株抗旱性最好，产量达到了 3 785 kg/667 m^2，适宜旱地推广种植；淀粉品种中产量和淀粉含量综合表现较好的品种有"中加 11 号"和"中加 10 号"，产量都达到 3 000 kg/667 m^2 以上，淀粉含量分别达到 21.0% 和 18.5%，可以作为乌兰察布市主推淀粉品种进行推广。

关键词：马铃薯；优质；专用；新品种；乌兰察布

在全国上下举全力推进乡村振兴战略的大形势下，乌兰察布市马铃薯产业再一次迎来新的发展机遇，独特的地理气候条件，多年积淀的产业基础，为马铃薯优势产业发展开辟了全新的产业格局。乌兰察布市农作物总播面积 69.8 万 hm^2，马铃薯占到全市总播面积的 33.55% 左右，目前已经形成前山地区重点发展优质鲜食薯、后山地区重点发展种薯和加工专用薯，实现种薯、商品薯、加工专用薯"三薯"协同并进的产业发展布局，在快速发展的势头下，种植户栽培管理水平得到大幅提升。近几年，乌兰察布市马铃薯新品种引进繁育推广应用步伐逐年加快，优良品种的覆盖率达到 35%[1]，但马铃薯品种更新换代较快，品种结构趋向多元化和专用化，专用品种的需求逐年增加，针对以上情况，2022 年乌兰察布市农业技术推广中心引进一批专用新品种，开展新品种对比试验，筛选展示适宜乌兰察布市种植的鲜食、旱作、淀粉加工等不同用途的专用马铃薯新品种，帮助种植户了解品种特性，推荐适宜新品种，为推广适宜乌兰察布市生产实际的马铃薯新品种提供数据支撑。

作者简介：冯鑫红(1994—)，女，农艺师，主要从事马铃薯栽培技术推广工作。
基金项目：中央引导地方科技发展资金(1282240216232361984)。
＊通信作者：邢杰，推广研究员，主要从事农业技术推广及土壤肥料工作，e-mail: lihuicheng1214@126.com。

1 材料与方法

1.1 试验地概况

察右前旗黄旗海镇杜家村，壤土，肥力中等，地势平坦。

四子王旗乌兰花镇高油房村，地理位置：E 111°40′5.29″，N 40°41′41.62″。年有效积温（≥10 ℃）1 800~2 300 ℃，无霜期110 d，年均降水量310 mm。土壤栗钙土，沙壤，肥力中等，地势平坦。

1.2 试验材料

2022年供试马铃薯品种23个，"中加2号""中加7号""中加10号""中加11号""旱丰1号""刘平2号""蒙黄2号""晋薯16号""京张薯1号""东农310""民丰12号""V7""雪川红""希森6号""维拉斯""青薯9号""庄薯3号""陇薯3号""克新27号""新大坪""久恩1号""北方007""蒙乌薯3号"。

1.3 试验设计

品种试验种薯由乌兰察布市农业技术推广中心收集并统一采购，具体包括鲜食品种、旱作品种、淀粉加工品种等多用途专用品种，主要在察右前旗、四子王旗进行试验，其中察右前旗试验品种有"中加7号""中加11号""旱丰1号""刘平2号""蒙黄2号""晋薯16号""京张薯1号""东农310""民丰12号""V7""雪川红""希森6号""中加2号"，每个品种试验面积0.03 hm²，不设重复，总计0.4 hm²，田间管理统一按照浅埋滴灌精准高效栽培技术实施。5月7日播种，6月23日完成中耕，9月13日测产。四子王旗试验品种有"中加10号""中加11号""维拉斯""青薯9号""庄薯3号""陇薯3号""克新27号""新大坪""久恩1号""北方007""京张薯1号""蒙乌薯3号""中加2号"。5月10日播种，9月28日收获。田间管理统一按照浅埋滴灌精准高效栽培技术实施，不设重复，每个品种面积0.07 hm²，总面积约0.91 hm²。

2 结果与分析

2.1 物候期

"雪川红"和"北方007"出苗时间最晚，这主要与品种特性有关；除"中加7号""旱丰1号""刘平2号""京张薯1号""民丰12号""青薯9号""克新27号""久恩1号""蒙乌薯3号"外的其他品种间出苗期情况差异不大，各品种间出苗时间相差在5 d以内；2022年马铃薯自播种到出苗需要25~34 d，这一时间也与气候条件（低温干旱）和种植管理技术有关。除"青薯9号"外，其余品种均取得成熟，成熟最早品种"蒙黄2号"与最晚品种"维拉斯""陇薯3号"相差27 d，"维拉斯"和甘肃引进的"陇薯3号"因为其生育期超过了110 d，不适宜在乌兰察布市种植，其他所选参试品种基本与乌兰察布市种植积温条件吻合。2022年伴随低温、干旱、早霜等天气侵害，参试品种"青薯9号"未能完全自然成熟，根据田间植株状态及各地引种试验结果推测该品种生育期在120 d以上（表1）。

表1 参试马铃薯品种生育期情况

序号	品种	播种期 （D/M）	出苗期 （D/M）	现蕾期 （D/M）	开花期 （D/M）	成熟期 （D/M）	生育期 （d）
1	中加 7 号	07/05	10/06	03/07	08/07	15/09	97
2	中加 11 号	07/05	02/06	22/06	05/07	18/09	108
3	旱丰 1 号	07/05	08/06	28/06	05/07	11/09	95
4	刘平 2 号	07/05	08/06	27/06	03/07	04/09	88
5	蒙黄 2 号	07/05	07/06	27/06	03/07	01/09	86
6	晋薯 16 号	07/05	05/06	30/06	15/07	20/09	107
7	京张薯 1 号	07/05	08/06	29/06	07/07	11/09	95
8	东农 310	07/05	07/06	30/06	17/07	11/09	96
9	民丰 12 号	07/05	08/06	30/06	05/07	16/09	100
10	V7	07/05	07/06	29/06	05/07	05/09	90
11	雪川红	07/05	11/06	29/06	03/07	05/09	86
12	中加 2 号	07/05	06/06	27/06	02/07	05/09	91
13	希森 6 号	07/05	07/06	2706	01/07	12/09	97
14	中加 10 号	10/05	07/06	24/06	05/07	13/09	98
15	维拉斯	10/05	06/06	30/06	13/07	28/09	114
16	青薯 9 号	10/05	10/06	03/07	08/07	—	—
17	庄薯 3 号	10/05	06/06	23/06	05/07	23/09	109
18	陇薯 3 号	10/05	05/06	25/06	08/07	28/09	115
19	克新 27 号	10/05	09/06	30/06	16/07	07/09	90
20	新大坪	10/05	07/06	28/06	12/07	25/09	110
21	久恩 1 号	10/05	10/06	03/07	08/07	15/09	97
22	北方 007	10/05	11/06	29/06	03/07	06/09	87
23	蒙乌薯 3 号	10/05	08/06	24/06	05/07	14/09	98

2.2 田间性状

试验黄皮品种中"中加 11 号""中加 2 号"花冠呈浅紫色，"庄薯 3 号"花冠呈淡蓝紫色，"久恩 1 号"花冠呈浅紫色，"京张薯 1 号"花冠呈紫色。红皮马铃薯品种 2 个，分别为"雪川红"和"青薯 9 号"，红皮品种茎色普遍偏紫红，花冠呈浅紫或浅红色，"雪川红"在块茎外观更受大众欢迎。"旱丰 1 号""晋薯 16 号""新大坪"叶色较深，呈深绿或墨绿色，"V7""中加 10 号""陇薯 3 号""克新 27 号""北方 007"叶色最浅，为浅绿色。块茎大致分为红皮黄肉、黄皮黄肉，黄皮白肉与白皮白肉 4 种，结合薯形、芽眼深浅、薯皮光滑程度来看，"雪川红""中加 2 号""希森 6 号"品种受市场欢迎程度较高(表2)。

表 2　参试马铃薯品种植株形态及块茎特征

序号	品种	茎色	叶色	花冠色	薯形	皮色	肉色	薯皮	芽眼
1	中加 7 号	绿	绿	白	长卵圆	黄	黄	略麻	浅
2	中加 11 号	紫	绿	浅紫	长卵圆	黄	浅黄	略麻	深
3	旱丰 1 号	绿	深绿	白	短卵圆	淡黄	白	光滑	浅
4	刘平 2 号	绿	绿	白	椭圆	黄	黄	光滑	浅
5	蒙黄 2 号	绿	绿	白	卵圆	黄	黄	光滑	浅
6	晋薯 16 号	深绿	深绿	白	长扁圆	黄	白	光滑	深
7	京张薯 1 号	绿	绿	紫	卵圆	中黄	中黄	略麻	浅
8	东农 310	绿	绿	淡紫	扁圆	白	白	光滑	浅
9	民丰 12 号	绿	绿	白	椭圆	黄	黄	光滑	浅
10	V7	绿	浅绿	白	长圆	黄	黄	光滑	浅
11	雪川红	深紫红	绿	浅紫	椭圆	红	黄	光滑	浅
12	中加 2 号	绿	绿	浅紫	椭圆	黄	黄	光滑	浅
13	希森 6 号	绿	绿	白	长椭	黄	黄	光滑	浅
14	中加 10 号	紫	浅绿	蓝紫	卵圆	白	白	麻	深
15	维拉斯	绿	深绿	浅紫	圆椭	浅黄	浅黄	麻	中等
16	青薯 9 号	紫	深绿	浅红	椭圆	红	黄	略麻	浅
17	庄薯 3 号	绿	深绿	淡蓝紫	圆	浅黄	浅黄	光滑	中等
18	陇薯 3 号	绿	浅绿	白	短卵圆	浅黄	中黄	麻	中等
19	克新 27 号	绿	浅绿	淡紫	椭圆	白	白	光滑	浅
20	新大坪	绿	墨绿	白	卵圆	浅黄	白	光滑	浅
21	久恩 1 号	绿	绿	淡紫	椭圆	淡黄	淡黄	光滑	浅
22	北方 007	绿	浅绿	浅紫	椭圆	淡黄	淡黄	略麻	浅
23	蒙乌薯 3 号	绿	绿	白	椭圆	黄	黄	略麻	中等

2.3　产量表现

2.3.1　察右前旗马铃薯专用新品种试验测产结果

2022 年察右前旗马铃薯专用新品种试验测产结果见表 3。适合鲜食的产量较高的品种有"刘平 2 号""中加 7 号""希森 6 号""京张薯 1 号""V7"，产量分别达到 4 352，4 292，4 155，3 689 和 3 529 kg/667 m²，块茎都是黄皮黄肉（"京张薯 1 号"中黄皮中黄肉），薯皮光滑（"中加 7 号""京张薯 1 号"略麻），芽眼浅，商品性也符合市场需求，适合大面积推广。其中"中加 7 号"产量较高，对水肥管理要求较高，但其对疮痂病抗性差，不适宜在有疮痂病的地块种植；"希森 6 号"作为乌兰察布市的主栽品种，对富薯敏感，易空心。红皮品种中"雪川红"平均产量为 2 867 kg/667 m²，需要加强水肥管理促进产量形成。"旱丰 1 号"田间植株抗旱性最好，产量达到了 3 785 kg/667 m²，口感食味品质优良，适宜旱地推广种植。淀粉品种中产量和淀粉含量综合表现最好的品种为"东农 310"，产量达到了

2 945 kg/667 m^2，淀粉含量达到了 20.0%，可以作为淀粉加工专用品种进行推广。

表 3　2022 年察右前旗马铃薯专用新品种试验测产结果

序号	品种	株高 （cm）	茎粗 （mm）	产量 （kg/667 m^2）	商品薯率 （%）	淀粉 （%）
1	中加 7 号	81	14.97	4 292	80.17	14.0
2	中加 11 号	77	13.58	2 412	59.36	21.0
3	旱丰 1 号	132	20.93	3 785	79.18	16.0
4	刘平 2 号	110	14.06	4 352	84.95	11.0
5	蒙黄 2 号	73	14.55	2 800	82.56	18.0
6	晋薯 16 号	101	14.10	2 586	87.55	16.0
7	京张薯 1 号	63	12.15	3 689	86.96	14.0
8	东农 310	89	13.00	2 945	58.92	20.0
9	民丰 12 号	78	12.47	3 182	87.44	16.0
10	V7	78	17.02	3 529	79.56	12.0
11	雪川红	69	13.39	2 867	79.61	14.0
12	希森 6 号	70	13.43	4 155	77.62	15.1
13	中加 2 号（CK）	65	19.34	2 568	85.59	14.8

2.3.2　四子王旗马铃薯专用新品种试验测产结果

2022 年四子王旗马铃薯专用新品种试验测产结果见表 4。四子王旗新品种试验中，产量较高的"京张薯 1 号""蒙乌薯 3 号""久恩 1 号""中加 10 号""中加 11 号""中加 2 号"，分别达到 3 255，3 208，3 182，3 092，3 067 和 3 034 kg/667 m^2，块茎商品性也符合市场需求，可以进行广泛推广。甘肃引进的陇薯系列、"青薯 9 号"及"维拉斯"退化慢，抗性好，但是生育期都超过了 110 d，不适宜在乌兰察布市种植，可以作为育种材料。淀粉品种中"中加 11 号"和"中加 10 号"表现较好，产量达到 3 000 kg/667 m^2 以上，淀粉含量分别达到 21.0% 和 18.5%，可以作为乌兰察布市主推淀粉品种进行推广。

表 4　2022 年四子王旗马铃薯专用新品种试验测产结果

序号	品种	株高 （cm）	茎粗 （mm）	产量 （kg/667 m^2）	商品薯率 （%）	淀粉 （%）
1	中加 10 号	81	14.97	3 092	75.3	18.5
2	中加 11 号	77	13.58	3 067	69.5	21.0
3	维拉斯	132	20.93	2 547	79.1	19.6
4	青薯 9 号	138	21.06	2 734	78.9	15.1

序号	品种	株高 （cm）	茎粗 （mm）	产量 （kg/667 m²）	商品薯率 （%）	淀粉 （%）
5	庄薯 3 号	126	18.55	2 456	77.4	14.3
6	陇薯 3 号	118	17.10	2 586	69.6	20.1
7	克新 27 号	109	16.15	2 765	76.4	18.0
8	新大坪	89	13.00	2 945	81.5	20.2
9	久恩 1 号	78	12.47	3 182	87.5	13.1
10	北方 007	78	12.02	2 987	81.7	16.3
11	京张薯 1 号	81	12.80	3 255	85.6	14.0
12	蒙乌薯 3 号	80	13.20	3 208	84.7	14.2
13	中加 2 号(CK)	68	13.34	3 034	85.6	14.8

3　讨　论

筛选出一批优质专用新品种可以进行大面积示范推广，为马铃薯产业化发展提供支撑。示范推广"刘平 2 号""中加 7 号""希森 6 号""京张薯 1 号""V7""蒙乌薯 3 号""久恩 1 号""中加 11 号""中加 2 号"黄皮黄肉鲜食品种；推广"雪川红"红皮黄肉鲜食品种；推广"旱丰 1 号""京张薯 1 号""晋薯 16 号"旱地品种；推广"中加 10 号""中加 11 号""东农 310"淀粉加工专用品种。这些优良品种需要加大力度进行示范推广，丰富优化品种结构，并逐渐完善配套的栽培技术，帮助种植户根据不同需求和条件选择合适的品种，取得相对好的经济效益。

[参 考 文 献]

[1]　尹玉和.乌兰察布马铃薯 [M].北京:中国农业科学技术出版社,2021.

宁夏回族自治区马铃薯新品种适应性综合性状评价

刘东川[1]，王元元[2]，张旭恒[1]，王效瑜[3*]

（1. 西吉县马铃薯产业服务中心，宁夏　西吉　756200；

2. 宁夏原种场，宁夏　银川　750200；

3. 宁夏农林科学院固原分院，宁夏　固原　756000）

摘　要：根据宁夏回族自治区种子管理站关于2022年宁夏回族自治区马铃薯新品种适应性试验研究的有关文件精神，按照研究方案，对8个马铃薯新品种进行了适应性、抗逆性、丰产性和块茎品质等综合性状与生产利用价值进行评价。结果表明，"宁薯21号""固薯2号""固薯1号"和"宁薯22号"4个品种综合性状表现优异，产量较高，平均产量分别为3 069、2 573、2 533和2 480 kg/667 m²，较对照分别增产36.4%、14.3%、12.5%和10.2%。试验结果为宁夏回族自治区马铃薯大面积推广种植提供科学依据。

关键词：马铃薯；新品种；适应性；综合性状；评价研究

马铃薯是宁夏回族自治区的战略性指导产业，也是固原市的特色优势产业，年种植面积稳定在9.6万 hm²以上，经济效益明显。随着农业种植结构的优化调整，针对当前区域马铃薯产业发展需求，宁夏回族自治区马铃薯主产区种植面积不断扩大，已经成为增加农民收入的重要途径。为了加快品种更新，提高马铃薯综合性状，从中筛选出适应性广、抗逆性强、丰产性好、块茎品质优异的新品种，为当地马铃薯产业布局，优质品种更新换代提供科学依据。

1　材料与方法

1.1　试验地概况

2022年试验地设在宁夏农林科学院固原分院西吉马莲科研基地旱地上，海拔2 300 m，年平均温度6.2 ℃，年降雨量415.2 mm，无霜期140 d。土壤类型为浅黑垆土，地势平坦，肥力均匀，前茬为马铃薯。

1.2　试验材料

参试马铃薯新品种8个："宁薯21号""固薯1号""固薯2号""宁薯22号""GY11-6-9""GY14-5-1""GY14-16-1"，"宁薯18号"为对照。

1.3　试验方法

采用随机区组排列，3次重复，小区面积20 m²，小区间距50 cm，区组间及保护行设

作者简介：刘东川（1966—），男，高级农艺师，主要从事马铃薯新品种引进评价、产业服务和咨询工作。

基金项目：宁夏自治区财政育种专项（2019NYYZD1）。

* 通信作者：王效瑜，推广研究员，主要从事马铃薯新品种选育及栽培技术研究，e-mail：nxwxy196316@163.com。

50 cm 走道，行距 50 cm。播深为 30 cm，每小区播 5 行，密度 3 333 株/667 m²，100 株/20 m²，株距 33.3 cm。生育期间管理同一般大田。

2 结果与分析

2.1 生育期

参试品种的生育期集中在 111~114 d，均能正常成熟。其中以"GY14-5-1"生育期最长为 114 d，较对照 111 d 晚 3 d，其他品种生育期相接近，集中在 112~113 d(表 1)。

表 1 参试品种生育期

品种	播种期 (D/M)	出苗期 (D/M)	现蕾期 (D/M)	开花期 (D/M)	成熟期 (D/M)	收获期 (D/M)	生育期 (d)
宁薯 21 号	17/04	30/05	05/07	12/07	18/09	20/09	112
宁薯 22 号	17/04	29/05	29/07	12/07	18/09	20/09	113
固薯 1 号	17/04	30/05	05/07	12/07	18/09	20/09	112
固薯 2 号	17/04	29/05	05/07	12/07	19/09	20/09	113
GY11-6-9	17/04	29/05	05/07	12/07	18/09	20/09	113
GY14-5-1	17/04	28/05	05/07	12/07	18/09	20/09	114
GY14-16-1	17/04	28/05	05/07	12/07	17/09	20/09	113
宁薯 18 号(CK)	17/04	30/05	05/07	12/07	17/09	20/09	111

2.2 植株形态特征

参试品种出苗率集中在 91.0~98.0%，符合试验要求。株高在 63.0~71.0 cm，相差不大。单株结薯数集中在 4.0~4.7 个，其中以"宁薯 21 号"最多为 4.7 个，"固薯 1 号"次之为 4.6 个，"宁薯 22 号"和"固薯 2 号"为 4.3 个，其他品种相接近在 4.0 个左右。单薯重在 235.0~346.8 g，以"宁薯 21 号"最重为 346.8 g，较对照 336.7 g 重 10.1 g，其他品种均低于对照(表 2)。

表 2 参试品种植株形态特征

品种	出苗率 (%)	株高 (cm)	叶色	花冠色	结实性	匍匐茎 长短	单株结薯数 (个)	单株薯重 (g)	单薯重 (g)
宁薯 21 号	93.0	63.0	浅绿	白	少	短	4.7	1 630.0	346.8
宁薯 22 号	97.0	66.0	浅绿	白	少	短	4.3	1 361.8	316.7
固薯 1 号	98.0	71.0	浅绿	紫	中	短	4.6	1 431.1	311.1
固薯 2 号	95.0	70.0	深绿	紫	中	较长	4.3	1 270.0	295.3
GY11-6-9	96.0	63.0	浅绿	白	少	短	4.2	987.0	235.0
GY14-5-1	96.0	66.0	浅绿	紫	少	较长	4.0	1 035.0	287.5

品种	出苗率 （%）	株高 （cm）	叶色	花冠色	结实性	匍匐茎 长短	单株结薯数 （个）	单株薯重 （g）	单薯重 （g）
GY14-16-1	95.0	71.0	浅绿	紫	少	短	4.0	988.7	247.2
宁薯 18 号（CK）	91.0	68.0	浅绿	白	中	短	4.1	1 380.5	336.7

2.3 块茎质量性状

参试品种块茎大小整齐（"GY14-5-1""GY14-16-1"不齐），薯形均为长圆，皮肉淡黄色，薯皮光滑（"GY11-6-9"麻皮），除"固薯 2 号"芽眼中外，其他均浅。商品薯率以"固薯 2 号"97.6%最高，"固薯 1 号"95.5%次之，"宁薯 21 号"94.8%居第三，"宁薯 22 号"94.2%居第四，"GY14-16-1"为 63.2%较低。"宁薯 21 号"和"宁薯 22 号"有裂薯，无二次生长和空心（表 3）。

表 3 参试品种块茎质量性状

品种	块茎 整齐度	薯形	皮色	肉色	薯皮 类型	芽眼 深浅	商品 薯率 （%）	二次 生长 （%）	裂薯率 （%）	空心率 （%）
宁薯 21 号	整齐	长圆	淡黄	淡黄	光滑	浅	94.8	0	3	0
宁薯 22 号	整齐	长圆	淡黄	淡黄	光滑	浅	94.2	0	2	0
固薯 1 号	整齐	长圆	淡黄	淡黄	光滑	浅	95.5	0	0	0
固薯 2 号	整齐	长圆	淡黄	淡黄	光滑	中	97.6	1	1	2
GY11-6-9	整齐	长圆	淡黄	淡黄	麻皮	浅	78.1	0	0	0
GY14-5-1	不齐	长圆	淡黄	淡黄	光滑	浅	66.8	0	0	0
GY14-16-1	不齐	长圆	淡黄	淡黄	光滑	浅	63.2	0	0	0
宁薯 18 号（CK）	整齐	长圆	淡黄	淡黄	光滑	浅	90.1	0	2	0

2.4 品质性状

参试品种干物质含量集中在 15.86~22.76 g/100 g，以"GY14-5-1"22.76 g/100 g 最高，"GY14-16-1"21.46 g/100 g 次之，"宁薯 22 号"21.37 g/100 g 居第三位，"固薯 2 号"19.61 g/100 g 居第四位，其他品种和对照接近。淀粉含量在 10.3~17.2 g/100 g，以"GY14-5-1"最高为 17.2 g/100 g，"GY14-16-1"含量 16.8 g/100 g 次之。粗蛋白含量"GY11-6-9"2.33 g/100 g 最高，"宁薯 21 号"和对照 1.58 g/100 g 最低。维生素 C 含量"固薯 2 号"32.66 mg/100 g 最高，"GY14-16-1"21.63 mg/100 g 最低。还原糖含量"GY14-5-1"0.99 g/100 g 最高，"宁薯 22 号"0.61 g/100 g 最低。粗纤维含量各品种相接近。氨基酸含量"固薯 1 号"2.285%最高，钾含量对照最高，铁含量"宁薯 21 号"最高，锌

含量"GY14-5-1"最高(表4)。

表4 参试品种品质性状

品种	干物质 (g/100 g)	淀粉 (g/100 g)	粗蛋白 (g/100 g)	维生素C (mg/100 g)	还原糖 (g/100 g)	粗纤维 (g/100 g)	氨基酸 (%)	钾 (mg/100 g)	铁 (mg/kg)	锌 (mg/kg)
宁薯21号	17.26	10.3	1.58	30.12	0.68	0.4	1.204	331	5.22	0.90
宁薯22号	21.37	15.3	1.96	29.30	0.61	0.3	1.386	413	4.53	1.34
固薯1号	15.86	13.0	1.99	24.60	0.72	0.3	2.285	309	3.89	1.46
固薯2号	19.61	13.6	1.95	32.66	0.98	0.4	2.029	327	4.06	1.35
GY11-6-9	15.96	12.4	2.33	30.80	0.71	0.3	1.859	363	4.17	1.27
GY14-5-1	22.76	17.2	1.88	26.96	0.99	0.3	1.620	277	3.13	2.03
GY14-16-1	21.46	16.8	1.89	21.63	0.91	0.4	1.586	337	2.25	1.39
宁薯18号(CK)	17.95	12.6	1.58	25.49	0.94	0.4	1.437	423	4.73	1.59

2.5 主要病害

生育阶段分别在7月10日、7月30日、8月10日、8月20日4次田间调查主要病害,结果表明参试品种普遍未发生晚疫病和早疫病(表5)。

表5 参试品种主要病害

品种	晚疫病				早疫病			
	10/07		30/07		10/08		20/08	
	发病率 (%)	病情 指数	发病率 (%)	病情 指数	发病率 (%)	病情 指数	发病率 (%)	病情 指数
宁薯21号	0	0	0	0	0	0	0	0
宁薯22号	0	0	0	0	0	0	0	0
固薯1号	0	0	0	0	0	0	0	0
固薯2号	0	0	0	0	0	0	0	0
GY11-6-9	0	0	0	0	0	0	0	0
GY14-5-1	0	0	0	0	0	0	0	0
GY14-16-1	0	0	0	0	0	0	0	0
宁薯18号(CK)	0	0	0	0	0	0	0	0

2.6 产 量

参试品种的平均产量在1 029~3 069 kg/667 m²。其中以"宁薯21号""固薯2号""固薯1号"和"宁薯22号"4个品种表现优异,产量较高,平均产量分别为3 069、2 573、2 533和2 480 kg/667 m²,分别较对照增产36.4%、14.3%、12.5%和10.2%。"GY11-6-9"产量最低为1 029 kg/667 m²,较对照减产54.3%,"GY14-5-1"产量2 027 kg/667 m²,

较对照减产 9.9%(表6)。

表6 参试品种产量

品种	折合产量 (kg/667 m²)	较对照增产 (%)	位次
宁薯21号	3 069	36.4	1
宁薯22号	2 480	10.2	4
固薯1号	2 533	12.5	3
固薯2号	2 573	14.3	2
GY11-6-9	1 029	-54.3	8
GY14-5-1	2 027	-9.9	7
GY14-16-1	2 259	0.4	5
宁薯18号(CK)	2 250	—	6

3 讨 论

根据适应性试验结果,"宁薯21号""固薯2号""固薯1号"和"宁薯22号"4个品种综合性状表现优异,产量较高,平均产量分别为3 069、2 573、2 533和2 480 kg/667 m²,较对照分别增产36.4%、14.3%、12.5%和10.2%,可以在宁夏回族自治区马铃薯主产区大面积推广种植。

湖南省冬闲田马铃薯品种比较试验

李　璐[1]，杨　丹[1]，万国安[1]，李树举[1*]，王素华[2]，张曙光[1]，李　兵[1]

(1. 常德市农林科学研究院，湖南　常德　415000；

2. 湖南省农业科学院作物研究所，湖南　长沙　410000)

摘　要：为选育出适合湖南省冬闲田种植的早熟高产优质马铃薯新品种，以"中薯5号"为对照，对8个马铃薯新品种进行比较试验。北方系列品种"北方001""北方002"和"北方009"综合表现较好，早熟，生育期70 d，芽眼浅、表皮光滑，产量在2 000 kg/667 m²以上。其中"北方002"产量最高为2 530 kg/667 m²，较对照增产5.5%，抗疮痂病，裂薯少，可配套黑膜或银黑膜覆盖减少青头，提高块茎商品性。

关键词：马铃薯；冬闲田；品种；比较试验

马铃薯是世界第四大粮食作物，营养全面，适应性广。随着马铃薯主粮化战略的推进，南方冬闲田已成为中国马铃薯粮菜兼用品种的主栽区之一[1]。湖南省马铃薯种植面积常年稳定在6.98 × 10⁴ hm²左右，以冬种马铃薯为主[2,3]。湖南省冬春季寡照、多雨、低温的气候特点常对马铃薯生长造成较大影响，为筛选出早熟和中早熟、适应性好，产量高的马铃薯新品种，基于国家现代农业马铃薯产业技术体系平台，常德综合试验站引进了8个品种，以"中薯5号"为对照开展品种比较试验，以期筛选出适宜本区域种植的品种。

1　材料与方法

1.1　试验材料

试验所用品种分别是"华薯6号""华薯12号""云薯109""北方002""北方009""北方001""中薯32号""中薯48号"，"中薯5号"为对照品种。

1.2　试验地概况

试验安排在湖南省常德市农林科学研究院试验基地，N 29°2′13″，E 111°37′40″，海拔35 m。前茬作物为水稻，土壤为黏性土壤，机械翻耕、耙地、起垄，耕作层深度30 ~ 40 cm。

1.3　试验设计与方法

采用随机区组设计，3次重复，小区面积20 m²，6行区，密度5 000株/667 m²，株行距22.4 cm × 60 cm，深沟高垄双行种植。2020年12月20日切块播种，施45%硫酸钾型复合肥(N、P、K各15%)100 kg/667 m²，作基肥一次性点施，摆好种后，机械覆盖约

作者简介：李璐(1991—)，女，农艺师，主要从事马玲薯品种选育与栽培研究。

基金项目：现代农业产业技术体系建设专项资金(CARS-09-ES17)。

*通信作者：李树举，推广研究员，主要从事园艺作物新品种选育与示范应用，e-mail：Lshj7135@163.com。

10 cm 的碎土,喷施芽前除草剂,人工覆盖一层 0.08 mm 的白膜。马铃薯生长期间降雨量为 394.4 mm,全程雨养。人工除草 3 次,时间分别为出苗期、现蕾期及现蕾 7 d 后。3 月 29 日起每隔 10 d 交替使用药剂飞机防治晚疫病,全程共进行 3 次晚疫病防治。5 月 2 日收获时取中间 10 株考种,小区收获测产。

1.4 测定项目与分析方法

田间管理参考《春马铃薯地膜覆盖栽培技术规程》(DB43/T 502—2009)[4]。生长期间调查不同品种的物候期、主要农艺性状、抗病性等,方法参考《马铃薯品种试验调查记载项目及依据》(NY/T 1489—2007)[5]。烘干法测定品种的干物质和淀粉含量。试验数据采用 Excel 2019 和 DPS 7.05 进行整理和统计分析。

2 结果与分析

2.1 不同马铃薯品种物候期比较

大部分参试品种出苗期和现蕾期较集中,播种 54~58 d 后出苗率达 50% 以上,出苗 18~23 d 后现蕾,与对照"中薯 5 号"相差较小;"云薯 109"出苗和现蕾均迟于对照,出苗较对照晚 8 d,现蕾较对照晚 13 d;"华薯 6 号"现蕾稍迟,现蕾较对照晚 10 d。收获时 5 个品种达生理成熟期,分别是"北方 001""北方 002""北方 009""中薯 32 号"和"中薯 48 号",生育期为 68~70 d,较对照短 7~9 d(表 1)。

表 1 参试马铃薯品种物候期

品种	播种期 (D/M)	出苗期 (D/M)	现蕾期 (D/M)	开花期 (D/M)	成熟期 (D/M)	收获期 (D/M)	生育期 (d)
华薯 6 号	20/12	16/02	15/03	—	—	02/05	75
华薯 12 号	20/12	16/02	05/03	—	—	02/05	75
云薯 109	20/12	22/02	18/03	—	—	02/05	69
北方 002	20/12	12/02	05/03	—	23/04	02/05	70
北方 009	20/12	12/02	05/03	—	23/04	02/05	70
北方 001	20/12	12/02	05/03	—	23/04	02/05	70
中薯 32 号	20/12	14/02	08/03	—	23/04	02/05	68
中薯 48 号	20/12	14/02	05/03	—	23/04	02/05	68
中薯 5 号(CK)	20/12	14/02	05/03	—	—	02/05	77

2.2 不同马铃薯品种植株和块茎性状比较

"华薯 12 号"茎色淡紫,其他品种茎色均是绿色。"华薯 12 号""云薯 109""北方 001""北方 002"和"北方 009"叶色深绿,其他品种和对照叶色均为绿色。本地区适宜马铃薯开花的气候时间较短,大部分品种现蕾后直接落蕾,不开花。大部分品种块茎整齐,"中薯 32 号"和"中薯 48 号"块茎整齐度一般。参试品种薯形主要为 3 种类型,其中"华薯 12 号"扁圆形;"北方 001""中薯 32 号"和对照"中薯 5 号"为椭圆形,其他品种薯形均是长圆形。"华薯 12 号"皮红黄色，肉黄色，芽眼深度中等；"华薯 6 号"皮淡黄色，肉白色，芽眼深度中等；其他品种皮色肉色均为黄色或淡黄色，芽眼浅。所有参试品种表皮均光滑(表 2)。

表 2　参试马铃薯品种植株和块茎性状表现

品种	茎色	叶色	花繁茂性	花冠色	块茎整齐度	薯形	皮色	肉色	薯皮类型	芽眼深浅
华薯 6 号	绿	绿	—	—	整齐	长圆	淡黄	白	光滑	中
华薯 12 号	淡紫	深绿	—	—	整齐	扁圆	红黄	黄	光滑	中
云薯 109	绿	深绿	—	—	整齐	长圆	黄	黄	光滑	浅
北方 002	绿	深绿	—	—	整齐	长圆	黄	黄	光滑	浅
北方 009	绿	深绿	—	—	整齐	长圆	黄	浅黄	光滑	浅
北方 001	绿	深绿	—	—	整齐	椭圆	黄	黄	光滑	浅
中薯 32 号	绿	绿	—	—	一般	椭圆	黄	浅黄	光滑	浅
中薯 48 号	绿	绿	—	—	一般	长圆	黄	浅黄	光滑	浅
中薯 5 号(CK)	绿	绿	—	—	整齐	椭圆	黄	黄	光滑	浅

2.3　不同马铃薯品种田间性状比较

通过对植株田间性状观察可知，大部分品种出苗率均在 92.00% 以上，"云薯 109"和"中薯 32 号"稍低，分别为 82.67% 和 86.00%。参试品种分枝较少，主茎数均在 1.0~1.6 个。株高在 37.35~55.05 cm，最高是"华薯 12 号"，最矮是对照"中薯 5 号"。单株块茎数为 3.7~5.5 个/株。单株薯重超过对照的有 4 个，分别是"中薯 32 号""北方 002""北方 001"和"北方 009"，其中"中薯 32 号""北方 002""北方 001"单株薯重超过 500 g。单薯重均低于对照，但"中薯 32 号"和"北方 002"单薯重高于 100 g，分别为 107.07 和 106.17 g。商品薯率整体较高，均在 92.00% 以上(表 3)。

表 3　参试马铃薯品种田间性状表现

品种	出苗率（%）	主茎数（个）	株高（cm）	单株块茎数（个/株）	单株薯重（g/株）	单薯重（g）	商品薯率（%）
华薯 6 号	97.33	1.6	50.10	5.0	379.63	73.48	94.38
华薯 12 号	92.67	1.0	55.05	5.5	488.17	89.30	93.82
云薯 109	82.67	1.6	46.30	4.6	303.50	53.88	92.70
北方 002	99.33	1.2	41.68	4.2	545.00	106.17	97.22
北方 009	96.67	1.4	38.37	3.8	493.17	96.07	97.16
北方 001	94.00	1.5	40.06	4.0	511.17	82.45	96.97
中薯 32 号	86.00	1.4	48.65	4.9	596.00	107.07	96.81

品种	出苗率（%）	主茎数（个）	株高（cm）	单株块茎数（个/株）	单株薯重（g/株）	单薯重（g）	商品薯率（%）
中薯 48 号	95.33	1.2	45.31	4.5	346.83	66.70	95.24
中薯 5 号(CK)	99.33	1.1	37.35	3.7	492.67	125.25	97.06

2.4 不同马铃薯品种田间抗性和块茎生理缺陷表现

根据往年本地区马铃薯病害发生情况，在生育期间主要调查了病毒病、晚疫病、黑胫病、疮痂病和块茎的生理缺陷等，晚疫病、黑胫病没有发生，北方系列品种全部发生轻微卷叶病毒病，发病率 100%，病情指数 25.0，"中薯 32 号"卷叶病毒病发病率 96.9%，病情指数 24.2。参试品种均发生了不同程度的疮痂病，其中中薯系列病薯率在 20% 以上，"中薯 32 号"和"中薯 48 号"病薯率高于对照，分别为 32.9% 和 26.3%；其他品种病薯率为 4.3%~8.4%，低于对照。除"华薯 6 号"和"云薯 109"没有裂薯外，其他品种均出现不同数量的裂薯，裂薯率在 1.1%~12.2%，均低于对照。北方系列品种和"中薯 48 号"出现块茎青头现象，其中北方系列品种青头率在 10.4%~17.2%，高于对照，说明该系列品种覆盖土层厚度还需增加(表 4)。

表 4 参试马铃薯品种病虫害及块茎生理病害情况

品种	卷叶病毒病		疮痂病病薯率(%)	裂薯率（%）	青头率（%）
	发病率（%）	病情指数			
华薯 6 号	0	0	5.8	0	0
华薯 12 号	0	0	4.3	12.2	0
云薯 109	0	0	6.5	0	0
北方 002	100	25.0	8.4	0.6	13.0
北方 009	100	25.0	5.8	2.6	10.4
北方 001	100	25.0	4.8	1.1	17.2
中薯 32 号	96.9	24.2	32.9	7.2	0
中薯 48 号	0	0	26.3	2.6	6.4
中薯 5 号(CK)	0	0	22.0	17.8	5.1

2.5 不同马铃薯品种产量

折合产量在 2 000 kg/667 m² 以上的品种有 3 个"北方 001""北方 002"和"北方 009"，表现最好的是"北方 002"，折合产量 2 530 kg/667 m²，较对照增产 5.50%，也是唯一高于对照的品种，其他品种产量均低于对照。淀粉含量高于对照的有 4 个品种"云薯 109""中薯 48 号""华薯 12 号"和"华薯 6 号"，含量分别是 12.713%、12.130%、11.169% 和

11.146%（表5）。

表5 参试马铃薯品种产量性状

品种	小区产量（kg/20 m²）				折合产量（kg/667 m²）	排名	较对照±（%）	淀粉含量（%）
	Ⅰ	Ⅱ	Ⅲ	平均值±SD				
北方 002	77.33	71.85	78.00	75.73 ± 3.37 a	2 530	1	5.50	10.594
中薯 5 号（CK）	79.13	74.78	61.43	71.78 ± 9.22 ab	2 399	2	—	10.953
北方 001	65.93	54.30	76.05	65.43 ± 10.88 abc	2 187	3	-8.84	9.961
北方 009	68.70	60.08	57.23	62.00 ± 5.97 bc	2 072	4	-13.63	10.310
华薯 12 号	64.95	53.85	60.23	59.68 ± 5.57 bc	1 994	5	-16.87	11.169
云薯 109	54.53	51.38	72.45	59.45 ± 11.36 bc	1 987	6	-17.18	12.713
中薯 32 号	58.73	61.20	57.45	59.13 ± 1.91 bc	1 976	7	-17.62	9.646
华薯 6 号	58.35	46.73	56.93	54.00 ± 6.34 cd	1 805	8	-24.77	11.146
中薯 48 号	44.33	44.03	48.23	45.53 ± 2.34 d	1 521	9	-36.57	12.130

注：同列不同小写字母表示 0.05 水平差异显著性。

3 讨 论

通过对参试品种的物候期、植株和块茎形态、产量和品质、病虫害抗性等的观测发现，北方系列的品种综合表现较好，生育期短，块茎外观符合市场需求，产量及相关因素表现较好，"北方 002"产量最高为 2 530 kg/667 m²，较对照增产 5.5%，田间疮痂病抗性强、裂果少，可配套黑膜或银黑膜覆盖栽培技术减少青头，提升外观品质。

[参 考 文 献]

[1] 罗赛男,汤睿,张文,等.五个马铃薯品种在湖南冬闲田种植的适应性 [J].作物杂志,2017(3):25-28.

[2] 李亚庆.湖南省马铃薯产业发展问题研究 [D].长沙:湖南农业大学,2017.

[3] 黄艳岚,刘明月,周虹,等.湖南省马铃薯生产现状及发展对策 [J].湖南农业科学,2009(7):108-110.

[4] 湖南省质量技术监督局.春马铃薯地膜覆盖栽培技术规程 DB43/T 502—2009 [S].北京:中国标准出版社,2009.

[5] 中华人民共和国农业部.马铃薯品种试验调查记载项目及依据 NY/T 1489—2007 [S].北京:中国标准出版社,2008.

宁夏回族自治区固原市马铃薯新品种引进筛选试验

王元元[1]，王效瑜[2*]，郭志乾[2]，张国辉[2]

(1. 宁夏原种场，宁夏　银川　750200；2. 宁夏农林科学院固原分院，宁夏　固原　756000)

摘　要：针对当前宁夏回族自治区固原市马铃薯产业发展需求，积极开展抗旱高产马铃薯中晚熟品种的引进筛选研究，从中选出产量高、品质优的抗旱新品种。根据试验研究设定目标产量≥2 700 kg/667 m²，在宁夏农林科学院隆德观庄科研基地旱地上对引进的 10 个马铃薯品种进行筛选试验。"宁薯 19 号"平均产量 3 344 kg/667 m²，较对照增产 92.4%；"L0109-4"平均产量 2 778 kg/667 m²，较对照增产 59.9%；"定薯 4 号"平均产量 2 727 kg/667 m²，较对照增产 56.9%。这 3 个品种抗旱性强，产量高，品质佳，薯块整齐且以大薯为主，单株结薯数集中在 5.4~6.9 个，单株薯重分别为 1.53、1.43 和 1.35 kg/株，商品薯率较高，综合性状表现良好，适宜在宁夏回族自治区固原市旱地大面积推广种植。

关键词：宁夏回族自治区；干旱区；马铃薯；中晚熟；品种

　　马铃薯是宁夏回族自治区特色优势农作物，全区年种植面积达 16.67 万 hm²，主要分布在经济欠发达的宁夏回族自治区中部干旱带和固原市。近年来，随着种植业结构调整步伐的加快，以及马铃薯加工业的发展，对新品种的要求日益迫切，为了适应马铃薯生产和市场发展的需要，对引进马铃薯新品种进行比较试验，旨在为该区推广抗旱高产马铃薯新品种提供理论依据。

1　材料与方法

1.1　试验地概况

　　2022 年试验地设在宁夏农林科学院隆德观庄科研基地旱地上，海拔 2 330 m，年平均温度为 6.2 ℃，年降雨量 511.6 mm，无霜期 138 d。土壤类型为浅黑垆土，地势平坦，肥力均匀，前茬为马铃薯。秋季机耕一次。结合春季旋地，施腐熟牛粪 2 000 kg/667 m²，生物有机肥（总养分＞13%）120 kg/667 m²，磷酸二铵（N 18%、P 46%，总养分＞64%）30 kg/667 m²。

1.2　试验材料

　　参试品种 10 个，即"陇薯 6 号"（CK）、"L0109-4""L0736-8""定薯 4 号""定薯 6 号""秦薯 104""秦薯 105""宁薯 19 号""云薯 506""云薯 502"。

1.3　试验方法

　　采用随机区组排列，3 次重复，5 行区，小区面积 20 m²，小区间距 50 cm，区组间及

作者简介：王元元(1988—)，女，农艺师，主要从事农作物新品种种子繁育及栽培技术研究。

基金项目：国家现代农业产业技术体系马铃薯固原综合试验站(CARS-09)。

＊通信作者：王效瑜，推广研究员，主要从事马铃薯新品种选育及栽培技术研究，e-mail：nxwxy196316@163.com。

保护行设 50 cm 走道, 行距 50 cm。播深为 15 cm, 播种量按 3 333 株/667 m² 计算, 每小区播种量 100 株, 株距 33.3 cm。生育期间管理同一般大田。

2 结果与分析

2.1 不同马铃薯品种物候期

参试品种的生育期集中在 110~113 d, 均能正常成熟, 其中以"云薯 502"110 d 最短, 其他品种的生育期集中在 111~113 d, 相差不大(表 1)。

表 1 不同马铃薯品种物候期

品种	播种期 (D/M)	出苗期 (D/M)	现薯期 (D/M)	开花期 (D/M)	成熟期 (D/M)	收获期 (D/M)	生育期 (d)
陇薯 6 号(CK)	24/04	30/05	20/06	03/07	18/09	21/09	111
云薯 502	24/04	31/05	23/06	08/07	18/09	21/09	110
云薯 506	24/04	30/05	19/06	03/07	19/09	21/09	112
L0736-8	24/04	30/05	22/06	05/07	20/09	21/09	113
L0109-4	24/04	30/05	24/06	07/07	20/09	21/09	113
秦薯 104	24/04	30/05	26/06	04/07	18/09	21/09	111
秦薯 105	24/04	30/05	25/06	03/07	20/09	21/09	113
宁薯 19 号	24/04	30/05	22/06	07/07	18/09	21/09	111
定薯 4 号	24/04	30/05	24/06	03/07	20/09	21/09	113
定薯 6 号	24/04	30/05	23/06	05/07	20/09	21/09	113

2.2 不同马铃薯品种田间性状

参试品种出苗率集中在 97.0%~100%, 符合试验要求。株高在 47.0~86.0 cm, 相差较大, 其中以"秦薯 104"最低为 47.0 cm, 较对照低 30.0 cm, 以"L0736-8"86.0 cm 最高, 较对照高 9 cm, 其他品种间相差不大。单株结薯数集中在 4.9~9.6 个, 以"秦薯 104"9.6 个、"云薯 506"8.6 个和"云薯 502"8.5 个较多, 其他品种的单株结薯数与对照相差不多。单株薯重在 0.87~1.53 kg/株, 其中"宁薯 19 号"1.53 kg/株最重, 较对照重 0.64 kg/株。单薯重在 0.12~0.28 kg, 以"宁薯 19 号"0.28 kg 最重, 较对照重 0.14 kg, 其他品种相差不大(表 2)。

表 2 不同马铃薯品种田间性状

品种	出苗率 (%)	株高 (cm)	花冠色	结实性	匍匐茎 长短	单株结薯数 (No.)	单株薯重 (kg/株)	单薯重 (kg)
陇薯 6 号(CK)	99.0	77.0	白	无	短	6.4	0.89	0.14
云薯 502	99.0	57.0	紫	无	短	8.5	1.05	0.12

品种	出苗率 (%)	株高 (cm)	花冠色	结实性	匍匐茎 长短	单株结薯数 (No.)	单株薯重 (kg/株)	单薯重 (kg)
云薯 506	97.0	58.0	紫	多	短	8.6	1.06	0.12
L0736-8	99.0	86.0	紫	无	短	8.1	0.97	0.12
L0109-4	98.0	71.0	白	无	短	6.9	1.43	0.21
秦薯 104	98.0	47.0	紫	无	短	9.6	1.14	0.12
秦薯 105	100	57.0	紫	无	短	5.6	0.87	0.16
宁薯 19 号	98.0	65.0	紫	无	短	5.4	1.53	0.28
定薯 4 号	98.0	55.0	浅紫	无	短	6.2	1.35	0.22
定薯 6 号	98.0	67.0	浅紫	无	短	4.9	0.89	0.18

2.3 不同马铃薯品种田间性状

参试品种的商品薯率集中在 82.1%～95.4%，相差不大；各品种均无二次生长、裂薯率和空心率(表 3)。

表 3 不同马铃薯品种块茎性状

品种	块茎 整齐度	薯形	皮色	肉色	薯皮 类型	芽眼 深浅	商品 薯率 (%)	二次 生长 (%)	裂薯率 (%)	空心率 (%)
陇薯 6 号(CK)	较齐	扁圆	浅黄	浅黄	中等	浅	91.1	0	0	0
云薯 502	较齐	长圆	浅黄	白	中等	浅粉	87.3	0	0	0
云薯 506	较齐	长圆	浅黄	浅黄	中等	浅	88.9	0	0	0
L0736-8	较齐	长圆	浅黄	浅黄	光滑	浅	94.5	0	0	0
L0109-4	较齐	长圆	浅黄	浅黄	光滑	浅	88.9	0	0	0
秦薯 104	不齐	扁圆	浅黄	白	中等	浅	82.1	0	0	0
秦薯 105	较齐	长圆	紫红	紫红	中等	浅	86.3	0	0	0
宁薯 19 号	较齐	扁圆	浅黄	浅黄	中等	浅	95.4	0	0	0
定薯 4 号	较	扁圆	浅黄	浅黄	中等	中紫	95.4	0	0	0
定薯 6 号	不齐	扁圆	浅黄	浅黄	麻皮	浅	86.6	0	0	0

2.4 不同马铃薯品种品质性状

参试品种的干物质含量在 16.64～21.73 g/100 g，以"定薯 6 号"21.73 g/100 g 最高；淀粉含量在 10.27%～15.46%，以"定薯 6 号"15.46%为最高，其他品种含量相差不大(表 4)。

表 4 不同马铃薯品种品质性状

品种	干物质含量 （g/100 g）	淀粉含量 （%）	还原糖含量 （g/100 g）	维生素 C 含量 （mg/100 g）	粗蛋白含量 （g/100 g）	褐变 （多酚氧化酶活性）	Zn （mg/kg）	Fe （mg/kg）	食味	综合评分
陇薯 6 号（CK）	20.46	14.13	3.14	2.7	5.13	134.7	0.34	13.62	中	4.3
云薯 502	21.52	15.20	0.58	13.4	1.12	140.0	3.16	56.05	中	7.4
云薯 506	16.64	10.27	1.72	15.4	1.88	69.3	3.34	172.08	优	7.9
L0736-8	20.35	13.70	0.41	10.5	1.41	78.9	3.17	253.52	中	8.4
L0109-4	17.49	11.13	1.75	13.5	1.55	78.3	4.73	111.99	优	7.6
秦薯 104	18.98	12.63	1.24	11.6	2.82	84.5	5.08	85.10	优	8.5
秦薯 105	20.04	13.70	0.65	12.4	2.22	132.4	5.86	50.48	中	7.7
宁薯 19 号	19.19	12.85	0.82	11.7	1.78	146.5	3.60	128.86	中	7.1
定薯 4 号	21.10	14.71	0.41	10.5	1.41	78.9	3.17	253.52	中	8.4
定薯 6 号	21.73	15.46	1.75	13.5	1.55	78.3	4.73	111.99	优	8.0

2.5 不同马铃薯品种产量

参试品种的平均产量集中在 1 657 ~ 3 344 kg/667 m²，以"宁薯 19 号"平均产量 3 344 kg/667 m² 最高，较对照增产 92.4%。"L0109-4"平均产量 2 778 kg/667 m²，较对照增产 59.9%。"定薯 4 号"平均产量 2 727 kg/667 m²，较对照增产 56.9%。这 3 个品种产量较高。其次"秦薯 104"平均产量 2 313 kg/667 m²，较对照增产 32.9%；以"秦薯 105"平均产量 1 657 kg/667 m² 最低，较对照减产 4.5%。其他品种产量相差不大（表 5）。

表 5 不同马铃薯品种产量

品种	平均产量（kg/667 m²）	较对照±（%）	位次
陇薯 6 号（CK）	1 738 efEF	—	9
云薯 502	2 151 dD	17.9	5
云薯 506	2 020 dD	16.2	6
L0736-8	1 859 deDE	6.9	8
L0109-4	2 778 bB	59.9	2
秦薯 104	2 313 cC	32.9	4
秦薯 105	1 657 fF	-4.5	10
宁薯 19 号	3 344 aA	92.4	1
定薯 4 号	2 727 bB	56.9	3
定薯 6 号	1 980 dD	13.9	7

注：不同小写和大写字母分别表示 0.05 和 0.01 水平差异显著性。

3 讨 论

试验表明，对照品种"陇薯 6 号"产量 1 738 kg/667 m²，"秦薯 105"产量 1 657 kg/667 m²，"L0736-8"产量 1 859 kg/667 m²，表现产量较低，小薯较多，商品薯率低，不适合在宁夏回族自治区固原市种植。而"宁薯 19 号"平均产量 3 344 kg/667 m²，较对照增产 92.4%。"L0109-4"平均产量 2 778 kg/667 m²，较对照增产 59.9%。"定薯 4 号"平均产量 2 727 kg/667 m²，较对照增产 56.9%。这 3 个品种产量较高，适合在固原市马铃薯主产区大面积推广种植。

早熟鲜食型马铃薯新品种"龙薯10"的选育

李庆全，盛万民*，牛志敏，南相日，高云飞，王　乔

（黑龙江省农业科学院经济作物研究所/

黑龙江省马铃薯生物学与品质改良重点实验室，黑龙江　哈尔滨　150086）

摘　要： "龙薯10"是黑龙江省农业科学院马铃薯研究所以"春94-1"作母本，"克新16号"作父本经有性杂交选育而成的优质高产鲜食型马铃薯新品种。早熟，生育期79 d。块茎短卵圆形，浅黄皮乳白肉，芽眼深浅中等。结薯集中，商品性好。干物质含量17.86%，淀粉含量13.80%，蛋白质含量2.17%，维生素C含量18.69 mg/100 g，还原糖含量0.37%，食味品质优。感晚疫病，中抗PVX病毒病，感PVY病毒病，抗PVA、PVS病毒病。2019—2020年黑龙江省适应性试验平均产量36 946 kg/hm²。适宜在黑龙江省各生态区种植。

关键词： 龙薯10；品种；选育；早熟

马铃薯是黑龙江省五大主要农作物之一。黑龙江省地处中国最东北，无霜期短，全年无霜期在100~160 d。长期以来，早熟、优质、多抗、鲜食马铃薯品种较为稀缺。为满足黑龙江省自然生态特点和市场需求，黑龙江省农业科学院马铃薯研究所以适于早熟市场需求、品质优良、高产、田间植株抗病毒病为目标，开展了早熟鲜食型马铃薯品种选育研究。"龙薯10"具有早熟、高产、食味优良、抗多种病害、适应性广等优点，该品种的选育将是黑龙江省早熟鲜食品种的重要补充，品种的推广将极大促进黑龙江省早熟品种的更新换代。

1　选育过程

"龙薯10"是黑龙江省农业科学院马铃薯研究所以"春94-1"作母本、"克新16号"作父本通过有性杂交方法经系统选育而成。2012年配置杂交组合，2013—2018年在黑龙江省农业科学院马铃薯研究所育种试验地进行无性系产量、抗病性、适应性鉴定试验，其中：2013年参加实生苗培育与选择试验，2014年参加单株选择试验，2015年参加第一年无性系选择试验，2016年参加第二年无性系选择试验，2017年参加品系预备试验，2018年参加品种比较试验，系统编号龙201210-15。2019—2020年在黑龙江省进行马铃薯品种适应性试验，于2022年9月通过国家品种登记，品种登记编号：GPD马铃薯（2022）230023。

作者简介： 李庆全（1984—），男，副研究员，从事马铃薯遗传育种研究。

基金项目： 国家现代农业产业技术体系（CARS-9）；黑龙江省揭榜挂帅科技攻关项目（2022ZXJ06B01）；黑龙江省农业科学院创新工程资助项目（CX23GG02）。

*通信作者：盛万民，博士，研究员，主要从事马铃薯遗传育种研究，e-mail：shengwanmin@163.com。

2 产量表现

在黑龙江省适应性试验中，2019年"龙薯10"平均产量33 952 kg/hm²，较对照"早大白"增产30.50%；2020年"龙薯10"平均产量39 940 kg/hm²，较对照"早大白"增产9.00%。2019—2020年适应性试验平均产量36 946 kg/hm²。

3 特征特性

"龙薯10"为早熟鲜食型品种，生育期79 d。株型半直立，小叶边缘波状程度中，茎色绿，茎翼形状波形，复叶大。花冠颜色红紫色，花冠形状近五边形，块茎短卵圆形，薯皮颜色浅黄色，薯肉颜色乳白色，芽眼深浅中等。结薯集中，商品薯率83.00%。食味品质优。光发芽形状卵形，光发芽基部花青苷显色强到极强，光发芽基部根尖数量中，光发芽基部茸毛数量少。

4 品质性状

经农业农村部谷物及制品质量监督检验测试中心(哈尔滨)检验，干物质含量17.86%，淀粉含量13.80%，蛋白质含量2.17%，维生素C含量18.69 mg/100 g，还原糖含量0.37%。

5 抗病性

2019年经黑龙江省农业科学院马铃薯研究所人工接种抗病性鉴定："龙薯10"马铃薯X病毒病情指数33.3；马铃薯Y病毒病情指数48.0；马铃薯A病毒病情指数14.4；马铃薯S病毒病情指数16.7。鉴定结果表明，"龙薯10"中抗PVX病毒病，感PVY病毒病，抗PVA、PVS病毒病。依据马铃薯抗晚疫病室内鉴定技术规程NY/T 3063—2016进行检验，结果表明"龙薯10"感晚疫病。

6 栽培技术要点

选择疏松肥沃、排水透气性良好地块种植。秋季深翻(35~40 cm)整地，施有机肥(有机质含量≥45.0%，总养分≥5.0)1 500 kg/667 m²。该品种在适宜区4月下旬到5月上旬播种，保苗4 200株/667 m²。旋耕宽垄(80~90 cm)机械化栽培。播种时，施尿素(总氮≥46.0%)15 kg/667 m²、磷酸二铵(总养分N+P₂O₅≥64.0%)10 kg/667 m²、硫酸钾(K₂O≥50.0%)25 kg/667 m²，作种肥一次性施入。田间管理要做到二铲二趟，加强培土。适时收获。

7 适宜种植范围

"龙薯10"适宜在黑龙江省各生态区种植。

马铃薯新品种"中加 N3"的选育

李　燕[1]，刘广晶[1*]，吕文霞[1]，包美丽[2]，孙翠翠[1]，高晓娟[1]，王　斌[1]，田艳花[1]

(1. 内蒙古中加农业生物科技有限公司，内蒙古　四子王旗　011800；

2. 通辽市科尔沁区农业技术推广中心，内蒙古　通辽　028000)

摘　要： "中加 N3"是内蒙古中加农业生物科技有限公司研发中心于 2014 年以"ZJ-LLN3"为母本、"BQ-106"为父本进行杂交获得实生种子，2015 年播种于智能温室，经系统选育而成中早熟特用型新品种。2019—2020 年完成了马铃薯区域试验。2022 年 9 月通过非主要农作物品种登记。2 年区域试验平均产量 2 422 kg/667 m²，较对照"费乌瑞它"减产 0.41%。干物质含量 19.60%，淀粉含量 14.50%，蛋白质含量 1.95%，还原糖含量 1.50%，维生素 C 含量 2.61 mg/100 g，花青素含量高，蒸食食味好。对晚疫病表现感病，对马铃薯 Y 病毒病(Potato virus Y，PVY)表现抗病，中抗马铃薯 X 病毒病(Potato virus X，PVX)。适宜在北方一作区内蒙古自治区、河北省、陕西省春季种植；中原二作区山东省春季种植；南方冬作区广西壮族自治区冬季种植。

关键词： 马铃薯；新品种；中加 N3；产量

1　选育过程

马铃薯新品种"中加 N3"是用"ZJ-LLN3"作母本、"BQ-106"作父本，通过有性杂交方法经系统选育而成。2014 年由内蒙古中加农业生物科技有限公司研发中心配制杂交组合 ZJ-LLN3 × BQ-106，并获得实生种子；2015 年在智能温室内培育实生苗并收获实生薯家系；2016 年在中加农业园区育种基地播种实生薯家系并筛选优良单株，编号为 201401003；2017—2018 年在育种田进行了无性系鉴定、筛选综合性状好且表现优良品系；2019 年参加品系比较试验，该品系植株和块茎综合性状、抗病性、产量等性状优于对照品种"费乌瑞它"和其他品系；2020 年完成生产试验、品质鉴定、抗性鉴定；2019—2020 年完成区域试验；2022 年 9 月通过非主要农作物品种登记，登记编号：GPD 马铃薯(2022)150061，定名为"中加 N3"。

2　产量表现

2019 年"中加 N3"参加马铃薯区域试验，5 个试点平均产量 2 425 kg/667 m²，较对照"费乌瑞它"减产 0.09%，平均生育期 80 d，较对照晚 1 d。2020 年参加马铃薯区域试验，

作者简介：李燕(1994—)，女，硕士，初级农艺师，主要从事马铃薯育种研究。

基金项目：内蒙古自治区种业科技创新重大示范工程"揭榜挂帅"项目(2022JBGS0037)；乡村产业共性关键技术研发与集成应用(2022YFD1601205)；内蒙古自治区科技计划项目(2021GG0422)。

* 通信作者：刘广晶，硕士，高级农艺师，主要从事马铃薯育种及组培研究，e-mail：zjny_liugj@163.com。

平均产量 2 418 kg/667 m²，较对照"费乌瑞它"减产 0.73%，平均生育期 81 d，与对照相同。2 年平均产量 2 422 kg/667 m²，较对照减产 0.41%，2 年平均生育期 81 d，较对照晚 1 d；平均结薯数 6.3 个，平均单薯重 134.8 g，商品薯率 73.8%。

3 特征特性

"中加 N3"为中早熟鲜食特用型新品种，生育期 81 d 左右。株型半直立，茎秆韧性强，茎翼直形、叶色深绿，复叶中等长度，顶小叶卵圆形，茸毛短稀；花冠紫色，开花繁茂；块茎长卵圆形，表皮光滑，芽眼平浅，薯皮红色，薯肉部分红色，结薯集中，块茎整齐，切口无褐变。鲜食品质好，蒸煮食味佳，无异味；较抗早疫病，对晚疫病表现感病，对马铃薯 Y 病毒病(Potato virus Y，PVY)表现抗病，中抗马铃薯 X 病毒病(Potato virus X，PVX)。

4 品质分析

2020 年经农业农村部农产品质量监督检验测试中心(北京)检测，块茎干物质含量 19.60%，淀粉含量 14.50%，蛋白质含量 1.95%，还原糖含量 1.50%，维生素 C 含量 2.61 mg/100 g。经蒸食和炖煮测试，蒸食食味好，鲜食口感佳，花青素含量高，属鲜食特用型品种。

5 抗性鉴定

2021 年委托中国农业科学院蔬菜花卉研究所对 PVX、PVY 进行室内人工接种抗性鉴定，采用汁液摩擦接种法；对晚疫病接种抗性鉴定，采用不同生理小种混合接种离体叶片。"中加 N3"对晚疫病表现感病，对 PVY 病毒病表现抗病，中抗 PVX 病毒病。

6 栽培技术要点

内蒙古自治区、陕西省、河北省 4 月下旬至 5 月上旬播种，二作区 2 月底至 3 月上旬播种，冬作区 11—12 月播种，选择土壤疏松、肥沃、透气性好的前茬非茄科作物地块种植，10 cm 土层稳定通过 8 ℃播种。采用脱毒种薯，播前种薯进行催芽，播前 3~5 d 切种，切刀一薯一消毒，切成 50~55 g 大小的薯块，由于块茎较大，每块带 1~2 个芽眼，切块时剔除烂薯。按当地生产水平适当增施有机肥，合理增施化肥，施足基肥。播种后至出苗前进行除草，生育期间及时中耕培土，生育后期注意防治晚疫病，发现病杂株及时拔除，块茎成熟后杀秧收获。

7 适宜种植区域

适宜在北方一作区内蒙古自治区、河北省、陕西省春季种植；中原二作区山东省春季种植；南方冬作区广西壮族自治区冬季种植。

恩施州马铃薯种质资源保护与利用研究

秦光才[1]，秦玉婷[2]，于斌武[1*]，李求文[1]，高剑华[3]，钟育海[1]，李雪晴[1]，赵锦慧[1]

(1. 恩施州农业发展服务中心，湖北　恩施　445000；

2. 武汉科技大学，湖北　武汉　430081；

3. 恩施土家族苗族自治州农业科学院，湖北　恩施　445000)

摘　要：恩施土家族苗族自治州马铃薯种质资源丰富，并坚持在保护中利用、利用中保护的做法走在全国前列。就恩施土家族苗族自治州马铃薯种质资源保护与利用开展调查研究，并分析了其存在的主要问题，提出相关建议，供决策参考。

关键词：马铃薯；种质资源；保护；利用；对策；建议

马铃薯属茄科茄属一年生草本植物，块茎可供食用，是全球第四大粮食作物。公元前8000年到5000年的秘鲁南部地区开始人工栽培马铃薯，明朝万历年间(1573—1619)传入中国，至今300多年。据《恩施地方志》记载，1820年恩施就引种马铃薯，本地叫洋芋或土豆，是恩施山区主要粮食作物。恩施州委州政府历来高度重视马铃薯研究和产业发展，全州常年种植面积在11.07万 hm² 以上，总产量150万 t 以上，占全州夏粮总产的95%以上，占全年粮食的21%，综合产值超85亿元，栽培面积占湖北省"半壁江山"，居全省第一位，为恩施州脱贫攻坚和保障粮食安全发挥了重要作用。马铃薯产业得到前所未有的发展，得益于持之以恒地开展马铃薯种质资源保护和新品种选育与开发。

1　恩施州马铃薯种质资源保护情况

1.1　拓展国际马铃薯种质资源合作交流

世界各国对种质资源的调查、收集、保存、利用极为重视，纷纷设立植物遗传资源中心等，建立基因库。国际马铃薯中心(International Potato Center，CIP)、美国、荷兰、德国、英国、俄罗斯等国家或组织建立了马铃薯种质资源库，保存了大量野生种、原始栽培种及其他育种材料，成立了国际马铃薯基因库协作组织。CIP重点进行野生种收集和分类、种质资源保护、鉴定、资源改良等研究工作，CIP总部基因库保存有野生种和栽培种资源6 570多份，包括160多个野生种和原始栽培种，保护了马铃薯遗传基因多样性。1984年，湖北省恩施中国南方马铃薯研究中心(以下简称南方中心)成立后，加强与CIP、CIP亚太中心合作、国内科研机构等合作交流，不断丰富恩施州马铃薯种质资源。

1.2　恩施州马铃薯种质资源保护有力

过去，恩施州马铃薯育种资源匮乏，长期处于低水平重复杂交。建国初期，为拓展马

作者简介：秦光才(1972—)，男，正高级农艺师，主要从事农作物育种、栽培研究及推广。

*通信作者：于斌武，正高级农艺师，主要从事马铃薯产业发展和品牌建设研究，e-mail：345046143@qq.com。

铃薯遗传基础，恩施地区行署成立天池山农科所（现为恩施土家族苗族自治州农业科学院，与南方中心合署办公），开展马铃薯种质资源收集、保存及研究利用，参与国家《全国马铃薯品种资源编目》工作，有效地推进恩施土家族苗族自治州马铃薯种质资源保护。

1.2.1　引种质之源

1984年以来，南方中心致力广泛引进、收集全球马铃薯种质资源，丰富育种基因库。现有马铃薯种质资源1 254份，包括育成品种253份、育成品系436份、国外引进品种（系）502份、地方品种29份、野生及近缘栽培种27份、2n配子材料7份。

1.2.2　筑资源之库

种质资源是遗传基因的载体，具有生命性，其存续对研究利用至关重要。南方中心采取冷库和田间种植双向保存1 092份种质资源，组培室内保存400份种质资源。

1.2.3　评资源之用

南方中心建立马铃薯种质资源评价利用机制，对引进、收集每份种质资源进行种植观察，开展植物性状、生理特性，分析遗传基础和利用价值分析评价，按照抗病性、丰产性、生育期、休眠、内含物质、色彩等进行记录、整理、分类，确立利用价值和方向。

1.2.4　搭共享之台

2021年，南方中心被列为湖北省第一批省级农作物种质资源保护单位，并建立"湖北省马铃薯种质资源库"网络信息共享平台，对每份马铃薯种质资源设计64个性状的调查数据，共录入近700份资源的数万条性状数据，实现了数据、资源共享。目前，已向中国农业大学、华中农业大学等国内大学和科研院所提供种质资源约2 000份次。

1.2.5　走创新之路

南方中心在马铃薯种质资源保护的基础上，加强资源创新利用，筛选的"NS51-5""NS78-11-1"优良种质资源材料均被农业农村部评为国家一级、二级优异种质资源材料，为中国马铃薯种质资源开发利用做出了贡献。

2　恩施州马铃薯种质资源利用情况

种质资源重在保存，贵在利用。南方中心坚持问题导向、目标导向，充分利用所掌握的马铃薯种质资源进行科研攻关，选育出鄂马铃薯系列新品种，为中国南方马铃薯产业及粮食安全发挥重要科技支撑作用。

2.1　着力抗病性研究

马铃薯晚疫病是恩施州及西南山区影响马铃薯产量的控制因子。南方中心积极引进、整合抗晚疫病种质资源288份，包括CIP资源282份。经对26份高抗晚疫病种质资源DNA片段处理富集后进行测序，检测出主要含有$R3a$、$R3b$和$R8$基因。发现马铃薯只要含有1个$R8$基因就能提供较强抗性。分子标记检测768份马铃薯种质资源晚疫病抗性基因，结合调查数据进行相关性分析，显示晚疫病感病等级均与$R2$、$R3b$、$R10$、Rpi-$phu1$和$R8$呈极显著负相关，其中$R8$抗性标记与两次晚疫病抗性等级相关性分别达到-0.384和-0.432，说明$R8$抗性基因存在与否，对马铃薯种质资源的晚疫病抗性有较大影响。

2.2　着力商品性研究

马铃薯在贮运过程中易发芽，影响商品性。南方中心努力探究马铃薯仓储发芽机理，通过对现有种质资料中休眠期极短、极长材料进行 RAD 简化测序，约30%序列可比对到马铃薯参考基因组，经比对及筛选获得 218 756 个 SNP 标记，其中插入 6 413 个，转换212 343 个。现已完成对种质资源休眠期观察鉴定，按休眠期长短分类，为分子标记辅助选育长休眠期品种打了基础。

2.3 着力品控化研究

重点是筛选高淀粉种质资源，通过品质性状测定，已筛选出高淀粉含量(>18%)种质资源 116 份，低还原糖(<0.1%)材料 613 份，干物质含量适中(20%~24%)材料 345 份。

2.4 着力特色化研究

为打造"恩施硒土豆"品牌，重点筛选聚硒种质资源。目前，共筛选鉴定高聚硒马铃薯种质资源 67 份，已初步具备选育高聚硒马铃薯品种种质基础；筛选彩色马铃薯种质资源；引进并整合彩色马铃薯种质资源 42 份，已选育出彩色马铃薯苗头品系 5 个。

2.5 着力新品种选育

南方中心充分利用现有种质资源开展杂交选育，马铃薯新品种不断推陈出新。其中选育的"鄂马铃薯 3 号""鄂马铃薯 5 号""鄂马铃薯 7 号""鄂马铃薯 8 号""南中 101""南中105""南中 110"7 个品种获国家审定或登记；"南中 552""鄂马铃薯 1 号""鄂马铃薯 3 号""鄂马铃薯 4 号""鄂马铃薯 5 号""鄂马铃薯 7 号""鄂马铃薯 8 号""鄂马铃薯 9 号""鄂马铃薯10 号""鄂马铃薯 11""鄂马铃薯 12""鄂马铃薯 13""鄂马铃薯 14""鄂马铃薯 15""鄂马铃薯 16"15 个品种获省级审定或认定；"南中 101""南中 105""南中 110"3 个品种获品种保护权。

2.6 着力产业化发展

恩施州坚持把发展马铃薯产业作为解决温饱、脱贫攻坚战和乡村振兴的支柱产业，全力推进规模化、商品化生产和产业化经营，成功打造"恩施土豆"区域公用品牌，品牌市场影响力稳步提升。2015 年脱贫攻坚战打响后，恩施州马铃薯种植面积逐年扩大、价格稳步提升、效益显著。恩施州马铃薯 2022 年较 2015 年种植面积增 9.9%、单产增 5.0%、总产增 14.5%。种植马铃薯收益增收 1 200 元/667 m² 左右，其收入占全州农民可支配收入的9.0%，在主产乡镇(村)约占 50%。

3 恩施州马铃薯产业存在的问题

3.1 资源规模不足

恩施州马铃薯种质资源与国内外大型种质资源库在规模上还有较大差距，更不能同国际马铃薯研究中心拥有大量野生种、普通栽培种和新型栽培种相比，资源规模小意味遗传多样性不够丰富，不利于科研材料选择。

3.2 研究深度不够

对现有引进和保存的马铃薯种质资源研究的深度和广度均不够，遗传密码破译不多，提取有较高利用价值的遗传性状不多。

3.3 资源保存不易

马铃薯是营养繁殖作物，极易感染晚疫病和病毒病，块茎保存极易腐烂，种质资源丢失现象时有发生，受物质条件和人力资源限制，暂时采用试管苗保存，成活率不足50%。

4 恩施州马铃薯产业发展对策与建议

4.1 加大引种力度

种业是农业芯片，种质资源是育种的物质基础，是法律保护的战略资源，加大国外特异种质资源、国内地方特色种质资源、新型栽培种等具有广泛遗传背景的资源引进十分必要。"十四五"期内，力争引进种质资源数量1 500份以上，增强遗传背景的广度，提升研究利用的高度。

4.2 加大研究深度

按照育种目标建立相应群体，如抗晚疫病群体、早熟群体、彩色马铃薯群体、高淀粉群体等，深入开展种质资源特征特性、杂交应用研究。

4.3 加大科研投入

建立核心资源库，实行田间块茎和试管苗双向保存；完善科研经费保障机制，稳定科研投入；完善科研成果奖励制度，提高科研人员工作积极性；提高科研工作者的待遇，留住科研人才；加大科研成果转化力度，让科研成果及时转化为生产力。

4.4 加大产业支持

恩施州耕地资源有限，种粮积极性不高，但种植马铃薯产量高，价格逐步走高，可充分利用冬闲田，推广"薯玉X"高效种植模式，提高复种指数，稳定粮食面积。应加大马铃薯产业链支持力度，做到补链、延链、强链一起发力，做大做强稳粮富民的马铃薯产业。

2022 年内蒙古自治区马铃薯种薯质量监督抽检情况与监管措施

刘智慧[1]，崔 健[1]，赵玉平[1*]，王 真[2]，王玉凤[2]

(1. 乌兰察布市种业工作站，内蒙古 乌兰察布 012000；
2. 乌兰察布市农林科学研究所，内蒙古 乌兰察布 012000)

摘 要：优质种薯是实现马铃薯产业高质量发展的前提。利用内蒙古自治区种业振兴专项资金，2022 年在全区范围内对马铃薯种薯生产企业开展质量监督抽检工作，包括田间检验和收获后质量检测工作，通过对监督检验组织实施方式、检验检测过程、检验项目等内容进行总结，根据检验结果对监督抽查整体情况进行分析，责令不合格种薯生产企业按照要求整改，并根据内蒙古自治区种薯质量现状提出相应的监管建议与想法，旨在全面提升内蒙古自治区马铃薯种薯质量水平。

关键词：内蒙古自治区；马铃薯；种薯；检验；质量管理；监管措施

内蒙古自治区气候冷凉，日照充足，地势平坦，隔离条件好，地块多数集中连片，适合规模机械化作业，具有马铃薯种薯繁育得天独厚的优势条件。全自治区现有种薯生产经营企业 57 家，原原种生产能力达 25 亿粒以上，种薯生产面积稳定在 53 333 hm² 以上，原种生产面积 6 667 hm² 以上，脱毒种薯交易量占全国 60% 以上[1]。辖区内乌兰察布四子王旗、察哈尔右翼前旗和呼伦贝尔市牙克石市被确定为国家级马铃薯良种繁育基地建设旗县（国家级制种大县）。2023 年第十九届全国种子双交会公布的 2022 全国马铃薯种薯销售额排名前 5 的企业中，3 家企业来自内蒙古自治区。内蒙古自治区已发展成为全国重要的马铃薯良种繁育基地。

随着国家种业振兴行动的大力实施，内蒙古自治区马铃薯种薯行业在新品种选育、良繁基地建设、质量管理等方面不断取得新的突破和发展。利用内蒙古自治区种业振兴专项资金，按照内蒙古自治区农牧厅《关于组织开展 2022 年春季农作物种子市场检查和监督抽检工作的通知》（内农牧种发〔2022〕137 号）文件的相关要求，依据国家标准《马铃薯种薯》（GB 18133—2012）（以下简称"国家标准"），乌兰察布市种业工作站在内蒙古自治区开展马铃薯种薯质量监督抽检工作，包括田间检验和冬季入库质量检测。

作者简介：刘智慧(1990—)，男，硕士，农艺师，主要从事马铃薯种薯质量检测及管理工作。

基金项目：国家马铃薯产业技术体系(CARS-09-ES05)；中央引导地方科技发展资金项目(2021ZY0005)；乌兰察布市重点研发项目(马铃薯原原种离地繁育技术研究与示范推广)。

*通信作者：赵玉平，高级农艺师，从事马铃薯种薯质量监管工作，e-mail：jnszyp@163.com。

1 检验工作开展情况

1.1 背景介绍

2022年是"十四五"规划第2年,是国家提出种业振兴的第3年,也是着力推进农业高质量发展的关键之年。内蒙古自治区印发《种业发展三年行动方案(2020—2022年)》强调指出:发挥牙克石市、四子王旗、察哈尔右翼前旗三个国家级马铃薯良繁基地示范引领作用,推进马铃薯良种繁育基地建设,支持乌兰察布市、呼伦贝尔市、锡林郭勒盟、包头市扶持3~4家马铃薯育繁推一体化企业。马铃薯原原种(微型薯)生产能力稳定在25亿粒以上,支持2.6万 hm² 以上的原种扩繁,满足26.6万 hm² 的生产用种和一级种薯扩繁需要。打造智能化制种监管控制体系,提升优质种薯生产能力和脱毒种薯质量水平,对种薯田和入库种薯的检测达到100%,保障马铃薯生产用种有效供给。

1.2 检验对象和实施方式

按照抽检文件的具体要求,抽检对象为内蒙古自治区所有持证的马铃薯种薯企业,包括自治区发证的企业和各盟市发证的企业,对承担《国家制种大县马铃薯良繁基地建设项目》的种薯企业、参与2022年国家和自治区种薯质量认证工作的种薯企业、承担2023年国家救灾备荒种子储备任务的种薯企业以及繁育面积在333.33 hm² 以上的种薯企业实现100%覆盖检查。重点抽查主栽品种和主销品种(单个品种种薯繁育面积在66.67 hm² 以上或单个品种产量在3 000 t 以上),抽查品种为通过国家登记的品种或者有品种授权的品种。抽检种薯级别包括原种和一级种,重点抽查原种。

按照各生产企业种薯繁育实际情况,分别于田间检验前和收获后质量检测扦样前对全区各生产企业种薯繁育面积和种薯库储量等详细信息进行摸底调查,根据摸底调查情况,筛选出符合抽检条件的企业名单,制定《马铃薯种薯质量监督抽查工作实施方案》(简称"实施方案")。

按照《实施方案》的要求,于马铃薯植株生长盛花期和种薯收获入库后,检验人员根据检验任务及种薯企业和种薯基地位置合理规划线路,分组赴乌兰察布市、呼和浩特市、锡林郭勒盟、赤峰市、呼伦贝尔市、包头市共6个盟市对符合抽检条件的种薯企业开展抽检工作。

1.3 扦样情况

1.3.1 田间检验

田间检验前,先对制种基地隔离、前茬、除草剂使用、田间管理等情况进行了解。根据制种田面积按照国家标准规定的抽检点数进行目测检查,检验内容包括:品种纯度、病毒病、真菌、细菌和卵菌病害[2]。对于目测不能确诊的病毒株借助马铃薯病毒快速检测试剂条进行符合性验证,不能确诊的疑似样品按比例扦取疑似样品进行实验室检测。

对于抗病性较强的品种,通过目测无法判断,通过随机取样的方法进行检测,根据制种基地面积设点,所设点数同目测相同,每点取样100株,采用10合1的方法取样后进行检测。

全自治区共对 28 家种薯企业的 53 个种薯田进行质量检查，涉及"中加 7""希森 6 号""坤元 9 号""夏坡蒂""冀张薯 12 号""英尼维特""费乌瑞它""大西洋""希森 3 号""晋薯 16 号""珍妮""雪川 7 号""雪育 23""雪育 1 号""优佳 70""尤金""闽薯 1 号""兴佳 2 号""中加 2 号""Ranger""后旗红"共计 21 个品种，种薯级别包括原种、一级种，共扦取疑似株样品 1 853 份，田间检验面积共计 2 318.6 hm²。

1.3.2　入库质量检查

2022 年由于受到各地疫情封控原因，无法完成扦样工作，按照乌兰察布市农牧局《关于委托开展马铃薯种薯库检扦样工作的函》，委托呼伦贝尔市、包头市、赤峰市、锡林郭勒盟农作物种子检验中心或种业发展科对本辖区内马铃薯种薯生产企业开展冬季入库质量检测扦样工作。乌兰察布市农作物种子质量检验中心负责乌兰察布市和呼和浩特市种薯企业的扦样工作。

全自治区共对 24 家种薯企业的 57 个种薯批次进行扦样，共扦取疑似株样品 10 500 份，代表重量共计 41 048 t，涉及"坤元 9 号""中加 7""希森 6 号""夏坡蒂""冀张薯 12 号""英尼维特""费乌瑞它""大西洋""希森 3 号""晋薯 16 号""珍妮""雪川 7 号""雪育 23""雪育 1 号""尤金 885""尤金""闽薯 1 号""兴佳 2 号""中加 2 号""旱丰 1 号""布尔班克""Ivory Russet""中薯 18 号""后旗红"共计 24 个品种，种薯级别包括原种和一级种，重点抽检原种。

1.4　实验室检测

1.4.1　田间检验疑似株样品病毒检测

对疑似样品采用酶联免疫（Enzyme-linked immunosorbent assay，ELISA）的方法进行马铃薯重花叶病毒（Potato virus Y，PVY）、马铃薯卷叶病毒（Potato leaf roll virus，PLRV）、马铃薯轻花叶病毒（Potato virus X，PVX）、马铃薯 S 病毒（Potato virus S，PVS）、马铃薯 M 病毒（Potato virus M，PVM）和马铃薯 A 病毒（Potato virus A，PVA）共 6 种病毒检测工作。

依据国家标准表 1 中田间检查植株质量要求，结合田间目测结果、实验室检测结果以及前期调查信息对检验结果进行分析。

表 1　国家标准原种和一级种种薯田间检查植株质量要求

项目		允许率[a]（%）	
		原种	一级种
混杂		1.0	5.0
病毒	重花叶	0.5	2.0
	卷叶	0.2	2.0
	总病毒病[b]	1.0	5.0
青枯病		0	0.5
黑胫病		0.1	0.5

注：[a] 表示所检测项目阳性样品占检测样品总数的百分比。[b] 表示所有有病毒症状的植株。

1.4.2 入库质量检测及病毒检测

库检扦样工作结束后，检验室立即下达了检验任务。从室内催芽、冬季测试温室种植、田间管理、叶片样品采集等各项工作都严格按照程序进行。

检验人员利用酶联免疫（ELISA）的方法完成了叶片样品病毒检测工作，所有样品采用四合一的方法检测马铃薯6种病毒，检测病毒种类同田间检验。

依据国家标准表2中收获后检测质量要求，对检测结果进行分析。

表2 国家标准原种和一级种种薯收获后检测质量要求

项目	允许率（%）	
	原种	一级种
总病毒病（PVY 和 PLRV）	1.0	5.0
青枯病	0	0.5

2 检验结果分析

2.1 田间检验

通过对全区所有盟市抽检的种薯田田间检验情况整体来看，总合格率为78.3%，不合格率为22.7%。种薯田不合格的主要原因是病毒率超标，其中20.8%均是由于病毒率超标引起的，包括总病毒率超标占比13.2%；单项病毒率超标占比7.6%，单项病毒率超标均是由于马铃薯重花叶病毒（PVY）病毒率超标。因此，随着种薯质量整体提升，单项病毒率超标已成为不容忽视问题，这对种薯企业提出更高的管理要求。

通过对田间检验不同病毒侵染类型来看，PVY 和 PLRV 是内蒙古自治区影响种薯质量主要的因素，PVY 病毒率超标造成16.9%种薯田不合格，PLRV 病毒率超标造成3.9%种薯田不合格。复核侵染也是由 PVY 和 PLRV 复合侵染引起的，占总检验种薯批次的5.7%，造成1.9%种薯田不合格。从田间检验疑似样品实验室病毒检测过程中，检出少量PVS，占总检验种薯批次的3.8%，但均在病毒率允许范围内。

通过对不用地区田间检验结果总结分析表明，东部区(呼伦贝尔市和赤峰市)马铃薯病毒病和晚疫病(*Phytophthora infestans*)对种薯质量的影响较为明显，东部地区病毒率超标种薯占比25.9%，晚疫病发生占比7.5%；中西部区(锡林郭勒盟、乌兰察布市、呼和浩特市和包头市)未检验到晚疫病的发生；中西部区主要是马铃薯病毒病和早疫病(*Alternaria solani*)影响种薯质量，病毒率超标种薯占比19.2%，早疫病发生占比9.4%，较东部区发生高5.6%。其主要是由于降雨量不同造成的，2022 年东部区总体上降雨频繁，降雨量大，为马铃薯晚疫病的发生创造了条件；与之形成鲜明对比的是中西部区遭遇多年来的干旱，不仅不利于马铃薯生长，也给蚜虫和早疫病的防控带来压力。

此外，在东部区和中西部区均检验到马铃薯黑胫病(*Erwinia carotovora* subsp. *atroseptica*)的发生，占田间检验种薯田总数的9.4%，其中1.9%种薯田超过允许范围造成种薯田不合格，其他检验到受黑胫病侵染的地块病株率均在允许范围内。

对于承担国家和自治区马铃薯种薯质量认证试点工作的 6 个种薯田，经过田间检验均符合相应级别质量要求。

2.2 收获后质量检测

收获后质量检测总合格率为 81.1%，略高于田间检验，其原因可能是田间检验不合格企业加强后期管理，通过拔杂去病降低病株率，起到部分作用；也可能是国家标准对于收获后质量要求没有对单项病毒率超标做出要求，通过对检验结果进行分析，按照田间检验单项病毒率允许率来计算，5.3%种薯批次存在单项病毒率超标的情况。

从检出病毒种类来看，PVY 较为严重，其次是 PLRV，与田间检验结果相吻合。

通过对收获后质量检测结果进行分析还表明，合格种薯批和不合格种薯批分别集中在不同的企业，而且病毒率区分较为明显，不合格种薯批病毒检出率远超于国家标准收获后质量检测要求，反映出不同种薯企业管理水平仍存在较大差异。

不同盟市检入库质量检测合格率差异不明显。

对于承担国家和自治区马铃薯种薯救灾备荒储备任务的 5 个种薯批次均符合相应级别质量要求。

3 监管措施

3.1 田间检验

田间检验是过程中检验，对于超出国家标准的种薯生产田，可以通过拔除病株来降低病株率。对于检验结果超过最低质量要求 5 倍的种薯田，责令相关种薯企业进行转商处理。种薯企业根据田间检验结果对不合格种薯田及时做出调整，加强生长后期管控。

另一方面，在马铃薯生长中后期，蚜虫爆发的压力增大，马铃薯病毒扩散的分险加大，田间管理不到位会严重影响种薯质量，因此，种薯合格与否，还待收获入库后，对其进行检验后方可定论。

种薯收获入库后，对田间检验不合格种薯批次进行跟踪检查，并对不合格的马种薯生产企业进行重点抽检。

3.2 收获后质量检测

收获后质量检测是判定种薯合格与否的重要标准，要求对检验不合格种薯批次进行降级处理，降级后仍达不到最低级别质量要求的转为商品薯。责令不合格种薯企业质量负责人查明产生不达标种薯的原因，并向全体职工通报不合格情况，制定整改方案，落实整改措施，加强和完善质量自控体系。

相关企业保存不合格种薯处理相关凭证并认真整改，将处理情况和整改材料按时上报当地农业主管部门。

对于不按照要求及时处理的种薯企业，列入重点监管对象，一经发现相关违法线索，按照《种子法》和《农作物种子质量监督抽查管理办法》的相关要求，移交农业执法部门按照相关法律法规进行处罚。

3.3 库房检查

除了以上检测的 6 种病毒外，种薯块茎还受到各种真菌、细菌、卵菌等病害的影响，因此，在种薯出库前各盟市继续开展种薯出库前质量检查(库房检查)。

4 监管建议与想法

4.1 加强外来种薯监管力度

内蒙古自治区马铃薯种植区由东到西分布广泛，种植面积位居全国前列，种薯需求量大，种薯来源复杂，种薯质量难以保证。通过监督检验不断提高本地区种薯质量监管力度的同时，还应该加强外来种薯监管力度。采用"内消外防"策略来实现种薯质量监督管理。联合农业执法、种子、植保、检验等部门于春耕备耕购种关键期对外来种薯开展质量抽查，将抽检不合格的种薯企业列入黑名单，防止外来有害生物入侵，保护制种基地，严防外来输入[3]。

4.2 建立健全种薯质量可追溯体系

优质种薯必定伴随着最为严苛的质量管理。马铃薯种薯是生产出来的，种薯质量合格与否是检测出来的，二者并重，在生产过程中通过检测，加强种薯生产关键点把控，从源头控制，从细节抓起，对种薯生产进行全程质量监管，完善各个生产环节，建立生产档案，健全种薯质量可追溯体系，防止重大质量事故的发生。

此外，通过建立质量追溯体系，可以明确质量信息，增加供种和用种双方的信赖，有利于建立健康的市场氛围[4]。

4.3 积极开展种薯质量认证工作

质量认证制度作为提升种薯质量水平、规范种薯市场秩序的有效手段，从而实现种薯质量全程化管理。内蒙古自治区自 2017 年起连续多年承担国家马铃薯种薯质量认证试点工作，为认证制度的探索、推广和落地实施做出大量工作。经过多年的认证试点，马铃薯种薯质量认证制度正在由试点工作向全面实施积极推进，种薯质量认证制度必将成为提升种薯质量水平、实现种薯质量监管服务的利器。种薯生产企业应该紧跟行业发展前沿，以质量为本，从长远发展眼光出发，积极申请开展种薯质量认证工作，并以此为契机，规范种薯繁育关键环节，不断提升企业核心竞争力与品牌力。

[参 考 文 献]

[1] 白嗣鲜,刘斌,吕明举,等.内蒙古自治区马铃薯种业现状及发展趋势分析 [J]. 现代农业,2022(5):56-58.

[2] 中华人民共和国国家质量技术监督局,中国国家标准化管理委员会. GB 18133—2012 马铃薯种薯 [S]. 北京:中国标准出版社,2012.

[3] 崔健,刘智慧,董其冰,等.乌兰察布市马铃薯种薯质量情况及其监管对策 [J]. 中南农业科技,2023,44(2):76-79.

[4] 尹玉和 . 乌兰察布市马铃薯 [M]. 北京:中国农业科学技术出版社,2021:96-104.

2021—2022 年马铃薯登记品种分析

徐建飞，金黎平*

（中国农业科学院蔬菜花卉研究所/蔬菜生物育种全国重点实验室/
农业农村部薯类作物生物学与遗传育种重点实验室，北京　100081）

马铃薯产业对于稳产保供、巩固脱贫攻坚成果、接续推进乡村振兴具有不可替代的重要作用。据国家统计局统计，2021 年中国马铃薯种植面积 476.6 万 hm²，总产量 9 635 万 t，相对 2020 年总面积减少 0.49%，总产量减少 0.28%。品种是马铃薯产业的基础支撑。实行马铃薯品种登记制度以来，品种育成数量稳定增加，去除之前审定又重复登记的，共登记新品种 334 个，其中"中薯早 39""龙薯 12 号"等部分登记品种表现优秀，入选首届国家农作物品种推广白皮书，为新时代马铃薯产业高质量发展提供了新的品种资源。

文章根据农业农村部马铃薯登记品种公告信息，对品种登记的基本情况、主要特性和适宜区域进行了统计分析，以期为品种选育、推广和成果转化工作提供参考。

2021—2022 年登记公告马铃薯品种 177 个，其中新选育品种 128 个。登记品种中，鲜食品种 110 个，特色品种 3 个，炸片炸条加工品种 6 个，淀粉加工品种 7 个，两种及以上用途兼用品种 51 个。其中鲜食品种依然占绝大多数，占比达到 62.15%，淀粉、全粉、炸片炸条等加工专用品种和特色品种依然不足。

登记品种中，按申请者类型划分，科研教学单位登记 119 个，企业登记 55 个，农技推广部门登记 2 个，科教单位仍然是品种选育的主体，其中 2022 年外资企业登记了 5 个新选育品种。科教单位中，登记品种较多的为内蒙古自治区农牧业科学院和东北农业大学，分别登记了 10 和 6 个品种；企业单位中，登记品种较多的为内蒙古中加农业生物科技有限公司和辛普劳（中国）食品有限公司，分别登记了 9 和 5 个品种。

在晚疫病抗性方面，高抗品种 17 个，抗病品种 17 个，中抗品种 78 个，中感品种 23 个，感病品种 14 个，高感品种 28 个。整体上，登记品种晚疫病抗性水平较高，但田间抗性有待于在实际生产中进一步检验；病毒病抗性填报仍欠规范，部分品种未标明具体病毒类型。

在干物质含量方面，>25% 的品种 18 个，20%~25% 的品种 90 个，<20% 的品种 69 个；在淀粉含量方面，>25% 的品种 1 个，20%~25% 的品种 14 个，15%~20% 的品种 72 个，10%~15% 的品种 85 个，<10% 的品种 5 个；在粗蛋白含量方面，>3% 的品种 4 个，2.5%~3% 的品种 29 个，2%~2.5% 的品种 60 个，1.5%~2% 的品种 77 个，<1.5% 的品种

作者简介： 徐建飞（1979—），男，博士，研究员，主要从事马铃薯遗传育种研究。
基金项目： 国家现代农业产业技术体系建设专项（CARS-09）。
***通信作者：** 金黎平，博士，研究员，主要从事马铃薯遗传育种研究，e-mail：jinliping@ caas.cn。

5 个，数据填报不规范的品种 2 个；在维生素 C 含量方面，>30 mg/100 g 的品种 25 个，25~30 mg/100 g 的品种 21 个，20~25 mg/100 g 的品种 24 个，15~20 mg/100 g 的品种 41 个，<15 mg/100 g 的品种 58 个，数据填报不规范的品种 8 个；在还原糖含量方面，>1% 的品种 5 个，0.5%~1% 的品种 22 个，0.25%~0.5% 的品种 41 个，0.1%~0.25% 的品种 78 个，<0.1% 的品种 27 个，数据填报不规范的品种 4 个。

在单产方面，>3 000 kg/667 m² 的品种 38 个，2 500~3 000 kg/667 m² 的品种 49 个，2 000~2 500 kg/667 m² 的品种 52 个，1 500~2 000 kg/667 m² 的品种 33 个，<1 500 kg/667 m² 的品种 5 个，>2 500 kg/667 m² 的品种占比 49.15%，较 2020 年增加 13.73%；登记品种中较对照增产>50% 的品种 15 个，增产 25%~50% 的品种 32 个，增产 15%~25% 的品种 40 个，增产 0~15% 的品种 80 个，减产的品种 10 个。

按熟性类型划分，早熟品种 16 个，中早熟品种 27 个，中熟品种 46 个，中晚熟品种 44 个，晚熟品种 40 个，未填报品种 4 个。中晚熟和晚熟品种占比 47.46%，较 2020 年增加 8.92%。

按适宜区域划分，仅适宜 1 个省份种植的品种 120 个，适宜 2 个省份种植的品种 11 个，适宜 3 个省份种植的品种 21 个，适宜 4 和 5 个省份种植的品种分别为 4 和 11 个，适宜 6 个及以上省份的品种 10 个，其中适宜 4 个及以上省份品种占比 14.12%，较 2020 年下降 5.67%；覆盖 2 个及以上生态区的品种占比 13.56%，占比相对于 2020 年增加 5.23%。

在登记品种分析中发现，依然存在部分登记品种信息填报不规范、病害分级不明确、部分指标单位不统一或信息空缺等情况，建议品种登记申请单位进一步规范填报信息。

2021—2022 年登记公告马铃薯品种 177 个，品种类型以鲜食品种为主，新品种选育依然以科教单位为主体，2022 年外资企业登记了 5 个新选育品种。相比 2020 年，登记品种晚疫病抗性提升明显，高淀粉含量品种占比增加，单产水平突出品种占比大幅增加，早熟和中早熟品种占比下降，品种适宜区域一定程度缩小。登记过程中依然存在信息填报不规范的问题。

关键词：马铃薯；登记品种；分析；熟性；鲜食

二倍体马铃薯耐盐基因的精细定位与分析

王瀚祥[1]，李娅娣[2]，徐建飞[1]，金黎平[1]，卞春松[1]，

熊兴耀[2,3]，程　旭[3]，王万兴[1*]，李广存[1*]

（1. 中国农业科学院蔬菜花卉研究所/

农业农村部薯类作物生物学与遗传育种重点实验室，北京　100081；

2. 湖南农业大学园艺园林学院/湖南省作物种质创新与资源利用重点实验室/

湖南省马铃薯工程技术研究中心，湖南　长沙　410128；

3. 中国农业科学院深圳农业基因组研究所，广东　深圳　518120）

马铃薯（*Solanum tuberosum* L. ）作为全球第三大粮食作物，具有单产高、营养丰富、粮菜兼用、产业链长等特点。据 FAO 统计，2021 年中国马铃薯种植面积为 578 万 hm^2，总产量为 9 426 万 t，产量和面积均居世界首位。然而，中国马铃薯优势产区存在大面积盐渍化土壤，严重影响马铃薯生产。因此，挖掘耐盐基因，解析耐盐机制，选育耐盐品种是提高土地利用率，增加粮食产量的良策。目前，关于马铃薯耐盐基因的研究多为模式植物同源基因的功能验证，鲜有通过正向遗传定位马铃薯耐盐基因的研究报道。研究通过全基因组重测序和关联分析技术定位了两个马铃薯耐盐主效 QTL，结合交换单株筛选和转录组分析，精细定位了候选基因，为马铃薯耐盐种质创新提供了基因资源和材料基础。

前期，研究团队在多年生产实践中发掘二倍体盐敏感材料"HS66"和耐盐材料"CE125"，利用马铃薯耐盐性离体鉴定方法，评价了亲本和 171 个子代株系的耐盐性。最终，筛选出 6 个极端耐盐株系，19 个极端盐敏感株系。使用 Illuminate nova-seq 平台对亲本和子代进行 20 × 和 5 × 重测序，并绘制物理图谱。父本"CE125"图谱包含 1 590 个 bin-marker，标记密度为 467. 13 Kb，平均每个染色体包含 132 个标记。母本"HS66"图谱包含 2 131 个 bin-marker，标记密度为 345. 46 Kb，平均每个染色体包含 177 个标记。利用关联分析方法在父本图谱上关联到位于 1 号和 12 号染色体上的两个主效 QTL：*StG-c011*（表型解释率 17%，物理距离 2. 77 Mb）和 *StG-c121*（表型解释率 13%，物理距离 1. 14 Mb）。进一步基于亲本间差异较大的株高、苗鲜重和总鲜重三个性状，利用后代单株的极端个体分别构建混池，并使用 FST 方法对 QTL 进行验证，结果与关联分析的位点一致。以信号峰双侧 500 Kb 为候选区间设计 InDel 和 SSR 标记，在 1 号染色体开发出分子标记 28 对（23 对 InDel，5 对 SSR），12 号染色体开发出 7 对（4 对 InDel，3 对 SSR）。两区段标记联合使用进行分离群体检测，发现标记与群体耐盐表型的符合度高达 90%，与盐敏感表型符合度

作者简介：王瀚祥（1995—），男，博士研究生，从事马铃薯抗逆遗传育种研究。

基金项目：国家自然科学基金（31701485）；中国农业科学院科技创新工程项目（CAAS-ASTIP-IVFCAAS）。

　*通信作者：李广存，博士，研究员，主要从事马铃薯遗传育种研究，e-mail：liguangcun@ caas. cn；王万兴，博士，副研究员，主要从事马铃薯抗逆遗传与栽培技术研究，e-mail：wangwanxing@ caas. cn。

高达 95%。为缩小 1 号染色体的候选区间，利用两侧标记对扩大的双亲杂交分离群体（481 株实生苗）进行筛选，共筛选到 6 株交换单株，结合耐盐性鉴定，将 QTL 缩小到 193 Kb，共包含 28 个基因。

为进一步缩小候选基因的范围，挑选极端耐盐和极端盐敏感材料各 10 份，取生长 20 d 且长势一致的组培苗分别接种于含有 200 mmol/L NaCl 的 MS 液体培养基和普通 MS 培养基中，于盐胁迫 0、3 和 12 h 取样，构建极端混池，进行 RNA-seq 测序。QTL 内的 28 个基因中，8 个基因不表达，另有 16 个基因在耐池和敏感池之间无显著性差异，基于上述结果并结合基因注释信息，最终确定了 1 个候选基因和 1 个候选基因簇。

研究优化了马铃薯耐盐性离体鉴定体系；筛选出 6 个极端耐盐株系和 19 个极端盐敏感株系；构建了两张高密度物理图谱；定位了两个耐盐性主效 QTL，分别于 1 号和 12 号染色体上；开发了 35 对与该群体耐盐性状连锁的分子标记；获得了耐/感材料在盐胁迫条件下的基因表达谱；最终确定了 1 个候选基因和 1 个候选基因簇。研究结果不仅对挖掘马铃薯耐盐基因及解析其分子调控机制具有重要意义，也为耐盐种质创新提供理论依据和材料基础。

关键词：二倍体马铃薯；耐盐性；物理图谱；QTL；分子标记

耐低钾马铃薯品种筛选及评价指标的鉴定

刘寅笃，脱军康，李成举，张　锋，张春利，张　莹，王云姣，范又方，

姚攀锋，孙　超，刘玉汇，刘　震，毕真真，白江平[*]

（甘肃农业大学农学院/省部共建干旱生境作物学国家重点实验室/

甘肃省作物遗传改良与种质创新重点实验室，甘肃　兰州　730070）

　　钾（Potassium，K）参与植物体内酶的活化、光合作用、养分运输及调节气孔运动等多种生理生化过程，是植物生长发育不可或缺的一种大量元素，而缺钾会抑制植物根系生长，降低植物的光合效率、影响氮代谢、最终减少产量。马铃薯（*Solanum tuberosum* L.）是世界主粮作物之一，也是重要的食用淀粉、蛋白质和维生素来源，在全球范围内被广泛种植。近年来，随着农业产业结构调整，马铃薯在粮食作物种植类别层面的影响力逐渐扩大，尤其是发展中国家，种植面积逐步上升，其中中国马铃薯播种面积占农作物总播种面积的比例已从 2.29%（1995 年）上升到 2.78%（2020 年），且马铃薯是典型的喜钾作物，而中国部分地区土壤钾素严重缺乏，这已在很大程度上影响农作物的生产，且由于不合理的种植模式及田间管理措施，土壤中原有的钾素也在逐渐流失，在实际大田生产中则需要施用大量钾肥以保证作物高产及稳产。中国钾肥施用量从起始 3.46×10^5 t（1980 年）逐步上升到 6.197×10^6 t（2017 年），农作物总播种面积却仅上升了 12.00%，在单位面积内施用较多钾肥会造成施用不合理现象，导致钾肥利用率降低。已有报道指出中国三大粮食作物的肥料利用率从 1980 年起逐渐呈下降趋势，较国际水平相对低下，同时如此的施肥方式不仅不会增加作物产量，还会破坏土壤与作物系统内的钾循环，降低土壤肥力，而且不能被利用的肥料将会随着水源大肆污染环境，破坏生态系统。因此，提高土壤钾素利用效率只能另寻他法。研究表明，不同基因型植物对土壤中钾营养利用能力差异较大，且植物的钾效率是可以遗传的性状，因此，挖掘植物本身的耐低钾遗传特性以筛选和培育耐低钾品种将成为解决土壤钾素含量较低的主要途径。目前对于作物耐低钾性评价的时期主要有苗期、成熟期、苗期与成熟期相结合、全生育期，但由于马铃薯在生育后期的块茎膨大期对钾需求量很大，且产量是马铃薯最终生产结果的体现，因此应选择全生育期的多个代表性性状对不同马铃薯品种耐低钾性进行评价，这对马铃薯的耐低钾性评价具有重要的指导意义。

　　目前对于马铃薯的研究主要集中在基本品质、加工品质、抗旱品种筛选及评价指标鉴

　　作者简介：刘寅笃（2000—），男，硕士研究生，从事马铃薯遗传育种研究。

　　基金项目：国家自然科学基金项目（31960442）；甘肃农业大学省级大学生创新创业训练计划项目（S202210733025）；国家马铃薯产业技术体系（CARS-09-P10）；甘肃省科技计划项目（22JR5RA833，20YF8WA137，22JR5RA835）；甘肃农业大学公招博士科研启动基金项目（GAU-KYQD-2021-11）；甘肃省优秀研究生"创新之星"项目（2022CXZXB-025）。

　　*通信作者：白江平，博士，教授，从事马铃薯遗传育种研究，e-mail：baijp@gsau.edu.cn。

定、种质资源评价、栽培方式以及马铃薯抗逆相关基因等方面，而马铃薯耐低钾品种筛选方面的研究较少，且关于作物耐低钾研究大多集中在小麦(*Triticum aestivum*)、水稻(*Oryza sativa*)、大豆(*Glycine max*)、玉米(*Zea mays*)等作物上，对于马铃薯耐低钾性综合指标的研究却鲜有报道。鉴于此，采用大田试验，以全国各地的 30 个马铃薯主栽品种为研究对象，通过相关性分析、主成分分析、隶属函数分析、聚类分析和逐步回归等分析方法对各马铃薯品种的耐低钾能力进行综合评价，探讨耐低钾马铃薯品种的筛选及评价指标，以期为耐低钾马铃薯品种高效育种提供理论依据，为从根本上解决中国土壤钾素缺乏问题提供参考，以保障农业绿色发展。

供试材料为国内 30 个马铃薯主栽品种原原种。试验在甘肃省定西市安定区香泉镇试验基地(N 35°43′，E 104°51′)进行。试验为二因素随机区组设计，设置马铃薯品种和施钾量 2 个因素，A 因素为 30 个不同的马铃薯品种，B 因素为施钾量，设 2 个钾梯度：正常钾处理(NPK)，施氮、磷、钾肥；低钾处理(NP)，只施氮、磷肥，不施钾肥，采用底肥与追肥相结合的施肥方式，正常钾处理总施用 K₂O 202.5 kg/hm²，无钾处理总施用 K₂O 0 kg/hm²，其余肥料用量正常钾处理与低钾处理均相同；每个处理 3 次重复，共 30 × 3 × 2 = 180 个小区，每个小区 6 m²(2 m × 3 m)。采用起垄覆膜与膜下滴灌结合的栽培方式，单垄单行种植，每小区种植两垄马铃薯，每垄种植 12 株，株距 25 cm，垄宽 60 cm，行距 70 cm。于 2022 年 4 月 28 日播种，播种前试验地中均匀撒施底肥，出苗后 2、3 和 4 周分别追施尿素，出苗后 5、6 周及落花后分别追施磷酸二铵与硝酸钾，于 10 月 5 日收获。本试验播前土壤速效钾含量为 181.17 mg/kg，根据土壤养分分级标准，处于中等与丰富水平之间，随着生育期的进行，马铃薯对于钾素的需求逐渐提高，通过对块茎膨大期、收获期低钾处理下土壤速效钾含量进行测定，分别为 83.50 和 56.45 mg/kg，均处于缺乏水平，因此试验虽然初始的土壤速效钾含量处于中等丰富水平，但随着生育期的进行，低钾处理下所试品种在生育后期均处于低钾胁迫下，则试验过程中，土壤实际钾含量可以达到低钾水平。测定叶面积指数、叶片叶绿素含量、株高、茎粗、根长、根冠比、根干质量、茎叶干质量、块茎干质量、单株产量、单株大薯产量、单株小薯产量、淀粉含量、蛋白含量、块茎钾含量、块茎钾积累量、块茎钾利用效率。

耐低钾马铃薯品种的筛选：研究结合实际选择了 17 个便于测定且具有代表性(包括植株性状、形态指标、品质性状及产量性状)的指标为原始数据进行研究，通过对这些指标的变异系数进行分析，得到其中 9 个指标绝对值及相对值(耐低钾系数)在品种间的变异系数均较大(>20%)，因此选用这些指标进行后续分析准确可靠。首先将这 9 个实际指标测定值转化为耐低钾系数作为基础性指标，排除了马铃薯品种间固有的生物学和遗传学差异，之后对不同马铃薯品种耐低钾系数进行主成分分析，将所筛选到的 9 个单项指标转化为 4 个相互独立的评价指标，并通过计算 4 个综合评价指标的隶属函数值，最终得到了可以体现不同马铃薯品种耐低钾特性的综合评价值(*D* 值)，并根据 *D* 值对各品种马铃薯进行排序。再通过聚类分析将 30 种不同马铃薯品种划分为 6 大类：高度耐低钾类型、中度耐低钾类型、一般耐低钾类型、低钾一般敏感类型、低钾中度敏感类型、低钾高度敏感类型。鉴于此，可在中国不同马铃薯主产区选择种植不同的耐低钾马铃薯品种，这将从根本上解决土壤钾素缺乏问题，结合前人研究成果及本研究结论，可在中国北方一作区，如黑龙江、内蒙古、甘肃、河北北部、陕西、宁夏、青海等地区，于缺钾土壤上种植"费乌瑞它""陇薯20号""希森6号""大丰9号""川引2号""冀张12号"（黄心）、"冀张12号"（白心）、"久恩1号""陇薯19号""克新1号""定薯3号"等耐低钾品种；在中国中原二作区，如山东、江苏、江西、河北南部、河南等地区，于缺钾土壤上种植"荷兰15号""费乌瑞它""兴佳2号""希森6号""久恩1号"等耐低钾品种；在中国南方冬作区，如广东、广西、福建等省份，于缺钾土壤上种植"费乌瑞它""兴佳2号""久恩1号"等耐低钾品种；在中国西南混作区，如四川、贵州、云南等省份，于缺钾土壤上种植"丽薯6号"等低钾高效型品种、"兴佳2号""希森6号"等耐低钾品种。同时也有研究表明，"克新1号"为高度抗旱材料，"东农310""冀张12号"（黄心）、"冀张12号"（白心）、"费乌瑞它"均为中度抗旱材料。因此，一方面可在土壤钾素与水分均缺乏的地区种植这类耐低钾且抗旱的品种，以同时解决土壤钾素缺乏与水分不足问题，另一方面该结论也可说明此类品种含有丰富的抗性遗传资源，未来可对此类品种进行更深层次的研究，以发掘相关抗性基因，构建"双抗"调控网络，解析耐低钾及耐干旱分子机制。

另外，在各省选择种植耐低钾类马铃薯品种可在保证产量的同时减少钾肥（此处以硝酸钾为例）施用量（减少量为440.2 kg/hm²），依据2020年初硝酸钾市场价格（4 350元/t），可降低农业生产成本440.2 kg/hm² × 4.35元/kg = 1 914.87元/hm²，应用至其他种类钾肥（氯化钾、硫酸钾等）也具有类似效果。2020年中国马铃薯总播种面积为4.65 × 10⁶ hm²，如果将1/2种植面积的品种根据区域适应性替换为耐低钾类马铃薯品种，以此可在保证同等产量的同时减少钾肥施用量（以硝酸钾为例）（4.65 × 10⁶）/2 hm² × 440.2 kg/hm² = 1.02 × 10⁹ kg，降低农业生产成本1.02 × 10⁹ kg × 4.35元/kg = 4.44 × 10⁹元。且高度耐低钾品种与中度耐低钾品种的单株产量、块茎干质量、单株大薯产量、根干质量、茎叶干质量和块茎钾积累量的耐低钾系数均显著高于低钾高度敏感品种，更为说明高度耐低钾马铃薯品种与中度耐低钾品种对于低钾环境的适应性较强，可将这两类品种在中国适宜区域进行种植，保证产量的同时减少钾肥使用量，一方面降低农业生产成本，另一方面促进中国绿色农业的发展。

耐低钾评价指标的选择：作物耐低钾性研究是目前农学方面关注的热点问题之一。研究为筛选马铃薯的耐低钾性鉴定指标，分析了耐低钾鉴定指标与耐低钾性的关系，精准选取了9个与马铃薯耐低钾性有关的指标，建立耐低钾评价模型并建立最优回归方程 $Y = -0.595 + 0.247X_5 + 0.155X_4 + 0.138X_3 + 0.167X_8 + 0.088X_1 + 0.081X_6 + 0.097X_9 + 0.053X_2$（$R^2 = 0.999$，$P = 0.000$），筛选出单株产量、根干质量、茎叶干质量、块茎干质量、叶面积指数、单株大薯产量、块茎钾积累量和根冠比共8个对马铃薯耐低钾能力可精确评价（估计精度均在90%以上）的指标，其中既包括产量性状又具有生理及形态指标。该结果将缩短耐低钾马铃薯品种鉴定及筛选周期，并为后续马铃薯耐低钾品种筛选提供理论参考。

关键词：马铃薯；低钾；综合评价；品种筛选；绿色农业

马铃薯光敏色素*PHY*基因的生物信息学及糖苷生物碱的 MALDI–MSI 分析

张小璐[1,2]，姜　红[1*]，曾凡逵[1]，王　雅[2]，刘　刚[1]，刘　琳[1]

（1. 中国科学院兰州化学物理研究所环境材料与生态化学研究发展中心，甘肃　兰州　730000；
2. 兰州理工大学生命科学与工程学院，甘肃　兰州　730050）

糖苷生物碱（Glycoalkaloids，GAs）是一种存在于茄科植物（马铃薯、番茄和茄子）中的有毒次级代谢物，主要包括 α-卡茄碱和 α-茄碱，这两种物质的相同之处是在结构上具有相似的糖苷单元，不同之处是与其相连的糖基部分。虽然糖苷生物碱具有抵御细菌、真菌和昆虫等的功能，但当其在块茎体内的积累量超过 20 mg/100 g 时，就会引发人类的肠胃疾病，甚至出现致命的危害。GAs 的积累主要由遗传因素决定，但多种环境因素如光照、温度、贮藏期、损伤和干旱胁迫等也会造成 GAs 的大量积累。在众多影响因素中，光照对 GAs 的影响最为严重。研究表明，不同光质对马铃薯块茎中 GAs 积累的影响不同，其中，红光照射后，块茎中 GAs 含量更高。然而，关于红光促进 GAs 积累的机制还有待进一步揭示。

光敏色素（Phytochrome，PHY）是一类吸收红光与远红光的光受体蛋白，广泛存在于各类植物以及植物的不同组织中。植物体受到光照射时，首先会通过光受体感知光信号，再通过信号转导，进一步调节相关基因的表达，调控植物体内的多个代谢过程。前期的转录组分析结果表明，红光处理块茎后，光合作用、叶绿素代谢、甾醇类生物合成、植物激素信号和 MAPK 信号转导途径发生了显著的变化。因此推测，红光受体 PHY 能够通过调节相关代谢途径而调控块茎中 GAs 的积累。光敏色素在长期的进化过程中，不同的物种中，其种类存在差异。在拟南芥、茶树、谷子和木兰中分别鉴定出 5 个 *AtPHYs*，6 个 *CsPHYs*，4 个 *SiPHYs* 和 5 个 *MsPHYs* 家族成员。然而，鲜见有关于对马铃薯 *PHYs* 基因家族成员及其功能的研究报道。

研究通过生物信息学方法鉴定并分析了马铃薯中 *PHY* 基因家族成员的分类及表达模式，这将为揭示红光诱导马铃薯块茎 GAs 生物合成的具体机制提供一定的科学依据。利用 TBtools 筛选得到 5 个 *PHYs* 基因，分别属于 *PHYA*、*PHYB*、*PHYC* 和 *PHYE* 四个亚族。通过构建系统发育进化树，发现马铃薯 *StPHYs* 与番茄的进化关系最为接近，其中，*StPHYB* 与番茄 *SlPHYB*1 和烟草 *NtPHYB* 亲缘关系较近，*StPHYB*2 与番茄 *SlPHYB*2 亲缘关系较近。

作者简介： 张小璐（1998—），女，硕士研究生，研究方向为马铃薯品质与分子机制研究。
基金项目： 财政部和农业农村部国家现代农业产业技术体系（CARS-09）；吉林省与中国科学院科技合作高技术产业化专项（2021SY-HZ0005）。
* **通信作者：** 姜红，博士，特聘助理研究员，研究方向为马铃薯品质与分子机制研究，e-mail：1473240451@qq. com。

StPHY 蛋白的氨基酸数量为 704～1 125 个，分子量为 77 442.38～125 782.06 u，等电点的范围为 5.75～5.89，属于酸性蛋白。基因结构域和 Motif 分析结果表明，StPHY 蛋白编码基因中共存在 5 种结构域，分别为 PAS_ 2（PF08446）、GAF、PHY（PF00360）、PAS、HisKA 和 HATPase_ c 结构域，所有成员的 N 端为光敏色素典型结构域 PAS_ 2、GAF 和 PHY，而 C 端为 PAS、HisKA 和 HATPase_ c 结构域。序列分析发现 Motif 9 为 PAS_ 2 结构域，Motif 2、Motif 6、Motif 7 为 PHY 结构域，Motif 1、Motif 3、Motif 5 为 GAF 结构域，表明 StPHYs 蛋白具备该家族蛋白的典型特征。所有的 StPHYs 成员具有长度不等的非编码区和 CDS 区，并且含有相同数量的外显子。StPHYs 基因被定位在 5 条染色体上，其中 StPHYB 和 StPHYB2 被定位到不同的染色体上。StPHY 基因启动子序列中的顺式元件可分为植物激素响应元件、环境胁迫响应元件和转录因子结合位点。其中的脱落酸响应元件在激素响应元件中占比最多，光响应元件在环境胁迫响应元件中数量最多，这表明马铃薯 StPHYs 基因主要受光信号的调节，在光形态建成中具有重要作用。进一步了解 StPHYs 蛋白的空间结构特性发现，5 个 StPHYs 蛋白的三级结构较为一致，均以 α-螺旋和无规则卷曲为主。此外，表达模式分析结果表明，不同家族成员在马铃薯相同组织器官中的表达水平存在差异，且同一家族成员在不同的组织器官中的表达也具有差异性，而不同的胁迫处理、激素处理和诱抗处理下的表达水平模式与其类似，这表明 StPHYs 基因不但能够参与马铃薯的生长发育过程，而且可以响应多种环境胁迫。

研究还利用基质辅助激光解吸电离质谱成像（Matrix-assisted laser desorption/ionization mass spectrometry imaging，MALDI-MSI）技术检测了红光处理下 GAs 在马铃薯块茎中的分布和变化，结果表明，随着时间的延长，α-卡茄碱和 α-茄碱均能够在块茎表皮部位检测到，且红光处理下 GAs 的分布更为明显。因此，结合质谱成像和生信分析的结果，将进一步通过转基因技术和转录调控手段验证红光受体 StPHYs 基因在 GAs 生物合成过程中的功能及其调控机制。

关键词：马铃薯；红光处理；StPHYs；生信分析；MALDI-MSI 检测

外源生长调控物质和种植密度对马铃薯种薯繁育效率及效益的影响

饶莉萍，邹　雪*，丁　凡，刘丽芳，陈年伟，余韩开宗

（绵阳市农业科学研究院/作物特色资源创制及应用四川省重点实验室，四川　绵阳　621023）

受种植业结构调整和市场需求的拉动，近年四川省的马铃薯种植面积和总产量均居全国前列，优质种薯需求量也不断增大。但在马铃薯种薯繁育过程中，由于栽培制度单一和连作障碍等原因，导致马铃薯产量和品质下降，优质种薯的高效生产是提高马铃薯生产水平的关键。外源物质在农业生产上能有效调节作物的生育过程，喷洒脱落酸的马铃薯植株，块茎形成早，块茎产量高；赤霉素、油菜素内酯具有加速植物生长、提高产量等作用，有研究表明赤霉素促进植株快速生长的同时诱导匍匐茎的产生，对提高马铃薯原种的单株结薯数有重要促进作用。合理的种植密度能建成合理的群体结构，提高光、温资源利用率，增加作物产量。试验通过研究外源生长调控物质和种植密度对马铃薯种薯繁育效率及效益的影响，为提高繁种效率提供技术支撑和理论指导。

试验选择品种"黑美人"和"费乌瑞它"原种为材料，种植于绵阳市农业科学研究院基地。小区面积 13.33 m²，垄长 3.35 m²，垄距 1 m，1 垄双行 20 株，株距 33.5 cm，行距 60 cm，4 垄为 1 个小区。设置如下 4 个处理，CK：种植密度为 60 000 株/hm²，不喷施赤霉素；T1：种植密度为 90 000 株/hm²，不喷施赤霉素；T2：种植密度为 120 000 株/hm²；T3：种植密度为 60 000 株/hm²。齐苗后 2 周，喷施 50 mg/L 赤霉素 GA_3 2 次，间隔 7 d；块茎形成期，喷施 30 mg/L ABA 2 次，间隔 14 d；T4：种植密度为 60 000 株/hm²，齐苗后 2 周，50 mg/L GA_3，2 次，间隔 7 d；块茎形成期，喷施 30 mg/L ABA + 60 μg/L BR 2 次，间隔 14 d。在盛花期每处理随机选 10 株测定株高、叶绿素含量、叶片单位面积重量。按小区收获块茎，统计产量、单株结薯数，并对块茎进行分级称重和经济效益分析。

喷施赤霉素后，两品种的株高均增加，但"黑美人"对赤霉素的敏感度高于"费乌瑞它"，两者的株高分别增加 47.50%、17.33%。同时赤霉素处理使叶片单位面积重量极显著降低，"黑美人"与"费乌瑞它"分别下降 26.15%、22.35%。喷施赤霉素后，两品种植株叶色变浅，"黑美人"除株高增加外还长出腋芽分枝，植株更茂盛并大量开花。对叶绿素含量的测定表明，单位重量的叶绿素含量没有明显变化，说明叶色变浅是由叶片变薄引起，即叶片单位面积的物质含量降低引起。通过增加密度和外源激素处理，两品种产量得

作者简介：饶莉萍（1996—），女，实习研究员，从事马铃薯良种繁育研究。

基金项目：四川省科技厅育种攻关项目（2021YFYZ0019）；国家现代农业产业技术体系四川薯类创新团队项目（sccxtd-2022-09）。

* 通信作者：邹雪，副研究员，主要从事薯类育种和栽培研究，e-mail：949924210@qq.com。

到明显提高，但提高幅度存在差异。增密处理的增产效果最显著，"黑美人"在 T1 处理下产量最高，达 30 373 kg/hm²，较对照增加 69.91%；"费乌瑞它"在 T2 处理下的产量最高，达 38 438 kg/hm²，较对照增产 82.93%。两品种的最高产量出现在不同密度处理条件下，"黑美人"在高种植密度处理（T2）下产量反而下降，说明植株生长过密会引起光照资源和地下空间资源竞争，而品种间对植株密度的反应存在差异。生长调节剂处理也能显著增产，但增产效果弱于增密处理，两品种均是 T4 处理后的增产效果显著强于 T3 处理（$P <$ 0.05）。其中，"黑美人"和"费乌瑞它"分别增产了 19.95% 和 13.29%。说明补充油菜素内酯对马铃薯增产的作用具有普遍性。两品种的单株结薯数均在密度最大的 T2 处理下最低，生长调节剂处理 T4 下最高，同时"黑美人"在结薯数量上对生长调节剂的敏感性高于"费乌瑞它"，单株结薯数较对照高 1.54 个，而"费乌瑞它"仅较对照高 0.26 个。在播种密度相同的情况下，两品种 T3 和 T4 处理明显增加了大薯（>100 g）的数量，小薯数量反而降低。结合总结薯数，发现生长调节剂处理的增产效果对品种"黑美人"是源于促进薯块的膨大，其次是促进结薯数增加；而对品种"费乌瑞它"，生长调节剂处理的增产效果是因促进了薯块的膨大，与结薯数量无关。根据不同处理方式的投入产出比，以大于 20 g 种薯为有效繁种，计算了各处理的繁种效益。由于各处理并没有出现小薯数量大幅增加，同时小薯重量占比小，种薯是按重量销售，所以有效种薯产量在密度和激素处理下的优势更明显（"黑美人"最高增产 82.85%，"费乌瑞它"增产 83.39%）。利润与各处理的产量呈极显著正相关。同时受品种对激素敏感性差异的影响，"黑美人"在 90 000 株/hm² 处理下的效益最高，达 98 540.60 元/hm²，是对照的 2.76 倍，其次是 T4 处理，效益是对照的 2.45 倍，高于 120 000 株/hm² 的密度处理；"费乌瑞它"种薯生产的利润在 120 000 株/hm² 处理下最高，达 45 781.65 元/hm² 是对照的 3.73 倍，其次是 90 000 株/hm² 处理，均高于生长调节剂处理的利润。

高密度播种或喷施生长调控剂利于提高繁种效益，特别是在水肥供应条件不佳的情况下，提高播种密度增效极为显著。针对不同品种特性，结合生产成本，"黑美人"和"费乌瑞它"分别选择 90 000 和 120 000 株/hm² 效益最高。

关键词：马铃薯；种植密度；外源物质；种薯；经济效益

不同碳氮比对马铃薯脱毒试管苗生长及结薯的影响

吴 超[1]，刘娟娟[1]，马海艳[1]，方小婷[1]，宋文文[1]，

刘瑞麟[1]，石鑫鑫[1]，郑顺林[1,2]*

(1. 四川农业大学西南作物基因资源发掘与利用国家重点实验室/
作物生理生态及栽培四川省重点实验室，四川 成都 611130；
2. 农业农村部薯类作物遗传育种重点实验室/
成都久森农业科技有限公司，四川 新都 610500)

通过病毒侵染以及带病种薯世代相传引起的马铃薯品种退化是限制马铃薯产业发展的主要因素之一，而利用茎尖脱毒技术获得的试管薯进行生产是解决该问题的主要途径，可提高产量30%~70%。在马铃薯茎尖脱毒中多采用 MS 培养基，其有较高的无机盐浓度、合适的养分含量和比例，是较稳定的离子平衡溶液，能满足植物细胞的营养和生理需要，因而能作为多种植物组织块茎繁殖的基本培养基。碳氮比(C/N)是指培养基配方中碳含量与氮含量的比值，合理的 C/N 能提高作物光合作用、促进养分运输及结构建成，进而促进作物的生长，增加产量。对马铃薯而言，块茎的生长发育决定着其产量，从营养角度分析块茎形成的原因，能有效提高马铃薯的生产。早在 20 世纪初就有学者提出 C/N 可能会增加诱导块茎的形成，但在脱毒试管苗中尚未报道。

试验选取 24 个马铃薯脱毒材料，以 MS 培养基为基础培养基，通过调节 N 含量来改变培养基中 C/N，探究 C/N 对马铃薯脱毒苗的生长、氮吸收利用和结薯的影响。试验设计了 3 种营养液配方培养基，碳氮比分别为：(1)CN1：C/N = 43.92；(2)CN2：C/N = 54.34；并以正常 MS 培养基作为对照：(3)CK：C/N = 35.68，其中碳素来源为蔗糖，氮素来源为 NH_4NO_3 和 KNO_3。培养瓶为 350 mL 玻璃杯，完成接种后在温度(25 ± 2)℃、光照时间 12 h/d、光照强度 1 500~2 000 lx 的条件中进行培养。在马铃薯脱毒苗的苗期和块茎形成期，取长势一致的脱毒试管苗分别测定其形态和生理指标，并在成熟期统计每个品种试管薯产量。通过分析明确 MS 培养基中合理的 C/N 是否有利于马铃薯脱毒苗对氮的吸收利用，能否促进脱毒苗的生长及试管薯的生产，为马铃薯原原种的良种繁育提供一定的理论依据。

试验结果如下：在植株表型方面，随着培养基中 C/N 的增加，马铃薯脱毒苗块茎形成期株高、不同时期根冠比逐渐增加，苗期株高、不同时期茎粗、苗期最长根长、块茎形

作者简介：吴超(2000—)，男，硕士研究生，从事马铃薯高产栽培生理研究。
基金项目：四川省科技计划育种攻关项目(2021YFYZ0005，2021YFYZ0019)；国家现代农业产业技术体系四川薯类创新团队(sccxtd-2022-09)；四川省自然科学基金(2022NSFSC0014)。
*通信作者：郑顺林，博士，教授，主要从事薯类高产栽培生理及栽培技术研究，e-mail：248977311@qq.com。

成期根数呈先增加再降低的趋势，单株叶面积先减小再增大，而块茎形成期最长根长逐渐减少。在 CN1 和 CN2 处理下，与 CK 比较，苗期的平均株高分别显著增加 22.58%、9.68%，在块茎形成期时分别显著增加 41.00%、55.29%；苗期平均茎粗分别增加和降低 24.77%、12.84%，在块茎形成期分别增加 18.32%、10.69%；苗期根冠分别增加 7.69%、15.38%，块茎形成期分别增加 10.53%、21.05%；苗期最长根长分别显著增加和显著降低 10.83%、19.82%，块茎形成期分别降低 0.66%、19.18%；平均根数在苗期无变化，在块茎形成期分别显著增加 16.51%、11.11%；单株平均叶面积分别较 CK 减小和增加 6.71%、10.72%。以上研究表明，提高培养基中 C/N，能够提高马铃薯脱毒苗的株高、根数、叶面积、根冠比等形态特征，促进脱毒苗的生长速率。

在生理特性方面，随着培养基中 C/N 的增加，不同时期脱毒苗的根系活力逐渐增加，硝酸还原酶、谷氨酰胺合成酶活性、叶绿素含量、可溶性糖含量先降低后增加。在 CN1 和 CN2 处理下，苗期平均根系活力分别较 CK 显著增加 18.07%、23.26%，块茎形成期时根系活力分别较 CK 显著增加 27.35%、77.78%；两种处理下，硝酸还原酶分别较 CK 降低 27.19%、8.75%，谷氨酰胺合成酶分别较 CK 降低 22.71%、13.45%。叶绿素在 CN1 处理下，叶绿素含量较 CK 降低 15.44%，在 CN2 处理下与 CK 无显著差异。可溶性糖含量在 CN1 处理下较 CK 降低 19.15%，在 CN2 处理时较 CK 增加 2.56%。试验是通过减少 N 含量来提高 C/N，N 是硝态氮、可溶性糖的重要组成因子，供 N 量的影响大于 C/N，故含 N 化合物含量低于 CK 处理。研究发现，随着 C/N 的增加，谷氨酰胺合成酶和硝酸还原酶的活性降低，但这两者活性的降低并不能表示其同化能力的下降，可以通过单位活性同化 N 多少来判断，同时也应考虑植株自身的 N 积累量与两者活性之间的相关性。此外，植株根系活力大小是植物营养吸收的重要保障，试验结果表明在 CN2 处理下马铃薯脱毒苗在整个生育期内能够维持较高的根系活力，从而对 N 素的吸收和利用率较高，使得在 CN2 处理下能够保持脱毒苗叶片的叶绿素含量，保持马铃薯脱毒苗的光合能力大小。

在产量方面，CN1 处理下，马铃薯脱毒苗初次结薯的平均时间为 48.3 d，在 CN2 处理下，初次结薯的平均时间为 49.7 d，不同处理下平均天数较 CK 提前 3.7、2.3 d。在 CN1 处理下，有 14 个品种试管薯的数量高于 CK 水平，增幅为 50.00%~77.80%，但马铃薯试管薯平均产量较 CK 显著降低，降幅为 44.00%；在 CN2 处理下，有 16 个品种的产量较 CK 显著增加，增幅为 23.36%~387.00%，最终平均产量较 CK 增加 9.71%，表明 CN2 处理显著优于 CN1 处理。相关性分析表明，在不同的 C/N 处理下，试管薯的产量与叶面积、块茎形成时期根活力呈显著正相关关系，与叶绿素含量、可溶性糖含量呈正相关关系，表明脱毒苗根系活力提高、叶片面积增大，能提高其产量。

综上所述，MS 培养基中 C/N 的增加，整体上促进了马铃薯脱毒试管苗的形态和生理生长，在 CN2 处理时（C/N = 54.34），更有利于脱毒试管苗的生长和产量的提高，可为实际生产上培育脱毒试管薯提供碳氮的养分参考。

关键词：马铃薯；碳氮比；脱毒；试管苗；结薯

马铃薯 StPUB27 互作蛋白筛选及响应干旱胁迫机理研究

张欢欢[1,2]，刘维刚[1,2]，付　学[1,2]，王凯彤[1,2]，唐　勋[2,3]，张　宁[2,3]，司怀军[2,3]*

(1. 甘肃农业大学农学院，甘肃　兰州　730070；

2. 省部共建干旱生境作物学国家重点实验室，甘肃　兰州　730070；

3. 甘肃农业大学生命科学技术学院，甘肃　兰州　730070)

马铃薯(*Solanum tuberosum* L.)属茄科茄属植物，是世界上主要粮食作物之一，素有"地下苹果"和"第二面包"之美誉，在保障粮食安全中发挥着重要的作用。马铃薯在整个生长周期过程中经常会遭受非生物胁迫(干旱、洪涝、盐碱、极端温度、辐照、化学物质等)及生物胁迫(细菌、真菌、病毒、虫害及杂草)的影响，而在这些因素当中，干旱对马铃薯的影响尤为明显。

泛素蛋白酶体系统(Ubiquitin-proteasome system，UPS)是真核生物体内蛋白质的重要降解机制，在植物响应非生物胁迫过程中发挥着重要的作用。泛素-蛋白酶体系统主要由泛素(Ub)、泛素激活酶(E1)、泛素结合酶(E2)、泛素连接酶(E3)和26S蛋白酶体(26S proteasome)和去泛素化酶(DUB)组成。其级联反应首先是泛素激活酶E1在ATP的协助下将Ub激活，形成Ub-E1硫酯复合体；其次Ub-E1硫酯复合体将Ub转移至E2的半胱氨酸残基(Cys)上形成Ub-E2复合体；最后由E3特异性的识别靶蛋白，促进E2将Ub转移到靶蛋白上，最终将一个或多个Ub连接到靶蛋白上，被泛素化修饰的蛋白可被26S蛋白酶体识别并降解。其中泛素连接酶E3是泛素级联反应中最重要的酶，其决定了底物的特异性。因此，植物体内泛素E3连接酶数目繁多，可分为单亚基和多亚基两大类。根据其特有的结构域，单亚基泛素连接酶包括HECT(Homology to E6-AP C Terminus)、RING(Really Interesting New Gene)和U-box型E3。多亚基泛素连接酶CRLs(Cullin-RINGbox1-Ligases)进一步分为四个亚家族：SCF(S phase kinase-associated protein 1-Cullin 1-F-box)、BTB(Bric-a-brac-Tramtrack-Broad complex)、DDB(DNA Damage-Binding domain-containing)和APC(Anaphase-promoting complex)。U-box泛素连接酶是最早发现的E3泛素连接酶，在植物的生长发育及逆境胁迫应答中发挥了重要的作用。在拟南芥等模式植物的研究中已经发现了多个U-box型泛素连接酶家族成员与干旱和盐胁迫相关，其主要通过调节脱落酸信号转导、促进气孔关闭、调节转录因子活性等方式调节植物耐盐和抗旱性，但马铃薯U-box基因家族成员响应非生物胁迫的研究知之甚少。

研究基于前期对泛素连接酶U-box家族基因的鉴定，筛选出了抗逆相关基因 *StPUB27*，

作者简介： 张欢欢(1995—)，女，博士研究生，主要从事马铃薯遗传育种研究。

基金项目： 国家自然科学基金(31960444，31860399)。

*通信作者：司怀军，博士，教授，主要从事马铃薯遗传育种研究，e-mail: hjsi@ gsau. edu. cn。

初步证明了 *StPUB27* 通过调节气孔闭合响应干旱胁迫。然后采用酵母双杂交技术筛选了 StPUB27 的互作蛋白，测序正确并含有完整开放阅读框（ORF）的阳性克隆共有 137 个，分别对应不同的 StPUB27 互作蛋白。对互作蛋白进行 GO 分析，结果表明这些互作蛋白分别具有金属离子、ATP、DNA、热激蛋白等结合活性和磷酸二酯酶水解酶、苏氨酸/丝氨酸激酶、儿茶酚氧化酶等催化活性，参与了蛋白质折叠、热响应、蛋白质分解代谢、泛素依赖性蛋白分解代谢、细胞内信号转导等生物过程。从中选出 3 个可能参与 StPUB27 介导的响应马铃薯干旱胁迫的互作蛋白，与 StPUB27 进行酵母双杂交回转验证、双分子荧光互补试验（BIFC）和荧光素酶互补实验（LCA）验证，结果表明 StPUB27 与 StUBC56、StPP2C 和 SnRK2.5 存在互作关系。基于以上研究，后期将进一步明确它们之间的互作调控网络并建立 *StPUB27* 基因在马铃薯响应干旱胁迫过程中的信号通路，阐明 *StPUB27* 在马铃薯干旱胁迫响应过程中的作用机制，为马铃薯抗逆性状的改良提供重要的候选基因资源。

关键词：马铃薯；E3 泛素连接酶；StPUB27；酵母双杂交；互作蛋白

马铃薯 *StSN2* 与 *StBIN2* 互作调控块茎休眠的功能解析

刘石锋，蔡诚诚，王　强，刘　洁，李立芹，王西瑶*

(西南作物基因资源挖掘与利用国家重点实验室/四川农业大学农学院，四川　成都　611130)

马铃薯(*Solanum tuberosum* L.)是茄科茄属植物，作为中国第四大粮食作物，其适应性强、产量高，适合大面积推广种植。中国马铃薯种植面积及产量均居世界首位，高寒山区(如乌蒙山区、秦巴山区和四省藏区等)及少数民族集中区更是马铃薯的核心主产区。加强马铃薯基础研究，对中国主粮化战略实施，保障粮食安全，实现巩固拓展脱贫攻坚成果与乡村振兴有效衔接具有重大战略意义。马铃薯块茎休眠表现为在最适宜的发芽条件下，块茎也不发芽生长的生理状态，这是马铃薯适应逆境进化中形成的特有生理过程，受内部遗传及外部环境影响。不同品种在不同的环境条件下，具有长短不同的休眠期，休眠时间大都在 20~200 d，因其休眠机理未明，休眠期较难调控。不适当的休眠期导致不合时宜的萌芽，对收获后的贮藏、种薯活力、鲜食薯营养及加工薯品质等都有严重影响。在贮藏中，休眠期太短导致过早萌芽、薯块腐烂变质，直接经济损失 20%~30%；在生产上，种薯休眠期与播期不匹配，造成播种期种薯活力差，苗期生长受限，减产 10% 以上。尤其在中国西南混作区，在马铃薯周年生产、多季节播种、多种复合种植模式下，调控种薯休眠期与贮藏期、萌芽期与播种期匹配难度更大。休眠解除后的萌芽马铃薯，因龙葵素含量高、呼吸代谢强，导致鲜食薯、加工薯品质不佳、效益下降。由于对马铃薯块茎休眠机制的认知局限，目前主要利用物理、化学方法进行种薯休眠的贮藏调控，存在效率低、毒性残留等问题。休眠难控成为制约马铃薯产业发展的瓶颈，急需通过对块茎休眠机制的基础研究，寻找调控休眠的新方法以破解产业发展难题。

前期通过对休眠与萌芽的马铃薯芽眼进行转录组和蛋白质组学分析，筛选到了维持休眠的关键基因 *StSN2*。为了研究 *StSN2* 在休眠中的功能，通过农杆菌介导的方法获得了 *StSN2* 的过表达和沉默材料。对获得的功能材料进行性状观察，发现休眠期 *OE-StSN2>RNAi-StSN2>*WT，表明 *StSN2* 具有维持块茎休眠的功能。为了深入探究 *StSN2* 维持块茎休眠的分子机制，制备了 StSN2 的抗体，通过 IP-MS 的方法筛选到 StSN2 潜在的互作蛋白，对候选蛋白进行代谢通路分析，结果表明 *StSN2* 显著影响了激素信号转导路径，其中 BR 路径中的 BIN2 蛋白差异显著，推测 StBIN2 蛋白可能是 StSN2 潜在的互作蛋白。对 *StSN2* 功能材料进行 *StBIN2* 荧光定量和酶活检测，结果表明，在 *OE-StSN2* 中 *StBIN2* 基因的表达量>WT>*RNAi-StSN2*，其中 *OE-StSN2* 材料中 *StBIN2* 的表达量是 *RNAi-StSN2* 的 5 倍，

作者简介：刘石锋(1992—)，男，博士研究生，研究方向为薯类活力调控。

基金项目：国家现代农业产业技术体系四川薯类创新团队项目(sccxtd-2023-09)；西南作物基因探索与利用国家重点实验室生物育种项目(SKL-ZY202203)。

*通信作者：王西瑶，博士，教授，主要从事马铃薯种薯活力及其调控研究，e-mail: 1357664714@qq.com。

WT 的 3 倍；另外，*StSN2* 功能材料中 StBIN2 酶活性差异显著，*OE-StSN2* 材料中 StBIN2 酶活性>WT>*RNAi-StSN2*。采用酵母双杂、荧光素酶互补试验以及免疫共沉淀实验，均证实了 StSN2 与 StBIN2 之间存在蛋白互作。

StSN2 与 StBIN2 通过蛋白互作的方式维持块茎休眠，解析二者的互作机制有助于解析 *StSN2* 的调控休眠的分子机制。蛋白预测 StBIN2 具有激酶结构域，为了验证 StSN2 与 StBIN2 的激酶结构域互作，根据 StBIN2 蛋白结构的特点，将 StBIN2 蛋白分成三段，分别命名为 StBIN2-N1、StBIN2-N2、StBIN2-N3，然后分别构建到 *pGADT7* 载体上，与 *BD-StSN2* 共转化到 AH109 酵母中，涂布到二缺和四缺培养基上，28 ℃培养 3 d，结果表明，只有 *AD-StBIN2-N2* 与 *BD-StSN2* 在含有 X-α-gal 的四缺培养基上生长且显变蓝，也就是含有激酶结构域的区域，从而表明 StBIN2 的激酶结构域负责与 StSN2 互作。

为检测互作后 StBIN2 酶活性变化，原核表达纯化了 StSN2 与 StBIN2 蛋白，将 StSN2 与 StBIN2 蛋白按照 1∶1、2∶1、3∶1、4∶1 的比例进行孵育，然后按照激酶反应试剂盒操作检测 StBIN2 的激酶活性，结果发现随着 StSN2 蛋白的增多，StBIN2 消耗 ATP 的量逐渐增多，酶活性差异显著。另外，在荧光素酶互补实验中，将 *StSN2-cLUC* 菌液与 *StBIN2-nLUC* 按比例混匀注射本氏烟草叶片，发现随着 StSN2 菌液添加比例的增多，互作的荧光不断增强，检测烟草叶片中 StBIN2 的酶活性，结果表明 StBIN2 的酶活性随着 StSN2 菌液的增加而增强且差异显著。体内和体外实验均证明，StBIN2 与 StSN2 互作后其酶活性增强，推测互作后的 StBIN2 通过介导 ABA 与 BR 信号转导来维持块茎休眠。

为探求 *StBIN2* 是否也具有维持块茎休眠的功能，通过农杆菌介导的方法获得了 *StBIN2* 的过表达材料，性状检测结果表明 *OE-StBIN2* 能够延长块茎休眠，其表型与 *OE-StSN2* 一致。将收获的 *StSN2* 与 *StBIN2* 材料块茎进行贮藏，30 d 后检测芽眼处 BIN2 酶活，结果表明，*OE-StBIN2* 与 *OE-StSN2* 芽眼处的 StBIN2 酶活性高于 WT 和 *RNAi-StSN2* 材料且差异极显著。

StBIN2 是 ABA 与 BR 信号交互的中间桥梁，为检测 *StBIN2* 是否通过平衡 ABA 与 BR 来维持块茎休眠，采用 qPCR 方法检测 *OE-StBIN2* 与 *OE-StSN2* 材料中 ABA 与 BR 信号转导关键基因的表达，发现 ABA 信号途径的关键基因 *StSnRK2.2*、*StSnRK2.3*、*StSnRK2.4*、*StSnRK2.6* 以及 *StABI5* 的表达量显著高于 WT 和 *RNAi-StSN2* 材料，而 BR 信号途径关键基因 *StBZR1* 的表达显著低于 WT 和 *RNAi-StSN2* 材料，这表明 StSN2 与 StBIN2 互作后，激酶活性增强的 StBIN2 蛋白一方面通过提高 *StSnRK2.2*、*StSnRK2.3*、*StSnRK2.4*、*StSnRK2.6* 以及 *StABI5* 基因的表达正向调控 ABA 信号转导，另一方面抑制 *StBZR1* 基因的表达使 BR 响应基因无法表达，块茎萌发受到抑制。

研究筛选验证了 StSN2 的互作蛋白 StBIN2，解析了二者的互作机制，以及 StBIN2 通过介导 ABA/BR 信号转导平衡维持休眠的分子机制，补充完善了马铃薯块茎休眠的分子网络机制，这对突破马铃薯块茎休眠难控的瓶颈，助力马铃薯产业发展意义重大。

关键词：马铃薯；休眠；*StSN2*；*StBIN2*；分子机制

马铃薯 *LTP* 基因家族的鉴定及相关抗旱基因表达分析

张志成[1,2]，林团荣[1]，王 丹[3]，王 伟[1]，王 真[1]，王玉凤[1]，范龙秋[1]，

焦欣磊[1]，朱庆福[1]，尹玉和[1*]

(1. 乌兰察布市农林科学研究所，内蒙古 乌兰察布 012000；

2. 内蒙古农业大学，内蒙古 呼和浩特 010000；

3. 集宁师范学院，内蒙古 集宁 012000)

马铃薯(*Solanum tuberosum* L.)是中国重要的粮食作物和经济作物之一，播种面积和产量位居世界首位，内蒙古自治区是中国马铃薯种薯和商品薯的主要生产基地之一，年降水量约为 200~350 mm，属于干旱半干旱地区。干旱胁迫是当前最复杂的非生物胁迫之一，同时也是马铃薯工作者关注的热点问题。目前科研工作者对于马铃薯抗旱相关的生理生化和形态指标开展了广泛研究，但对马铃薯响应干旱胁迫的分子机理及抗旱基因的挖掘研究较少。

植物在受到逆境胁迫时会重新调动体内防御系统，促使发生一系列的生理生化反应，一些与抗逆相关的转录因子开始合成并表达，从而某些功能基因得到调控，利用这些功能基因去完成各项生理功能，如蛋白质的合成、激活、抑制、降解及生理代谢等，植物体内的这些防御性蛋白在适应和抵抗外界胁迫中起着十分重要的作用。脂质转运蛋白是由 4 个二硫键连接而成的 α 螺旋形成的肽链折叠结构，主要是调节植物抗旱的物质。目前在玉米、水稻、棉花、小麦、拟南芥等作物中均鉴定到 *LTP* 基因。*LTP* 基因在植物遇到干旱、寒冷、高盐胁迫和病原体侵染等胁迫环境时均会诱导脂质转运蛋白基因的表达，参与了植物的生长、种子萌发和花粉发育等过程。中国北方地区降雨量稀少，在马铃薯生长的关键时期常因缺水导致其生长发育受阻，产量降低。LTP 不仅在生物膜间参与糖脂、脂肪酸和磷脂的运输，还可有效抵御干旱等非生物胁迫，但鲜见有关马铃薯 *LTP* 基因家族功能的研究报道，因此，挖掘与马铃薯抗旱性相关的基因提高马铃薯的抗旱性具有一定研究价值和应用前景。

以马铃薯品种"克新 1 号"组培苗为试验材料，对马铃薯 39 个 LTP 蛋白成员进行生物信息学分析。具体方法如下：使用 ProtParam tool(https：//web. expasy. org/protparam/)分析了 39 个 LTP 蛋白的氨基酸组成、等电点、分子量和亲疏水性指数等；使用 PSORT Prediction(http：//psort1. hgc. jp/form. html)进行亚细胞定位的预测；通过 MEGA 6.0 构建 LTP 蛋白系统发育树；利用 GSDS 2.0 的 Sequence (FASTA) Format 绘制 *LTP* 基因结构图；

作者简介：张志成(1988—)，男，硕士，助理研究员，主要从事马铃薯遗传育种工作。

基金项目：国家重点研发项目(2022YFD1601210)；内蒙古自治区科技重大专项(2021SD0043)；现代农业产业技术体系(CARS-09-ES05)；内蒙古自治区马铃薯种业技术创新中心。

* 通信作者：尹玉和，研究员，主要从事马铃薯遗传育种与栽培技术研究，e-mail：wlcbyyh@ 163. com。

在 NCBI（https：//www.*ncbi*.nlm.nih.gov/）数据库下载马铃薯的染色体组数据，在 JGI（Setaria italica v2.2）数据库确定马铃薯 LTP 家族成员的位置信息及其在染色体上的分布情况，并使用 MapGene2Chromosome 绘制 *LTP* 基因在马铃薯 10 条染色体上的分布图；使用 Plantscare 对马铃薯 *LTP* 家族成员进行启动子分析。在 phytozome 中下载马铃薯全基因组序列和 GFF3 文件，然后通过 TBtools 软件的 Fasta Extractor 提取 LTP 序列，分析 LTP 成员编码区起始密码子上游 2 000 bp 的启动子情况；用 MEGA 6.0 构建了马铃薯、大豆、番茄和拟南芥 4 种植物之间的系统发育分析。根据马铃薯转录组数据筛选得到两个与抗旱密切相关的 *LTP* 基因两个，分别为 *StLTP1* 和 *StLTP7*，用 20% PEG 6000 溶液胁迫处理"克新 1 号"组培苗，分别于胁迫 0、4、8、12、18、24 h 时，取马铃薯组培苗的根、茎、叶组织，利用 RT-qPCR 方法对其进行抗旱功能验证。试验结果显示，39 个马铃薯 LTP 蛋白位于 7 条染色体上，编码的氨基酸序列从 101 到 345 不等。所有 39 个家族成员都含有内含子和 1 到 4 个不等的外显子。马铃薯 LTP 转录因子保守基序分析显示，34 个转录因子包含 motif 2 和 motif 4，表明他们是马铃薯 LTP 的保守基序。与同源作物 *LTP* 基因比较，马铃薯和番茄 LTP 蛋白的亲缘关系最为密切。*StLTP1* 和 *StLTP7* 基因表达及其对干旱胁迫的响应特征结果表明，*StLTP1* 和 *StLTP7* 基因在马铃薯根、茎和叶中的表达水平均有不同程度的上调，说明他们在非生物胁迫下受到 *StLTP1* 和 *StLTP7* 的调控。研究结果为揭示马铃薯 LTP 蛋白功能和发掘马铃薯的抗逆基因提供依据，同时可为后期马铃薯新品种培育提供优异的工程材料。

关键词：马铃薯；*LTP*；全基因组鉴定；表达分析

优质加工型马铃薯品种比较试验

李　颖，郭志乾*，张国辉，胡智琪，马燕燕

（宁夏农林科学院固原分院，宁夏　固原　756000）

宁夏回族自治区是中国北方优质马铃薯主要产区之一，马铃薯对宁夏回族自治区经济社会发展发挥着重要的促进和支撑作用。随着农业种植业产业结构调整和国际化的推进，加工型马铃薯品种及种薯成为紧俏货。宁夏回族自治区马铃薯是典型的旱作农业区，具有高寒、缺水等自然特征，需要加工型马铃薯品种耐寒、耐旱、耐瘠薄、适应性广，但适宜宁夏回族自治区自然条件种植加工型优质种薯紧缺，严重制约宁夏回族自治区马铃薯产业的进一步发展。为了评价筛选适应宁夏回族自治区种植的优质加工型马铃薯品种，引进国际流行的马铃薯炸片、炸条加工型品种，在宁夏回族自治区从北到南布设 3 个试验地点，并对其块茎品质和加工性能等进行测定分析。进一步加快新品种良繁基地建设，为宁夏回族自治区马铃薯加工型新品种推广提供技术支撑。

试验采用随机区组设计，以品种"夏坡蒂"为对照，参试品种分别是"大西洋""瑞卓""希森 6 号""布尔班克""麦肯 1 号""东农 310""麦肯 6 号""麦肯 10 号""中薯 10 号""中薯 11 号""中薯 16 号"，共设 12 个处理。小区面积 22.5 m²（长 5 m × 宽 4.5 m），进行 5 行区、100 株种植，选用行距 90 cm，株距 20 cm，每个小区 3 次重复。施肥、除杂草等农艺措施统一田间管理。试验地分别设在宁夏天朗现代农业有限公司基地，位于盐池县以扬黄水为水源的冯记沟乡。天启薯业有限公司基地位于同心县下马关镇，其地处黄土高原与内蒙古自治区高原的交界地带。宁夏巨丰源农业开发有限公司基地位平罗县高仁乡，其地处宁夏引黄灌区下游。

通过在试验地盐池县冯记沟种植比较试验，以品种"夏坡蒂"为对照，对马铃薯加工型 12 个专用品种的产量进行数据统计分析得出，按照产量的高低排序依次是"希森 6 号"＞"大西洋"＞"麦肯 1 号"＞"瑞卓"＞对照"夏坡蒂"＞"布尔班克"＞"麦肯 6 号""中薯 16 号"＞"中薯 11 号"＞"麦肯 10 号"＞"东农 310"＞"中薯 10 号"；在试验地平罗县高仁乡种植比较试验，以品种"夏坡蒂"为对照，按照产量的高低排序依次是"大西洋""中薯 11 号"＞"布尔班克""麦肯 1 号"＞"希森 6 号"＞对照"夏坡蒂"＞"中薯 10 号"＞"麦肯 6 号"＞"瑞卓"＞"中薯 16 号"＞"麦肯 10 号"＞"东农 310"。"大西洋"与"中薯 11 号"的产量均居参试品种第一名，两者与对照"夏坡蒂"有着明显的差异，其产量分别增加 23.9%、22.7%，其商品薯率也均在 83%以上。在试验地同心县下马关种植比较试验，以品种"夏坡蒂"为对照，按照产量的

作者简介：李颖（1993—），女，硕士，助理研究员，从事马铃薯种薯繁育研究。

基金项目：宁夏农业育种项目（2019NYYZ01）。

*通信作者：郭志乾，推广研究员，主要从事马铃薯新品种选育及农业技术推广工作，e-mail：nxguozhiqian@126. com。

高低排序依次是"麦肯1号">"大西洋">"希森6号">"布尔班克">对照"夏坡蒂">"瑞卓">"麦肯10号">"东农310">"麦肯6号">"中薯10号">"中薯11号">"中薯16号"。通过该品比试验获得高产品种资源有4个:"希森6号""大西洋""中薯11号""麦肯1号"。

通过在试验地盐池县冯记沟种植比较试验,以品种"夏坡蒂"为对照,对马铃薯加工型12个专用品种品质中的干物质含量和淀粉含量进行数据统计分析得出,干物质含量和淀粉含量的高低依次排序是"东农310">"中薯10号">"麦肯6号">"大西洋">对照"夏坡蒂"。在试验地平罗县高仁乡种植比较试验,以品种"夏坡蒂"为对照,干物质含量和淀粉含量的高低依次是"东农310">"麦肯6号">"大西洋">对照"夏坡蒂"。在试验地同心县下马关种植比较试验,以品种"夏坡蒂"为对照,干物质含量和淀粉含量的高低依次是"东农310">"麦肯6号">"布尔班克"、对照"夏坡蒂",总之,"东农310"在盐池、平罗及同心三地种植,都表现出高干物质、高淀粉,在品质方面居参试品种第一名。通过该品比试验得到高干物质品种资源有:"东农310""中薯10号""麦肯6号"。

"夏坡蒂""麦肯6号""麦肯10号""中薯16号"炸条颜色为1级,从口感和色泽上综合评价为优,其薯形为椭圆形和长椭圆形,块茎大且整齐,芽眼小且比较浅,皮色为淡黄或黄,肉色均为白色,以上4个品种的干物质含量高,无论内在品质还是外观上都符合加工要求,"夏坡蒂""麦肯6号""麦肯10号""中薯16号"是加工型薯条用薯理想的品种。"瑞卓""麦肯1号""中薯10号""中薯11号"炸条颜色为2级,从口感和色泽上综合评价为良,其薯形为卵圆形或长椭圆形,块茎大且整齐,芽眼比较浅,皮色黄,肉色白,干物质含量在15%~17%,这4个品种品质还是外观上均符合加工要求。"布尔班克"的炸条颜色为3级,属于可接受颜色级别,其薯形为长形,黄皮白肉,芽眼比较浅,块茎整齐度中,适宜加工成薯条。

"大西洋""东农310""希森6号"3个品种的干物质含量高,还原糖含量低,炸片颜色为1~2级,薯形为圆球形和椭圆形,块茎大且整齐,芽眼比较浅,皮色肉色浅,无论内在品质还是外观上都符合加工要求,尤其是"夏坡蒂""大西洋"和"东农310"炸片颜色为1级,芽眼少且特别浅,是加工用薯最理想的品种。

因此,针对宁夏回族自治区加工型马铃薯品种缺乏的问题,结合多点品比试验得出,适宜炸条的品种资源有"夏坡蒂""麦肯6号""麦肯10号""中薯16号";适宜炸片的品种资源有"夏坡蒂""东农310""大西洋"。

关键词:加工型马铃薯;宁夏;淀粉;干物质;产量

Analysis of Candidate Genes for Iron/ Zinc Regulation in Potato

XU Chunjiang[1,2], QI Lipan[1], CHANG Shiwei[2], YUAN Pingping[2], ZHANG Zhenxin[2], SHAN Youjiao[2], LI Yafei[1,2], KEAR Philip[2], WANG Lei[1]*, LI Jieping[2]*

(1. Potato Research Center, Hebei North University, Zhangjiakou, Hebei 075000, China;

2. International Potato Center (CIP), China Center for Asia-Pacific (CCCAP), Beijing 102199, China)

Micronutrient malnutrition, known as hidden hunger, affects over 2 billion people globally. As a result, iron (Fe) deficiency-induced ferric anemia affects roughly one-third of humanity, and a similar number have zinc (Zn) deficiency problems. Biofortification is the process of enhancing micronutrients in staple and specialty crops through agronomic supplementation, conventional breeding, and transgenic methods. The latter two methods are more sustainable and cost-effective than other interventions, such as dietary supplements and industrial food fortification, especially in areas of marginalized poverty with limited food options, such as southwestern China.

Potatoes are a crucial staple crop that feeds many people globally. They have a unique nutrient composition and phytochemical profile, rich in vitamin C, vitamin B-6, potassium, manganese, and dietary fibers, making them an ideal candidate for biofortification. Additionally, potato micronutrients are more easily absorbed by humans than those found in cereal crops, making biofortified potatoes a powerful tool in reducing Fe/Zn human deficiencies. The goal of this project is to identify candidate genes involved in the regulation of Fe/Zn concentrations in potato tubers, which will be used to increase elemental concentrations through molecular or transgenic breeding.

After reviewing published research on Fe/Zn biofortification-related genes in five different crops, including *Arabidopsis thaliana*, *Oryza sativa*, *Medicago truncatula*, *Triticum aestivum*, and *Zea mays*, 118 candidate genes were identified. Blast analysis of multiple protein sequences identified potato homologs consistent with plant ion regulators.

Cartoon expression heatmap data were obtained from transcriptome data of potato genotype RH89-039-16, and data were clustered by expression localization within plants. There are 34 genes with the highest expression in roots. The first three genes were *Soltu. DM. 03G001110*, *Soltu. DM. 02G028180*, and *Soltu. DM. 08G013360*, which encode transporter proteins and belong

作者简介：许春江(1999—)，硕士研究生，研究方向为马铃薯遗传转化、植物遗传育种。

基金项目：国家重点研发计划(2021YFE0109600)；河北省重点研发计划项目(21326320D)。

*通信作者：李结平，博士，研究方向为植物生理学、植物分子育种，e-mail：J. Li@ cgiar. org；王磊，博士，副教授，研究方向为植物遗传育种，e-mail：wanglei@ hebeinu. edu. cn。

to NIP, HMA, and ZIP gene families, respectively, and play a role in metal ion transport. There are 5 genes differentially expressed in stolons. *Soltu. DM. 07G025430* belongs to the bHLH transcription factor family, a ubiquitous family of regulators in eukaryotes. And 16 genes differentially expressed in the stem especially. The first three genes were *Soltu. DM. 11G000190*, *Soltu. DM. 04G036890*, and *Soltu. DM. 03G027260*, which belong to FYVE transcription factor, ZIP transcription factor, and FRO gene families, respectively, all related to iron and zinc. Six genes differentially expressed in potato leaves. *Soltu. DM. 01G033970* belongs to the FRO gene family, whose encoded proteins perform REDOX of metal elements, and *Soltu. DM. 08G029980* belongs to the YSL gene family, whose encoded proteins transport metal and NA chelates. Fourteen genes showed the highest expression in small tubers, with *Soltu. DM. 04G003430* belonging to the VIT metal transporter family, *Soltu. DM. 06G032590* belonging to the SLC25 mitochondrial carrier family, and *Soltu. DM. 12G008650* belonging to the CAXs gene family. Among all differentially expressed genes, one gene, not associated with Fe/Zn transport, showed the highest expression in mature tubers. The expression levels of 18 genes were highest in flowers, and two genes were almost not expressed in the tissues included in the heatmap in potatoes.

Among the candidate genes, there is a very important gene, named *StZT4*, which expression level in potato tubers was found to be 2. 14 times higher in young tubers than in mature ones, suggesting that it may be important in tuber formation. By GO analysis, *StZT4* encoding a metal transporter of the ZIP family was found, and its *Arabidopsis* homolog is involved in the regulation of Fe uptake. The *AtZT4* overexpression line had high Zn and Fe concentrations in roots, with Zn−deficient conditions inducing its expression levels. These findings suggest that *StZT4* play a role in regulating Fe/Zn uptake in potatoes. To further investigate the role of *StZT4* in the regulation of zinc and iron in potato, the potato diversity panel and the changes in iron and/or zinc concentrations in potato tubers were analyzed using a genome−wide association study (GWAS). As a result, nine SNPs in the *StZT4* genic region were implicated in the regulation of potato Zn and Fe levels. This suggests that *StZT4* could be used to develop molecular markers for selecting potato varieties with high Fe/Zn biofortification potential.

One hundred and eighteen candidate genes associated with biofortification were identified by transcriptomes of potato samples and by consulting research papers related to biofortification. The expression patterns of these candidate genes in different organs were analyzed to reveal their expression dynamics. In GWAS results, the ZIP family metal transporter *StZT4* could regulate Zn and Fe concentrations in potato tubers and play a role in potato tuber formation. Therefore, *StZT4* is a suitable target for transformation and molecular breeding in potatoes. Moreover, the SNPs on *StZT4* could be used as molecular markers to aid in selecting potato varieties with high Fe/Zn concentrations, addressing the issue of hidden hunger caused by Fe/Zn deficiency in humans.

Key Words: biofortification; hidden hunger; Iron and Zinc; potato; *StZT4*

栽 培 生 理

北方一季作区马铃薯露地栽培机械化进程分析

吕金庆[1*]，齐　钰[1]，杨德秋[2]，竹筱歆[1]，赵治明[1]，孙　琪[1]

(1. 东北农业大学工程学院，黑龙江　哈尔滨　150030；

2. 中国农业机械化科学研究院集团有限公司，北京　100083)

摘　要：对北方一季作区的马铃薯露地栽培关键作业环节的机械化现状进行了分析，主要包括马铃薯播前整地机械、种薯切块机械、播种机械、中耕机械以及收获机械的发展现状。分析结果可为选定下一步马铃薯全程机械化的主要工作方向做参考。

关键词：马铃薯；机械化；现状；栽培

作为农业大国，中国是世界上最大的马铃薯生产国。中国的马铃薯种植面积占全球马铃薯种植面积的1/4，马铃薯产量占全球马铃薯总产量的1/5[1]。中国的北方一季作区气候凉爽，日照充足，昼夜温差大，更是中国种薯、加工原料薯以及鲜食薯的主要产地，但平均单产远低于世界平均水平[2]。在作业效果稳定可靠的农业机械帮助下，中国马铃薯单产水平还有很大的提升空间。因此，对于马铃薯全程机械化进程的推进具有重要意义。

1　北方一季作区马铃薯播前作业机械化现状

1.1　播前整地机械

马铃薯喜沙壤或壤土。一般选择土质疏松，通透性好，排水良好的土壤地块播种马铃薯，在播种前要进行耕整地，耕深一般以25~30 cm为宜。

(1)铧式犁。铧式犁是一种很常见的耕地机械，主要是由拖拉机牵引成组的犁具前行，对土壤进行切割、破碎以及翻动，还能破坏杂草的生存条件。目前，对于犁体的设计理论还是只依靠传统的土垡翻转理论，不能普遍用于多种物理特性不同的土壤条件；至今还没有能够准确计算犁体曲面的数学模型被建立，在理论上还有待进一步研究；对于犁体的设计尚未与不同作物的农艺要求相结合，不能做到因地制宜、因作物制宜地设计犁体；此外，犁体的研究还受到材料的制约，对于犁体的减阻、减粘、耐磨、降耗等技术的研究还不够成熟完善[3]。

(2)旋耕机。旋耕机可以分为卧式旋耕机和立式旋耕机两种，是与拖拉机配套使用的一种耕整地机械。立式旋耕机多用于灭茬，而卧式旋耕机在灭茬的同时还能够完成碎土、混土、覆盖等耕整地作业，更加能够满足马铃薯播种前的整地要求，但存在着刀辊容易被秸秆残茬缠绕的问题。国内的许多高校和科研机构对旋耕刀辊、刀体、刀座以及刀体排列

作者简介：吕金庆(1970—)，男，教授，主要从事机械设计理论及马铃薯机械化技术装备研究。

基金项目：国家马铃薯产业技术体系专项(CARS-09-P23)。

*通信作者：吕金庆，e-mail：ljq8888866666@163.com。

方式进行试验，试图来解决这个问题但还是存在功耗过大等问题。徐州市农机技术推广站利用双轴刀辊联合作业技术来解决这个问题，应用正反旋转双轴刀盘交错结构，有效地防止了拥堵和缠绕，但容易发生漏耕[4]。因此，中国的旋耕机技术还有待进一步研究优化。

1.2 种薯切块机械

种薯如不经过处理就播种，就会造成出苗不整齐、缺苗、不健壮等现象，而且出苗也晚。原因是马铃薯贮藏时窖温较低，种薯虽过了休眠期，但还处于被迫休眠中，播到田间后出苗就会慢且不整齐，因此要进行种薯处理[5]。方法主要是打破休眠和催芽，对于块茎较大的种薯，通常需要切块。

切块种植能节约种薯，并有打破休眠，促进发芽和出苗的作用。也可整薯播种，既可以避免用芽块播种容易出现的问额，又可比芽块播种显著增产。切块应在播种前3~5 d进行。为了保证马铃薯出苗整齐，必须打破顶端优势。方法为以块茎顶芽为中心点纵劈一刀，切成两块，然后再分切，如图1所示。要切立块，保证每个切块上有1~2个眼。芽块不宜太小，每个芽块不能小于30 g，大芽块能增强抗旱性，并能延长离乳期，低于40 g的种薯整薯播种。切好的块茎用草木灰拌种，既有种肥作用，又有防病作用[6]。

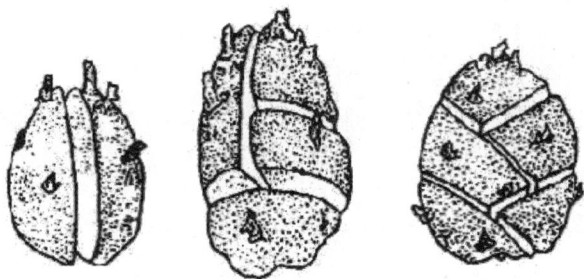

图1　马铃薯种薯切块农艺要求

目前中国北方一季作区的马铃薯种薯切块作业绝大部分还是由人工作业为主，存在作业效率低、切块大小不均、劳动强度大、工序繁多成本高等诸多问题。而中国对于马铃薯机械化制种技术及装备的研究虽然已经起步，但市面上暂时还没有成型的马铃薯切种机投入使用。

图2是山东理工大学郭志东[7]发明的马铃薯自动切块机，该机的输送装置由两部分组成，前半部分的输送辊两两之间夹角和间距更大一些，这样种薯在前半段可以在前进的同时不断翻滚来调整重心；后半段的输送辊之间的夹角比较小，种薯到达后半段之后翻滚幅度减小，逐渐趋于平稳前进。与此同时，这台机器还装备有能够实时测量重量的压力传感器，可以对切好的块茎进行称重，进而自动调整切刀切割的角度来达到控制所切割块茎重量的目的。

周树林[8]设计了一种由动勺和定刀组成的马铃薯切块机(图3)。作业时，向入料口投入种薯，被链条驱动旋转的动勺经过进料口时会舀起种薯。在动勺带着种薯运动的路线上安装了定刀，勺内马铃薯会被定刀切割成薯块，而后被送到出料板进行出料。这种切块机安装有三种不同的舀勺，分别有三种不同的切口，分别是"I"型、"Y"型和"十"型，与之

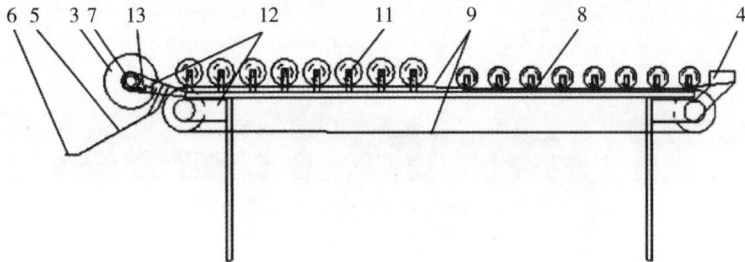

（a）主视图

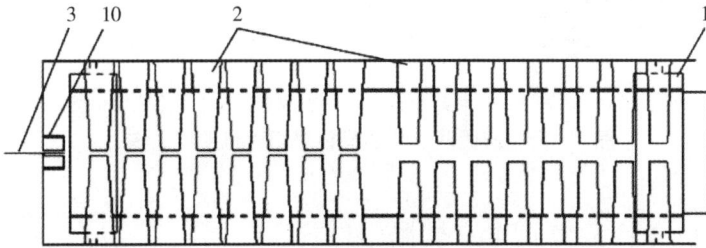

（b）俯视图

1. 滚筒电机，2. 圆锥辊，3. 切刀，4. 进料斗，5. 落料导板，6. 自动称重传感器，7. 步进电机，8. 机架，
9. 皮带，10. 托板，11. 侧立板，12. 联板，13. 自动测控装置。

图2　郭志东发明的马铃薯自动切种机

配套使用的是三种形状的定刀。这样一来质量大的种薯就可以用"十"字型切刀切割成四块，质量适中的种薯可以使用"Y"字型切刀切割成三块，质量小一点的种薯可以用"I"型切刀切割成两块。这样得到的薯块大小均匀。

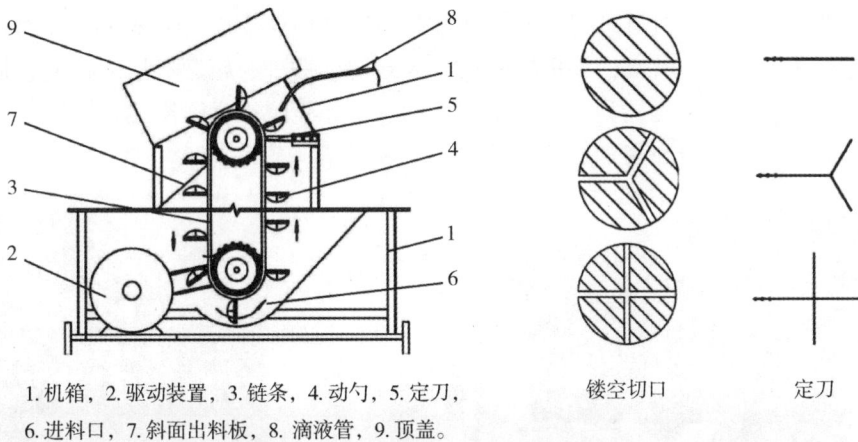

1. 机箱，2. 驱动装置，3. 链条，4. 动勺，5. 定刀，
6. 进料口，7. 斜面出料板，8. 滴液管，9. 顶盖。　　　镂空切口　　　定刀

图3　周树林发明的马铃薯切块机

东北农业大学吕金庆等[9]设计了一种能一次性完成上料、分级除杂、定位输送、薯块切割、喷药处理、出料等种薯预处理流程的马铃薯切种机（图4）。该切种机采用纵横刀具协同的切种方式，针对不同形状尺寸的种薯施以不同方式的切割，很好地满足了切种的农

艺要求。

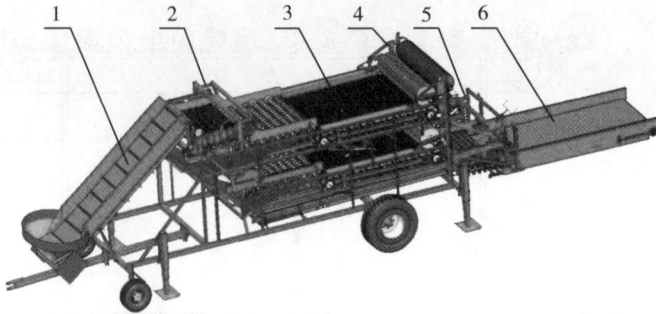

1. 上料装置, 2. 分级装置, 3. 输送装置, 4. 切种装置, 5. 喷药装置, 6. 出料装置。

图4　吕金庆团队设计的马铃薯切种机整体结构

2　北方一季作区马铃薯田间作业机械化现状

2.1　播种机械

马铃薯播种深度以 8~15 cm 为宜, 可根据土壤墒情等适当调整播种深度。一般要求是坡地、土壤湿度大的地块宜浅, 干旱条件下土壤墒情差的地块宜深。垄距 80~90 cm 防涝效果最为理想。沟深 10 cm, 若随播种施肥的, 注意应在沟内施化肥, 化肥上面施有机肥, 然后再播芽块, 尽量使芽块与化肥隔离开。机械播种随播随起垄。

中国北方一季作区所用的马铃薯播种机主要有带勺式马铃薯播种机。目前, 气吸式马铃薯播种机关键技术的研究也在进行中。

(1)现应用的带勺式马铃薯播种机中, 具有代表性的是中机美诺公司生产的 1240A 型马铃薯播种机(图5), 该机可进行 4 行播种作业, 机具自身质量 3 t, 种箱最大容量为 2 t, 牵引式配套动力不小于 73 kW, 该机可一次完成开沟、播种、施肥、培土作业, 播种精度高, 可选装喷药机构, 开沟器为双圆盘式, 采用双侧深施肥技术, 避免种肥同位造成的烧种、烧芽问题, 使种肥分布更加合理[10]。

图5　中机美诺 1240A 型马铃薯播种机

图6　2CMQ2 型气吸式马铃薯精播机

(2)国内研究的气吸式马铃薯播种机以东北农业大学马铃薯机械科研团队研制的 2CMQ2 型气吸式马铃薯精播机(图6)为代表[11]。该机播种行数为 2 行, 播种行距为 80~90 cm, 机具自身质量 2.5 t, 其种薯料斗箱容量为 2 t, 机具采用三点悬挂, 配套动力为

90 kW 以上。该机作业时无损伤种薯现象，其播种效率较高，作业速度可达 6~10 km/h，重漏播率较低，均小于 5%，作业性能稳定。

2.2 中耕机械

中耕是保证马铃薯正常生长发育、获得高产的基本环节。马铃薯播后 2~3 周内应中耕除草，出苗前如土面板结，应进行松土，以利于出苗；在幼苗期通过中耕松土可以提高地温，促进根系生长，并结合中耕进行除草，以保证根系和茎叶协调生长。一般中耕 1~2 次。齐苗后及时进行中耕，深度 8~10 cm，并结合除草，中耕后 10~15 d，再进行第二次中耕，宜稍浅，以防伤害根系；在发棵期，中耕除草、培土是主要措施，一般可中耕 2~3 次，以浅耕为主，在植株封垄前培土高度要达到 15~20 cm，以增厚结薯层，避免薯块外露，降低品质。

国内的马铃薯中耕机包括驱动式中耕机和被动式部件中耕机两类。

由东北农业大学研发团队研制的 1ZL5 型马铃薯中耕机（图 7）[12]，该机配套动力≥50 kW，幅宽为 3 000~3 600 mm，正常作业速度可达 6~8 km/h；可良好的适应东北地区的种植模式马铃薯行距 750~900 mm。工作时，拖拉机三点悬挂带动机组作业，开沟铲对土壤进行疏松，清除垄沟内杂草，后续覆土器覆土；同时在机具前进过程中，螺旋排肥器将肥料排出，施撒在田间，整个中耕作业结束。

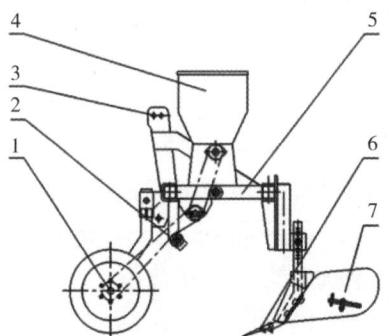

1. 地轮，2. 排肥器，3. 上悬挂点，4. 肥箱，
5. 机架，6. 开沟铲，7. 覆土铧。

图 7　1ZL5 型马铃薯中耕机　　图 8　3ZMP-360 马铃薯中耕培土施肥机

希森天成是国内专门从事马铃薯产业机械研究、开发、生产、销售的农业机械研发生产企业，被誉为中国马铃薯机械制造专家，图 8 为 3ZMP-360 马铃薯中耕培土施肥机，该机具能够一次完成松土、除草、筑垄、追肥等作业，具有作业效率高，中耕质量好等优点[13]，犁体采用独特的新型犁体曲面结构，作业阻力小，耕深可调，作业幅宽大，最高可达 3.6 m，非常适合黑龙江省等寒冷地区的大规模起垄作业，耕作部件是被动作业，碎土能力差，中耕作业中存在一定的伤苗现象。

2.3 收获机械

马铃薯成熟后，要根据用途适时收获。食用马铃薯生理成熟期为最适收获期；种用块茎则应提前 5~7 d 收获，以避免低温霜冻危害，提高种性。

中国现有的马铃薯收获装备大体可分为牵引式马铃薯收获装备和自走式马铃薯收获装备。

（1）牵引式马铃薯收获装备。牵引式马铃薯收获机在中国已有较长时间的应用，各项技术已发展到较为成熟的阶段，具有代表性的有中机美诺1700马铃薯收获机和希森天成4UQ-165马铃薯收获机（图9、图10）。中机美诺1700马铃薯收获机可以做到一次性完成挖掘、输送分离、除秧以及侧输出作业，收净率高，破损率低。希森天成4UQ-165马铃薯收获机可实现行距可调，能够薯土分离、薯秧分离、薯块集条铺放，具有明薯率高、伤薯、破皮率低等先进特性[14]。对于牵引式马铃薯收获装备，国内各大高校以及研究机构对其的研究较多，对于各个关键部件的理论及实验都有研究，有多种尺寸大小的成型装备可供使用。

图9　中机美诺1700马铃薯收获机

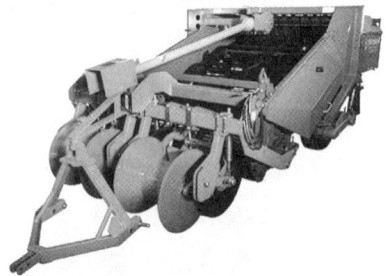

图10　希森天成4UQ-165马铃薯收获机

（2）自走式马铃薯收获装备。国内对于自走式马铃薯收获机械的研究较少，能够完成产业化应用的产品不多。南京农业化研究所研发了一种4UZL-1型自走式薯类联合收获机（图11），该机具使用履带式底盘，配套动力65 kW，单垄收获，作业效率0.16～0.32 hm²/h，可以一次性完成挖掘、分离输送、除秧、清选和集薯等联合作业。山东理工大学研发了一种履带自走式分拣型马铃薯收获机，可实现自动对行挖掘（图12）。该机具采用筛面分离与人工辅助分拣相结合的作业方式，收薯损伤率小，也是单垄收获机具[15]。

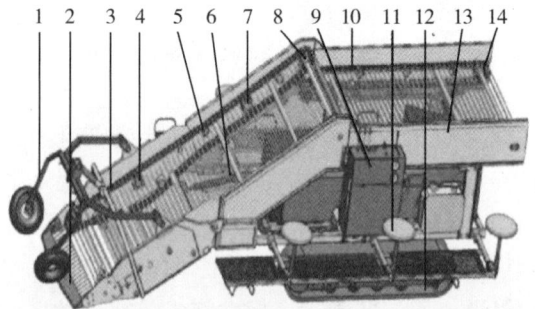

1.自动对行装置，2.挖掘铲，3.分离筛，4.前振动轮，
5.支承轮，6.液压缸，7.后振动轮，8.分离筛驱动轮，
9.操纵装置，10.分拣筛，11.座椅，12.行走底盘，
13.机架，14.分拣筛驱动轮。

图11　4UZL-1型自走式薯类联合收获机

图12　履带自走式分拣型马铃薯收获机

3 总 结

本文对中国北方一季作区马铃薯露地栽培全程的机械化情况进行了分析总结，可以看出一些作业阶段的农业机械仍有待进一步改良优化，还有很多作业环节仍然没有成熟的机械化产品可使用，中国全程机械化率距离西方发达国家仍有很大差距。为此，仍需要开发新技术，研发新机械，助力中国马铃薯产业发展。

[参 考 文 献]

[1] 杨雅伦,郭燕枝,孙君茂.我国马铃薯产业发展现状及未来展望 [J].中国农业科技导报,2017,19(1):29-36.

[2] 刘洋,高明杰,何威明,等.世界马铃薯生产发展基本态势及特点 [J].中国农学通报,2014,30(20):78-86.

[3] 刘进宝,郑炫,孟祥金,等.铧式犁犁体曲面研究现状与展望 [J].中国农机化学报,2021,42(3):13-21,39.

[4] 郑侃,赵宏波,刘文正,等.卧式旋耕机刀辊防缠技术研究现状与展望 [J].农机化研究,2017,39(9):254-258.

[5] 林燕.马铃薯良种繁育与高效栽培技术 [J].世界热带农业信息,2022(6):43-44.

[6] 田宏先,王瑞霞,王春珍,等.马铃薯高产高效栽培技术研究 [J].山西农业科学,2014,42(8):845-847.

[7] 郭志东.马铃薯种薯自动切块机:中国,CN 103283344A [P].2013-09-11.

[8] 周树林.舀勺定刀式马铃薯种薯切种机:中国,CN 204539755U [P].2015-08-12.

[9] 吕金庆,杨晓涵,李紫辉,等.纵横刀组协同式马铃薯种薯切块装置设计与试验 [J].农业机械学报,2020,51(8):89-97.

[10] 李紫辉,温信宇,吕金庆,等.马铃薯种植机械化关键技术与装备研究进展分析与展望 [J].农业机械学报,2019,50(3):1-16.

[11] 吕金庆,衣淑娟,陶桂香,等.马铃薯气力精量播种机设计与试验 [J].农业工程学报,2018,34(10):16-24.

[12] 吕金庆,刘齐卉,李紫辉,等.犁铧式马铃薯中耕机培土装置设计与试验 [J].农业机械学报,2021,52(7):71-82.

[13] 李江国,刘占良,张晋国.国内外田间机械除草技术研究现状 [J].农机化研究,2006(10):14-16.

[14] 张兆国,李彦彬,王海翼,等.马铃薯机械化收获关键技术与装备研究进展 [J].云南农业大学学报:自然科学版,2021,36(6):1 092-1 103.

[15] 魏忠彩,王兴欢,李学强,等.履带自走式分拣型马铃薯收获机设计与试验 [J].农业机械学报,2023,54(2):95-106.

马铃薯机械化播种技术与应用研究

吕金庆[1*]，赵治明[1]，杨德秋[2]，竹筱歆[1]，齐　钰[1]

（1. 东北农业大学工程学院，黑龙江　哈尔滨　150030；

2. 中国农业机械化科学研究院集团有限公司，北京　100083）

摘　要：马铃薯在中国的种植面积大，但机械化播种率低。提高马铃薯的播种质量，有利于提高马铃薯的品质和产量。因此提高马铃薯机械化播种水平和播种质量对马铃薯产业的发展具有重要作用。文章介绍了国内外先进的马铃薯播种机械发展现状，并提出一些目前国内马铃薯播种机械存在的问题，对发展方向做出展望，为中国马铃薯机械化播种技术提供参考。

关键词：马铃薯；播种；机械化；展望

马铃薯（Potato）作为世界上重要的农作物之一，在全球许多国家广泛种植。马铃薯作为中国的第四大主粮作物，其亦粮亦菜，种植面积仅次于小麦、稻谷和玉米[1,2]。2021年，中国马铃薯播种面积约 460.6 万 hm²，为保障中国粮食安全有着重要意义。近年来，马铃薯种植面积出现缓慢下降，马铃薯单产水平提高，但仍低于世界平均亩产水平[3]。其中，马铃薯机械化播种过程是马铃薯生产的重要过程，并且对马铃薯产量、品质有显著的影响[4]。因此，推进马铃薯机械化播种技术发展是推进马铃薯主粮化进程的必经之路。

1　国外马铃薯播种机械发展现状

国外的科研机构和农机公司对马铃薯播种机械化的研究开展较早，20 世纪初期，国外已经出现了马铃薯播种机取代人工播种的作业方式，节约了大量的人力物力财力，到 20世纪中期，国外的马铃薯播种机械已经趋向于自动化方向发展，到目前为止，国外已经基本实现集智能化技术、多功能一体化、精准农业技术的马铃薯播种机[5,6]。其中较为优秀的有 Double L 公司、Grimme 公司、美国 John Deere 公司、Standen Engineering 公司等。

Double L 公司在马铃薯机械领域拥有丰富经验，Double L 公司的马铃薯播种机采用了先进的机械设计，具有结构牢固、稳定性好的特点；其配备了精确的种薯投放系统和播种装置，可以实现准确的种薯定位和种植深度控制，从而提高播种效率和一致性，可以实现多种播种方式，包括单颗播种、多颗连续播种和间隔播种等。他们还可以适应不同规格和品种的种薯，以满足农民的种植需求，配套有先进的传感器和自动控制系统，播种机可以根据土壤状况和种薯要求进行实时调整，实现精准种植和优质产量，设计人性化，具有简单易用的操作界面和便于维护的结构。这样的设计使得操作员能够轻松掌握机器的操作，

作者简介：吕金庆（1970—），男，教授，主要从事机械设计理论及马铃薯机械化技术装备研究。

基金项目：国家马铃薯产业技术体系专项（CARS-09-P23）。

＊通信作者：吕金庆，e-mail：ljq8888866666@163.com。

并方便进行日常的维护和保养[7]（图1）。

图 1   9540 Double L 四行马铃薯播种机

Grimme 公司的马铃薯播种机具有高效的播种能力，可以实现快速而精确的种植操作。通过先进的传感器和控制系统，可以精确控制种薯的定位和种植深度，提高播种效率和一致性。通过先进的电子控制系统和自动化功能，可以实现精确的种薯投放和种植间距，从而提高种植质量和产量。具有多种功能和可调节的参数，以适应不同的种植需求和土壤条件。可以调整种植深度、行距和种薯间距，以满足种植者的要求，并适应不同品种和规格的种薯（图2）。

GL 32 E系列马铃薯播种机   GL 420 Exacta马铃薯播种机

图 2   Grimme 公司的两款马铃薯播种机

John Deere 公司研发的 Pro-MAX40 气吸式微型薯排种器主要包括型孔盘和圆孔盘两个系列。型孔盘系列根据不同作物的形状分别进行型孔设计，对种子有很好的容纳性，可根据不同作物的不同形状尺寸进行型孔盘的更换，可以调节所需的真空度，进而降低能耗；圆孔盘系列对种子适应性更强，但风压不可调节，对吸种真空度要求较高，与双侧清种装置搭配使用，能够达到较高的排种精度。John Deere 公司随后又发布了 Exact Emerge 型倾斜型孔盘气吸式排种器，排种盘向着种群一侧倾斜，使种子以较低的相对水平速度和竖直速度投入种沟，减少种子落入种穴后的跳动，尽可能实现零速投种，降低了排种粒距变异系数(图3)。

Amazone ED 系列排薯器　　　　　　　John Deere Pro–MAX40 排薯器

图3　John Deere 公司气吸式排种器

2　中国马铃薯播种机械发展现状

中国马铃薯播种机械的研制相对于国外起步较晚，但各地方依据自身的自然条件，因地制宜的研制了相应的机械，提高了中国的马铃薯播种过程的机械化水平[7,8]。1950—1970 年，中国农业机械化起步阶段，马铃薯播种机的研究主要集中在机械结构和简单的排种原理上。当时的马铃薯播种机主要依靠人工操作和传统的种薯投放方式，效率较低。1980—1990 年，中国开始引进国外先进的马铃薯播种机技术，并对其进行本土化改进。在这一阶段，气吸式排种技术开始应用于马铃薯播种机，提高了排种精度和效率。同时，研究者在机械结构、种薯投放机构和调整系统等方面进行了改进和创新。2000 年至今，中国的马铃薯播种机研究进入了创新发展阶段。在这一阶段，研究者关注马铃薯播种机的自动化和智能化技术，通过引入传感器、控制系统和图像处理等先进技术，实现了种薯定位、排种间距和播种深度的自动控制。同时，研究者还注重机械结构的优化设计和能耗的降低，提高了播种机的性能和可持续性[9-11]。

吕金庆等[12]针对马铃薯播种机存在漏播率高的问题，研制了一种气吸式马铃薯播种机智能供种系统(图4)，推导了自动供种系统各部件之间的传递函数，对不同工况下电路情况及工作过程进行了阐述，搭建了室内试验台，通过试验台进行试验验证，以种箱中马铃薯的高度为试验因素，以马铃薯的重播率和漏播率为试验评价指标，优化试验参数，结果表明，当种面高度变化在 150～250 mm 时，重吸率与漏吸率较低，满足马铃薯播种要求。

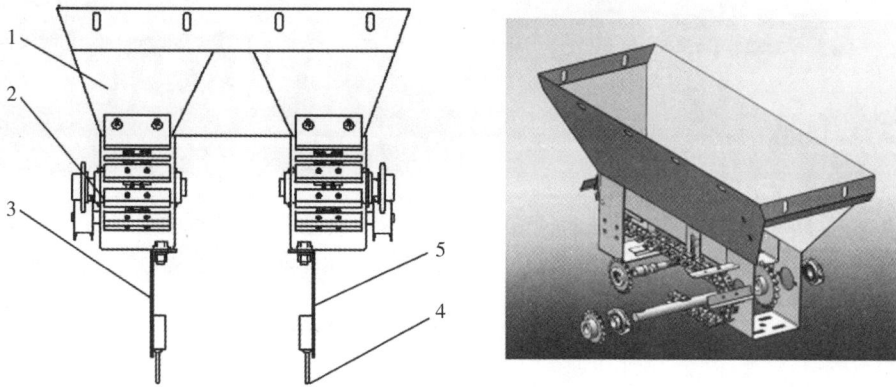

1. 给料薯箱，2. 刮板给料装置，3. 料位传感器左支架，4. 料位传感器，5. 料位传感器右支架。

图 4　气吸式马铃薯播种机智能供种系统

2CMZ 系列马铃薯种植机经过多年的研发和改进，同时结合不同地区马铃薯农艺的要求，多次进行改进升级。该种植机一次可实现开沟、播种、施肥、覆土等过程，有较高的地区和动力适应性，播种更加稳定精准，经过实地作业效果检查，表明其株距稳定性、播深稳定性、作业可靠性、播种效率等各项性能指标均达到国标要求。同时该机具配备有高效电子振动系统，振动均匀稳定，确保播种精度，有效降低重播率，对不同规格种薯适应性较强。普通人工播作划印器相比减少人工劳动强度，提高作业效率[13]（图5）。

图 5　德沃 2CMZ-4 马铃薯播种机

2CMX-2 型马铃薯种植机具有高复合性、高精度、高适应性等先进特性，可完成开沟、种植、起垄、施肥、喷药等一系列作业，采用先进的振动、涨紧播种单元技术，漏种率、重种率低，播种精度高。该马铃薯种植机的播种单元采用了"碗勺"式排种装置和振动、晃动、链条张紧机构，实现了无需借助人工而达到精量播种，使漏播率小于 10%，重播率小于 20%，种薯幼芽损伤率大于 1.5%，种薯间距合格率大于 85%。该机采用单体限深仿形机构进行种植深度控制，使播种机具有更好的地区适应性，同时可以提高播深稳定性（图6）。

图6　2CMX-2型马铃薯播种机

3　马铃薯播种机存在的问题

3.1　技术水平不均衡

中国的马铃薯播种机技术水平存在一定的不均衡。一些高水平的研究机构和企业在技术创新方面取得了显著进展，但在一些基层农田和农村地区，仍然使用传统的手工播种方式。技术的不均衡导致种植效率和质量的差异。

3.2　适应性不足

部分马铃薯播种机在适应不同地域和种植环境的能力方面还有待提高。中国地域广阔，土壤类型和气候条件各异，目前的马铃薯播种机在适应性方面仍有一定限制，不能满足不同地区和种植需求的要求。因此，需要针对不同地区的实际情况进行技术调整和优化，提高设备的适应性和灵活性。

3.3　成本较高

高质量的马铃薯播种机通常价格较高，超出了一些农民的经济承受能力。这限制了设备的普及和应用，尤其是对于中小规模的农户而言。因此，需要进一步降低设备成本，提高性价比，以促进广泛的应用和推广。

4　展　望

4.1　技术创新与提升

随着科技的不断进步，中国将继续加大对马铃薯播种机技术创新的研发力度。特别是在自动化、智能化和精准化方面，将不断引入新的技术手段和解决方案，提高播种机的性能和效率。例如，结合人工智能、大数据和机器学习等技术，可以实现更智能化的种植决策和操作。

4.2　多功能一体化设计

未来的马铃薯播种机将更加注重多功能一体化设计。除了实现高效的排种功能外，还将融合更多的种植管理功能，如土壤检测、施肥、除草等。这样可以提高播种机的综合利用价值，减少作业环节，提高种植效益。

4.3　地域适应性和个性化定制

中国地域广阔，不同地区的土壤条件和种植需求存在差异。未来的马铃薯播种机将更加注重区域适应性和个性化定制，根据不同地区的要求进行技术调整和优化。这样可以更好地满足不同地区农民的种植需求，并提高播种机的适应性和灵活性。

[参 考 文 献]

[1] 吕金庆, 杨晓涵, 冯雪, 等. 马铃薯播种机播深调控装置设计与试验 [J]. 农业工程学报, 2020, 36(12): 13-21.

[2] 李国景, 高明杰, 杨亚东, 等. 2022 年马铃薯产业波动与市场发展形势 [J/OL]. 中国蔬菜: 1-5 [2023-05-22]. DOI: 10. 19928/J. CNKI. 1000-6346. 2023. 1017.

[3] 王启增. 马铃薯播种机排种装置研究现状及展望 [J]. 现代化农业, 2022(8): 88-90.

[4] 唐立丰. 马铃薯全程机械化生产技术要点 [J]. 农机使用与维修, 2022(7): 161-163.

[5] 许剑平, 谢宇峰, 徐涛. 国内外播种机械的技术现状及发展趋势 [J]. 农机化研究, 2011, 33(2): 234-237

[6] 李洋, 王楠, 蒲连影, 等. 国内外马铃薯种植机械研究现状 [J]. 农业工程, 2022, 12(1): 15-20.

[7] 侯加林, 刘威, 张万枝, 等. 气力托勺式马铃薯精量排种器设计 [J]. 农业工程学报, 2018, 34(24): 18-28.

[8] 马生红. 我国马铃薯机械化播种排种技术研究与分析 [J]. 农业开发与装备, 2018(12): 208.

[9] 廖廷茂, 王为, 李小昱. 我国马铃薯种植机的现状与分析 [J]. 湖北农机化, 2007(3): 35-36.

[10] 杨德秋, 郝新明, 李建东, 等. 四行悬挂式马铃薯种植机虚拟设计与试验—基于 Solidworks 三维设计软件 [J]. 农机化研究, 2009, 31(10): 75-78.

[11] 王彩英, 李平. 马铃薯播种机排种机械化种植技术研究 [J]. 农机化研究, 2017, 39(10): 141-143.

[12] 吕金庆, 刘齐卉, 杨德秋, 等. 气吸式马铃薯播种机智能供种系统设计与试验 [J]. 农机化研究, 2022, 44(10): 157-161.

[13] 黑龙江德沃科技开发有限公司. 2CMZ-4 型马铃薯施肥种植机 [EB/OL]. http://www. dewojt. com/product_ er. php? class_ id=5&id=94.

马铃薯收获机筛分输送装置的研究

吕金庆[1*]，赵治明[1]，杨德秋[2]，竹筱歆[1]，齐　钰[1]

(1. 东北农业大学工程学院，黑龙江　哈尔滨　150030；

2. 中国农业机械化科学研究院集团有限公司，北京　100083)

摘　要：目前，马铃薯收获过程中存在收获机分离率低、马铃薯碰撞破损严重的问题。本研究对马铃薯收获机筛分输送装置的相关指数进行设计；对土薯混合物抛起条件及振动件作用范围进行分析，以确定影响该元件起作用的因素，然后进行土薯混合物抛起过程的动力学分析。结果表明，当振动件安装位置为 43 mm，机具工作时速度为 1.4 m/s，后筛分装置线速度为 1.5 m/s 时，满足田间作业要求，满足马铃薯收获机的收获标准。研究结果可为以后马铃薯收获机的设计提供理论依据。

关键词：马铃薯；收获机；筛分；输送装置

马铃薯(Potato)作为世界上重要的农作物之一，在全球许多国家广泛种植[1-3]，但马铃薯块茎收获作业难度大、耗费大量的人力物力，同时马铃薯收获时农时较短，且东北秋季马铃薯生长环境土壤容重较高，因此收获难度大。机械化马铃薯收获，可以减少对劳动力的需求、抢占农时、节约劳动成本，对增加农民收入、推进马铃薯主粮化进程具有显著意义，因此推进马铃薯的机收作业、提高机收效率和质量十分关键[4-6]。马铃薯收获过程中将马铃薯和土壤进行分离是收获过程中的关键和难点，对后续马铃薯的生产加工产生重要影响[7]。

目前，升运链式的马铃薯收获机因工作性能可靠、不易发生故障被广泛使用，其主要通过土壤和马铃薯在筛分输送装置上发生碰撞来完成土薯分离[8-10]，该机型的收获机在收获过程中仍存在土薯分离率低、马铃薯损伤率高等问题。针对上述问题，首先对土薯混合物抛起条件进行分析，增强土薯分离效果；后进行土薯混合物的运动学分析，确定筛分输送装置的相关参数。

1　筛分输送装置的研究

马铃薯收获机的整机结构如图 1 所示，主要由机架、圆盘组件、挖掘装置、防堵装置、筛分输送装置、行走轮等组成。筛分输送装置为马铃薯收获机的关键部件之一，土薯混合物的破碎、筛分等均在该部分完成。

作者简介：吕金庆(1970—)，男，教授，主要从事机械设计理论及马铃薯机械化技术装备研究。

基金项目：国家马铃薯产业技术体系专项(CARS-09-P23)。

*通信作者：吕金庆，e-mail：ljq8888866666@163.com。

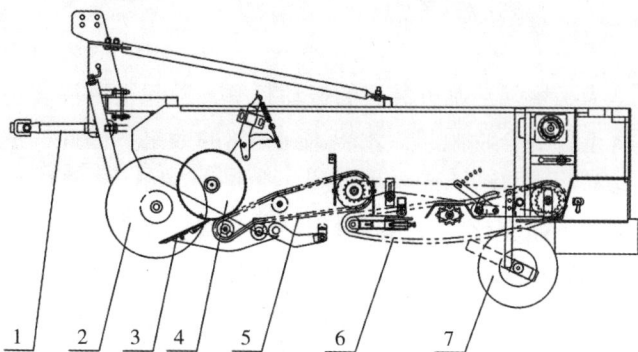

1. 机架，2. 圆盘组件，3. 挖掘装置，4. 防堵装置，5. 前筛分装置，6. 后筛分装置，7. 行走轮。

图1　马铃薯收获机整机结构简图

　　筛分输送装置主要由前筛分装置、后筛分装置组成，结构如图2a 所示，为增强土薯分离效果，在后筛分装置的主动边中部安装振动件，其具体结构如图2b 所示，该振动件依靠升运链的带动作用，绕固定轴转动，抛散土薯混合物，增加土壤的破碎程度，强化分离性能。

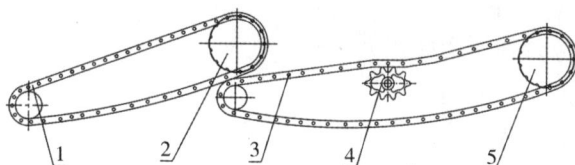

（a）筛分输送装置结构简图

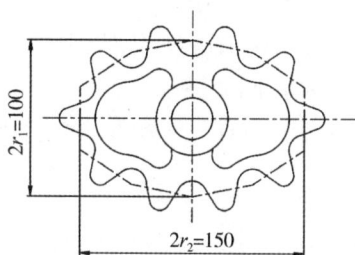

（b）振动件结构简图

1. 前筛分装置，2. 前筛分装置驱动轮，3. 后筛分装置，4. 振动件，5. 后筛分装置驱动轮。

图2　筛分输送装置及振动件结构简图

　　马铃薯收获机在拖拉机带动下作业，通过马铃薯收获机前的挖掘装置，将挖掘出的土壤和马铃薯的混合物放置到筛分输送装置的前筛分装置，不与马铃薯粘连的土壤掉落到地上，和马铃薯粘连在一起的土壤继续被输送到后筛分装置，后筛分装置在振动件的作用下，对土薯混合物进行分离，最终将粘连土壤含量减少的马铃薯抛送至机器后方。

2　土薯混合物抛起条件分析

振动件的设立是为了增强后筛分装置的振动频率，抛起土薯混合物，提高土壤和马铃薯的分离率。只有将土薯混合物抛起，才能达到分离的效果，因此，进行力学分析，确定土薯混合物能够抛起需要满足的力学条件[11,12]。

振动件工作时半径不断变化，采用当量半径法，将振动件简化为 R，振动件角速度为 ω，分析如图 3 所示，设 A 点为土薯混合物的抛起点，以 A 点为坐标原点，机具前进的反方向为 x 轴，竖直向上为 y 轴，建立平面直角坐标系，各力在坐标轴上的平衡条件为，

X 轴：

$$(F_J + F_N)\sin(\beta - \alpha) + f\cos(\beta - \alpha) - mg = 0 \tag{1}$$

Y 轴：

$$-(F_J + F_N)\cos(\beta - \alpha) + f\sin(\beta - \alpha) = 0 \tag{2}$$

式中：F_J——马铃薯所受离心力，N；

$\quad\quad F_N$——马铃薯受支持力，N；

$\quad\quad \beta$——振动件作用角度，°；

$\quad\quad \alpha$——升运链倾角，°；

$\quad\quad f$——土薯混合物所受摩擦力，N；

$\quad\quad m$——土薯混合物的质量，kg；

$\quad\quad g$——重力加速度，m/s²。

其中，

$$\begin{cases} F_J = m\omega^2 R \\ f = \mu F_N \end{cases} \tag{3}$$

式中：ω——振动件的角速度，rad/s；

$\quad\quad \mu$——土薯混合物与振动件间摩擦系数。

根据边界条件，得到反作用力 $F_N = 0$，摩擦力 $f = 0$，即此时混合物能够被抛起，可求得：

X 轴：

$$m\omega^2 R\sin(\beta - \alpha) = mg \tag{4}$$

Y 轴：

$$m\omega^2 R\cos(\beta - \alpha) = 0 \tag{5}$$

通过对式(4)分析可知，决定混合物能否被抛起的因素主要有角速度、半径以及角度。

由式(5)可得，土薯混合物恰好被抛起时，

$$\cos(\beta - \alpha) = 0 \tag{6}$$

则可得，

$$\sin(\beta - \alpha) = 1 \tag{7}$$

将式(7)代入式(4)可求得角速度为，

$$\omega = \sqrt{\frac{g}{R\sin(\beta - \alpha)}} = \sqrt{\frac{g}{R}} \tag{8}$$

从式(8)可得，当振动件半径取最大值 75 mm 时，可以得到转动的最小角速度为 11.4 r/s。得出最小角速度之后，对振动件的抛起作用范围进行分析，由式(6)可得，

$$\beta_{max} = 90° + \alpha \tag{9}$$

其中，α 为后筛分装置的倾角，根据试验研究结果可得，后筛分装置的最佳倾角为 27°，故最大作用角 β_{max} 为 117°。

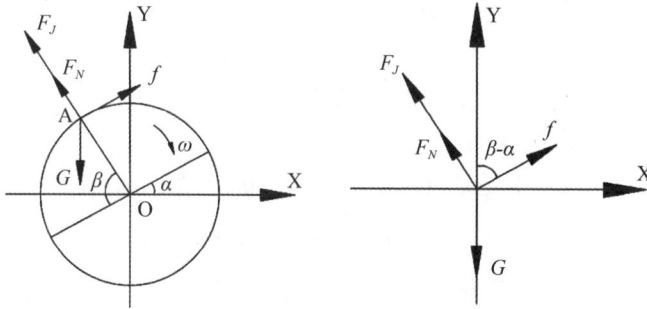

图 3　抛起受力分析

如图 4 所示，以振动件中心为坐标原点建立坐标系，分别以其最小半径 r_1 和最大半径 r_2 作出振动件的运动轨迹，基于振动件的运动分析，对振动件的抖动和抛起作用范围进行分析。当振动件的最大半径 r_2 处在 B 位置时，开始起抖动和抛起作用，在 △OBC 中可求出，

$$\beta = \arcsin\frac{r_1}{r_2} = 41° \tag{10}$$

通过上述分析可得，该振动件的作用范围角由振动件的半径尺寸决定，其范围为 41°~117°。

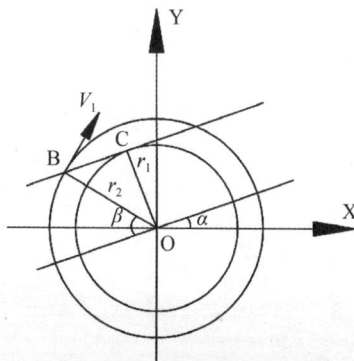

图 4　振动件抛起范围分析

3　土薯混合物抛起运动分析

通过分析可以确定混合物被抛起条件的临界条件值，对混合物在后筛分装置上的运动

分析，确定影响混合物抛起高度的因素。

　　混合物在后筛分装置的带动下，沿后筛分装置向后运送，如图5a所示。通过后筛分装置的上下振动，使得混合物以速度 V_2 被抛起，对混合物进行简化，以混合物的质心为原点，建立直角坐标系如图5b所示，对其进行运动学分析，

$$\begin{cases} V_x = V\cos\alpha + V_2\cos(90° + \alpha - \beta) \\ V_y = V\sin\alpha + V_2\sin(90° + \alpha - \beta) \end{cases} \tag{11}$$

式中：V——后筛分装置线速度，m/s；

　　　　V_2——土薯混合物抛起速度，m/s；

　　　　V_x——土薯混合物抛起时水平速度，m/s；

　　　　V_y——土薯混合物抛起时竖直速度，m/s。

　　可求得抛起过程中的位移为，

$$\begin{cases} X = V_x t_1 = [V\cos\alpha + V_2\cos(90° + \alpha - \beta)]t_1 \\ Y = \dfrac{0 - V_y^2}{-2g} = \dfrac{[V\sin\alpha + V_2\sin(90° + \alpha - \beta)]^2}{2g} \end{cases} \tag{12}$$

式中：X——抛起过程水平位移，mm；

　　　　Y——抛起过程竖直位置，mm；

　　　　t_1——抛起的时间，s。

　　由上式可得，影响混合物抛起高度的因素有 V_2、V、α，由图5b可知，振动件安装位置的不同，将改变 α，进而改变混合物抛起高度。因该振动件是被动型的，其角速度由 V 决定，故最终影响土薯混合物抛起高度的因素为 V 和振动件安装位置。

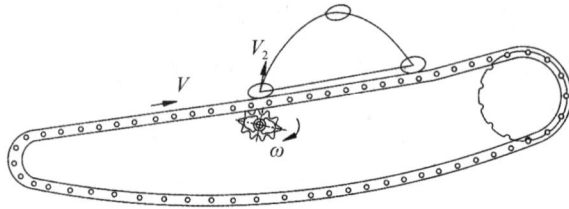

（a）土薯混合物运动情况

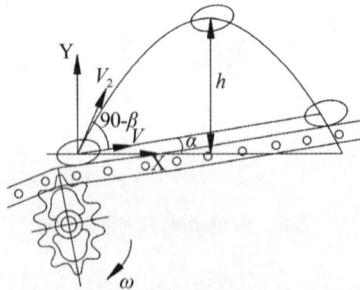

（b）抛起高度分析

图5　土薯混合物抛起运动分析

后筛分装置工作时，以后筛分装置处于平衡位置时研究，对混合物的抛起高度进行运动学分析，当被抛起高度≤300 mm 为最佳，以混合物质心为原点，进行运动学分析(图6)。

$$V_2 = \omega(R + h_b + R_1) \tag{13}$$

式中：h_b——后筛分装置的链条高度，mm；

R_1——土薯混合物的宽度，mm。

将各速度分解到坐标轴上可得，

$$\begin{cases} V_{2x} = \omega(R + h_b + R_1)\sin\beta + V \\ V_{2y} = \omega(R + h_b + R_1)\cos\beta \end{cases} \tag{14}$$

式中：V_{2x}——土薯混合物抛起时沿 X 轴的速度，m/s；

V_{2y}——土薯混合物抛起时沿 Y 轴的速度，m/s。

根据式(14)可求得混合物位移为，

$$\begin{cases} x = V_{2x}t_1 \\ y = \dfrac{-V_{2y}^2}{-2g} \end{cases} \tag{15}$$

式中：x——抛起过程沿 X 轴的位移，mm；

y——抛起过程沿 Y 轴的位移，mm。

联立公式(14)(15)，当 $y_{max} = 300$ mm 时，可得到 V_{2ymax} 为 2.4 m/s。后筛分装置选用链条高度 h_b 为 24 mm 的升运链，根据实际情况，将其代入式(14)最终可求得 $\omega_{max} = 22.5$ r/s。

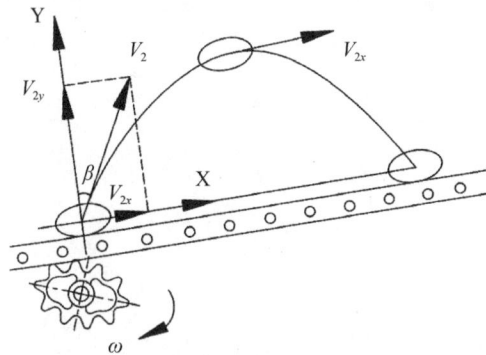

图6 平衡状态抛起高度分析

在分析了筛分输送装置的作业过程及工作原理后，结合后筛分装置的理论分析，得出当振动件安装位置为 42.9~48.5 mm，机具前进速度为 1.3~1.5 m/s，后筛分装置线速度为 1.4~1.6 m/s 时，该收获机有良好作业效果。可满足作业要求。

4 结 论

通过对土薯混合物的抛起条件和运动分析，结果表明，当机具工作时速度为 1.4 m/s，振动件安装位置为 43 mm，后筛分装置线速度为 1.5 m/s 时，能够满足马铃薯收获机土薯混合物分离率高的要求。本文为马铃薯收获机输送装置提供新的理论分析，为以后的改进奠定基础。

[参 考 文 献]

[1] 戴飞,辛尚龙,赵武云,等.全膜面覆土式马铃薯播种联合作业机设计与试验 [J].农业机械学报,2017,48(3):76-83,56.

[2] 王海翼,张兆国,IBRAHIM Issa,等.丘陵山区小型马铃薯收获机设计与试验 [J].浙江农业学报,2021,33(4):724-738.

[3] 吕金庆,王鹏榕,刘志峰.马铃薯收获机薯秧分离装置设计与试验 [J].农业机械学报,2019,50(6):100-109.

[4] 丁全利,郭凤艳.马铃薯机械化收获关键技术及发展趋势 [J].农机使用与维修,2022(11):44-46.

[5] Beznosyuk R V, Evtekhov D V, Borychev S N, et al. Justification of parameters of a finger hump of potato harvesters when vibrating canvas [J]. IOP Conference Series: Earth and Environmental Science, 2022, 981(4):42-51.

[6] 张兆国,王海翼,李彦彬,等.多级分离缓冲马铃薯收获机设计与试验 [J].农业机械学报,2021,52(2):96-109.

[7] 吕金庆,杨晓涵,吕伊宁,等.马铃薯挖掘机升运分离过程块茎损伤机理分析与试验 [J].农业机械学报,2020,51(1):103-113.

[8] 戴飞,赵武云,孙伟,等.马铃薯收获与气力辅助残膜回收联合作业机设计与试验 [J].农业机械学报,2017,48(1):64-72.

[9] 李季成,吕伊宁,孙玉凯,等.马铃薯收获机分离升运装置设计与试验—基于当量半径法 [J].农机化研究,2022,44(12):199-206,256.

[10] 孔令亮,易栓.马铃薯收获机升运收集装置的设计与研究 [J].农业装备技术,2021,47(4):37-39,43.

[11] 闫典明,徐景,张中锋.马铃薯收获机振动分离筛的设计与分析 [J].甘肃农业大学学报,2022,57(4):220-226.

[12] 任铄奇,孙步功,孟养荣,等.马铃薯收获机及其关键部件的现状和发展趋势 [J].林业机械与木工设备,2022,50(10):45-49.

内蒙古自治区中西部地区马铃薯旱作栽培技术

王　真，郑安可，王玉凤，王　伟，张志成，王懿茜，

范龙秋，焦欣磊，林团荣*

（乌兰察布市农林科学研究所，内蒙古　乌兰察布　012000）

摘　要：马铃薯生产是内蒙古自治区的优势特色产业，随着马铃薯产业的日益发展壮大，以乌兰察布市为代表的马铃薯主产区地下水资源过度开发，加之乌兰察布市干旱少雨的气候特点，使得内蒙古自治区中西部地区旱作马铃薯产业发展迫在眉睫。结合现今生态优先、绿色发展的理念，针对内蒙古自治区中西部马铃薯主产区，研究并集成马铃薯旱作栽培技术将为旱作马铃薯产业的发展提供技术支撑，也能够促进内蒙古自治区马铃薯产业走可持续多元化发展之路。

关键词：马铃薯；旱作；乌兰察布市；栽培技术；中西部地区

2016 年中央一号文件中提到，将以 14 个省、自治区、直辖市为重点推进马铃薯产业发展，其中包括内蒙古自治区。内蒙古自治区是中国马铃薯主产区之一，气候冷凉，日照充足，海拔高，风速大，是中国主要的马铃薯种薯和商品薯基地，种植面积和总产量均居全国前列。内蒙古自治区脱毒种薯交易量占全国的 60% 以上，淀粉加工能力占全国的 30% 左右，全粉加工能力占全国的 35% 左右[1,2]。乌兰察布市、武川县、固阳县、达茂旗的马铃薯均获得中华人民共和国农产品地理标志产品证书。以乌兰察布市为中心的中西部马铃薯产业优势区与产业集群以脱毒种薯繁育生产为主，围绕马铃薯加工龙头企业，建成加工专用薯基地和绿色、有机鲜食薯基地，具有突出的比较优势。马铃薯产业基本形成了规模化种植、产业化经营的格局，包括品种选育、种薯繁育、商品生产、贮藏保鲜、加工转化、市场销售等完整的马铃薯产业链。2018 年以来，内蒙古自治区农牧厅启动实施农牧业农村牧区高质量发展 10 大行动三年计划，通过大量的实地调研和论证，围绕农业生产中限制有机旱作生产的不合理利用化肥和水资源等问题，开展了控肥增效、控水降耗等行动。针对旱作马铃薯发展问题，集成和推广了绿色生产技术模式，通过控制减少化肥用量，提升土壤蓄水保墒能力，提高旱作马铃薯农产品效益，提升农产品的品质。为了响应国家、自治区发展旱作农业号召，2020 年乌兰察布市印发了《乌兰察布市 2020 年有机旱作农业补贴实施方案》，明确了对有机旱作农业示范区内有资质的企业、合作社等新型经营主体的补贴标准，极大调动了农业生产者的积极性，有效保障了有机旱作农业生产顺利进

作者简介：王真（1991—），男，助理研究员，主要从事马铃薯病虫害防治、马铃薯新品种选育及配套栽培技术研究。

基金项目：国家马铃薯产业技术体系（CARS-09-ES05）；乌兰察布市关键技术攻关项目（2021GJ203）；中央引导地方科技发展资金项目（2021ZY0005）；乌兰察布市科技成果转化项目（马铃薯仓储保鲜技术推广与利用）。

*通信作者：林团荣，推广研究员，从事马铃薯栽培育种工作，e-mail: lintuanrong1245@126.com。

行。为强化有机旱作农业项目技术支撑，2020 年乌兰察布市委四届十次全会提出全市用三年时间实现马铃薯水改旱面积 10.67 万 hm²，2021 年乌兰察布市出台旱作马铃薯实施方案，这些政策支持极大地促进了旱作马铃薯产业的转型升级。

根据乌兰察布市水资源严重匮乏的现状[3]，面临水改旱压力，农作物旱作面积逐年增加，目前，旱地面积占总耕地面积的 80% 以上，因此发展旱作农业，是顺应自然和深入践行新发展理念的必然趋势。为了解决旱作技术难题，加强有限水资源利用，集成马铃薯种植区旱作栽培技术十分必要。旱作栽培技术的集成将为内蒙古自治区中西部地区马铃薯产业绿色高质量发展提供技术支持。

1 播种前期

1.1 播种时间

当土壤 10 cm 地温稳定在 8 ℃ 左右时播种即可，一般 5 月中旬为宜，也应结合当年天气情况，如有降雨天气，可适当提前播种，以使马铃薯种薯需水量与降雨量尽量接近，提高出苗率。

1.2 品种选择

根据气候特点、生产目的、品种特性、市场销路等条件，选用已登记的抗旱性强的品种。

1.3 种薯选择

选择抗旱强的品种原种、一级种或二级种，种薯质量应符合 GB 18133—2012[4] 的等级分级标准。

1.4 选地与合理轮作

1.4.1 选 地

选择土层深厚、土壤疏松肥沃，排水良好，肥力中等以上的旱坡地和平地，保证马铃薯正常生长。

1.4.2 合理轮作

合理进行轮作倒茬，最好选前茬为麦类或豆类作物的地块，忌与茄科作物或其他块茎、块根类作物重茬、迎茬，实行 3 年以上轮作。

1.5 整 地

1.5.1 深耕保墒

秋天收获后，及时进行耕翻，耕深 35~40 cm，结合秋耕施入有机肥并及时耙糖保墒。

1.5.2 春季耙糖

早春化冻 3~5 cm 时耕压耙糖一次，有利于冬雪春用，保墒保湿。

1.6 种薯处理

1.6.1 晒种催芽

种薯在播种前 15 d 左右出窖，将选好的块茎放在 14~16 ℃ 的室内，3~5 d 翻一次，10 d 左右萌芽后再精选一次，经日晒 3~5 d 切块待播。秋天收获后，及时进行耕翻，耕深 30~40 cm，结合秋耕施入有机肥并及时耙糖保墒。

1.6.2　种薯切块

播种前 2~5 d 切种，每人备 2 把刀，用 75% 酒精或 0.5% 高锰酸钾溶液进行切刀消毒，浸泡切刀 5~10 min。每个切块应具 2~3 个芽眼，最好做到一薯一消毒。平均重量 40~50 g。切块时种薯温度及切种场所温度 10~15 ℃，相对湿度 85%，利于伤口愈合。切块时尽可能利用顶端优势，切好的薯块用药剂中生菌素 1 000~1 200 倍液与 22.4% 氟唑菌苯胺悬浮剂加水 30 mL 处理 200 kg 种薯拌种，起到防病作用。

1.6.3　小整薯播种

用 50 g 左右的小整薯播种，具有抗旱、防病、提高出薯率的综合效果。

2　播　种

2.1　播种模式及密度

2.1.1　露地平播模式

采用等行距种植，一般行距 50 cm，株距 50~60 cm。保苗 2 500 株/667 m² 左右。

2.1.2　起垄覆膜侧播种植模式

起垄覆膜，地膜选用幅宽 120 cm、厚 0.01 mm 的黑色地膜。起垄垄沟宽 40 cm，垄宽 70 cm，垄高 15~20 cm。种薯播种在垄背侧边位置如图 1 所示，播种小行距 40 cm，大行距 70 cm，株距 30~35 cm。保苗 3 500 株/667 m² 左右。

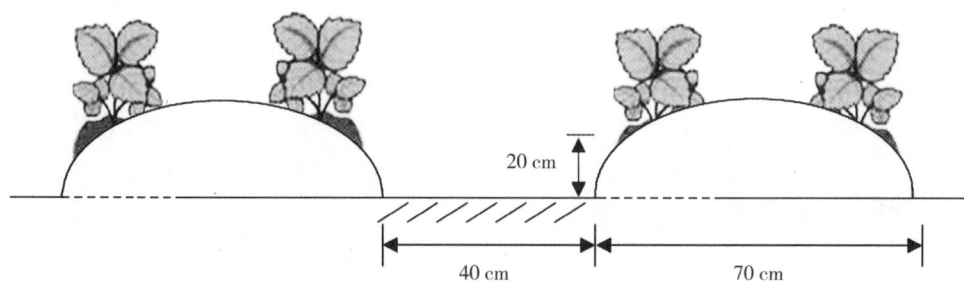

图 1　起垄覆膜侧播种植模式下马铃薯播种效果

2.2　播种深度

播种深度应根据土质和土壤墒情来确定，在干旱和土质疏松的地块可以播种深些，一般为 10~12 cm；在潮湿和土壤粘重的地块，应播浅些，以 7~8 cm 为宜。选择土层深厚、土壤疏松肥沃，排水良好，肥力中等以上的旱坡地和平地，保证马铃薯正常生长。

3　田间管理

3.1　施肥管理

种植的地块要进行测土配方，根据测土配方结果合理施肥，以基肥(或种肥)为主，增施有机肥。

3.1.1 基肥

根据土壤肥力条件，结合秋耕翻一次性施腐熟农家肥 1 500~3 000 kg/667 m²，耙平保墒。

3.1.2 种肥

一般施复合肥（N∶P₂O₅∶K₂O = 15∶15∶15）10 kg/667 m²，二铵（N 16%，P₂O₅ 46%，总成分>64%）20 kg/667 m²，施用时严防种肥接触，避免烧种。

3.1.3 追肥

结合植株田间长势，在盛花期配合打药，叶面喷施磷酸二氢钾（P_2O_5 52%，K_2O 34%）3 g/L 加尿素（N 46%）1 g/L[5]2~3 次（不同叶面肥也可单独使用）。

3.2 中耕除草

由于马铃薯出苗所需时间较长，易形成土壤板结和杂草丛生，所以苗齐后应及时中耕除草（3~4 片叶），第二次中耕可在苗高 10~15 cm 时进行并培土。

3.3 病虫害防治

3.3.1 地下害虫防治

70%噻虫嗪可分散粉剂拌种，30 g/200 kg 种薯；或 5%辛硫磷颗粒剂，播种时沟施 4~5 kg/667 m²。

3.3.2 地上害虫防治

70%吡虫啉水分散粒剂 5 g/667 m²，叶面喷施；使用 4.5%高效氯氰菊酯乳油 50 mL/667 m²，叶面喷施；或 25%高效氟氯氰菊酯乳油 30 mL/667 m²，叶面喷施。

3.3.3 早晚疫病防治

早疫病发生可用 80%代森锰锌可湿性粉剂 100 g/667 m² 防治；晚疫病发现中心病株要及时拔除，并进行全田喷药，一般用 68%甲霜灵水分散粒剂 600 倍液、69%烯酰吗啉锰锌可湿性粉剂 660 倍液等进行茎叶喷雾防治。

4 收获

收获期应在植株大部分茎叶变黄枯萎时进行。在收获前 5~7 d，若早霜还没来临，机械杀秧或待植株完全枯死后，块茎停止增重，表皮形成较厚的木栓时收获。收获时调试好机械，尽量降低机械损失。

5 入库贮藏

入库时挑去破薯、烂薯、病薯等，入库数量不超过薯窖容积的三分之二。

6 清除残膜

马铃薯收获后，结合整地要将土壤里的废旧农膜捡拾干净，带出田外进行集中处理或交废旧农膜回收站，以免造成土壤和环境污染。

[参 考 文 献]

[1] 李志平, 郭景山. 2020 年内蒙古马铃薯产业现状、存在问题及发展建议 [C]//金黎平, 吕文河. 马铃薯产业与绿色发展. 哈尔滨: 黑龙江科学技术出版社, 2021: 34-38.

[2] 李志平, 郭景山. 2019 年内蒙古马铃薯产业现状、存在问题及发展建议 [C]//金黎平, 吕文河. 马铃薯产业与美丽乡村. 哈尔滨: 黑龙江科学技术出版社, 2020: 129-133.

[3] 智小青. 内蒙古乌兰察布市马铃薯产业现状、问题与建议 [J]. 农业工程技术, 2022, 42(2): 13-14.

[4] 中华人民共和国国家质量监督检验检疫总局, 中国国家标准化管理委员会. 马铃薯种薯 GB 18133—2012 [S]. 北京: 中国标准出版社, 2012.

[5] 王鹏飞, 罗毅. 叶面喷肥对山旱地马铃薯产量的影响研究 [J]. 农业科技与信息, 2022(19): 35-37.

"兴佳2号"种植密度对冬闲田马铃薯生产的影响

杨 丹[1,2]，李 璐[1,2]，万国安[1,2]，李树举[1,2]*，李 兵[1,2]

(1. 常德市农林科学研究院，湖南 常德 415000；
2. 国家马铃薯产业技术体系常德综合试验站，湖南 常德 415000)

摘 要： 马铃薯种植密度与产量、商品薯率密切相关。"兴佳2号"为湖南省主推品种，为进一步提升马铃薯产量和种植效益，开展了"兴佳2号"在湖南省冬闲田种植的播种密度试验。结果表明，随着播种密度从4 400株/667 m² 增加到5 800株/667 m²，产量随着密度的增大，呈先升后降趋势，密度为5 400株/667 m² 时，马铃薯产量最高为2 551 kg/667 m²，较对照(5 000株/667 m²)增产8.9%；效益较对照增加327.0元/667 m²。

关键词： 马铃薯；冬闲田；播种密度；产量；效益

马铃薯种植密度与产量、商品薯率密切相关，同时影响马铃薯植株长势与植株发病率[1]，一般长势强的品种，种植密度不宜过大，晚熟品种密度低于中熟、早熟品种[2]。"兴佳2号"为湖南省近年来主推品种，该品种为中早熟品种，产量高，较抗晚疫病，深受农户的喜爱，已成为湖南省主栽品种。为进一步提升马铃薯产量和种植效益，开展了"兴佳2号"在湖南省冬闲田种植的播种密度试验，以期为湖南省马铃薯的生产推广种植提供依据。

1 材料与方法

1.1 试验材料

供试品种为当地主推品种"兴佳2号"，种薯等级为原种，由内蒙古兴佳薯业有限公司提供。供试肥料为湖北三宁化工股份有限公司提供的腐植酸复合肥(N：P_2O_5：K_2O = 18：18：18)。

1.2 试验地概况

试验设在常德市农林科学研究院试验基地，N 29°2′13″，E 111°37′40″，海拔35 m。前茬作物水稻，土壤类型为黏壤土，机械深翻晒田、起垄覆土，耕层深度为30 cm左右，土壤pH 5.69，有机质含量16.6 g/kg，肥力水平中等。

1.3 试验方法

试验设5个处理，随机区组排列，3次重复，小区面积6.67 m²。播种密度为4 400，

作者简介： 杨丹(1988—)，女，助理研究员，主要从事马铃薯品种选育、栽培及推广工作。
基金项目： 现代农业产业技术体系建设专项基金项目(CARS-09-ES17)。
*通信作者：李树举，推广研究员，主要从事园艺作物新品种选育与示范应用，e-mail：Lshj7135@163.com。

4 800，5 000，5 400 和 5 800 株/667 m²，株距分别为 25.3，23.2，22.2，20.6 和 19.2 cm，5 000 株/667 m² 为对照。采用深沟高垄覆膜双行栽培技术，垄宽 0.75~0.80 m。2020 年 12 月 22 日切块播种，人工条播。基肥点施于种薯之间。播种施肥后，机械清沟覆土盖薯，12 月 22 日用 33%二甲戊灵（100 mL/667 m²）进行芽前封闭防草。12 月 30 日覆膜，出苗后人工破膜引苗。3 月 21 日、3 月 29 日、4 月 9 日、4 月 22 日防治晚疫病。马铃薯生长期间降雨量为 723.6 mm，全程雨养。5 月 1 日统一收获。

1.4 测定项目及方法

田间管理参考《马铃薯兴佳 2 号稻田栽培技术规程》（DB43/T 1675—2019）[3]。调查各处理的物候期、田间性状、块茎经济性状、小区产量等，方法参考《农作物品种试验技术规程 马铃薯》（NY/T 1489—2007）[4]。

1.5 统计分析

试验数据均采用 Excel 2010 和 SPSS 19.0 进行计算处理。

2 结果与分析

2.1 不同播种密度对植株生长的影响

各处理生育期间没有遇到低温冻害，4—5 月降雨量多，植株生长较旺。据田间观察记载，各处理出苗时间一致，均为 2 月 19 日，4 月 28 日成熟，生育期 71 d，物候期表现一致。从表 1 可以看出，各处理出苗率存在显著性差异，密度超过 5 000 株/667 m² 时，随着密度的升高，出苗率降低（表 1）。

表 1　不同处理植株出苗率比较

播种密度 （株/667 m²）	出苗日期 （D/M）	出苗率 （%）
4 400	19/02	93.94 ab
4 800	19/02	96.53 a
5 000（CK）	19/02	89.33 bc
5 400	19/02	91.36 abc
5 800	19/02	87.36 c

注：同列不同小写字母表示 0.05 水平差异显著。下同。

2.2 不同播种密度对块茎田间经济性状的影响

密度从 4 400 株/667 m² 增加到 5 800 株/667 m² 时，单株结薯数、单株薯重、商品薯率没有显著差异。产量存在显著差异，产量随着密度的增大，呈先升后降趋势，密度为 5 400 株/667 m² 时，产量最高，为 2 551 kg/667 m²，较对照增产 8.9%；当密度增加到 5 800 株/667 m² 时，单株结薯数、单株薯重、产量均降低，与对照差异不显著（表 2）。

表2　不同处理块茎田间经济性状比较

播种密度 （株/667 m²）	单株结薯数 （个）	单株薯重 （g）	商品薯率 （%）	产量 （kg/667 m²）	增产率 （%）
4 400	4.10 a	510.30 a	96.34 a	1 951 c	-16.7
4 800	3.80 a	495.37 a	97.70 a	2 057 c	-12.1
5 000（CK）	3.90 a	525.67 a	96.55 a	2 342 b	—
5 400	3.93 a	547.23 a	97.22 a	2 551 a	8.9
5 800	3.73 a	480.59 a	96.02 a	2 442 ab	4.3

2.3　不同处理经济效益分析

种薯和肥料成本随着播种密度的增大而增加，播种密度从 4 400 株/667 m² 增加到 5 400 株/667 m² 时，产值增加；播种密度为 5 400 株/667 m² 时，产值最高，为 5 102 元/667 m²，效益较对照增加 327.0 元/667 m²；播种密度增加到 5 800 株/667 m² 时，产值降低，成本最高，效益没有明显增加；播种密度为 4 400 和 4 800 株/667 m² 时，效益较对照分别减少 643.4 和 522.6 元/667m²（表3）。

表3　不同处理经济效益分析

播种密度 （株/667 m²）	产量 （kg/667 m²）	产值 （元/667 m²）	种薯成本 （元/667 m²）	肥料成本 （元 667 m²）	较对照增加		
					产值 （kg/667 m²）	种薯肥料成本 （kg/667 m²）	效益 （元/667 m²）
4 400	1 951	3 902	528	484	-781.4	-138	-643.4
4 800	2 057	4 114	576	528	-568.6	-46	-522.6
5 000（CK）	2 342	4 684	600	550	—	—	—
5 400	2 551	5 102	648	594	419.0	92	327.0
5 800	2 442	4 884	696	638	200.4	184	16.4

注：商品鲜薯价格按 2 元/kg，种薯切块质量按 40 g/株，种薯单价按 3 元/kg 计算。

3　讨　论

马铃薯种植密度与栽培方式、土壤条件、品种特征特性以及产品需求有关。有研究表明，一定范围内，马铃薯产量随马铃薯种植密度的增加而增产，但马铃薯种植密度降低，有利于形成大薯，平均单薯重增加，提高商品性[5]。在本试验中，种植密度增加到 5 400 株/667 m² 时，马铃薯产量最高，较对照增产 8.9%；效益较对照增加 327.0 元/667 m²，为增产的最佳处理。当密度增加到 5 800 株/667 m² 时，出苗率降低，推测可能与肥料施用方式有关，试验中肥料为种薯摆放好后点施在种薯中间，此外，工人操作时不够小心，可能导致肥料离种薯距离较近，浓度高，影响出苗率。

[参 考 文 献]

[1] 刘明月, 秦玉芝, 何长征, 等. 南方冬闲田马铃薯播种技术 [J]. 湖南农业大学学报: 自然科学版, 2011, 37 (2): 156–160.

[2] 王永胜, 姚超, 杜培兵. 不同播种密度对不同马铃薯品种产量影响 [J]. 农业科技通讯, 2018 (9): 96–98.

[3] 湖南省市场监督管理局. 马铃薯兴佳 2 号稻田栽培技术规程 DB43/T 1675—2019 [S]. 北京: 中国标准出版社, 2020.

[4] 中华人民共和国农业部. 农作物品种试验技术规程 马铃薯 NY/T 1489—2007 [S]. 北京: 中国标准出版社, 2008.

[5] 王铁忠, 项雄, 郑元煦. 稻田免耕稻草覆盖马铃薯的产量及商品性研究 [J]. 中国农学通报, 2006, 22 (9): 167–169.

马铃薯新品种"南中105"高产栽培技术研究

张远学[1,2]，沈艳芬[1,2*]，闫　雷[1,2]，邹　莹[1,2]

（1. 湖北恩施中国南方马铃薯研究中心，湖北　恩施　445000；
2. 恩施土家族苗族自治州农业科学院，湖北　恩施　445000）

摘　要：马铃薯新品种"南中105"是一个丰产性好、晚疫病抗性强的中晚熟品种，在2017—2018年湖北省马铃薯区域试验中表现突出。采用$L_9(3^4)$正交设计的原理和方法，研究不同种植密度和肥料对马铃薯新品种"南中105"产量的影响。研究结果表明，当种植条件为种植密度54 000株/hm²、45%硫酸钾复合肥施用量900 kg/hm²、尿素施用量200 kg/hm²时，马铃薯新品种"南中105"整薯播种获得最高产量。该技术为该品种的鉴定、推广提供栽培措施，以充分发挥其增产潜力。

关键词：马铃薯；南中105；高产栽培；技术

马铃薯是世界上种植面积仅次于水稻、小麦、玉米的第四大作物，不仅是重要的粮、菜兼用作物，也是重要的工业原料及加工原料（淀粉、全粉、薯条、薯片）的经济作物。目前世界上马铃薯种植面积最大的国家是中国，其中湖北省及西南地区是马铃薯的主产区之一，马铃薯产业已逐步成为这一地区科技脱贫和实现农牧业产业化的重要支柱产业，在农业生产中占有举足轻重的地位[1]。湖北省马铃薯的种植面积常年在26.67多万 hm²，其中恩施土家族苗族自治州常年种植面积在12万 hm² 以上，马铃薯产量占夏作物产量的75%，占全年粮食产量的25%以上，几乎是高山地区唯一的夏粮作物。虽然湖北省大力发展低山平原湖区的马铃薯产业，但马铃薯依然是山区人民的主要夏粮作物[2]。在山区马铃薯除作为粮食外，还是蔬菜和畜牧的主要精饲料来源。因此，马铃薯产量的丰歉直接影响到农民的温饱及经济效益。

马铃薯新品种"南中105"是一个丰产性好、晚疫病抗性强的中晚熟品种[3]，在多年多点的试验中表现出稳产、高产、抗病的优异特性，尤其是在2017—2018年湖北省马铃薯区域试验中表现突出，是湖北省马铃薯品种选育中的又一重大成果。马铃薯产量的高低，除品种本身的特性外，还与气候、土壤，特别是栽培技术密切相关。一个优良的品种，如果没有相应的栽培技术，其增产潜力是很难得到发挥的。因此，试验对新品种"南中105"采用了不同的种植密度、不同肥料施用量进行研究，以期找出最优的栽培方式，为该品种的鉴定、推广提供栽培技术措施，做到良种、良法配套推广，充分发挥其增产潜力，促进

作者简介：张远学（1978—），男，高级农艺师，主要从事马铃薯育种研究。

基金项目：湖北省中央引导地方科技发展专项（2022BGE268）；湖北省农业科技创新中心创新团队项目（2016-620-000-001-061）；农业部华中薯类科学观测实验站。

＊通信作者：沈艳芬，研究员，从事马铃薯遗传育种及病虫害防治研究，e-mail：13872728746@163.com。

马铃薯产业的发展。

1　材料与方法

1.1　试验材料

试验地为恩施土家族苗族自治州三岔乡汾水村,海拔 1 126 m,试验地为黄壤土,肥力中等偏上,前茬作物为玉米。

1.2　试验方法

试验采用 $L_9(3^4)$ 正交试验设计,试验因素与用量范围见表 1。

表 1　正交试验因素及水平

水平	(A)45%硫酸钾复合肥 (kg/hm²)	(B)尿素 (kg/hm²)	(C)密度 (株/hm²)	(D)空列
1	600	150	54 000	
2	750	200	60 000	
3	900	250	66 000	

采用完全随机区组排列,重复 3 次,小区面积 13.32 m²,小区长 4.44 m,宽 3.00 m,行距 60 cm,5 行区。小区间留走道 40 cm。试验地周围设 3 行保护行。45%硫酸钾复合肥以基肥 1 次性施完,尿素(N 46%)在齐苗后于 4 月 12 日一次性施完。播种时间为 2022 年 1 月 13 日,全生育期中耕除草 2 次。2022 年 8 月 10 日全小区收获测产。

2　结果与分析

产量结果如表 2 所示,根据正交试验设计计算原理,Ki:表示任一列上水平号为 i(本试验中 i=1,2 或 3)时所对应的试验结果之和。如在 A 因素中,第 1,2,3 号试验中 A 取 A1 水平,所以 K1 为第 1,2,3 号试验结果之和,K1 = 34.26 + 36.68 + 30.74 = 101.68;同理可以计算出其他列中的 Ki。

表 2　正交试验结果

试验号	A(底肥:45%硫酸钾复合肥)	B(追肥:尿素)	C(密度)	D(空列)	小区产量 (kg/13.32 m²)
1	1	1	1	1	34.26
2	1	2	2	2	36.68
3	1	3	3	3	30.74
4	2	1	2	3	33.80
5	2	2	3	1	37.94
6	2	3	1	2	38.66

试验号	A(底肥: 45%硫酸钾复合肥)	B(追肥: 尿素)	C(密度)	D(空列)	小区产量 (kg/13.32 m²)
7	3	1	3	2	32.46
8	3	2	1	3	44.28
9	3	3	2	1	35.42
K1	101.68	100.52	117.20		
K2	110.40	118.90	105.90		
K3	112.16	104.82	101.32		
极差 R	10.48	18.38	15.88		

R 为极差, 任一列上 $R = \{K1, K2, K3\}_{max} - \{K1, K2, K3\}_{min}$。极差最大的列表示该因素对试验结果的影响最大, 即最主要的因素。由表 2 所示 $R_B > R_C > R_A$, 因此各试验因素对试验结果从主到次的影响顺序为: B(追肥: 尿素)、C(密度), A(底肥: 45%硫酸钾复合肥)。各因素内不同水平对试验结果的影响大小依次为, A 因素列: K3 > K2 > K1; B 因素列: K2 > K3 > K1; C 因素列: K1 > K2 > K3。综合上述试验结果, 试验的最优方案为B2C1A3, 即在尿素施用量为 200 kg/hm²、播种密度为 54 000 株/hm²、45%硫酸钾复合肥底肥施用量为 900 kg/hm² 时, "南中 105" 的产量最高。

3 讨 论

N、P、K 肥对马铃薯的生长发育和产量形成起到极为重要的作用。然而, 生产上施用过多的肥料不仅造成资源浪费, 又极易造成马铃薯地上植株部分徒长, 导致通风不良, 在阴雨季节极易感晚疫病等问题。当前湖北省西部山区马铃薯生产普遍存在施肥过多的现象, 而且在种植密度上不论品种特性如何都采用同一密度种植, 一般为 45 000 ~ 75 000 株/hm², 造成品种的丰产性无法得到充分体现, 产量普遍偏低。

不同的品种具有不同的性状, 尤其是品种的植株性状直接影响到栽培措施。新品种 "南中 105" 植株田间长势极为旺盛, 因此该品种对水、肥、光的需求比一般品种要高, 根据试验结果, 在保障充足底肥的基础之上, "南中 105" 在栽培中应加强苗期追肥, 确保其在营养生长阶段有充足的 N 肥供应。另外, 该品种主茎数较多, 应当适当降低种植密度, 才能充分发挥新品种 "南中 105" 的丰产性。

[参 考 文 献]

[1] 邢宝龙, 方玉川, 张万萍, 等.中国不同维度和海拔地区马铃薯栽培 [M]. 北京: 气象出版社, 2018: 1-5.

[2] 闫雷, 张远学, 高剑华. 湖北省高山、二高山区中晚熟鲜食马铃薯新品种评价 [J]. 中国马铃薯, 2019, 33(6): 321-329.

[3] 张远学, 沈艳芬, 高剑华, 等.优质鲜食马铃薯新品种 "鄂马铃薯 16" [C]//屈冬玉, 金黎平, 陈伊里. 马铃薯产业与健康消费. 哈尔滨: 黑龙江科学技术出版社, 2019: 215-217.

马铃薯田小型机械杀秧除草研究

张等宏[1,2]，肖春芳[1,2]，王　甄[1,2]，张远学[1,2]，沈艳芬[1,2]*

(1. 湖北恩施中国南方马铃薯研究中心，湖北　恩施　445000；
2. 恩施土家族苗族自治州农业科学院，湖北　恩施　445000)

摘　要：在马铃薯生长后期，田间杂草疯长，严重妨碍收获，使用人工割秧除草费时费力，成本高昂。为选择适用于西南山区的除草方法，提高马铃薯全程种植管理水平，进行试验。结果表明，在山区割秧除草时，坡度较平缓的地块推荐使用小型背负式除草机，杂草尚未结籽的地块采用三角形刀头除草，能较好的对杂草进行破碎，杂草已结籽的地块，选用长方形刀头，避免杂草破碎种子散落难以处理。在坡度较大的地块推荐选用电动割草机配备圆形刀片进行割秧除草。

关键词：马铃薯；割秧；除草；小型背负式除草机；电动割草机

马铃薯是第四大粮食作物，仅次于小麦、稻谷和玉米。马铃薯由于适应性广，高产、营养价值高等特点，对保障粮食安全具有重要意义[1-3]。近年来，随着农村劳动力递减[4]，马铃薯种植趋于规模化、集中化栽培趋势，机械化及农药投入比例逐渐加大，农田中除草投入的工时急剧下降，与此相反的是农田杂草发生逐年加剧，其发生密度、危害程度呈直线上升。

杂草是影响作物产量的重要因素，每年全世界因杂草危害造成的农作物减产为9.7%。据国内杂草专家统计，在现有防治水平下，中国农田中每年由于杂草危害造成的直接经济损失高达978亿元。据估算，当前杂草草害已影响10亿人的口粮问题，草害对农作物"提质增效"构成了极大的威胁，严重影响作物产量与品质[5-7]。

在马铃薯生长后期，由于马铃薯植株趋于成熟，在田间的竞争力明显减弱，此时杂草疯长，短期内可覆盖田间，严重妨碍收获，使用人工割秧除草费时费力，成本高昂，为选择适用于西南山区的除草方法，提高马铃薯全程种植管理水平，进行试验，可有效节约成本。

1　材料与方法

1.1　试验地点

试验在湖北恩施中国南方马铃薯研究中心天池山试验基地进行，N 30°20′17″，E 109°38′58″，海拔1 200 m。

作者简介：张等宏(1984—)，男，农艺师，主要从事马铃薯病虫草害防控研究。
基金项目：现代农业产业技术体系资助资金(CARS-09)；国家重点研发计划项目(2021YFE0109600)；恩施州科技计划研究与开发项目(D20220009)；亚太区域马铃薯晚疫病防治协作网药剂评估项目。
***通信作者**：沈艳芬，研究员，主要从事马铃薯遗传育种及病虫害防治研究，e-mail：shenyanfen197518@163.com。

1.2 试验材料

马铃薯品种"鄂马铃薯10号"。小型背负式除草机(华盛HS31B,山东华盛农业药械有限责任公司);电动割草机(DLXGCJ-01,德力西)。

1.3 试验设计

供试除草机、刀头见表1,采用随机区组排列,每个小区6.67 m²。共设7个处理,人工除草处理(CK)为对照,每个处理3次重复,共计21个小区。于2020年6月30日处理。

表1 供试除草机及刀头

编号	除草机	刀头类型
A		塑料刀头
B	电动割草机	圆形刀头
C		长方形刀头
D		三角形刀头
E	小型背负式割草机	圆形刀头
F		长方形刀头

2 结果与分析

由表2可知,处理F平均清除小区杂草用时1.58 min,用时最少,与处理D差异不显著,与其他处理差异显著,对照用时11.43 min,用时最多,显著高于其他处理。各个处理与对照的除草量之间差异不显著,处理F相对对照(人工除草)除草效率最高,为86.18%。人工除草效果最好,除草率可达100%,小区无杂草残留,处理A除草率最低,为84.63%,显著低于其他处理,其次是处理B,与处理F差异不显著,与其他处理之间差异显著,其余处理之间差异不显著。处理F单位时间除草量最高,为7.11 kg/min,显著高于其他处理,对照最低,仅为1.07 kg/min。

表2 相对人工除草效率

处理	用时 (min)	除草量 (kg)	除草效率 (%)	除草率 (%)	单位时间除草量 (kg/min)
CK	11.43 a	12.22 a	—	100 a	1.07 e
A	5.01 b	12.15 a	56.17 c	84.63 d	2.43 de
B	3.91 c	12.96 a	65.79 b	87.91 c	3.31 cd
C	4.33 bc	10.65 a	62.12 bc	91.96 b	2.46 de
D	2.37 de	11.48 a	79.27 a	93.05 b	4.84 bc
E	2.66 d	13.05 a	76.73 a	93.04 b	4.91 b
F	1.58 e	11.23 a	86.18 a	90.42 bc	7.11 a

注:不同小写字母表示处理间0.05水平差异显著。

3 讨 论

小型背负式除草机配备长方形刀头(处理 F),除草效率高,速度快,配备三角形刀头工人操作方便,对杂草破碎效果较好;电动割草机配备圆形刀片除草效果相对较好,噪音小,作业环境适应性强。

在山区割秧除草时,坡度较平缓的地块推荐使用小型背负式除草机,杂草尚未结籽的地块采用三角形刀头除草,能较好的对杂草进行破碎,杂草已结籽的地块,选用长方形刀头,避免杂草破碎种子散落难以处理。在坡度较大的地块推荐选用电动割草机配备圆形刀片进行割秧除草。

[参 考 文 献]

[1] 王硕,鲍天旸,刘建刚,等.基于 RGB 颜色空间评价马铃薯块茎绿化程度 [J].作物学报,2023,49(4):1 102–1 110.

[2] 李学洋,李军,吕健,等."一带一路"沿线国家马铃薯贸易壁垒及应对措施研究 [C]//金黎平,吕文河.马铃薯产业与种业创新.哈尔滨:黑龙江科学技术出版社,2022:57–64.

[3] 何铭,徐建飞,金黎平.2021 年马铃薯遗传育种研究进展 [C]//金黎平,吕文河.马铃薯产业与种业创新.哈尔滨:黑龙江科学技术出版社,2022:76–82.

[4] 杨国才,郝苗,宋威武,等.恩施州马铃薯机械化发展困境与对策 [C]//金黎平,吕文河.马铃薯产业与种业创新.哈尔滨:黑龙江科学技术出版社,2022:65–68.

[5] 张等宏,肖春芳,王甄,等.种薯表面携带除草剂对马铃薯生产的影响 [C]//金黎平,吕文河.马铃薯产业与种业创新.哈尔滨:黑龙江科学技术出版社,2022:441–444.

[6] 金永玲,孔祥清,靳学慧,等.黑龙江省 7 个地区烟田杂草种类、分布及危害情况 [J].杂草科学,2014,32(3):16–20.

[7] 闫雷,张远学,邹莹,等.2020 年全国马铃薯主产区田间杂草分布及除草剂使用调研分析 [C]//金黎平,吕文河.哈尔滨:黑龙江科学技术出版社,2021:483–484.

基于无人机遥感的马铃薯株高和全株生物量监测研究

张斌斌，魏峭嵘，尹燕斌，石 瑛*

（东北农业大学/智慧农场技术与系统全国重点实验室，黑龙江 哈尔滨 150030）

马铃薯作为中国第四大粮食作物，在保障粮食安全方面发挥了重要作用。生物量作为作物的重要表型性状，能有效反映作物的生长、病害等状况，可用于评判植株长势好坏、产量高低，也成为作物生长模型等研究的主要参数。传统的生物量通常通过人工破坏性取样测定，费时费力，效率低，误差大，难以满足大区域测量需要。无人机遥感技术具有运载便利、灵活性高、可以快速无损、高通量获取田间作物表型信息的优点，能够有效弥补人工取样的部分缺陷。目前，无人机遥感技术估算作物生物量已经应用在诸多作物的研究中，如大豆、小麦、玉米等。但因马铃薯地下生物量较高，不易估算，因此运用遥感技术探索光谱特征与马铃薯生物量关系，特别是多生育时期的数据获取和分析还鲜有报道。研究通过无人机搭载可见光与多光谱相机，遥感监测不同类型马铃薯品种在不同施氮处理下的生物量，为推广和优化马铃薯生产中的遥感监测技术提供理论依据。

试验于 2022 年在哈尔滨市东北农业大学向阳基地进行。以 4 个马铃薯品种（"东农314""东农 317""东农 321" 和"东农 326"）为材料，设置 3 种不同的氮肥施用量（N 施用量分别为 0、75、150 kg/hm²）处理，肥料为尿素（N 46%）、重过磷酸钙（P_2O_5 40%）和硫酸钾（K_2O 50%）。采用随机区组设计，3 次重复。在马铃薯关键生育期（现蕾期、初花期、盛花期和终花期）进行无人机可见光和多光谱影像的采集，并同步取样测定全株干物重。利用 Pix4Dmapper 对无人机 RGB 影像进行图像拼接，多光谱影像通过 YUSENSE Map 软件进行处理。

基于无人机获取的遥感影像，利用 ENVI 剔除土壤背景后，计算 12 个 RGB 指数和 12 个植被指数，并就全株生物量进行相关性分析，在各生育时期分别选择与株高、全株生物量相关性较高的 5 个光谱指数，同时为了避免输入变量之间存在多重共线性问题而导致的模型估计失真，通过计算方差膨胀因子（VIF）的方法排除了存在严重共线性问题的变量，并将剩余的变量作为自变量，以全株生物量为因变量，采用多元线性回归（MLR）和随机森林（RF）算法构建现蕾期、初花期、盛花期、终花期以及全生育期的马铃薯全株生物量估算模型。对于数据集的划分，从 36 个小区中，随机选取 24 个小区作为建模集，剩余 12 个小区作为验证集。在采用不同建模方法时均使用同一套建模集和验证集，以确保不同模型之间精度的可比性。

作者简介：张斌斌（1999—），男，硕士研究生，研究方向为马铃薯栽培。
基金项目：现代农业产业技术体系专项资金资助（CARS-09）。
*通信作者：石瑛，副研究员，主要从事马铃薯遗传育种及栽培研究，e-mail：yshi@ neau.edu.cn。

结果表明，现蕾期 RGB 指数中 VARI、GRVI、MGRVI、RGBVI、GRI、g、ExG、TGI、BRI 与株高均存在极显著相关关系，r、BGI 与株高存在极显著负相关关系；所有多光谱植被指数均与株高存在显著相关关系。初花期 b、OSAVI 与株高显著相关，MACRI、EV12 与株高极显著相关。盛花期 b、BRI 与株高显著相关，所有单一植被指数均与株高相关关系不显著。终花期 BRI 与株高极显著负相关，r、VARI、GRVI、MGRVI、GRI 与株高显著相关，GNDVI、CIRE、NDRE 与株高相关达到极显著水平，植被指数中 NDVI、OSAVI、MSR、RVIred、EV12 与株高显著相关。在全生育期，所有 RGB 指数、植被指数与株高均存在极显著相关关系，其中，RGBVI、OSAVI 与株高的相关系数最高，分别为 0.92 和 0.95。

不同生育期 RGB 指数、植被指数与全株生物量的相关分析表明，所有单一 RGB 指数、单一植被指数在现蕾期与全株生物量相关关系均不显著；初花期 b、OSAVI、MCARI 与全株生物量呈极显著相关，g、RGBVI、EXG、BGI、TGI、NDVI、MSR、NRI、RVIred、EV12 与全株生物量呈显著相关关系；盛花期 g、RGBVI、EXG、BGI、TGI、OSAVI、MCARI、NRI、EV12 与全株生物量呈显著相关关系；终花期 g、RGBVI、EXG、BGI、TGI、MCARI、NRI 与全株生物量呈极显著相关关系；在全生育期 GRVI、MGRVI、GRI、NDVI、OSAVI、MSR、RVIred、EV12 呈显著相关关系，所有 RGB 指数和植被指数与全株生物量均呈现极显著相关关系。综合来看，OSAVI、MCARI、EV12、g、RGBVI、BGI、TGI 与生物量表现出较好且稳定的相关关系。

基于多种光谱指数与株高和生物量相关性分析，分别以 RGB 指数、植被指数、RGB+植被指数作为模型输入变量，构建现蕾期、初花期、盛花期、终花期以及全生育期的马铃薯株高与生物量估算模型。基于 RGB 指数、植被指数、RGB+植被指数的株高反演模型中，各生育期中现蕾期预测效果最佳，且各生育期 MLR 模型普遍对株高具有更好的预测能力。现蕾期基于 RGB 指数的 MLR 株高反演模型中，R^2、RMSE 分别为 0.82、1.69 cm；植被指数 MLR 反演模型中，R^2、RMSE 分别为 0.79、1.82 cm；GRB+植被指数 MLR 反演模型中，R^2、RMSE 分别为 0.82、1.70 cm。全生育期，两种模型反演效果和精度均显著提升，基于 RGB 指数的株高反演模型中，MLR 反演模型效果更好，R^2、RMSE 分别为 0.88、8.34 cm；植被指数、GRB+植被指数反演模型中，均为 RF 模型效果更好，R^2、RMSE 分别为 0.94、5.86 cm 和 0.94、5.78 cm。综合来看全生育期 GRB+植被指数 RF 模型反演马铃薯株高模型效果最好，精度最高。

基于 RGB 指数、植被指数、RGB+植被指数的生物量反演模型中，全生育期预测效果最佳，且 MLR 模型普遍对株高具有更好的预测能力和精确度。全生育期基于 RGB 指数的生物量反演 MLR 模型中，R^2、RMSE 分别为 0.78、223.88 g/m^2，RF 模型中，R^2、RMSE 分别为 0.74、239.11 g/m^2；植被指数 MLR 反演模型中，R^2、RMSE 分别为 0.85、188.35 g/m^2；RF 模型中，R^2、RMSE 分别为 0.80、211.53 g/m^2；GRB+植被指数 MLR 反演模型中，R^2、RMSE 分别为 0.85、185.59 g/m^2，RF 反演模型中，R^2、RMSE 分别为 0.80、212.69 g/m^2。综合来看，全生育期 GRB+植被指数 MLR 反演全株生物量模型效果最好、精度最高。

综上所述，研究针对样本数量和自变量数量之间的关系，选取与株高、全株生物量高度相关的参数，得到最佳输入变量，建立了估算模型。在不同生育期，选取不同特征参数作为模型输入变量，反演效果也不同，通过结合多种指数的方法可以在大部分生育期提高马铃薯株高和生物量的反演效果，利用全生育期构建马铃薯株高和生物量估算模型可以显著提高预测效果。全生育期 GRB+植被指数 RF 模型反演马铃薯株高最佳，R^2 和 RMSE 分别为 0.94 和 5.78 cm，生物量最佳估算模型为全生育期 GRB+植被指数 MLR 模型，R^2、RMSE 分别为 0.85、185.59 g/m^2。该研究结果可为实现对马铃薯生长状况评估以及精准田间管理提供一定的理论依据。

　　关键词：马铃薯；RGB；植被指数；株高；生物量

Application of Intelligent Agricultural Technology in Potato Cultivation

WANG Yi[1]*, Townsend Philip A[2], Crosby Trevor W[1], Alkhaled Alfadhl[1]

(1. Department of Horticulture, University of Wisconsin, Madison, 999039, USA;

2. Department of Forest and Wildlife Ecology, University of Wisconsin, Madison, 999039, USA)

According to the International Society of Precision Agriculture, ′precision agriculture (PA) is a management strategy that gathers, processes and analyzes temporal, spatial and individual data, and combines it with other information to support management decisions according to estimated variability for improved resource use efficiency, productivity, quality, profitability and sustainability of agricultural production. ′ In other words, PA provides the possibility to do the right thing, in the right place, in the right time and in the right way.

High-value crops like potatoes are recognized as good candidates for the adoption of PA because of the high cost of inputs. In addition, the sensitivity of potato tuber yield and quality to production practices and environmental conditions makes precision management economically critical. PA practices involve more precise seeding, irrigation, fertilization, and pesticide use to optimize crop production for the purpose of increasing grower revenue and reducing the impact of agriculture on the environment simultaneously. In this article, we will be discussing use of PA practices, such as remote sensing and variable rate irrigation, in potato sustainable production.

Remote sensing for potato nitrogen precision management

Sustainable potato production is critical for world food security and the mitigation of hunger. In-season prediction of potato yield can help farmers understand their field spatio-temporal variability for better nitrogen (N) application decision-making and avoid unnecessary over-fertilization that causes nitrate-N leaching and groundwater contamination. Yield prediction uses both traditional methods (statistical models) and advanced technologies (remote sensing and machine learning) to provide farmers a good decision-making tool to efficiently apply N fertilizer. In recent years, advancement in remote sensing of vegetation has offered great opportunities to utilize innovative technologies to monitor crop growth and improve sustainability and N use efficiency in potato cropping systems.

作者简介：王怡(1985—)，女，博士，美国威斯康星大学麦迪逊分校农学和生命科学学院园艺系终身教授/副教授，长期从事提高马铃薯种植系统资源可持续利用的智慧农业研究。

＊通信作者：王怡，e-mail：wang52@ wisc. edu。

Proper N status monitoring is essential to achieving a healthy potato crop and to maximizing yield, yet the most common method of monitoring N status, petiole nitrate−N analysis, is untimely, destructive, and spatially variable. A possible alternative to this method is the utilization of hyperspectral remote sensing and computer−assisted modeling. Previous studies have shown the potential in using canopy reflectance to predict biophysical parameters of plants, including canopy health, N status, crop yield, and quality, yet have often employed tools (such as multispectral imaging) that are spatially inefficient and lack the full range of spectral information required to account for nuances in crop spectral signature.

One of the most promising methods of creating robust predictive models of crop traits is to use the narrow−band hyperspectral imagery and different algorithms, including partial least−squares regression (PLSR) and machine learning. The objective of this project is to develop decision−making models for efficient N application management of potato crops using hyperspectral imaging. We conducted a three−year field trial at the University of Wisconsin Hancock Agricultural Research Station (Hancock, WI, USA; latitude: 44°12. 141 3 N; longitude 89°3. 684 0; elevation 328 m) in 2018, 2019 and 2020 with four potato varieties (two russets and two chippers) and five different N treatments (N 45, 200, 270, 340, 410 kg/ha). Hyperspectral remote sensing data from 457 narrow bands were collected using two cameras: VNIR−1800 (400−1 000 nm) and SWIR−384 (953−2 518 nm) integrated with HySpex (Norsk Elektro Optikk, Norway). In−season field measurements and hyperspectral imagery collection were coordinated to five crop growth stages, including: planting, emergence/hilling, tuber initiation, early tuber bulking, and mid tuber bulking.

The first approach that we applied was to use a) 30 different vegetation indices (VIs), which are mathematical combinations of reflectance at two or more spectral bands and calculated by reflectance data extracted from the hyperspectral images, b) environmental data such as soil temperature, precipitation, and growing degree days, and c) agronomic data such as nitrogen rate, variety, plant growth stage indicated by days after planting, as the inputs to different machine algorithms to monitor plant nutrient status and predict final yield. Seven different machine learning algorithms were built for the prediction: Ridge, decision tree (DT), linear, XGBoost, random forest (RF), support vector machine (SVM), and k−nearest neighbor (kNN). The results showed that among the 30 VIs, Transformed Chlorophyll Absorption Reflectance Index (TCARI) had the highest correlation with petiole nitrate − N and leaf total N (R^2 were − 0. 65 and − 0. 68 respectively), whereas pigment−specific simple ration (PSSR) index had the highest correlation with total tuber yield (R^2 was 0. 58). RF models showed the highest goodness−of−fit. Adding agronomic data as the inputs to the models showed no improvement of model performance compared to models with only the VIs and the environmental data. Overall, the performance of machine learning models produced reliable predictions for petiole nitrate−N (R^2 = 0. 767−0. 880), leaf total N (R^2 = 0. 815−0. 908), and final tuber yield (R^2 = 0. 405−0. 620).

The second approach that we applied was to use partial least−squares regression (PLSR), which is a computational modeling method that utilizes weighted predictor components to model the relationship between predictor variables and a response variable, as well as all of the 457 hyperspectral narrowband data to predict in－season and end－of－season potato traits. PLSR performs well where multi－collinearity is high, making it a powerful method for hyperspectral data. Our PLSR models showed R^2 values as high as 0.78.

These results demonstrated the potential of using hyperspectral imagery together with two different modeling approaches for generating robust algorithms to predict the plant in－season N status and end－of－season traits. These methods can be applied to assisting potato farmers with site－specific precision nitrogen management in the future.

Variable rate irrigation

The variable rate irrigation (VRI) technology applies water at variable rates rather than one uniform rate along the length of the center pivot. There are two steps to apply the VRI: firstly, based on soil electrical conductivity (EC) or elevation mapping, the field is divided into different management zones; secondly, the system applies specific amount of water on different management zones by turning on and off individual nozzles (nozzle control VRI) or controlling the moving speed of the pivot (speed control VRI). VRI can apply water at differing rates to different crops or cultivars, varying soil types, high run－off areas or low areas prone to getting wet and saturated, and environmentally sensitive areas within the field. The overarching goal of VRI is to avoid over－ and under－irrigation so no water is wasted and no water stress occurs, while crop yield and quality are maintained or increased.

In the summer of 2018, we conducted a study to quantify the benefits of using VRI on commercial potato ("Russet Burbank") production in Wisconsin. We picked two fields irrigated with nozzle control VRI and speed control VRI respectively. In each field, there was about 4.5－meter elevation difference between the highest and lowest areas. At harvest, we evaluated tuber yield and quality of the driest area, the most represtative/average area, and the wettest area of each field. The major findings of this study included:

- A big benefit of using VRI is to improve yield and quality, therefore to potentially improve the profitability in the direst (or the high run－off) area of a field that is more vulnerable to under－irrigation. VRI is able to maintain soil moisture within the rooting zone of the plants;

- VRI can save irrigation water and improve irrigation efficiency in the low area of a field that tends to be wet or saturated. However even under VRI, managing potato yield and quality in the low area is still challenging, since plants tend to have more rotting and defect issues;

- VRI is a promising system to save water while improving potato profitability, but further fine－tuning is needed to better manage it on fields with variability.

干旱胁迫对不同耐旱马铃薯根系生理生化指标及根尖显微结构的影响

秦天元[1,2]，王一好[1,2]，孙　超[1,2]，毕真真[1,2]，姚攀峰[1,2]，白江平[1,2*]

（1. 甘肃农业大学农学院，甘肃　兰州　730070；

2. 甘肃省干旱生境作物学重点实验室/

甘肃省作物遗传改良与栽培种创新重点实验室，甘肃　兰州　730070）

马铃薯是一种具有重要营养和农业价值的粮食作物。与小麦、水稻和玉米等传统粮食作物相比，马铃薯不仅富含丰富的膳食纤维，较低的脂肪含量，而且还具有在传统三大粮食作物不利的环境中生长繁殖的能力。因此，世界上绝大多数地区的气候条件和土壤环境都可以适宜马铃薯生长。马铃薯在中国主要分布在西北、西南山区等干旱少雨地区，干旱缺水一直是影响中国马铃薯产量与品质的重要因素之一，在马铃薯生长期，植株对水分亏缺最为敏感。在块茎膨大期，若出现严重缺水干旱，则植株主要会表现为不可逆的生长和生理代谢抑制，甚至全株死亡，这将严重导致马铃薯品质、产量和商品属性降低，因此，中国的马铃薯产业还需进一步发展和改善。近年来，许多科学家对马铃薯的抗旱研究做出了巨大的贡献，目前已培育出多种抗旱马铃薯品种，但不同生态区域、不同环境条件下马铃薯品种抗旱性存在差异。如何提高马铃薯在干旱条件下的产量仍然是科学研究的重中之重，因此了解干旱条件下马铃薯的响应机制和抗旱机理尤为重要。由于马铃薯对干旱胁迫的响应机制是一个非常复杂的过程，这一过程包括渗透调节、抗氧化和植物激素调节等生理生化反应，以及相关抗旱基因的表达、蛋白质的合成和转运等，因此，从植物生长发育等多方面来研究马铃薯抗旱机理和分子机制，对筛选和培育耐旱性马铃薯品种具有重要意义。

以甘肃省定西市农业科学研究院提供的 2 个根系差异明显且抗旱性不同的马铃薯栽培种"大西洋"和"青薯 9 号"为试验材料，试验容器采用体积约为 20 L 的花盆种植马铃薯。花盆直径为 30 cm，高为 40 cm。紧贴花盆内壁放置纱网，通过拉动纱网取出盆内的土壤，从而获得完整的马铃薯根系。在试验地搭建遮雨棚，避免雨水进入到实验装置内。营养土和蛭石按 1∶1 均匀混合后装入 PVC 管中。选择大小一致、表面光滑无病菌的脱毒种薯播种，每个花盆中播种 2 个种薯，待出苗后保留 1 株。正常浇水至出苗（30 d）后开始进行干旱胁迫处理。分别处理 15，30，45，60 和 75 d 时，分别收集其根系，一部分立即保存在

作者简介：秦天元（1993—），男，博士，研究方向为马铃薯遗传育种。

基金项目：国家马铃薯产业技术体系（CARS-09-P10）；甘肃省科技基金项目（22JR5RA835，2022CXZXB-025，22JR5RA833，20YF8WA137，21JR7RA804，19ZD2WA002-02）。

*通信作者：白江平，博士，教授，研究方向为作物遗传育种，e-mail：baijp@ gsau. edu. cn。

装有甲醛(Formaldehyde，FA)固定液的玻璃容器中；另一部分在液氮中冷冻，然后在－80 ℃的冰箱中保存。装有 FA 固定液的样本用于做根尖显微切片。－80 ℃冰箱中保存的样本用于测定与抗逆相关的生理生化指标。试验分两个处理，分别为对照(70%～85%)和重度干旱胁迫(40%～55%)，各个处理的百分比分别为营养土和蛭石混合物最大持水量的百分数。每个样本设 3 个生物学重复。

通过测定"大西洋"和"青薯 9 号"的根长、根冠比、根系相对含水量、Malondialdehyde(MDA)、Peroxidase(POD)、Catalase(CAT)、Root value(RV)和 Protein(Pro)等生理生化指标以及产量，发现"青薯 9 号"的绝大部分生理生化指标都显著高于"大西洋"。进一步通过相关性分析发现，"大西洋"的产量主要与根长(0.965*)、根冠比(0.943*)、MDA(0.955*)、POD(0.964*)和根活力(0.857*)呈显著正相关；根长与根冠比(0.976*)和根活力(0.816*)呈显著正相关。"青薯 9 号"的产量主要与 MDA(0.935*)和 CAT(0.889*)呈显著正相关，与根长(0.993**)、根冠比(0.978**)、POD(0.995**)和根活力(0.983*)呈极显著正相关；此外，"青薯 9 号"的根长与根冠比(0.969**)、MDA(0.980**)、POD(0.970**)和根系活力(0.975**)呈极显著正相关。进一步通过根尖显微观察发现，在正常浇水条件(CK)下，"大西洋"和"青薯 9 号"的木质部导管呈圆形，导管数量多而密。而随着干旱处理时间的延长，在处理 45，60 和 75 d 时，两个马铃薯品种根系的中柱面积和木质部导管直径出现不同程度的减小，以及木质部导管和表皮细胞数目等出现不同程度的减少。在相同处理时期下，发现"青薯 9 号"的木质部导管数量均明显少于"大西洋"。有报道表明抗旱性强的李氏禾(Leersia hexandra Swartz)根系木质部导管较不抗旱品种直径更小，木质部导管直径变小，能够增大水分输导管阻力，从而增加抗旱性；因此，这可能也是马铃薯为了防止水分流失而对环境所做的一种适应性表现，由此可见，"青薯 9 号"可能具有更强的抗旱性。

研究结果可为后续马铃薯根系抗旱候选基因与抗逆相关生理生化指标的关联分析提供研究思路，在结合生理生化研究的基础上，进一步解析抗旱基因的功能，同时也为耐旱性马铃薯新品种培育提供理论支持。

关键词：马铃薯；干旱胁迫；生理生化指标；显微结构

马铃薯连作障碍的土壤微生态机理探讨

曲晓晶[1]，何 萍[1*]，段 玉[2]，张 君[2]

(1. 中国农业科学院农业资源与农业区划研究所，北京 100081；
2. 内蒙古自治区农牧业科学院资源环境与可持续发展研究所，内蒙古 呼和浩特 010031)

马铃薯(*Solanum tuberosum* L.)是中国第四大粮食作物，宜粮宜菜。随着种植面积的不断扩大，长期连作以及养分管理粗放导致连作障碍问题凸显，尤其是土传病害不定期地爆发并长期存在，制约了马铃薯产业的可持续发展。土壤连作障碍主要由土壤理化性质下降和微生物群落失衡引起。而土壤有机质与微生物之间的物质能量转化在"土壤-作物"系统中起着重要作用，土壤颗粒有机质(Particulate organic matter, POM)作为能够指示土壤有机质变化的指标，同时也是土壤微生物群落变异的驱动因子。可见，阐明 POM 与土壤微生物群落的关系有助于揭示土壤连作障碍的微生态机理。因此，研究以 POM 为切入点，研究马铃薯连作土壤 POM 的特性及其与微生物群落的关系，探讨马铃薯连作障碍的土壤微生态机理，探索有效防治土传病害的绿色生物技术，进而为消减连作障碍提供新思路和有效的技术支撑。

试验基于内蒙古自治区农牧业科学院旱作试验站田间长期定位试验(雨养区和灌溉区)，以农民常规施肥方式为对照(连作)，以播前、根际和非根际土壤为试验材料，研究多样化种植(间作和轮作)及养分优化管理的土壤微生态环境特征。利用高通量测序技术(Illumina：16SrDNA 和 ITS)，分析细菌和真菌群落结构特征，利用热裂解气质联用仪(Pyrolysis gas chromatography-mass spectrometer, Py-GCMS)测定 POM 分子结构，利用高效液相色谱(High performance liquid chromatography, HPLC)对马铃薯根系分泌物邻苯二甲酸二丁酯(Dibutyl phthalate, DBP, 化感自毒物质)进行定性及定量分析。同时结合生物信息学的综合分析方法进行数据挖掘，以探明 POM 驱动微生物群落变异的途径，明确马铃薯连作土壤微生态环境特征。

结果显示，根系微生物群落能够缓解土壤碱化，连作消弱了该作用，其根际土 pH (8.58)高于土体土(8.51)；颗粒有机氮(Particulate organic nitrogen, PON)对土壤碳氮运转的贡献率超过了 70%，间作和轮作利于碳氮累积，尤其是稳定态碳氮，与连作相比，其根际土矿质结合态有机碳和氮(MAOC、MAON)分别增加 30.8% 和 65.8%；养分优化为作物生长提供了更多的有机氮源(PON)，同时促进了土壤氮素的封存。间作和轮作提高了土壤核心菌群的稳定性，连作促进了根际病原真菌的累积；氮主要影响细菌群落分布，碳则

作者简介：曲晓晶(1980—)，女，博士，主要从事马铃薯连作障碍研究。
基金项目：国家马铃薯产业技术体系(CARS-09-P31)；国家自然科学基金项目(31972515)；内蒙古自治区科技计划项目(2021GG0010)。
*通信作者：何萍，博士，研究员，主要从事植物营养研究，e-mail：heping02@ caas. cn。

影响真菌群落，POM 对真菌群落变异的贡献率高于细菌群落，尤其是 POM-C/N。间作和养分优化的 DBP 分别比连作减少 6.0% 和 4.1%。连作土壤 POM 热裂解产物以 CO_2 为主（相对含量为 94.16%），间作 POM 主要为 C_2H_4O（92.01%），轮作时则主要为 CO_2（84.07%）和 C_3H_8（15.24%），其结构稳定性表现为间作>轮作>连作，而 POM 培养优势真菌丰度则表现为连作>轮作>间作。同时，以病原菌为参考，初步筛选出了马铃薯连作土壤土传病害 3 种具有协同作用的病原真菌拮抗菌，分别属于厚壁菌门和变形菌门，均为可培养的有益细菌。

综上所述，马铃薯连作土壤微生态环境具有碱化趋势明显，颗粒有机质结构简单，易被病原真菌利用，有机质难以长期固存，优势菌多为病原真菌的特征。颗粒有机氮是影响土壤碳氮运转的主要因子，氮主要影响细菌群落分布，碳则主要影响真菌。多样化种植提高了土壤核心菌群稳定性，养分优化可能通过影响细菌群落改善连作土壤微生态环境。POM 通过真菌驱动微生物群落变异，其结构特征是导致土壤微生物群落（尤其是真菌）差异的重要因素。而 POM 易通过人为措施调控，又与土壤有机碳固持密切相关，其可能成为消减土壤连作障碍的突破口，有待深入探讨。研究初步筛选的拮抗菌功能验证及解析有待进一步分析。

关键词：马铃薯；连作障碍；POM；微生物群落；根系分泌物

布拖县马铃薯与青贮玉米间作模式推广建议

刘　渝[1,2]，张　峰[1,2]，梁　晓[3]，屈晶晶[1,2]，严奉君[1,2]，王西瑶[1,2]*

（1. 西南作物基因资源发掘与利用国家重点实验室，四川　成都　611130；

2. 四川农业大学农学院，四川　成都　611130；

3. 四川省农业科学院作物研究所，四川　成都　610066）

马铃薯作为第四大主粮，其发展对保证粮食安全、优化农业结构具有重要作用，对脱贫山区和民族地区的口粮保障、农民增收更具特殊意义。布拖县大部分地区海拔在1 500 m以上，属高寒山区，气候冷凉，日温差较大，十分适宜作物的生长。目前全县总耕地面积近2.4万 hm²，其中马铃薯与玉米分别占总面积的62.35%与21.75%，为全县主要的粮食来源。在当地政府及社会各方的帮助和支持下，布拖县已初步建成集马铃薯脱毒种苗工厂化生产、脱毒原原种生产、种薯扩繁、马铃薯加工以及农旅结合的闭合产业链，但布拖县当地由于缺乏先进栽培技术和科学规范的田间管理技术，导致栽培马铃薯产量、品质下降、土地资源浪费等问题。作为一个典型的半农半牧县，以黑绵羊为主的畜牧业也是布拖县农村经济的一个支柱产业，目前黑绵羊已通过国家地理标志产品认证，并被农业农村部列为全国"畜禽10大优异种质资源"之一，发展潜力巨大。虽然当地拥有6.7万 hm²的天然草场，可为黑绵羊的养殖提供一定的饲草供应，但受冬季低温气候影响导致的饲草短缺，严重制约当地畜牧业发展。为解决上述问题，四川农业大学农学院薯类团队研究生驻扎当地，拟通过以种促养、种养结合二者相互促进的循环农业模式，探究高产优质马铃薯和青贮玉米间作增产增效关键技术研究与集成示范，助力布拖县农牧业发展，促进当地农民增收，产业振兴。

布拖县各乡镇马铃薯和玉米的种植方式主要以单一种植为主，80%农户会采用倒茬轮作方式种植马铃薯和玉米，在种植马铃薯的地块，第二年再种植玉米；15%农户会常年种植单一作物，不进行倒茬轮作及间套作种植；5%农户会以马铃薯与其他作物进行套作种植。马铃薯间作青贮玉米技术以高矮搭配原则，形成天然屏障，对降低病虫害的发生机率，促进作物增产增效、种养结合循环农业发展等方面具有明显优势。2022年，于四川省凉山彝族自治州布拖县布江蜀丰生态农业科技有限公司试验田开展马铃薯与青贮玉米间作试验，马铃薯品种为"川凉薯10号"；青贮玉米品种为"广青8号"。试验小区面积4 m×8 m，每小区4垄，垄距1 m，垄面0.8 m，双行垄作错窝播种。马铃薯单作规格为：窝距30 cm，行距40 cm，穴留一株；玉米单作规格为：窝距40 cm，行距40 cm，穴留两株；

作者简介：刘渝（1997—），女，硕士研究生，从事马铃薯等作物生产与管理研究。

基金项目：国家现代农业技术体系四川薯类创新团队项目（sccxtd-2023-09）；西南作物基因资源与利用国家重点实验室"生物育种"揭榜挂帅项目（SKL-ZY202203）。

*通信作者：王西瑶，博士，教授，主要从事马铃薯种薯活力及其调控研究，e-mail：1357664714@qq.com。

马铃薯/玉米采用 2 : 2 行数比种植模式，马铃薯与玉米间作种植规格与相应单作一致，马铃薯与青贮玉米间距 60 cm。田间管理均一致，小区周边种植 1 m 宽的玉米保护行。肥料采用氮磷钾三元复合肥（$N : P_{05} : K_2O = 15 : 15 : 15$），马铃薯基肥施用复合肥 1 500 kg/hm²，生长期间不施肥，不盖地膜；青贮玉米基肥施用 1 050 kg/hm² 复合肥，拔节期施用尿素（N 46.0%）200 kg/hm² 进行追肥，盖地膜。配套规范高产栽培措施。

根据试验结果分析得知，马铃薯间作青贮玉米技术显著降低了马铃薯晚疫病的传播率；间作模式下，马铃薯产量为 18.9 t/hm²，青贮玉米产量为 36 t/hm²，单作模式下，马铃薯产量为 30 t/hm²，青贮玉米产量为 62.9 t/hm²；与单作模式相比，在单位土地面积上，间作模式下能显著增加马铃薯与青贮玉米的总产量，土地当量比为 1.2>1；通过产值、成本和利润的对比分析，与单作模式相比，马铃薯与青贮玉米间作能达到较高的利润，农户至少多收益 7 500 元/hm²。同时，通过推行种养结合，种植业可为养殖业提供饲草，养殖业利用其产生的粪便为种植业提供有机肥，充分利用动植物间循环的物质和能量，降低种植业及养殖业成本。

针对彝族农户对马铃薯与青贮玉米间作等新技术接受度低的问题，通过融合政府职能部门、高校、科研院所、国际国内马铃薯同行及帮扶干部等多方资源，集中开展彝族科技教育、农技服务、科普培训，以加强布拖县马铃薯高产栽培技术的探索与推广，马铃薯与青贮玉米间作等科学栽培模式研究，助推布拖县马铃薯产业绿色转型。这对打破当地传统农民栽培耕作模式，转变传统农民技术思维，促进农民增收意义重大。

关键词：布拖县；马铃薯；青贮玉米；间作模式；调研；建议

不同光谱和强度 LED 灯光对马铃薯生长生理的影响

李雅飞[1,2]，李结平[1*]，冯　琰[2]，王　磊[2]，KEAR Philip[1]，

常世伟[1]，许春江[1,2]，张振鑫[1]，袁平平[1]，单有蛟[1]

(1. 国际马铃薯中心亚太中心(中国)，北京　延庆　102199；

2. 河北北方学院，河北　张家口　075000)

马铃薯(*Solanum tuberosum* L.)广泛种植于世界各地，是全球第四大主粮作物，对保障国家粮食安全发挥着重大作用。种薯生产体系中，组培苗在温室内完成的人工补充光照是影响种薯产量的重要因素，同时随着农业科技进步，如强烈依赖人工光照的植物工厂等高效科学的生产方式被越来越多地运用到实际生产中，这就需要对不同光谱和强度的补光灯对马铃薯的生长和产量影响有更多的研究，以获得适合马铃薯生长的室内光源。目前不同灯光对马铃薯生长生理的影响研究主要集中于马铃薯组培苗(苗期阶段)，而对马铃薯全生育期的影响研究则相对较少。研究通过设置不同光谱和光照强度的 LED 灯光处理，采用栽培种"费乌瑞它"为试验材料，全生育期观察不同灯光处理对"费乌瑞它"的株型、叶片生理性状和产量的影响，通过对表型数据的分析获得最适合马铃薯生长的灯光处理，对当前马铃薯产业中种薯生产的人工光照补光技术提供重要参考，为未来发展马铃薯的植物工厂提供重要的理论支撑。

将打破休眠的"费乌瑞它"播种于 10 L 花盆，培养基质采用马铃薯-玉米轮作的田间原位土壤，生长在人工气候室内，参数设置为昼夜温度 25 ℃/20 ℃、相对湿度 50%、二氧化碳 400 μmol/mol、光周期 10 h/14 h。试验共设有 4 种灯光处理和一组田间对照处理，分别标记为 LA-H、LA-L、LB、LAB 和 LF。其中 LA-H 与 LA-L 是相同类型光谱的灯光，相关色温为 6 334 K，是市场上广泛采用的植物生长全光谱类型灯光。其中 LA-H 为高光强处理，光合光子通量密度为 232.66 μmol/m²·s，LA-L 为低光强处理，光合光子通量密度为 107.16 μmol/m²·s。LB 相关色温为 3 459 K，由福建九圃生物科技有限公司研发的有效光谱高发热量低的植物补光灯，主要由波长为 660 nm 红光、450 nm 蓝光和 525 nm 绿光组成，其占比分别为红光 65%、蓝光 22%、绿光 13%。LB 与 LA-L 的光照强度几乎相等，LAB 的灯光是 LA 类型灯光和 LB 类型灯光组合而成的混合型光照处理，其光合光子通量密度介于 LA-H 与 LB 之间为 176.01 μmol/m²·s，光谱与 LA 和 LB 两种类型的灯光光谱均不相同，相关色温为 5 678 K。LF 处理为自然光，在大田间种植的对照组。在出苗后第 60 d 对马铃薯植株的株型性状，包括株高、茎粗、主茎数、整体叶片面积和生理性

作者简介：李雅飞(2000—)，女，硕士研究生，主要从事马铃薯植物学生理研究。

基金项目：国家重点研发计划(2021YFE0109600)；河北省重点研发计划项目(21326320D)。

*通信作者：李结平，博士，高级研究员，主要从事马铃薯植物生理学与重要营养元素 Fe、Zn 等的生物强化研究，e-mail：J. li@ cgiar. org。

状包括净光合速率、气孔导度、胞间 CO_2 浓度、蒸腾速率、叶绿素含量及产量性状如生物量(包括根、茎、叶及块茎的干重和鲜重)进行测定。试验结果表明:

(1)比较分析 4 种 LED 光源处理组与 LF 对照组的植株表型数据,发现 LA 型灯光高光强处理组 LA-H 中马铃薯植株的株高、主茎数、整体叶片面积及根、茎、叶鲜重均显著高于 LF 对照组中生长的马铃薯植株,同时发现高光强 LA-H 处理下的马铃薯单株结薯重与自然光 LF 处理下单株结薯重不具有显著性差异,表明高光强处理不仅可以提高马铃薯的生物量,还可以使马铃薯单株结薯重接近于大田中自然生长的马铃薯单株结薯重。在低光强处理组 LA-L 与 LB 灯光下生长的马铃薯植株的茎粗、整体叶片面积及马铃薯根、茎、叶和块茎鲜重与干重均低于 LF 对照组中的马铃薯植株;而在 LA 与 LB 两种类型的灯光相结合的光源 LAB 处理中,马铃薯植株的株高、主茎数、整体叶片面积及根、茎、叶鲜重与大田 LF 处理组中生长的马铃薯植株不具有显著性差异,但 LAB 处理组中的马铃薯单株结薯重、块茎鲜重及根、茎、叶和块茎干重均显著低于 LF 对照组的马铃薯植株。

(2)在相同光谱不同光照强度的处理中(LA-H vs LA-L),高光强 LA-H 处理下的马铃薯植株的整体叶片面积、单株结薯重、净光合速率、气孔导度、蒸腾速率及根、茎、叶和块茎鲜重与干重均显著高于低光强 LA-L 处理下的马铃薯植株,而叶绿素 a、叶绿素 b 及总叶绿素的含量显著低于 LA-L 处理组。

(3)在光照强度相同而光照类型不同的处理中(LA-L vs LB),LA 类型的光照下马铃薯植株的株高、茎粗、主茎数、整体叶片面积、单株结薯重及根、茎、叶、块茎干重和鲜重与 LB 类型的光照处理下马铃薯植株无显著性差异,而马铃薯植株叶片中的叶绿素 a、叶绿素 b 与总叶绿素含量及马铃薯植株的净光合速率、气孔导度、胞间 CO_2 浓度和蒸腾速率显著高于 LB 处理组。

(4)在混合两种类型光源的综合光源 LAB 处理下,马铃薯植株的株高、茎粗、主茎数、分支数、单株结薯重、净光合速率、气孔导度、胞间 CO_2 浓度、叶绿素 a、叶绿素 b 及总叶绿素含量及根、茎、叶和块茎鲜重与干重均介于 LA 类型与 LB 类型的光照处理之间。

(5)在 5 个不同的试验处理中,马铃薯植株的单株结薯重由高到低依次为 LF、LA-H、LAB、LB、LC,经过方差分析后发现 LA-H 与 LF 在同一子集,LA-H 与 LAB 在同一子集,LA-L 与 LB 在同一子集。

试验采用不同光谱、不同光照强度的 LED 灯光处理,以自然光照(田间种植,LF 处理组)作为对照处理,研究了光谱和光强因素对马铃薯植株生长生理影响,表明 LA-H 光照处理组的单株产量与田间种植条件一致,而 LA-L、LB 及 LAB 处理组虽然部分植株株型性状与 LF 处理下的马铃薯植株无显著差异,但是产量显著低于 LF 处理组,表明其不能完全满足马铃薯生长的光照需求,确定了以 LA 类型的光照及其高光强处理更适合作为后续马铃薯的补充光源。试验初步探索了光谱和光强因素对马铃薯生长生理的影响,为马铃薯光源的补充提供了一定的参考依据,同时也为马铃薯产业室内微型薯生产、植物工厂生产等室内生长环境选择合适的光源提供了重要依据。

关键词:马铃薯;光照;生物量;农艺性状;产量

模块化马铃薯贮藏设施效能评价

程建新，田世龙*，李守强，李 梅，葛 霞，田甲春

（甘肃省农业科学院农产品贮藏加工研究所，甘肃 兰州 730070）

马铃薯已经成为甘肃省旱作农业提升的主导产业，推进乡村振兴战略实施的潜力产业。与此同时，马铃薯收获后通过长期或短期的贮藏，来稳定鲜薯市场价格，保证加工业的健康发展，已成为行业共识。因此，科学高效的贮藏设施及与之相配套的贮藏管理技术在生产中作用越发重要。传统的贮藏设施存在设施老旧、设备功能缺失、贮藏管理不便等问题，且建造周期较长，劳动力投入大，地下式的构型使用不便，在马铃薯产区劳动力紧缺的现状下，已不能适应现阶段的生产。而面对马铃薯生产者小而散的现实，规模大且建造成本高的大型贮藏设施也不适宜。因此，生产中需要一种建造灵活、建筑成本较低、贮藏效果好的马铃薯贮藏设施，及与之配合的科学有效、易学易用的贮藏管理技术。研究以模块化 EPS 材料为主体，建造具有模块化结构的马铃薯贮藏设施，减小时下马铃薯产区劳动力短缺、劳动力成本较高的不利影响，充分利用新材料带来的施工、成本的便利，可以显著降低贮藏设施的建造成本和建造周期。设施配有利用外界环境的自然冷源的通风调温调湿设备，以简化贮藏管理操作，降低贮藏管理的技术难度，提高生产效率。

模块化马铃薯贮藏设施的基本结构。模块化马铃薯贮藏设施是以 EPS 保温材料为基础，通过模块化设计、建造而成。该设施具有结构简单，建造简便，保温效果好，成本较低的优点。设施的大小和形状可以根据实际情况变化。设施主体由 18 cm 厚的 EPS 保温模块组成，拼装完成后通过防水处理，再在外部包裹防裂砂浆，使之成为一个整体。以贮藏量最小的设施为例，建筑面积 28 m^2，使用面积 25 m^2，高约 3.2 m，可以存储马铃薯 16 t 左右。模块化设施具备内外循环通风系统，可以根据需要引入外部环境空气以调控设施内部的温湿度，或者封闭整个设施进行内部气体循环，进行抑芽、防腐剂的处理。通风系统可以由使用者通过遥控开关控制，也可以连接甘肃省农业科学院农产品贮藏加工研究所研制的通风自控仪实现自动控制。

模块化马铃薯贮藏设施的建造优势。模块化马铃薯贮藏设施在施工的准备、工期和劳动力成本方面具有明显的比较优势。以建于甘肃省定西市安定区的建筑面积 28 m^2 的贮藏设施为例，其成本、建造过程及用工量约为：材料成本 29 000 元，工期 9~11 d，劳动力成本 21 人/d；同地区地上式贮藏设施的成本、建造过程及用工量约为：材料成本 28 000 元，工期 13~15 d，劳动力成本 52 人/d；地下式贮藏设施的成本、建造过程及用工量约

作者简介：程建新（1984—），男，助理研究员，主要从事马铃薯贮藏及加工研究。

基金项目：联合国世界粮食计划署甘肃富锌马铃薯小农户试点项目（WFPGSPP-3）；国家现代农业产业技术体系（CARS-09-P26）；甘肃省科技计划民生科技专项（21CX6NA121）；甘肃省农业科学院创新团队（2017GAAS31）。

*通信作者：田世龙，研究员，主要从事马铃薯贮藏保鲜及加工研究，e-mail：723619635@qq.com。

为：材料成本 26 000 元，工期 20~22 d，劳动力成本 80 人/d。

通过研究布设在模块化贮藏设施内外、贮藏马铃薯堆垛不同位置的温湿度记录仪监测记录，发现模块化贮藏设施具有良好的保温性能。2021 年贮藏期(2021 年 11 月 26 日至 2022 年 4 月 13 日)，设施外界环境温度在 −19.7~32.1 ℃，变化幅度达 51.8 ℃；设施内空气温度在 −0.2~13.6 ℃，变化幅度为 13.8 ℃；贮藏马铃薯堆垛内温度在 1.8~8.2 ℃，变化幅度为 6.4 ℃。在贮藏期间，环境最低温出现在 2022 年 1 月 31 日，当日外界环境温度最低达 −19.7 ℃，而设施内的最低气温为 0.1 ℃，贮藏马铃薯堆垛内最低温度为 1.8 ℃。在贮藏期间，环境最高温出现在 2022 年 4 月 10 日，当日外界环境温度最高达 32.1 ℃，而设施内的最高气温为 11.3 ℃，贮藏马铃薯堆垛内最高温度为 8.2 ℃。贮藏期内，设施表现出了良好的保温性，环境气温经历了高低变化的波动，设施始终能为贮藏马铃薯提供较为适宜的贮藏环境，直接保证了贮藏马铃薯较高的贮藏质量。

使用电力检测仪持续记录了模块化贮藏设施一个贮藏期的能耗，主要用于内部照明和设施通风。设施通风由自动控制器控制，主要集中在贮藏前期，马铃薯刚入库的时候，降低贮藏马铃薯堆垛温湿度时产生，照明主要是进入贮藏设施进行检查或是管理操作时产生的，两者共计电费仍比同期 1 位工人的日工资(100 元/d)低，但效果更好，实际使用更便捷。

经过 138 d 的贮藏后，贮藏的马铃薯鲜重损失率为 3.84%~6.35%，腐烂损失率为 1.9%~2.1%；同期当地农户传统贮藏的马铃薯鲜重损失率为 8.49%~10.37%，腐烂损失率为 7.3%~8.4%。模块化设施通过严密的库体和适当地通风调节，有效降低了马铃薯的鲜重损失；又通过贮藏前对设施内部进行杀菌和马铃薯入库后的防腐处理两方面的措施，有效减少了马铃薯块茎腐烂的发生。

综上所述，通过建造比较和贮藏使用，模块化马铃薯贮藏设施的比较优势明显，可以满足甘肃省定西市或环境条件近似地区的秋冬季马铃薯贮藏使用。用户可以通过通风系统较为便捷的调节贮藏期设施内部的温湿度环境条件，或采取相应的抑芽防腐处理，从而为马铃薯的长期贮藏提供较为适宜的环境。贮藏设施及适宜的抑芽、防腐处理可以有效降低马铃薯贮藏损失，保持块茎质量，延长贮藏期。

关键词：马铃薯；贮藏；模块化；设施

种植密度及施肥量对马铃薯脱毒原种扩繁效果的影响

石鑫鑫[1]，秦嘉浩[1]，马海艳[1]，方小婷[1]，刘瑞麟[1]，吴　超[1]，郑顺林[1,2]*

(1. 四川农业大学西南作物基因资源发掘与利用国家重点实验室/
作物生理生态及栽培四川省重点实验室，四川　成都　611130；
2. 农业农村部薯类作物遗传育种重点实验室/
成都久森农业科技有限公司，四川　新都　610500)

马铃薯(*Solanum tuberosum* L.)因其营养价值高，抗逆性强，在保障国家粮食安全方面发挥着重要作用，但相较于发达国家，中国马铃薯单产水平较低，主要原因是脱毒种薯普及率不高，种薯退化严重，严重制约着马铃薯产业发展。脱毒种薯是利用茎尖脱毒技术繁育出的无病毒种薯，脱毒种薯的利用会显著提高马铃薯的产量和品质，而在大田生产中，栽培技术的合理应用是保证马铃薯产量的前提，若将脱毒种薯盲目应用于生产，不仅无法完全发挥出增产优势，还会增加生产成本，造成种薯资源浪费。因此，揭示在不同种植密度及施肥量下脱毒种薯的生长发育、光合特性及其产量扩繁系数等方面的规律与差异，探求原种扩繁中合适的种植密度及施肥量组合，对促进脱毒种薯的推广应用至关重要。

采用种植密度和施肥量两因素随机区组试验设计，种植密度有 4 个处理，即 60 000 株/hm²(M1)、82 500 株/hm²(M2)、105 000 株/hm²(M3)、127 500 株/hm²(M4)；施肥量有 4 个处理，即 900 kg/hm²(B1)、1 200 kg/hm²(B2)、1 500 kg/hm²(B3)、1 800 kg/hm²(B4)。共 16 个处理，重复 3 次，小区面积为 10 m²(4 m × 2.5 m)。试验于每年 12 月下旬播种，采用田间单垄种植，播种前由人工先开沟，沟深 10~15 cm，开沟后摆放种薯和施肥，施肥后人工起垄覆土，每小区起垄 5 行，垄高 30 cm，垄宽 80 cm，于 5 月上旬收获。复合肥料($N : P_2O_5 : K_2O = 16 : 6 : 18$)作为底肥一次性施入。期间做好排水工作，中耕除草和病虫害防治。供试品种采用脱毒种薯"中薯 1 号"，由四川省农业科学研究院提供，通过对脱毒原种生长发育、光合特性、肥料利用、产量的影响分析，得出以下主要结果：

种植密度及施肥量显著影响脱毒种薯的生长发育。随着种植密度的增大，马铃薯植株株高增加，茎粗和根体积减小，较低的种植密度处理更有利于原种茎粗的形成和根系的发展。当提高施肥量时，马铃薯生育前中期植株株高、根长和茎粗均提高，不同肥料用量对原种茎粗的影响相对较小。从两因素互作结果来看，M1B4 处理下，原种单株生长发育最好。

种植密度及施肥量显著影响脱毒种薯的光合特性。在原种大田扩繁中，适宜的种植密

作者简介：石鑫鑫(2000—)，女，硕士研究生，研究方向为马铃薯高产栽培。
基金项目：四川省自然科学基金(2022NSFSC0014)；四川省科技计划育种攻关项目(2021YFYZ0005，2021YFYZ0019)；国家现代农业产业技术体系四川薯类创新团队(sccxtd-2022-09)。
*通信作者：郑顺林，博士，教授，主要从事薯类高产栽培生理及栽培技术研究，e-mail：248977311@qq.com。

度和施肥量可提高马铃薯植株的光合作用。植株 SPAD 值随种植密度增大而减小，在 M1 处理下较其他处理高出 3.04%~3.93%，随着施肥量的增加，SPAD 值呈增加趋势，但差异不显著。气孔导度在不同种植密度下表现为 M1 和 M3 处理高于 M2 和 M4 处理，气孔导度随着施肥量的增加而提高，即 B4>B3>B2>B1。净光合速率平均值在不同种植密度下表现为 M1、M2 处理显著高于 M3、M4 处理，其中 M1 处理较 M4 处理高出 5.70%，在不同施肥量下表现为 B4 处理显著高于 B1 与 B2，在两因素互作下，净光合速率最高为 M1B4 处理，差异最高达到 17.37%。

适宜的种植密度及施肥量能促进脱毒种薯的干物质积累和转运。在两因素互作下，植株与块茎干物质量最高均为 M1B4 处理，较最低的 M4B2 处理分别高出 76.42%、84.48%；叶片在同一施肥量下，种植密度为 60 000 株/hm²(M1)时干物质量显著高于其他处理。块茎膨大后同化物输入块茎的量(PEA)随着种植密度的增加显著下降，在 M1 处理下可达到 44.71 g/株，较其他处理差异最高达到 79.13%。而随着施肥量的增多，PEA 呈现先增后减的趋势，在 B3 处理下达到最高；在两因素互作下，PEA 在 M1B4 处理下最高，达到 62.1 g/株。

种植密度及施肥量对脱毒种薯养分积累与运用有显著的影响。两个因素综合作用下，氮素和磷素总积累量最高为 M1B4 处理，钾素总积累量最高为 M1B3 处理；氮素和磷素收获指数最高为 M3B3 处理，钾素收获指数最高则为 M4B1 处理。

适宜的种植密度及施肥量能提高脱毒种薯的扩繁产量和扩繁系数。两年的原种产量及产量构成在不同种植密度及施肥量下趋势一致。随着种植密度增加，马铃薯单薯重、单株结薯数以及单株产量均呈下降趋势，但小薯率显著提高，两年试验表明，127 500 株/hm² (M4)的处理较 60 000 株/hm²(M1)处理总产分别高出 25.3%、51.91%；随着施肥量的增加，马铃薯单株结薯数以及单株产量呈上升趋势，而平均单薯重与总产量呈先升后降趋势。繁殖系数随种植密度的增大呈下降趋势，种薯的投入增多反而降低了原种扩繁效率。而随着施肥量增多，数量与重量繁殖系数得到提高，进而提高其扩繁效率。

综上，在试验中 M1B4 处理(密度为 60 000 株/hm²，施肥量为 1 800 kg/hm²)时，增强了原种根、茎、叶扩繁器官的生长发育，同时增强了原种块茎膨大期的光合作用，为单株干物质及养分积累奠定了坚实的基础，提高了原种生长势和单株生产潜力。但为了追求原种扩繁群体产量最大化，同时结合繁殖效率，试验结果表明，M4B3 处理(密度为 127 500 株/hm²，施肥量为 1 500 kg/hm²)下可发挥最佳的群体效果，不仅能维持较高的数量繁殖系数，同时也能提高小整薯率和总产量，有利于原种的田间高效扩繁，加快脱毒种薯良繁进程。

关键词：脱毒马铃薯；种植密度；施肥量；原种扩繁；养分积累；产量

马铃薯块茎消亡规律及其氮素调控机制

贾立国，郝　凯，樊明寿*

（内蒙古农业大学农学院，内蒙古　呼和浩特　010019）

马铃薯是重要的粮食、蔬菜及经济兼用型作物，在保障国家粮食安全和服务地方经济社会发展方面具有重要作用。马铃薯收获器官是地下块茎，其数量多少是决定产量和效益的重要因素，但是目前关于马铃薯块茎数量形成的规律还不清楚。马铃薯块茎起始数长期以来被认为就是最终块茎总数，研究发现收获时块茎数量小于块茎膨大期，部分形成的块茎在发育过程中腐烂直至消失，即马铃薯形成的块茎会发生消亡现象。消亡的块茎表现为变褐、萎缩和腐烂的表型，切开后出现空心现象，推测这部分块茎最终在形成后不会继续膨大，而是经历了衰老和死亡。切片结果显示，消亡块茎细胞表皮向内凹陷，内部的细胞排列没有规则，皮层中有较多空腔，且在靠近中央部位空腔面积最大，导致消亡块茎髓部中空，无任何细胞；消亡块茎并不具备完整的木栓形成层、皮层细胞等细胞结构。

进一步研究发现，块茎形成期块茎总数达到马铃薯全生育期峰值，此时小块茎（1 cm<d<3 cm）、极小块茎（0.5 cm<d<1 cm）和无效块茎（d<0.5 cm）为主要块茎类型；块茎形成期到块茎膨大期之间块茎总数下降，但大、中、小等级块茎总数增加或保持稳定，减少的块茎类型主要为极小块茎和无效块茎。平均每株1.58~3.18个块茎在发育过程中发生消亡，消亡的块茎类型主要是直径<1 cm的块茎，消亡发生时间主要为块茎形成期到块茎膨大期。无论追氮与否，在膨大期到收获期之间也都存在一定数量的块茎消亡。

马铃薯块茎消亡受氮素供应的调控，追氮处理平均约50%的植株出现消亡现象，缺氮处理消亡比例达85%，单株内消亡块茎占比分别为10%和25%，在马铃薯发育过程中补充氮在一定程度上缓解了块茎的消亡。不追氮条件下块茎形成期少量的块茎发生消亡现象，随着生育进程推进单株内块茎消亡比例逐渐升高，由块茎形成期的1%增加到收获期的25%；氮素追施条件下，块茎形成期内没有发现块茎消亡，块茎膨大期到最终收获时消亡块茎占比始终保持在7%~9%。无论是否追氮，发生块茎消亡植株的平均块茎数要多于正常植株块茎数。另外，在不追氮处理下，块茎消亡植株与正常植株的块茎总数都在下降，块茎消亡植株的平均块茎总数从14.1个/株下降到12.8个/株，而正常植株平均块茎总数从12.2个/株下降到11.4个/株水平；追施氮素处理中消亡植株的平均块茎总数却在增加，从块茎膨大期之后的13.9个/株增加到收获时的14.5个/株，正常植株块茎总数则稳定在13.3~13.7个/株，并没有持续增加或是降低。表明氮素追施能够缓解块茎的消亡，

作者简介：贾立国（1982—），男，副教授，主要从事马铃薯水分及营养生理研究。
基金项目：内蒙古自治区科技计划项目（2022YFHH0022）；中央引导地方发展基金（2022ZY0202）。
*通信作者：樊明寿，教授，主要从事植物营养生理研究，e-mail：fmswh@126.com。

后期氮素供应能显著降低块茎消亡的比例。

碳水化合物代谢通过协调源库关系在块茎消亡过程中起着至关重要的作用，无论是否追氮，直径>1 cm 块茎能分配到更多的碳水化合物，块茎形成期之后，直径>1 cm 块茎全碳浓度逐渐上升，而直径<1 cm 块茎全碳浓度逐渐下降。从块茎形成期开始，追氮处理块茎全碳累积量都要高于同期不施氮处理，且两处理全碳累积量差距逐渐拉大。在叶片和茎秆中全碳累积量都表现出抛物线变化；而且无论是否追氮，叶片及茎秆全碳累积总量都在出苗至淀粉积累期间持续上升，在淀粉积累期后快速下降。另外，最终收获时不追氮处理单株块茎全碳累积量为 71.61 g，而追氮处理的单株块茎全碳累积量可达 94.19 g。对比两处理全生育期整株全碳累积量变化中发现，在块茎形成期之后，全碳累积主要集中在块茎。消亡中的块茎内全碳、淀粉、蔗糖、全氮、C/N 显著或极显著低于同期同等大小的正常块茎，有消亡块茎的植株源库比显著低于无消亡块茎植株。

转录组学分析进一步证实了"碳水化合物代谢"是参与消亡块茎的主要生物过程，多糖降解相关基因 *LOC102601831* 和糖转运基因 *LOC102587850*（*SWEET6a*）在消亡块茎中显著上调；"肽酶抑制剂活性"和"水解酶活性"是消亡块茎中分子功能方面的主要变化。研究为马铃薯块茎的发育提供了新的见解，研究结果为进一步优化马铃薯氮素管理提供了理论支撑。

关键词：块茎消亡；马铃薯；氮素；块茎发育；碳代谢

连作马铃薯苗期根系分泌物调控根际菌群
提高不定根数量的机理研究

马海艳[1]，罗爱花[2]，吕和平[2]，方小婷[1]，刘瑞麟[1]，

石鑫鑫[1]，吴　超[1]，罗　超[1]，郑顺林[1,3*]

(1. 四川农业大学西南作物基因资源发掘与利用国家重点实验室/
作物生理生态及栽培四川省重点实验室，四川　成都　611130；
2. 甘肃省农业科学院马铃薯研究所，甘肃　兰州　730070；
3. 农业农村部薯类作物遗传育种重点实验室/
成都久森农业科技有限公司，四川　新都　610500)

　　马铃薯环境适应性强且产量高，在中国70%种植在集中连片特殊困难地区，利用其生产优势助力脱贫攻坚，加之受地质特点、气候条件、地方传统优势产业及经济利益的驱动等因素影响，连作已成为马铃薯生产上不可缺少的种植模式，连作障碍也成为马铃薯产业健康发展的主要限制因素。马铃薯连作障碍表现在植株长势不佳、产量降低、品质下降等方面，而自毒作用是导致连作障碍发生的主要因素之一。自毒作用的发生以自毒物质为媒介，由马铃薯植株地上部淋溶、根系分泌以及残茬腐解等途径进入土壤中的自毒物质，当其在土壤中的浓度达到一定阈值后会破坏根系膜结构，限制植株养分吸收，导致植株长势弱小，产量下降。目前对于缓解马铃薯自毒作用的研究较为单一，主要是针对降低土壤中自毒物质的浓度，但作用效果并不显著。此外，对于探究缓解自毒作用的方法仍处于对自毒物质浓度这个问题点的单一解决，而忽略了马铃薯植株自身在长期连作自毒胁迫下所形成的适应策略。已有大量研究表明，植株在受到生物或者非生物胁迫时会通过释放特定类别的根系分泌物来招募具有特定功能的微生物，帮助植株抵御逆境胁迫，而马铃薯在受到自毒胁迫后，改变的不只是植株自身形态以及生理代谢，根系分泌物的变化也会相应地改变根际土壤微生物的群落结构，形成特有的根际环境。课题组前期发现，香兰素是马铃薯连作障碍的主要自毒物质，连作土壤中的香兰素会显著降低马铃薯苗期不定根数量，而连作马铃薯根际土壤中的微生物具有促进香兰素胁迫下不定根发生的能力。因此，研究旨在探明连作模式下马铃薯"根系—根系分泌物—微生物"之间的潜在联系，并开发出一种通过扩大植株自身抵御连作自毒胁迫能力来缓解连作障碍的绿色、高效、可持续的方法。

　　前期以1~10年的马铃薯连作为研究对象，筛选出连作障碍最为严重的是连作7年，

　　作者简介：马海艳(1996—)，女，博士研究生，主要研究方向为马铃薯连作障碍防控。
　　基金项目：四川省自然科学基金(2022NSFSC0014)；四川省科技计划育种攻关项目(2021YFYZ0005，2021YFYZ0019)；国家现代农业产业技术体系四川薯类创新团队(sccxtd-2022-09)。
　　*通信作者：郑顺林，博士，教授，主要从事薯类高产栽培生理及栽培技术研究，e-mail：248977311@qq.com。

并以此为自毒胁迫代表年限，以连作 1 年为对照，以香兰素作为引发连作自毒作用的自毒物质为前提，通过设计连作土壤微生物对香兰素胁迫下马铃薯苗期不定根生长的影响及功能探究试验，以及连作香兰素胁迫下马铃薯植株招募 IAA-PGPR 功能菌株机理研究及验证试验，明确了缓解马铃薯自毒胁迫的功能菌株，同时筛选出能定向招募该菌株的根系分泌物，验证在连作自毒作用下，马铃薯植株会通过释放特定类别的根系分泌物来招募具有特定功能的微生物，促进植株抗逆生长。主要研究结果如下：

(1)连作香兰素胁迫下马铃薯苗期不定根数量快速增长期较正常植株晚 10 d 左右

研究发现，连作 7 年马铃薯苗期各阶段不定根的数量均低于连作 1 年，在出苗后第 20 d 最为显著，降幅为 27.94%，此外，连作 1 年马铃薯在出苗后第 20 d 的不定根数量相较于出苗后第 10 d 提高了 38.78%，在出苗后第 30 d 的不定根数量相较于出苗后第 20 d 提高了 10.29%，而连作 7 年马铃薯在出苗后第 20 d 的不定根数量相较于出苗后第 10 d 提高了 13.95%，在出苗后第 30 d 的不定根数量相较于出苗后第 20 d 仅提高了 40.82%。以上结果表明，正常马铃薯植株不定根数量快速增长期在出苗后第 10~20 d，而连作香兰素胁迫下马铃薯不定根数量快速增长期在出苗后第 20~30 d。

(2)连作香兰素胁迫下马铃薯不定根数量显著提升与根际微生物密切相关

通过对连作 7 年与连作 1 年土壤灭菌处理，以未灭菌土壤为对照，研究发现，连作 7 年未灭菌土壤相较于连作 1 年未灭菌土壤产量显著下降，降幅为 20.43%，连作 1 年土壤灭菌与否对产量无显著差异，而连作 7 年土壤灭菌后的产量相较于未灭菌显著降低，这说明连作土壤下的微生物对产量有一定促进作用。此外，连作 1 年处理下，无论灭菌与否，马铃薯不定根数量在马铃薯出苗后第 10~20 d 均显著增加，而连作 7 年未灭菌处理下的马铃薯不定根数量快速增长时期在出苗后第 20~30 d，灭菌后不定根数量在出苗后第 20~30 d 并没有显著增加。进一步研究发现，连作 7 年未灭菌处理马铃薯根系生长素含量以及根际土壤中生长素含量在出苗后第 20~30 d 均显著高于灭菌处理，这表明连作 7 年马铃薯出苗后第 20~30 d 不定根数量的显著增加是由土壤中的微生物引起的。

(3)连作香兰素胁迫下马铃薯根系生长素含量显著提高是由于根际周围富集了大量产生长素根际促生菌(*Pantoea* sp. CC9TSA)

研究发现，连作 7 年马铃薯出苗后第 20 d 根际土壤中的细菌群落结构与连作 1 年相比有显著差异，其中变形菌门在连作 7 年根际土壤中最为丰富，通过对根际土壤中细菌进行分离培养，在连作 7 年土壤中共筛选出 5 株 IAA-PGPR，结合微生物组学分析，最终筛选出一株产 IAA 能力最强(77.022 μg/mL)且属于变形菌门的促生菌株 *Pantoea* sp. CC9TSA。

(4)连作香兰素胁迫下马铃薯根系会分泌川陈皮素(Nobiletin)来定向招募 *Pantoea* sp. CC9TSA

通过对连作 7 年和连作 1 年马铃薯出苗后第 20 d 根系分泌物进行非靶向代谢组学分析，研究发现，连作 7 年和连作 1 年根系分泌物组成成分存在显著差异，其中 IAA-Asp 和 IAA 在连作 7 年马铃薯根系中的含量均显著高于连作 1 年，而 IAA-Asp 为 IAA 氧化降解的中间产物，说明连作马铃薯根系生长素降解程度要大于正茬马铃薯植株，而连作 7 年马铃薯根系 IAA 中的含量显著高于连作 1 年，这与之前的研究结果相反，也从侧面反映了连作 7 年马铃薯根系中生长素含量的提升是由于土壤中生长素的富集。随后，研究初步筛选出

9 种在连作 7 年马铃薯根系分泌物中显著提高的物质，并逐一将各物质与 *Pantoea* sp. CC9TSA 进行趋化性和成膜性分析以探究各代谢物的招募能力，最终筛选到了 1 种能高效招募 *Pantoea* sp. CC9TSA 的物质 Nobiletin，该物质的高效作用浓度在 10~30 μmol/L。

研究发现，连作香兰素胁迫下马铃薯会通过分泌 Nobiletin 来招募 *Pantoea* sp. CC9TSA 富集在植株根际周围，提高根际土壤中生长素浓度，促进根系生长素吸收，进而提高不定根数量，抵御自毒胁迫。但在正常情况下，连作 7 年马铃薯根际微生物的作用时间在马铃薯出苗后第 20 d，因此不定根快速增长期在出苗后第 20~30 d，相较于连作 1 年马铃薯植株晚了 10 d 左右，因此植株前期形态建成不足，虽有微生物的促进作用，但仍对后期生长发育产生了负面影响，导致连作马铃薯产量显著降低，若能将微生物作用时间提前至正常水平，可保证植株后期的生长发育状况。此外，外源施加有益菌进入土壤中，由于定殖困难以及土著菌群的影响，通常作用效果并不显著，研究筛选出的 Nobiletin 可直接施加到土壤中，调动连作土壤中存在的土著有益菌株 *Pantoea* sp. CC9TSA 富集在植株根际，稳定地发挥作用。因此，研究对于马铃薯连作障碍的绿色、高效、可持续防控具有重要意义。

关键词：马铃薯；连作；自毒作用；不定根数量；根系分泌物；根际菌群

播期调控和氮肥施用对闽薯系列马铃薯产量的影响

许国春，纪荣昌，李华伟，许泳清，罗文彬，汤 浩*

（福建省农业科学院作物研究所，福建 福州 350013）

播期调控和氮肥施用是马铃薯生产中重要的栽培措施，是促进增产增效的有效手段。前人针对播期和施氮这两大栽培技术措施开展了大量研究，发现播期与马铃薯产量关系密切，而不同的施氮方式和施氮量直接影响马铃薯产量形成。然而，不同生态区域下不同品种对播期和施氮的响应存在区别。因此，研究针对闽薯系列马铃薯，在冬作主产区福建省霞浦县开展播期与氮肥试验，旨在阐明不同播期和施氮量对闽薯系列品种块茎产量的影响，为该区域马铃薯绿色高效栽培提供技术参考。

试验于 2020 年 12 月至 2021 年 4 月在福建省宁德市霞浦县沙江镇南屏村农富农场进行。试验地平整、地力均匀，前茬为水稻，土壤类型为砂壤土。试验采用三因素裂区设计，主区为 3 个播种时期：2020 年 12 月 9 日（D1）、2020 年 12 月 24 日（D2）和 2021 年 1 月 11 日（D3），裂区为 2 种氮肥用量处理：0 kg/667 m²（N0）和 15 kg/667 m²（N15），再裂区为 6 个品种："闽薯 1 号"（M1）、"闽薯 2 号"（M2）、"闽薯 4 号"（M4）、"闽薯 5 号"（M5）、"闽薯 6 号"（M6）和"闽彩薯 4 号"（MC4）。共 36 个处理，3 次重复。每个处理种植 30 株，株距 20 cm，单垄双行播种。各试验处理磷、钾用量均一致，分别为 10 和 20 kg/667 m²。水分、病虫害防控等其他栽培管理措施同当地栽培习惯。收获期进行产量测定和氮肥施用响应分析。

研究结果表明，在施氮情况下，D1、D2 和 D3 播期处理的最高产品种分别为"闽薯 5 号""闽薯 2 号"和"闽薯 2 号"，产量分别为 3 420，3 605 和 3 038 kg/667 m²，较"闽薯 1 号"分别增产 16.6%、33.0% 和 36.9%。随着播种时期的推移，6 个马铃薯品种的产量总体呈现下降趋势。当播种时期从 2020 年 12 月 9 日推迟至 12 月 24 日，仅 N15-M2、N0-M5 和 N15-M63 个处理的块茎产量有小幅提升，增幅分别为 5.4%、1.9% 和 9.3%，其余处理的产量均发生下降，降幅为 4.8%~20.7%；当播种时期从 2020 年 12 月 24 日推迟至 2021 年 1 月 11 日，所有处理的块茎产量均出现下降，降幅为 5.9%~24.0%。因此，该地区马铃薯播期的推迟对马铃薯产量可能有不利影响，有必要进一步验证结果及其影响因素。氮肥施用均显著提高了各品种的块茎产量，在 D1、D2 和 D3 播期处理下，相比 N0 处理，N15 处理产量分别提高了 12.9%~42.6%、14.5%~57.8% 和 16.4%~52.8%，从中可以看出，不同品种对施氮的响应存在较大差异；另外，在 3 个播期处理下，平均施氮增产

作者简介：许国春（1991—），男，助理研究员，从事马铃薯育种与栽培研究。

基金项目：国家马铃薯产业技术体系福州综合试验站（CARS-09-ES11）；福建省种业创新与产业化工程（zycxny2021005）。

*通信作者：汤浩，研究员，主要从事薯类作物遗传育种研究，e-mail：tanghao9403@163.com。

率分别为 22.7%、30.5%和 33.0%，施氮效果总体表现为随播期推迟而更加明显。用不施氮产量和施氮产量的比值来衡量品种耐低氮能力（耐低氮指数），结果发现，品种的耐低氮能力受到播种时期的影响且存在品种间差异，例如，在 D1、D2 和 D3 播期处理下，"闽薯 1 号"的耐低氮指数分别为 0.79、0.76 和 0.76，而"闽薯 2 号"则分别为 0.85、0.63 和 0.65。

综上，在参试的 6 个闽薯系列马铃薯新品种中，产量表现较好的为"闽薯 2 号"和"闽薯 5 号"；闽薯系列马铃薯在霞浦县较适宜的播期为 12 月上旬，以此时间节点为基础，推迟播期将不利于产量形成；施氮明显提高了各品种的块茎产量，但不同品种对施氮的反应有所差别。

关键词：马铃薯；播期；氮肥；闽薯；产量

丘陵山区不同种植模式机械化生产技术机艺融合试验

杨国才，郝　苗，宋威武，杨　伟，高剑华*

（恩施土家族苗族自治州农业科学院，湖北　恩施　445000）

随着科技的发展和城市化进程的不断加快，在丘陵山区，马铃薯作为重要的粮食作物，种植面积大、覆盖范围广，恩施土家族苗族自治州地处武陵山腹地，马铃薯栽培历史悠久，当地具有得天独厚的立体气候条件和硒元素丰富的土壤条件。马铃薯作为本地区重要的粮食作物，全州常年种植面积 11 万 hm² 左右，总产量 170 万 t 左右。恩施土家族苗族自治州人民长期保持食用马铃薯的习惯，从粮、菜到点心，传统的马铃薯食品种类十分丰富，全州农村年人均马铃薯占有量 500 kg 以上。近年来，在国家马铃薯产业发展政策的引领和支持下，恩施土家族苗族自治州委州政府决定大力发展马铃薯产业，突出特色、补齐短板、创新产品，让传统的马铃薯产业焕发现代活力，成为促进农民持续增收的新途径。然而，随着农村青壮劳动力递减，马铃薯用工成本逐年上升，恩施土家族苗族自治州人工成本高达 1 600 元/667 m² 以上；马铃薯生产人力用工成本居高不下，马铃薯机械化生产仍处于较低的发展层次。因此，研究和推广马铃薯机械化生产技术，建设有先进装备和先进技术的马铃薯机械化种植加工示范区，改变传统的种植方式，使马铃薯种植由粗放型向集约化经营迈进，提高马铃薯综合生产水平，是提高劳动生产率、降低作业成本、扩大种植面积，推动马铃薯产业化发展的重要举措。

采用当地主栽马铃薯品种"米拉"为研究材料，机械设备采用起垄机、打孔机、开沟机、收获机。在播种前将试验地块用机械深耕 25 cm 以上备用；播种时采用 2 种方式，垄距均为 125 cm，垄内小行距 35 cm，常规种植为对照。每种方式记录用工、油耗，以便计算效率。收获时采用配套收获机，计算产量与用工成本。方式一：平地起垄，按 125 cm 排行撒底肥，之后用起垄覆膜机以底肥为中心起垄覆膜，最后用打孔机按株距 18、25、30 cm 打孔，每个孔放 1 个块茎，单垄双行，按锯齿状摆种。每种规格的株距种植 10 垄，试验地点在汾水，主要针对坡度在 30° 以下，适合面积 0.13 hm² 以下成片地形。方式二：开沟后起垄，使用开沟器按 125 cm 沿中心开 40 cm 宽的沟，沟深 5~8 cm，每个沟摆双行马铃薯，小行距 35 cm，锯齿状按株距 18、25、30 cm 摆种，采用膜上覆土技术。每种规格的株距种植 10 垄，试验地点在三岔，主要针对坡度在 20° 以下，适合 0.13~0.33 hm² 成片地形。常规人工种植方式作为对照，按株距 18、25、30 cm 摆种，每种规格的株距种植 3 垄，并计算单位面积的人工成本。收获时测产，计算人工成本。

作者简介：杨国才（1986—），男，助理研究员，主要从事马铃薯新品种引进及高产栽培技术研究。

基金项目：2021 年恩施州科技计划项目（恩州科函[2021]5 号）。

*通信作者：高剑华，高级农艺师，主要从事马铃薯脱毒、新品种选育研究与示范推广，e-mail：80538373@qq.com。

在播种阶段，纯人工成本远高于机械成本，使用机械相比纯人工节约费用近 300 元/667 m²；高密度种植时，由于耗费了人工及种薯，成本偏高 30 元/667 m² 左右。不同处理措施中，平地起垄费用略高于开沟起垄，其原因在于，平地起垄虽节略了开沟环节，但后期使用打孔器打孔时耗费燃油较多，且人工在孔上丢种后还需要人为覆盖，所以费用稍高。但平地起垄再打孔方式适用于坡度较大、形状不规则地块。不同种植模式对生育期、晚疫病无影响，开沟起垄播种方式对出苗率略有影响，相比对照低 10%。开沟起垄出苗率低一方面与使用的种薯有关；另一方面，开沟起垄采用的膜上覆土技术，覆土机械采用的是改装后的开沟机械，相比人工的覆土量低，出苗时遇高温灼伤幼苗。在收获阶段纯人工花费是机械的约 5 倍，即采用机械成本约 56 元/667 m²，而纯人工成本 250 元/667 m²，成本差距进一步拉大；进一步分析可知，机械所花费用与种植密度或模式无关，成本变化不大；纯人工所花成本受种植密度影响较大，密度往往反映了产量指标，产量较高，所需人工也较高。纯人工种植产量均高于机械种植产量，机械种植中以平地起垄后用打孔器播种方式产量高于开沟摆种再起垄模式。株距 25 cm 左右是最佳的种植参数。

最后，适宜机械的田块需有机耕路，田块坡度低于 30°，长条形，地里无较大石块，机械播种、机械收获需要至少一名青壮劳力操作机械；综合成本机械远低于纯人工成本，平均节约人工 700 元/667 m²，且土地面积越大，机械的经济效益越突出；平地起垄适用于坡度较大、远离公路不规则地块；开沟起垄适用于平整、坡度较小接近公路地块；机械在马铃薯播种、收获中带来了显著经济效益，降低生产成本 30%。为减少购机成本，种植户可合作购买或采用合作社经营。

关键词：丘陵；马铃薯；种植模式；机械化；农机农艺融合

小金县马铃薯生产调研与撂荒地复耕建议

张　峰[1,2]，蔡诚诚[1,2]，梁　晓[3]，屈晶晶[1,2]，刘　渝[1,2]，余丽萍[1,2]，王西瑶[1,2]*

(1. 西南作物基因资源发掘与利用国家重点实验室，四川　成都　611130；
2. 四川农业大学农学院，四川　成都　611130；
3. 四川省农业科学院作物研究所，四川　成都　611130)

马铃薯($Solanum\ tuberosum$ L.)作为中国第四大粮食作物，其适应性广、营养价值高，广泛种植于各个地区，目前中国马铃薯种植面积和产量均为世界第一。小金县位于四川省西部，阿坝州南端，幅员面积5 571 km²，全年无霜期220 d，年平均气温12.2 ℃，全年光照2 214 h，为农业生产提供了有利的自然基础。小金县高山峡谷的地貌特征，加上近年来农村人口进城务工，许多村落人口流失严重，造成了高半山土地大面积撂荒。为有效了解小金县马铃薯生产现状及解决高半山撂荒地复耕问题，2022年3月中旬至10月上旬四川农业大学农学院薯类团队研究生入驻小金县宅垄镇人民政府，通过农户走访、实地调研、座谈交流等方式对小金县马铃薯生产现状进行了调研；同时以海拔3 000 m的宅垄镇四农村为研究点和示范点，成功进行14 hm²撂荒地的马铃薯种植，对辐射带动小金县撂荒地复耕、助力当地农民增产增收、推动当地马铃薯产业发展有着积极的作用。

马铃薯作为当地主要粮食作物之一，种植历史悠久，2022年小金县播种面积约为2 800 hm²，产量在6.5万t左右。小金县马铃薯种植品种多为"乌洋芋""米拉"等，种薯来源以当地海拔1 200～1 500 m的农户自产居多，少数为外地购买；种薯价格受每年产量影响较大，在4.4～5.4元/kg。山下马铃薯均为冬季播种，种植模式为单作，播种时间在每年的12月至第二年1月，土地翻耕后直接在平地覆膜种植，采用错窝播种的方式，后期不再进行培土，垄面较低；第二年5月收获，产量22.5～30.0 t/hm²，冬薯收获后，种植玉米、蔬菜等作物。山上马铃薯种植时间在3—4月，采用双行错窝播种的单作种植模式，土地翻耕后起垄种植，90%农户不再覆膜，马铃薯出苗封行后会进行中耕培土，垄面较高；当年9月收获，产量18.75～26.25 t/hm²，春薯收获后，不再种植其他作物。山下马铃薯种植基肥以农家肥为主，再施用少量复合肥为辅；山上90%农户基肥只施用有机肥，剩余10%农户采用山下施用基肥的方式，在马铃薯现蕾期均采用尿素(N 46%)或磷酸二氢钾(P_2O_5 52%，K_2O 34%)进行氮肥和钾肥的追施。在病虫害防治上，小金县农户对病虫害防治意识不强，仅有少部分村民会选择使用药剂防治，绝大多数不进行防治，产量受病虫害影响较大。山下马铃薯收获后直接在田间售卖，不进行贮藏，"乌洋芋"的商品薯销

作者简介：张峰(1995—)，男，农艺师，博士研究生，研究方向为马铃薯栽培与耕作。
基金项目：国家现代农业技术体系四川薯类创新团队项目(sccxtd-2023-09)；西南作物基因资源与利用国家重点实验室"生物育种"揭榜挂帅项目(SKL-ZY202203)。
＊通信作者：王西瑶，博士，教授，主要从事马铃薯种薯活力及其调控研究，e-mail：1357664714@ qq. com。

售价格为 2.8~3.4 元/kg，"米拉"为 2.2~3 元/kg；山上马铃薯收获后多作为下一季种薯贮藏在家中阴凉角落处，待山下播种时再进行售卖。

据调研，小金县撂荒地面积约 560 hm²，其中宅垄镇四农村海拔 3 000 m 的高半山，有撂荒地面积 14 hm²，全部为连片坡地，撂荒时间在 6~8 年，夏季最长有 13.5 h 的光照时间。2022 年 3 月用手扶拖拉机进行整地，4 月完成人工播种，起垄种植，采用双行错窝播种方式，种有"V7"和"西森 6 号"两个品种。选择有机肥和复合肥作为底肥，现蕾期追施氮肥。9 月收获时马铃薯"V7"的产量比"西森 6 号"高 1 倍，适合作为引进品种在当地种植。在高半山撂荒地通过开展马铃薯试种，结果面临诸多问题。首先，杂草问题，撂荒地已多年未进行过作物种植，草害严重，且多为禾本科深根杂草，很难一次性除尽，对马铃薯生长造成很大影响。其次，撂荒地坡度大，虽然是连片土地，却不能进行统一的机械化播种和收获，人工投入成本高。此外，多年或季节性撂荒使土壤结构复杂，地形坡度也在一定程度上造成土壤肥力流失的现象，土壤缺氮严重。最后，受海拔和环境的影响，撂荒地附近野生动物活动频繁，马铃薯种植过程中会遭受野猪、猴子等破坏，造成生产上的损失。

针对上述调研情况和问题，提出以下几点建议。（1）在种薯选择上，选用优良种薯，并有计划地引进优良品种，扩大品种的选择范围。（2）在栽培种植和病虫害防治方面，通过对接地方政府组织县农技人员、村干部和农户代表进行培训交流，同时做好示范推广；通过建立病虫害预警系统，进行病虫害监测，指导农户用药进行预防，带动本地农户马铃薯种植的积极性和种植水平的提高。（3）在撂荒地复耕上，要建立适配小金县撂荒地的马铃薯栽培种植模式，基于当地传统纵向播种及窝栽播种方式，引入垄栽、堆栽的播种技术，开展纵横播种试验，以产量和品质为指标筛选最佳播种方式。（4）同时引入并适配完善的田间管理技术体系，基于荒地杂草丛生、土壤结构复杂的特点，分别在播前、播后以及出苗 30 cm 后进行除草工作，并在收获后进行牧草轮作防控杂草；播前要施足底肥，做好氮素追肥，确保马铃薯全生育期的正常生长。（5）考虑到人工成本高的问题，可选择和其他马铃薯基地合作的方式，利用小金县高海拔的地理优势，作为其种薯供应的繁育基地，以订单式供应解决销售问题，而种薯的高售价又可弥补人工成本的增加。（6）在野生动物防治方面，开展"马铃薯野生动物侵害防治技术"宣传工作，提高农户防治意识，同时建立围栏等基础设施及野生动物侵害电子报警预防体系，保障全县马铃薯产业健康发展。

关键词：小金县；马铃薯；调研；撂荒地；建议

电子束和 X 射线辐照对马铃薯淀粉结构和功能特性的影响比较

雷小青[1]，蔚江涛[2]，胡亚云[1]，白俊青[2]，冯　铄[1]，任亚梅[1]*

（1. 西北农林科技大学，陕西　杨凌　712100；
2. 杨凌核盛辐照技术有限公司，陕西　杨凌　712100）

马铃薯淀粉由 20%~33% 的直链淀粉和 67%~80% 的支链淀粉组成，是人类营养膳食碳水化合物的主要来源之一，呈现典型的 B 型晶体。马铃薯淀粉在食品工业中有着广泛的应用，这会影响产品的功能财产，如粘度、质地、保水性和乳化能力。然而，马铃薯淀粉由于其高的峰值粘度、较弱的稳定性和差的分散性，在食品加工中的应用受到一定的局限性。为了克服这些缺点，有必要对马铃薯淀粉进行改性。电离辐照是一种非热物理改性方法，可以释放高能射线，改变淀粉的内部结构和功能特性。电离辐照改变淀粉功能性质的机理主要为：辐照在淀粉基体系中产生激发分子、自由基、离子或溶剂电子等多种活性粒子，导致淀粉的直链和支链发生交联、接枝和降解，从而使淀粉分子量和粘度降低，而溶解度增加。由于 γ 射线辐照中含有放射性同位素，电子束辐照（Electron beam irradiation，EBI）和 X 射线辐照（X-ray irradiation，XRI）更容易被食品工业所接受。其中，X 射线相关设备有限，目前对 XRI 改性淀粉的研究还很少。另外，X 射线与物质相互作用的主要机制是通过康普顿散射引发电离事件和激活化学反应。而电子束除通过康普顿散射外，还发生氧化反应。因此，辐照类型的比较越来越受到重视。目前对不同辐照类型的比较研究主要集中在聚合物的灭菌、膜性能的改善、抑制微生物生长以及热塑性材料的开发等方面。这些研究表明，在不同类型的辐射下，理化参数的差异发生明显变化。然而，辐照类型改性马铃薯淀粉的研究比较有限。因此，本研究旨在分析电子束（粒子辐射）和 X 射线（电磁辐射）对马铃薯淀粉直链淀粉含量、形态、结晶度和热性能的影响。设计了两种类型的比较：（1）同一类型不同剂量的辐照；（2）相同剂量不同类型的辐照。这项工作可能为电离辐射在淀粉工业中的合理应用提供有用指导。

试验以马铃薯淀粉为原料，采用 10 MeV/20 kW 高能电子直线加速器和 5 MeV/150 kW 高频高压电子加速器进行 EBI 和 XRI 处理（由陕西杨凌核盛辐照技术有限公司执行），吸收剂量分别为 2、5、10、20 和 30 kGy。辐照过程由国家计量研究所校准的重铬酸银和重铬酸钾剂量计进行跟踪。然后，测定天然和辐照马铃薯淀粉的直链淀粉含量（Megazyme 直

作者简介：雷小青（1994—），女，博士研究生，从事马铃薯营养成分深加工利用。
基金项目：陕西省重点研发计划项目（2022NY-012）；西北农林大学推广项目（Z2220221032）。
*通信作者：任亚梅，副教授，主要从事马铃薯及其他果品蔬菜的深加工与贮藏的教学与科研，e-mail：715189648@qq.com。

链淀粉/支链淀粉测定试剂盒)、微观形貌(红外光谱)、马耳他十字结构(偏振光显微镜)、粒径大小和分布(激光粒度仪)、短程有序结构(红外光谱)、结晶结构(X射线散射)、糊化特性(快速粘度分析仪)、热力学特性(差示扫描量热仪)、溶解度和膨胀度以及冻融稳定性等指标,明确辐照类型和剂量对马铃薯淀粉结构和功能特性的影响。

结果发现,辐照过程中释放的高能量使淀粉分子链降解,形成更多的短链,导致随辐照剂量的增加直链淀粉含量逐步增加,而结晶度则表现为下降趋势。由于马铃薯淀粉为B型结晶,在较低剂量下,淀粉的形状和大小没有变化;在高剂量下,以大颗粒淀粉为中心,周围富集小颗粒而表现出聚集行为,同时淀粉平均粒径也随着增大。结构信息的变化进一步影响了淀粉的功能特性。首先,淀粉的粘度随辐照剂量的增加而显著降低,使得淀粉糊的质地从凝胶状变为溶液状,从而改善了淀粉的抗剪切稀化性能和抗老化特性。此外,辐照淀粉的热力学稳定性、溶解度和冻融稳定性也得到了提高。而膨胀度则随辐照剂量的增加而降低。对比两种辐照类型发现,EBI处理的淀粉比XRI处理的淀粉具有更高的稳定性和更低的膨胀力。因此,电子束处理淀粉在食品工业生产中具有较高的耐受性。X射线的高穿透性导致淀粉结晶度低于电子束的。有趣的是,高剂量XRI处理的淀粉不容易老化。这些结果对不同辐照方式在淀粉工业中的实际应用具有指导意义。进一步研究应集中于淀粉分子精细结构以及直链淀粉和支链淀粉相互作用对淀粉消化率的影响。

关键词:马铃薯淀粉;电离辐照;直链淀粉;形态;结晶度;凝胶化

土 壤 肥 料

不同施氮水平对马铃薯新品种"京张薯3号"生长的影响

王　伟[1]，林团荣[1]，尚海霞[2]，王玉凤[1]，王　真[1]，张志成[1]，焦欣磊[1]，

范龙秋[1]，王懿茜[1]，黄文娟[1]，吴昊磊[1]，尹玉和[1*]

(1. 乌兰察布市农林科学研究所，内蒙古　乌兰察布　012000；

2. 凉城县科学技术事业发展中心，内蒙古　乌兰察布　013750)

摘　要：通过设置5个氮肥梯度，研究了不同施氮量对"京张薯3号"生长发育的影响。"京张薯3号"在纯氮量270 kg/hm^{2}水平下产量最高，达到3 202 kg/667 m^2，超量施用氮肥会造成减产。不同施氮量对"京张薯3号"商品薯率、结薯数影响不显著。增施氮肥对"京张薯3号"株高产生显著影响，氮肥过量后，茎粗与株高不呈正相关。"京张薯3号"施氮量增加对干物质含量和蛋白质含量影响不显著，还原糖含量显著增加，维生素C含量显著降低。

关键词：马铃薯；施氮水平；京张薯3号；生长变化

氮素是马铃薯产量和品质形成的重要营养，合理施氮能显著增加马铃薯产量、提高经济效益和氮肥利用率。近年来，马铃薯生产过程中存在氮肥施用过量的问题，导致马铃薯品质、效益下降，资源浪费、化肥污染等问题日益突出，因此提高马铃薯产量、氮肥利用率和经济效益，改善生态环境，成为"减肥"的主要手段。试验通过田间开展氮肥用量对马铃薯新品种"京张薯3号"产量及构成因素的影响，提出适合乌兰察布市该品种生产合理的氮肥用量，以期为马铃薯生产上氮肥减量及精准管理提供科学理论依据。

1　材料与方法

1.1　试验设计

采用单因素随机区组试验，设5个处理，3个重复。处理1(T1)：不施氮；处理2(T2)：纯氮量90 kg/hm^2；处理3(T3)：纯氮量180 kg/hm^2；处理4(T4)：纯氮量270 kg/hm^2；处理5(T5)：纯氮量360 kg/hm^2。基肥：氮肥总用量的40%，不同处理之间磷、钾肥施用量保持一致，硫酸钾(K_2O 52%)20 kg/667 m^2 + 过磷酸钙(P_2O_5 12%)50 kg/667 m^2，全部基施。追肥：氮肥使用尿素(N 46%)，出苗后开始随滴灌施入，齐苗期追肥比例为总施用量25%，初花期追肥比例为总施用量20%，盛花期追肥比例为总施用量15%。试验品种"京张薯3号"。

1.2　试验方法

高垄单行，垄宽90 cm，密度20 cm，种植密度为55 580株/hm^2，小区面积667 m^2。

作者简介：王伟(1990—)，硕士，农艺师，主要从事马铃薯栽培研究。

基金项目：现代农业产业技术体系(CARS-09-ES05)；内蒙古自治区科技重大专项(2021SD0043)。

＊通信作者：尹玉和，研究员，主要从事马铃薯遗传育种与栽培技术研究，e-mail：wlcbsyyh@163.com。

2022年5月12日播种，9月14日收获测产，收获时按小区（3.7 m × 0.9 m）测产，最终折算成 667 m² 产量。采用滴灌方式进行灌溉，其他管理同一般生产田。

1.3　指标测定及分析方法

小区测产长度3.7 m。各小区区分商品薯（>150 g）和小薯（≤150 g），分别称重，折算产量，并计算商品薯率。

干物质及淀粉含量测定：用水比重法测定，参照 Mep-Kep 干物质含量表计算干物质和淀粉含量。株高、茎粗、SPAD 值是衡量植株生长状况的重要指标，可间接反映作物的营养供应状况和产量。在"京张薯3号"开花期（7月13日）、淀粉积累期（8月26日）对3个指标进行测定。

1.4　数据处理

采用 DPS 7.05 软件进行数据统计分析，单因素随机区组方差分析比较各处理间差异。

2　结果与分析

2.1　不同施氮量对"京张薯3号"产量及构成因素的影响

2.1.1　不同施氮量对"京张薯3号"产量的影响

不同施氮量对产量的影响存在差异，均随着施氮量的增加而增加，当达到一定程度，有下降的趋势。处理1为空氮处理，产量最低仅为 2 218 kg/667 m²，处理2、处理3产量递增，处理4产量最高为 3 202 kg/667 m²，随着施氮量增加处理5产量降低，但处理4和处理5之间的差异不显著，处理1与处理4、处理5存在显著差异，处理1与处理4存在极显著差异（表1）。

表1　不同施氮量对"京张薯3号"产量的影响

| 处理 | 小区产量（kg/3.33 m²） | | | | 标准误 | 折合产量（kg/667 m²） |
	Ⅰ	Ⅱ	Ⅲ	平均		
T4	14.73	16.20	17.03	15.99	0.67	3 202 ± 134.70 aA
T5	14.53	14.45	14.04	14.34	0.15	2 872 ± 30.40 aAB
T3	11.71	14.78	14.89	13.79	1.04	2 762 ± 208.73 abAB
T2	13.36	13.65	12.63	13.21	0.30	2 646 ± 60.78 abAB
T1	11.26	11.82	10.15	11.08	0.49	2 218 ± 98.15 bB

注：同列不同小写和大写字母分别表示0.05和0.01水平差异显著。下同。

2.1.2　不同施氮量对"京张薯3号"商品薯率的影响

马铃薯商品薯率是块茎可销售合格率的重要指标。试验表明不同施氮量处理之间的商品薯率存在差异，其中高低顺序为 T2>T3>T4>T5>T1，但差异不显著。从数值来看，除了空氮处理，其他处理的商品薯率存在随着氮肥施用量增加而降低的趋势，特别是处理5的商品薯率仅为82.84%，较处理2降低7.4%（表2）。

表 2 不同施氮量对"京张薯 3 号"商品薯率的影响

| 处理 | 商品薯率(%) | | | | 标准误 |
	Ⅰ	Ⅱ	Ⅲ	平均	
T2	88.77	95.68	82.42	88.96 aA	3.83
T3	97.01	87.48	81.20	88.56 aA	4.60
T4	81.53	90.68	87.08	86.43 aA	2.66
T5	77.98	81.66	88.89	82.84 aA	3.21
T1	81.35	81.22	85.12	82.56 aA	1.28

2.1.3 不同施氮量对"京张薯 3 号"单株结薯数的影响

"京张薯 3 号"在不同施氮梯度下，单株结薯数差异性不显著，大小排序为 T5>T1>T4>T3>T2。高氮水平处理 5 和空氮水平处理 1 之间单株结薯数数值接近，且高于其他处理，可能是品种特性，在高氮或低氮水平下结薯数较多(表 3)。

表 3 不同施氮量对"京张薯 3 号"单株结薯数的影响

| 处理 | 单株结薯数(个/株) | | | | 标准误 |
	Ⅰ	Ⅱ	Ⅲ	平均	
T5	6.77	4.85	5.60	5.74 aA	0.53
T1	5.63	5.70	4.08	5.13 aA	0.34
T4	4.79	4.88	4.78	4.81 aA	0.49
T3	4.37	4.27	5.79	4.81 aA	0.03
T2	4.60	4.36	3.47	4.14 aA	0.56

2.1.4 不同施氮量对"京张薯 3 号"单株产量的影响

整体上表现为随着施氮量的增加单株产量增加。处理 4 和处理 5 较空氮处理 1 在单株产量上有显著性影响，但二者直接无显著性差异且平均数值接近(表 4)。

表 4 不同施氮量对"京张薯 3 号"单株产量的影响

| 处理 | 单株产量(kg/株) | | | | 标准误 |
	Ⅰ	Ⅱ	Ⅲ	平均	
T5	1.12	1.11	0.94	1.06 aA	0.02
T4	1.05	1.01	0.95	1.00 aA	0.04
T3	0.73	0.99	1.06	0.93 abA	0.10
T2	0.89	0.98	0.84	0.90 abA	0.03
T1	0.70	0.74	0.68	0.71 bA	0.06

2.1.5 不同施氮量对"京张薯3号"出苗株数的影响

处理4水平下，出苗率最高，处理3、处理2次之，高氮水平下处理5和空氮水平下处理1出苗率低，但各处理之间差异性不显著（表5）。

表5 不同施氮量对"京张薯3号"出苗株数的影响

| 处理 | 出苗株数（株/3.33 m²） | | | | 标准误 |
	I	II	III	平均	
T4	14	16	18	16.00 aA	1.15
T3	16	15	14	15.00 aA	0.58
T2	15	14	15	14.67 aA	0.33
T5	13	13	15	13.67 aA	0.67
T1	16	10	13	13.00 aA	1.73

2.2 不同施氮量对"京张薯3号"株高、茎粗、SPAD值的影响

在开花期处理1株高仅为40 cm，极显著矮于其他处理，处理5最高达到57.6 cm，但与处理4差异不显著，处理4与处理2和处理3差异不显著。在淀粉积累期，处理1显著低于处理2、4，极显著低于处理5，处理2处于5个处理的中位，表明增施氮肥会促进地上部分增长，但过量会造成徒长（表6）。

在开花期、淀粉积累期，各处理间的茎粗表现为差异性不显著。但从数值上看处理4表现为早期略细，后期略粗，可能是开花期地上部分增长速度快，淀粉积累期表现为茎秆粗壮，这也与产量高表现趋势一致（表6）。

叶片SPAD值与马铃薯叶片叶绿素含量和全氮含量呈显著正相关关系。从表6中可以看出，在开花期，"京张薯3号"整体上随着氮肥用量增加表现出SPAD值增加的趋势，空氮处理1数值最低，但处理之间差异性不显著。在淀粉积累期，规律性不强，高氮水平处理5 SPAD值含量较高，有贪青徒长的趋势（表6）。

表6 不同施氮量对"京张薯3号"株高、茎粗、SPAD值的影响

| 处理 | 株高（cm） | | 茎粗（mm） | | 叶片SPAD值 | |
	开花期	淀粉积累期	开花期	淀粉积累期	开花期	淀粉积累期
T1	40.0 ± 4.2 cC	65.6 ± 1.7 bB	12.36 ± 2.07 aA	13.35 ± 1.12 aA	43.12 ± 2.69 aA	39.86 ± 2.24 aA
T2	49.8 ± 3.4 bAB	86.8 ± 6.3 aAB	13.58 ± 2.92 aA	13.23 ± 0.62 aA	48.44 ± 0.91 aA	37.52 ± 0.94 aA
T3	48.2 ± 2.9 bBC	80.6 ± 3.8 abAB	12.20 ± 0.87 aA	13.69 ± 0.74 aA	47.74 ± 0.97 aA	41.00 ± 1.77 aA
T4	53.6 ± 2.1 abAB	90.0 ± 5.2 aAB	11.34 ± 0.63 aA	16.04 ± 1.16 aA	46.48 ± 0.53 aA	39.30 ± 0.85 aA
T5	57.6 ± 4.9 aA	94.2 ± 6.3 aA	12.85 ± 1.07 aA	13.80 ± 1.08 aA	48.44 ± 1.49 aA	43.24 ± 2.19 aA

2.3 不同施氮量对"京张薯3号"块茎品质的影响

对块茎干物质含量进行方差分析得知，块茎的干物质含量在施氮量间差异性不显著，

但整体上数值表现为随着施氮量的增加,干物质含量依次增加。随着施氮量的增加还原糖含量、蛋白质含量呈上升趋势。随着施氮量的增加维生素 C 含量呈下降趋势,空氮处理 1 含量最高,达到 39.81 mg/100 g,高氮处理 5 含量最低,仅为 20.15 mg/100 g,处理 3、4 之间差异性不显著(表 7)。

表 7　不同施氮量对"京张薯 3 号"块茎品质的影响

处理	干物质(g/100 g)	还原糖(g/100 g)	蛋白质(g/100 g)	维生素 C(mg/100 g)
T1	17.58 ± 0.43 aA	0.777 ± 0.005 bB	2.195 ± 0.035 aA	39.81 ± 0.07 aA
T2	17.63 ± 0.37 aA	0.816 ± 0.128 bB	2.322 ± 0.028 aA	31.57 ± 0.08 bB
T3	18.13 ± 0.16 aA	0.926 ± 0.005 aA	2.350 ± 0.026 4 aA	26.77 ± 0.09 cC
T4	18.12 ± 0.33 aA	0.928 ± 0.000 8 aA	2.356 ± 0.028 aA	22.40 ± 0.13 cC
T5	18.26 ± 0.38 aA	0.914 ± 0.003 aA	2.777 ± 0.009 aA	20.15 ± 0.07 dD

3　讨　论

"京张薯 3 号"在纯氮量 270 kg/hm² 水平下产量最高,达到 3 202 kg/667 m²,超量施用氮肥会造成减产。施氮对商品薯率影响不显著,可能氮素对马铃薯总产的提升方面大于氮素对马铃薯商品薯率的影响。而氮素对结薯数影响不显著,可能是氮素更刺激马铃薯生长发育,而对马铃薯的分生影响较小的原因。

增施氮肥对"京张薯 3 号"株高产生显著影响,应控制在合理用量和时间,防止造成徒长。氮肥过量后,茎粗与株高不呈正相关。增施氮肥,"京张薯 3 号"SPAD 值即植株含氮量增加,但不呈规律性,可能与取样数量少有关。

"京张薯 3 号"施氮量增加对干物质含量和蛋白质含量影响不显著,还原糖含量显著增加,维生素 C 含量显著降低。

农家肥与化肥配施对马铃薯生长发育的影响

胡智琪[1]，张国辉[1]*，郭志乾[1]，余帮强[1]，魏固宁[2]，王效瑜[1]，张新学[1]，厚　俊[1]

(1. 宁夏农林科学院固原分院，宁夏　固原　756000；
2. 宁夏农业技术推广总站，宁夏　银川　750000)

摘　要：试验以"庄薯3号"为参试品种，通过农家肥牛、羊、鸡粪与化肥配施，研究肥料组合处理对马铃薯生长发育的影响。不同农家肥配合处理后，马铃薯生育期都不同程度延长，单株结薯数、单株薯重、单薯重都不同程度增加。对于鸡粪建议采用配施组合"1 200 kg/667 m² + 氮肥 6.25 kg/667 m² + 磷肥 2.5 kg/667 m² + 钾肥 12.5 kg/667 m²"；对于羊粪建议采用配施组合"1 250 kg/667 m² + 氮肥 3.13 kg/667 m² + 磷肥 4.34 kg/667 m² + 钾肥 19.38 kg/667 m²"；对于牛粪建议采用配施组合"2 000 kg/667 m² + 氮肥 12.5 kg/667 m² + 磷肥 5 kg/667 m² + 钾肥 25 kg/667 m²"。

关键词：农家肥；化肥；马铃薯；生长发育

马铃薯作为国家重要战略物资，也是薯类的主要输出产品，具有重要的经济效益和社会作用。因其具有抗旱、耐瘠薄、耐冷凉的特点，现已成为不少西北地区农民抗旱增收的当家作物，对经济社会的全面进步和可持续发展发挥了重要的促进作用和支撑作用。而肥料作为农作物栽培中重要的一部分，一直是农业研究的一项重点。不合理施肥导致土壤肥力下降、土壤质量变差的现象普遍存在[1]。已有研究表明有机肥和化肥混合配施能够提高土壤有机质含量以及马铃薯块茎的干物质、淀粉、还原糖含量等[2,3]。试验通过农家肥与化肥配施研究，旨在探索高产最优施肥模式，为该地区马铃薯产业发展提供技术贮备和技术支撑。

1　材料与方法

1.1　试验地概况

试验设在宁夏农林科学院固原分院头营科研基地(干旱半干旱区)，海拔 1 550 m，初霜期9月上中旬，终霜期5月上中旬，生长期间月平均最高气温 24.6 ℃，最低气温 1.4 ℃，平均气温 17 ℃，降水 400 mm 左右，集中于7、8、9三个月；前茬为马铃薯，土壤类型为黄绵土；试验地地势平坦，地力均匀，符合试验用地要求。

作者简介：胡智琪(1993—)，女，硕士，研究实习员，主要从事马铃薯新品种选育及配套栽培技术研究。
基金项目：国家重点研发计划项目(2022YFD1602500)；宁夏农林科学院农业科技自主创新专项科技成果转化项目(NNKZZCGZH-2021-06)；国家现代农业产业技术体系建设项目(CARS-10)。
*　**通信作者**：张国辉，硕士，助理研究员，主要从事马铃薯新品种选育及配套栽培技术研究，e-mail：150799258@qq.com。

1.2　试验设计

参试品种"庄薯 3 号";参试农家肥为牛、羊、鸡粪,发酵过程中添土比例不得超过总量 20%,自然含水量 15%~20% 为宜;化肥为尿素(N 46%)、过磷酸钙(P_2O_5 12%)、硫酸钾(K_2O 52%)。以 2 500 kg/667 m^2 为预期目标产量,农家肥和化肥配施设 13 个处理,以不施肥空白为对照(CK)。采用随机区组设计,随机排列,重复 3 次;平种垄作人工穴播方式播种,株行距 33 cm × 50 cm,密度 4 000 株/667 m^2,小区面积 2.5 m × 12 m = 30 m^2。试验地周边设 2 行保护区。参试农家肥情况见表 1,农家肥与化肥配施试验设计见表 2。

表 1　参试农家肥情况

代号	名称	有机质(%)	N(%)	P(%)	K(%)
1	鸡	25	1.63	1.54	0.85
2	牛	15	0.38	0.2	0.13
3	羊	24	0.75	0.53	0.45

表 2　农家肥与化肥配施试验设计

处理	农家肥 (kg/667 m^2)	化肥(kg/667 m^2)		
		N	P	K
1	牛 2 000	0	0	0
2	羊 1 250	0	0	0
3	鸡 1 200	0	0	0
4	牛 2 000	4.9	4.60	22.40
5	羊 1 250	3.13	4.34	19.38
6	鸡 1 200		3.46	16.50
7	牛 2 000	6.25	2.5	12.5
8	羊 1 250	6.25	2.5	12.5
9	鸡 1 200	6.25	2.5	12.5
10	牛 2 000	12.5	5	25
11	羊 1 250	12.5	5	25
12	鸡 1 200	12.5	5	25
13	—	12.5	5	25
CK	0	0	0	0

1.3　田间管理

所有处理田间管理方法与当地马铃薯大田种植管理方法一致,2021 年 4 月 20 日播种,在 5 月 21 日出苗完全时中耕、除草 1 次。

1.4 数据采集与分析处理

观察记载生育期、植株特征特性、农艺性状、块茎性状、经济产量数据，具体方法参考《国家马铃薯品种试验调查记载项目及标准》（https：//www.docin.com/p-3038578918.html）。采用 Microsoft Excel 2010 进行数据处理，DPS 17.10 软件进行统计分析，单因素方差分析法（one-way ANOVA）和 Duncan's 法进行方差分析和多重比较。

2 结果与分析

2.1 不同处理对马铃薯生育期、出苗率及株高的影响

施肥处理后，马铃薯的生育期不同程度延长 1~6 d。出苗率除处理 5、9、11 外，其他处理均较对照高，但是各处理间与对照、各处理间差异不显著。施肥处理后，处理 7 植株最高，处理 13 最低；除处理 13 外，其他处理与对照差异极显著（表 3）。

表 3　农家肥与化肥配施不同处理对马铃薯生育期、出苗率及株高的影响

处理	生育期(d)	出苗率(%)	株高(cm)
1	115	90.74 aA	103.36 cB
2	115	89.81 aA	91.90 eD
3	117	90.74 aA	96.60 dC
4	117	89.81 aA	106.63 bcB
5	117	82.41 aA	92.10 eCD
6	118	90.74 aA	105.81 bcB
7	117	90.74 aA	118.50 aA
8	118	89.81 aA	76.95 gF
9	118	85.19 aA	85.76 fE
10	118	95.37 aA	104.18 bcB
11	118	87.96 aA	89.44 efDE
12	120	92.59 aA	107.25 bB
13	116	90.74 aA	71.22 hG
CK	110	89.81 aA	67.74 hG

注：同列不同大小写字母分别表示 0.01 和 0.05 水平差异显著。下同。

2.2 不同处理对马铃薯块茎结薯性的影响

施肥处理后马铃薯单株结薯数、单株薯重、单薯重都不同程度增加；各处理商品薯率均高于对照，其中处理 8 最高，为 92.70%，处理 13 最低，为 85.07%，但是各处理与对照之间、各处理之间差异不显著（表 4）。

表 4　农家肥与化肥配施不同处理马铃薯结薯性变化

表 4　农家肥与化肥配施不同处理马铃薯结薯性变化

处理	10 株（kg）						单株结薯数（个）	单株薯重（kg）	单薯重（kg）	商品薯率（%）
	<0.05		0.05<x<0.15		>0.15					
	重量	个数	重量	个数	重量	个数				
1	0.54	21.67	1.33	19.33	3.68	21.67	6.27	0.55	0.09	90.29 aA
2	0.58	17.67	1.25	16.33	3.50	21.33	5.53	0.53	0.10	89.16 aA
3	0.59	18.33	1.49	22.33	3.93	28.33	6.90	0.60	0.09	90.20 aA
4	0.56	17.00	0.95	13.67	3.90	21.67	5.23	0.54	0.10	89.58 aA
5	0.45	17.33	1.12	15.00	4.41	26.67	5.90	0.60	0.10	92.44 aA
6	0.51	17.33	1.48	18.33	3.69	23.67	5.93	0.57	0.10	91.10 aA
7	0.61	21.33	0.99	14.00	4.05	29.33	6.47	0.56	0.09	89.22 aA
8	0.42	14.67	1.12	13.33	4.25	22.00	5.00	0.58	0.12	92.70 aA
9	0.60	24.00	1.34	18.33	4.35	25.67	6.80	0.63	0.09	90.45 aA
10	0.62	21.33	1.47	20.33	3.71	20.00	6.17	0.58	0.09	89.28 aA
11	0.55	21.00	1.06	15.33	3.78	22.67	5.90	0.54	0.09	89.88 aA
12	0.46	22.67	1.72	21.00	3.61	23.67	6.73	0.58	0.09	92.00 aA
13	0.65	24.33	1.25	18.67	2.45	16.33	5.93	0.44	0.07	85.07 aA
CK	0.62	17.33	1.27	16.33	1.84	16.33	5.00	0.37	0.07	83.48 aA

2.3　不同处理对马铃薯产量的影响

施肥处理后马铃薯产量明显增加，对照处理 1 489 kg/667 m²，其中处理 9 增产幅度最大，为 68.76%；处理 13 增幅最小，为 16.97%。除处理 13 外，其他处理与对照差异显著；处理 9 与处理 13 之间差异极显著，与其他处理差异不显著，处理 1、2、3、4、5、6、7、8、10、11、12、13 之间差异不显著（处理 3、5 与处理 13 差异显著）（表 5）。

表 5　农家肥与化肥配施不同处理马铃薯产量变化

处理	小区产量（kg/30 m²）				位次	折合产量（kg/667 m²）	较 CK±（%）
	I	II	III	平均			
1	97.65	98.26	103.50	99.80	9	2 218 abABC	48.92
2	100.08	107.01	80.28	95.79	12	2 129 abABC	42.93
3	118.98	112.23	93.06	108.09	2	2 402 aAB	61.28
4	99.09	97.38	95.58	97.35	10	2 163 abABC	45.26
5	109.44	112.95	100.35	107.58	3	2 391 aAB	60.52
6	102.24	103.05	101.07	102.12	7	2 269 abAB	52.37
7	124.83	98.82	81.18	101.61	8	2 258 abAB	51.61

处理	小区产量（kg/30 m²）				位次	折合产量 （kg/667 m²）	较 CK± （%）
	Ⅰ	Ⅱ	Ⅲ	平均			
8	108.29	111.33	93.42	104.35	5	2 319 abAB	55.69
9	109.71	124.74	104.85	113.10	1	2 513 aA	68.76
10	107.10	110.70	95.40	104.40	4	2 320 abAB	55.77
11	97.56	105.21	87.93	96.90	11	2 153 abABC	44.58
12	100.44	106.92	105.48	104.28	6	2 317 abAB	55.60
13	74.25	82.53	78.39	78.39	13	1 742 bcBC	16.97
CK	67.23	68.58	65.25	67.02	14	1 489 cC	—

3 讨 论

综合来看，不同农家肥配合处理后，马铃薯生育期都不同程度延长，单株结薯数、单株薯重、单薯重都不同程度增加，产量大幅提高，其中以处理 9 增产幅度最大，为 68.76%，其次为处理 3，增产 61.28%，第三是处理 5，增产 60.52%。对于鸡粪施用，建议采取处理 9，即鸡粪 1 200 kg/667 m² + 氮肥 6.25 kg/667 m² + 磷肥 2.5 kg/667 m² + 钾肥 12.5 kg/667 m²；对于羊粪施用，建议采取处理 5，即羊粪 1 250 kg/667 m² + 氮肥 3.13 kg/667 m² + 磷肥 4.34 kg/667 m² + 钾肥 19.38 kg/667 m²；对于牛粪施用，建议采取处理 10，即牛粪 2 000 kg/667 m² + 氮肥 12.5 kg/667 m² + 磷肥 5 kg/667 m² + 钾肥 25 kg/667 m²。

由于该试验进行年份，气候环境比较异常，产量及一些性状表现可能失真，再者土壤样品还未完成化验，有待进一步试验总结。

[参 考 文 献]

[1] Zhou J, Jiang X, Zhou B, et al. Thirty four years of nitrogen fertilization decreases fungal diversity and alters fungal community composition in black soil in northeast China [J]. Soil Biology and Biochemistry, 2016, 95: 135-143.

[2] Li Z, Zhang X, Xu J, et al. Green manure incorporation with reductions in chemical fertilizer inputs improves rice yield and soil organic matter accumulation [J]. Journal of Soils and Sediments, 2020, 20(7): 2 784-2 793.

[3] 孙得翔, 石铭福, 王勇, 等. 有机肥部分替代化肥对马铃薯农艺性状、产量和品质的影响 [J]. 甘肃农业大学学报, 2022, 57(6): 43-51.

基于氮平衡和优化光谱指数的马铃薯氮肥优化施用技术应用试验

王　伟[1]，王玉凤[1]，林团荣[1]，张丽娟[2]，王　真[1]，焦欣磊[1]，张志成[1]，
谭桂莲[1]，韩素娥[1]，韩万军[1]，王懿茜[1]，范龙秋[1]，郑安可[1]，尹玉和[1]*

（1. 乌兰察布市农林科学研究所，内蒙古　乌兰察布　012000；
2. 化德县科学技术事业发展中心，内蒙古　乌兰察布　013350）

摘　要：内蒙古自治区是中国马铃薯种植的主要省份，干旱半干旱的自然条件以及农牧交错区脆弱的生态环境使内蒙古自治区马铃薯绿色发展迫在眉睫。为研究滴灌模式下的水肥一体化氮素养分精准管理模式，开展了基于氮平衡和优化光谱指数的马铃薯氮肥优化施用技术应用试验。优化光谱指数推荐施肥较传统管理模式节约氮肥54%，氮平衡推荐施肥较传统管理模式减少25%氮肥用量，且在产量、商品薯率、植株形态、淀粉等指标方面没有显著差异。相比于农户常规管理，氮平衡和光谱推荐施肥技术有效减少了氮肥的施用量。

关键词：马铃薯；智慧农业；氮平衡；优化光谱指数

中国农业生产氮肥资源环境代价大，为降低农民种植过程中化肥的施用，国家已经制定了"化肥农药零增长"的管控政策，并提出了农业绿色发展战略。为降低氮素损失带来的环境污染和资源利用率低的问题，早在20世纪70年代，发达国家就提出了基于遥感的精准氮肥管理技术，为氮肥精准管理开辟了新的领域[1]。随着智慧农业的发展，基于遥感的氮素养分管理已经成为智慧农业不可或缺的部分。内蒙古自治区是中国马铃薯种植的主要省份，干旱半干旱的自然条件以及农牧交错区脆弱的生态环境使内蒙古自治区马铃薯绿色发展迫在眉睫[2]。滴灌节水灌溉模式已经成为高产马铃薯种植的重要灌溉方式[3,4]，为了充分发挥滴灌模式下的水肥一体化氮素养分精准管理，试验提出了基于氮平衡和优化光谱指数的马铃薯氮肥优化施用技术，目的是通过氮素平衡理论和遥感技术在马铃薯生长期实现马铃薯氮素吸收与供应的耦合，发展本地化的马铃薯氮肥精准管理技术，为内蒙古自治区马铃薯氮肥精准管理提供理论依据。

1　材料与方法

1.1　试验设计

在察右前旗平地泉镇农牧业科学研究院试验基地进行，采用单因素随机区组试验，设置3个处理，3个重复，每个处理小区面积3.33 m²。处理1：优化光谱指数推荐施肥，实际使用纯氮11 kg/667 m²；处理2：氮平衡推荐施肥，实际使用纯氮18 kg/667 m²，其中

作者简介：王伟（1990—），硕士，农艺师，主要从事马铃薯栽培研究。
基金项目：现代农业产业技术体系（CARS-09-ES05）；内蒙古自治区农牧业青年创新基金项目（2021QNJJNO9）。
*通信作者：尹玉和，研究员，主要从事马铃薯遗传育种与栽培技术研究，e-mail：wlcbsyyh@163.com。

T1、T2 氮肥使用按照苗期 20%、块茎形成初期 30%、盛花期 20%、块茎膨大期 20%、淀粉积累期 10%进行，磷、钾参照传统管理使用方法和用量；处理 3：传统管理模式施肥，使用纯氮 24 kg/667 m²。3 个处理的田间管理模式一致，供试品种为"青薯 9 号"原种，种植密度 24 cm。2022 年 5 月 12 日播种，9 月 14 日收获测产。

1.2 指标测定及分析方法

小区测产长度 3.7 m。各小区区分商品薯(>150 g)和小薯(≤150 g)，分别称重，折算产量，并计算商品薯率。

干物质及淀粉测定：用水比重法测定，参照 Mep-Kep 干物质含量表计算干物质和淀粉含量。

1.3 数据分析

采用 DPS 7.05 软件进行数据统计分析。

2 结果与分析

2.1 不同处理对产量的影响

处理 2 产量最高，达到 3 330 kg/667 m²，处理 1 次之，与处理 2 基本持平，处理 3 产量为 3 093 kg/667 m²，3 个处理之间差异不显著(表 1)。

表 1 不同施氮模式对产量的影响

| 处理 | 小区产量(kg/3.33 m²) | | | | 标准误 | 折合产量(kg/667 m²) |
	Ⅰ	Ⅱ	Ⅲ	平均		
2	15.34	19.05	15.50	16.63	1.21	3 330 ± 242.53 aA
1	17.87	15.73	15.80	16.47	0.70	3 298 ± 140.60 aA
3	19.70	14.91	11.72	15.44	2.32	3 093 ± 464.49 aA

注：同列不同大小写字母表示 0.01 和 0.05 水平差异显著。下同。

2.2 不同处理对商品薯率的影响

马铃薯商品薯率是块茎可销售合格率的重要指标。处理 2 商品薯率最高，为 80%，处理 1 为 73%，处理 3 最低为 68%，但各处理间不存在显著性差异(表 2)(表 2)。

表 2 不同施氮模式对商品薯率的影响

| 处理 | 商品薯率(%) | | | | 标准误 |
	Ⅰ	Ⅱ	Ⅲ	平均	
2	83	85	73	80 aA	0.04
1	76	66	77	73 aA	0.04
3	82	63	58	68 aA	0.07

2.3 不同处理对出苗率的影响

不同施氮模式对出苗率影响差异不显著。其中处理 3 出苗率最高，达到 86.67%。这可能与处理1、处理2没有施用底肥有关(表3)。

表3　不同施氮模式对出苗率的影响

| 处理 | 出苗率(%) | | | | 标准误 |
	I	II	III	平均	
3	93.33	80.00	86.67	86.67 aA	3.85
1	86.67	80.00	86.67	84.44 aA	2.22
2	93.33	73.33	80.00	82.22 aA	5.88

2.4　不同处理对单株结薯数的影响

处理2的单株结薯数最低,处理3次之,处理1最高,但三者间不存在显著性差异(表4)。

表4　不同施氮模式对单株结薯数的影响

| 处理 | 单株结薯数(个/株) | | | | 标准误 |
	I	II	III	平均	
1	8.77	10.67	7.77	9.07 aA	0.85
3	6.21	10.55	8.83	9.04 aA	1.26
2	7.86	11.33	7.92	8.53 aA	1.15

2.5　不同处理对单株产量的影响

处理3的单株产量最低,处理1次之,处理2最高,为1.37 kg/株,但处理之间不存在显著性差异(表5)。

表5　不同施氮模式对单株产量的影响

| 处理 | 单株产量(kg/株) | | | | 标准误 |
	I	II	III	平均	
2	1.10	1.73	1.29	1.37 aA	0.19
1	1.37	1.31	1.22	1.30 aA	0.05
3	1.41	1.24	0.90	1.18 aA	0.15

2.6　不同处理对株高、茎粗、叶片 SPAD 值的影响

在开花期,处理3的株高最高,说明早期多施氮肥能促进地上部分生长,在淀粉积累期,氮平衡施肥处理2高于其他处理,但不存在显著性差异。在茎粗方面,传统施肥处理3在开花期高于其他处理,但在淀粉积累期,氮平衡施肥和光谱施肥均比传统施肥表现更粗壮,有显著性差异。在开花期和淀粉积累期,叶片 SPAD 值没有显著性差异,说明在该土壤地力条件下,通过技术优化少施氮肥可以不影响植株正常生长(表6)。

表 6 不同施氮模式对株高、茎粗、叶片 SPAD 值的影响

处理	株高(cm)		茎粗(mm)		叶片 SPAD 值	
	开花期	淀粉积累期	开花期	淀粉积累期	开花期	淀粉积累期
1	72.0 ± 1.6 bB	163.5 ± 8.6 aA	12.04 ± 0.49 aA	15.21 ± 0.97 aA	50.08 ± 0.38 aA	40.40 ± 1.05 aA
2	77.1 ± 2.7 abAB	174.5 ± 6.6 aA	12.44 ± 0.51 aA	15.29 ± 0.81 aA	47.02 ± 1.04 aA	39.45 ± 1.07 aA
3	80.0 ± 1.5 aA	170.1 ± 8.3 aA	13.18 ± 0.49 aA	12.23 ± 0.45 bA	49.70 ± 0.53 aA	39.96 ± 1.09 aA

2.7 不同处理对淀粉含量的影响

处理 1 块茎淀粉含量最高，达到 14.75 g/100 g，处理 2 次之，传统施肥处理 3 表现为最低，但三者不存在显著性差异(表 7)。

表 7 不同施氮模式对淀粉含量的影响

处理	淀粉含量(g/100 g)				标准误
	I	II	III	平均	
1	14.44	13.98	15.85	14.75 aA	0.56
2	14.18	13.89	13.21	13.76 aA	0.29
3	14.97	13.76	12.10	13.61 aA	0.83

3 讨 论

在马铃薯传统管理模式下的种植过程中，施入了大量化肥，不仅种植成本增高，还造成了环境的严重污染。通过本试验证明，在马铃薯关键施肥期，实时监测马铃薯植株养分含量，利用氮平衡和光谱技术指导施肥是可行的。优化光谱指数推荐施肥较传统管理模式节约氮肥 54%，氮平衡推荐施肥较传统管理模式减少 25% 氮肥用量，且在产量、商品薯率、植株形态、淀粉等指标方面没有显著性差异。相比于农户，氮平衡和光谱推荐施肥有效减少了氮肥的施用量。氮肥用量的减少也能降低种植成本的投入，间接增加经济效益，降低氮肥环境污染的风险。

[参 考 文 献]

[1] 内蒙古农业大学.基于优化光谱指数的马铃薯生长季氮肥用量施用方法:中国,CN 113433127A [P].2021-09-24.

[2] 内蒙古农业大学,蒙来苏农业科技(苏州)有限公司.内蒙古阴山北麓滴灌马铃薯田施氮量优化模型及其应用:中国,CN 110999615A [P].2020-04-14.

[3] 陈杨,秦永林,于静,等.内蒙古灌溉马铃薯氮肥减施依据及措施 [J].作物杂志,2019(6):90-93.

[4] 杨海波,杨海明,孙国梁,等.北麓节水灌溉马铃薯田氮素平衡研究 [J].北方农业学报,2018,46(5):50-56.

配方水溶肥在马铃薯上的应用效果研究

李慧成[1]，邢　杰[1*]，冯鑫红[1]，陈瑞英[2]，林团荣[3]，王玉龙[1]，

赵培荣[2]，李　倩[1]，司鲁俊[1]，张志诚[3]，王　真[3]

（1. 乌兰察布市农业技术推广中心，内蒙古　乌兰察布　012000；

2. 四子王旗农业技术服务中心，内蒙古　乌兰察布　011800；

3. 乌兰察布市农林科学研究所，内蒙古　乌兰察布　012000）

摘　要：马铃薯对不同元素的需求不同，传统追肥以单质肥料为主，试验选择优化后的配方水溶肥与传统追肥进行对比。从测产结果及经济效益分析看，马铃薯施用配方水溶肥较传统施肥有明显的增产增收作用。配方水溶肥测得产量达 4 200 kg/667 m²，纯收益 4 640.1 元/667 m²，商品薯率 79%；对照田测得产量达 3 600 kg/667 m²，纯收益 4 117.5 元/667 m²，商品薯率 72%；配方水溶肥较对照增产 600 kg/667 m²，增幅 16.7%，商品薯率高 7 个百分点，纯增收益522.6 元/667 m²。试验表明马铃薯生产上施用配方水溶肥效果较好，有助于马铃薯提质增效，具有一定的推广潜力，为大面积推广配方水溶肥提供了依据。

关键词：马铃薯；配方水溶肥；产量表现；经济效益；分析

　　内蒙古自治区是中国马铃薯生产的主要省份之一，乌兰察布市地处马铃薯产业黄金带，凭借区域内气候冷凉、日照充足、昼夜温差大特点，马铃薯产业是乌兰察布市的主导产业。作为乌兰察布市种植面积最大的作物，年种植面积稳定在 20 万 hm² 以上，占全市农作物播种面积的 30%左右，目前乌兰察布市已经成为国家重要的马铃薯种薯、商品薯、加工专用薯生产基地，栽培种植技术也有了大幅度的提升，前景广阔。然而，该地区降水量仅为 250~450 mm，水资源严重短缺，供需矛盾突出，干旱缺水已经成为制约农业可持续发展和生态文明建设的瓶颈。当地农民依靠大量投入化肥、农药、灌溉用水来实现增产目标，致使水肥浪费严重，土壤质量和生产效率连年降低。

　　2020 年乌兰察布市出台了 120 m³/667 m² 的粮食作物灌溉用水定额，灌溉用水的严格限量对农业生产提出了更高的挑战。尽管滴灌技术在工程节水层面解决了部分高效用水问题，在当地马铃薯产区得到了普遍应用，但是"什么时候灌溉""灌多少"的问题在马铃薯生产上没有得到解决，盲目灌溉是马铃薯生产上普遍存在的问题。同时，马铃薯是需要加强水肥管理才能达到高产的作物，但部分种植户还没有及时转变观念，他们往往为迎合市场需求、追求产量和效益，依赖着大水大肥的传统方法进行灌溉和施肥，随之带来的大量盲目灌溉用肥，造成土壤沙化退化和养分失衡、农作物品质下降、环境面源污染，严重制

作者简介：李慧成（1982—），男，正高级农艺师，从事马铃薯节水灌溉栽培技术研究及推广。

基金项目：中央引导地方科技发展资金（1282240216232361984）。

＊通信作者：邢杰，推广研究员，主要从事农业技术推广及土壤肥料工作，e-mail：lihuicheng1214@126.com。

约耕地质量发展和生产性能提升、农民增收、环境保护。

"水肥一体化"技术是将灌溉与施肥融为一体的农业新技术。其是将固体的速效化肥溶于水中并以水带肥的施肥方式。水溶肥是可溶解于水的肥料,简称为水溶肥。可用于滴灌、冲施、喷施、浸种蘸根等,形态呈现液体或固体。为了进一步解决盲目用肥、水肥利用效率低、土壤质量下降、作物产量低等问题,乌兰察布市农业技术推广中心特通过在四子王旗开展对比配方水溶肥和传统施肥在内蒙古自治区马铃薯上的应用效果试验,通过肥料配方的选择搭配,选用马铃薯专用水溶性配方肥,优化提升马铃薯品质和减肥增效技术,为不同类型水溶肥的推广应用提供科学依据,不断提高区域农田综合生产能力,促进农业增效、农民增收和生态环境的改善。

1 材料与方法

1.1 试验地概况

四子王旗乌兰花镇高油房村,地理位置:E 111°40′5.29″, N 40°41′41.62″。年有效积温(≥10 ℃)1 800～2 300 ℃,无霜期 110 d,年均降水量 310 mm。土壤栗钙土,沙壤,肥力中等,地势平坦。

1.2 试验材料

选择一个品牌的水溶肥追肥套餐与传统施肥方式进行对比,马铃薯品种为"希森6 号"。

"希森6 号",中熟薯条加工及鲜食品种,该品种生育期90 d 左右,株高60～70 cm,株型直立,生长势强。茎色绿色,叶色绿色,花冠白色,天然结实性少,匍匐茎中等。薯形长椭圆,黄皮黄肉,薯皮光滑,芽眼浅,结薯集中,耐贮藏。

1.3 试验设计

选择同一块田的两个相邻轮灌区进行试验,设2 个处理,处理一为水溶肥追肥套餐,处理二为传统施肥方式,每个处理1.67 hm²,不设重复,试验面积共3.33 hm²。试验田2021 年5 月4 日播种,5 月29 日中耕,打药5 次,浇水施肥15 次,种植模式为马铃薯浅埋高垄滴灌,播种密度3 800 株/667 m²。

处理1,底肥:复合肥($N:P_2O_5:K_2O = 12:18:15$)50 kg/667 m²;中耕肥:复合肥($N:P_2O_5:K_2O = 16:12:20$)40 kg/667 m²,水溶肥($N:P_2O_5:K_2O = 20:20:20$)15 kg/667 m²,水溶肥($N:P_2O_5:K_2O = 12:10:30$)15 kg/667 m²,水溶肥($N:P_2O_5:K_2O = 12:6:42$)20 kg/667 m²(表1)。

表1 配方水溶肥施肥记录

施肥	施肥时间 (D/M)	肥料型号	肥料数量 (kg/667 m²)	肥水时长 (h)
底肥	27/04	12:18:15	50	
中耕肥	29/05	16:10:20	40	

施肥	施肥时间 （D/M）	肥料型号	肥料数量 （kg/667 m²）	肥水时长 （h）
第1次水溶肥	11/06		0	6
第2次水溶肥	17/06	20∶20∶20	2	4.5
第3次水溶肥	25/06	20∶20∶20	3	4.5
第4次水溶肥	29/06	20∶20∶20	5	4.5
第5次水溶肥	04/07	20∶20∶20	5	5
第6次水溶肥	10/07	12∶10∶30	5	5
第7次水溶肥	14/07	12∶10∶30	5	5
第8次水溶肥	18/07	12∶10∶30	5	6
第9次水溶肥	23/07	12∶6∶42	5	6
第10次水溶肥	28/07	12∶6∶42	5	6
第11次水溶肥	02/08	12∶6∶42	5	6
第12次水溶肥	07/08	12∶6∶42	3	6
第13次水溶肥	12/08	12∶6∶42	2	6
第14次水溶肥	17/08		0	5
第15次水溶肥	25/08		0	4

处理2，底肥：复合肥（$N∶P_2O_5∶K_2O = 12∶18∶15$）50 kg/667 m²；中耕肥：复合肥（$N∶P_2O_5∶K_2O = 12∶18∶15$）40 kg/667 m²，尿素（N 46%）10 kg/667 m²，硝酸钾（N 13.8%、K_2O 46.6%）30 kg/667 m²，硝酸钙镁（N≥14%、CaO≥15%、MgO≥6%、B + Zn + Fe≥0.3%）10 kg/667 m²（表2）。

表2　传统水溶肥施肥记录

施肥	施肥时间 （D/M）	肥料型号	肥料数量 （kg/667 m²）	肥水时长 （h）
底肥	27/04	12∶18∶15	50	
中耕肥	29/05	12∶18∶15	40	
第1次水溶肥	11/06		0	6
第2次水溶肥	17/06	尿素	2	4.5
第3次水溶肥	25/06	尿素	4	4.5
第4次水溶肥	29/06	尿素	4	4.5
第5次水溶肥	04/07	硝酸钙镁	5	5
第6次水溶肥	10/07	硝酸钙镁	5	5
第7次水溶肥	14/07	硝酸钾	2	5
第8次水溶肥	18/07	硝酸钾	3	6
第9次水溶肥	23/07	硝酸钾	5	6

施肥	施肥时间 (D/M)	肥料型号	肥料数量 (kg/667 m²)	肥水时长 (h)
第 10 次水溶肥	28/07	硝酸钾	5	5
第 11 次水溶肥	02/08	硝酸钾	5	5
第 12 次水溶肥	07/08	硝酸钾	5	5
第 13 次水溶肥	12/08	硝酸钾	5	5
第 14 次水溶肥	17/08		0	5
第 15 次水溶肥	25/08		0	4

2　结果与分析

马铃薯施用配方水溶肥比传统施肥有明显的增产增收作用,增产幅度达 16.7%,纯增收益 522.6 元/667 m²。据统计,水溶肥均价 10 220 元/t,复合肥均价 4 000 元/t,尿素 2 600 元/t,硝酸钾 5 400 元/t,硝酸钙镁 1 450 元/t,水溶肥追肥处理成本 819.9 元/667 m²,传统施肥处理成本 562.5 元/667 m²,施用配方水溶肥测得产量 4 200 kg/667 m²,商品薯率达 79%,"希森 6 号"按平均销售价格 1.3 元/kg 左右计算,收益 5 460 元/667 m²。对照田块产量 3 600 kg/667 m²,商品薯率为 72%,收益 4 680 元/667 m²。配方水溶肥比对照田增产 600 kg/667 m²,增幅 16.7%,增收益 780 元/667 m²,商品薯率高 7 个百分点;减去水溶肥成本,施用配方水溶肥比传统施肥纯增收益 522.6 元/667 m²(表 3、4)。结合成本和纯增收益综合考虑,目前看来施用配方水溶肥效果较好,有助于马铃薯提质增效,具有一定的推广潜力。

表 3　配方水溶肥施肥试验测产记录

处理	小区产量(kg/6.67 m²)			折算产量(kg/667 m²)			增产 (kg/667 m²)	增产幅度 (%)	商品薯率 (%)
	总产量	商品薯 产量	非商品薯 产量	产量	商品薯 产量	非商品数 产量			
1	42	33	9	4 200	3 300	900	600	16.7	79
2	36	26	10	3 600	2 592	1 008	—	—	72

注:商品薯为重量>150 g 的块茎。

表 4　配方水溶肥施肥试验经济效益分析

处理	产量 (kg/667 m²)	成本 (元/667 m²)	成本增加 (元/667 m²)	收益 (元/667 m²)	纯收益 (元/667 m²)	纯增收益 (元/667 m²)
1	4 200	819.9	257.4	5 460	4 640.1	522.6
2	3 600	562.5	—	4 680	4 117.5	—

注:"希森 6 号"平均销售价格 1.3 元/kg 左右。

3 讨 论

随着滴灌设施和滴灌技术的不断提升，通过减少底肥，增加追肥的措施实现减肥效果越突出。施用配比合理的水溶肥可以达到高产目的，水溶肥的优势是施用方便、速效性高、肥料利用率高，但是发挥优势的前提是灌溉施肥设施精准高效，全生育期灌水施肥按照作物需求均匀精准供给，磷钾肥于前期足量供给，才能保证后期产量的形成需要。水溶肥根据不同种植条件要制定不同的施肥方案。$N：P_2O_5：K_2O = 20：20：20$、$12：10：30$、$12：6：42$ 三种前期、中期、后期配方在马铃薯上是较合理的施肥配方，生产实践证明配方施肥可以平衡施肥，减少养分投入，提高肥料利用效率，在提高马铃薯品质和产量上的作用十分明显，在马铃薯上应更广泛的推广配方水溶肥进行追肥。

铁锌叶面肥对马铃薯叶绿素含量及产量的影响

武新娟*，唐 贵，隋冬华，张冬雪，高佳缘，李 鑫

侯 帅，张 鹍，宋鹏慧，张莉莉，王璐瑶

（黑龙江省农业科学院乡村振兴科技研究所，黑龙江 哈尔滨 150028）

摘 要：马铃薯能够健康的生长发育，不仅要有充足的 N、P、K 三大营养元素，还需要微量元素，其中 Fe、Zn 是生长过程中不可或缺的养分。为明确叶面喷施铁锌肥对马铃薯植株生长、叶片叶绿素含量和产量的影响，选用"尤金"为材料，进行田间试验，分别在苗期和现蕾期喷施 $FeSO_4$ 和 $ZnSO_4$ 水溶液，并以喷施清水为对照。结果表明，喷施铁锌肥不仅可以促进马铃薯植株生长，显著增加株高；同时影响了叶片叶绿素的合成，叶绿素含量明显上升；且喷肥处理后的块茎产量均显著增加，喷施铁肥增产 5.08%，喷施锌肥增产 8.97%。该试验为铁锌肥对马铃薯生长发育的影响研究提供了理论依据。

关键词：马铃薯；叶面喷施；锌；铁；叶绿素；产量

马铃薯作为高产高效作物，对营养养分的要求也较高。除大量元素 N、P、K 和中量元素 S、Ca、Mg 外，还需要有 Fe、Zn、Mn 等微量营养元素的供给[1]。Fe 参与植株体内氧化还原反应、叶绿素和 DNA 的合成，还参与许多酶促反应，是组成许多关键酶和蛋白质的成分[2]。而 Zn 参与 RNA 的合成、参与维持细胞膜完整性、调节生长素合成和维持光合作用的正常进行。Fe、Zn 元素均参与植物体肥氮碳代谢、核酸代谢和脂类代谢等重要的生理过程。诸多研究表明[3-5]，在马铃薯生育过程中适量施入 Fe、Zn 微量元素，对提高其产量和品质具有十分重要的意义。

铁锌肥施用的方法有很多，包括土施、叶面喷施、随水冲施、浸种、拌种等。其中叶面喷施具有用量少、吸收快、污染小、肥效高等优点，相对切实可行。试验采用叶面喷施的方法，对当地农户喜爱的马铃薯品种"尤金"于苗期和现蕾期均匀喷洒 $FeSO_4$ 和 $ZnSO_4$ 水溶液各 1 次，清水对照，分析比较其对植株生长状况、叶片叶绿素含量和块茎产量的影响，以期为该地区马铃薯种植的铁锌肥施用提供理论依据和技术支撑。

1 材料与方法

1.1 试验区概况

试验区位于黑龙江省农业科学院乡村振兴科技研究所绥棱基地（N 47°14′，E 127°6′，海拔 212 m），2022 年 4—10 月平均温度 16.2 ℃，降雨量总和 458.1 mm，无霜期 155 d，

作者简介：武新娟（1981—），女，硕士，助理研究员，主要从事马铃薯育种与栽培技术研究。
基金项目：黑龙江省农业科学院"农业科技创新跨越工程"专项（HNK2019CX07）。
*通信作者：武新娟，e-mail：wuxinjuan01@sina.com。

土壤主要为黑壤土，肥力中等。

1.2 试验材料

供试品种为马铃薯原种"尤金"，供试锌铁肥为 $FeSO_4 \cdot 7H_2O$ 和 $ZnSO_4 \cdot 7H_2O$ 溶液。

1.3 试验方法

试验地前茬大豆，2021 年秋整地，2022 年 4 月 15 日旋耕起垄，同时施入尿素（N 46%）10 kg/667 m²、磷酸二铵（N 18%、P 46%）8 kg/667 m² 和硫酸钾（K 50%）12 kg/667 m² 作为基肥。5 月 12 日播种，试验采用随机区组设计。共 3 个处理：T1-喷施铁肥，T2-喷施锌肥，T3-喷施清水（CK）。每个处理 3 次重复，10 行区，行长 5 m，垄距 0.8 m，株距 0.25 m，小区面积 40 m²。试验用铁锌微肥溶于自来水后 2 min 喷施，喷施浓度均为 100 mg/L，苗期和现蕾期各喷施 1 次，喷洒均匀。

1.4 测定项目

测定指标：株高、叶绿素含量、块茎产量。

测定时期：第二次喷肥后 15 d 左右。

测定方法：用卷尺测定株高；用便携式叶绿素测定仪在田间试验小区直接测定马铃薯功能叶片的叶绿素含量，在植株中间部位随机采取成熟叶片，每个处理测 5 片叶，取平均值；收获时测定小区总产量。

1.5 数据处理

试验数据采用 Excel 2007 和 DPS 7.05 软件进行分析，产量方差分析采用 LSD 法。

2 结果与分析

2.1 叶面喷施铁锌肥对马铃薯株高的影响

叶面喷施铁锌肥可以促进马铃薯植株的生长发育，对株高的影响显著。其中喷施铁肥处理株高 63.67 cm，较对照喷清水增加了 10.40%，喷施锌肥处理株高 64.00 cm，较对照增加 10.98%，差异均达到显著水平（图 1）。

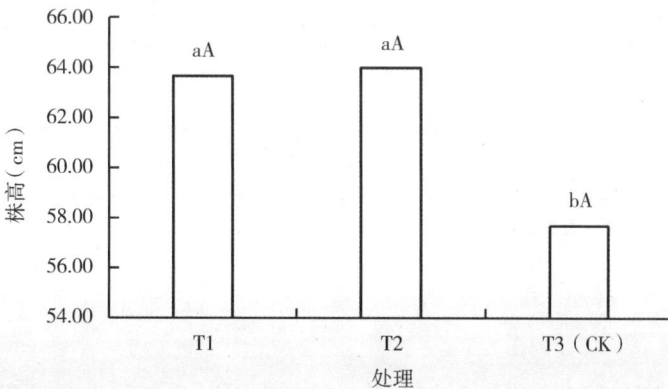

注：不同小写和大写字母分别代表在 0.05 和 0.01 水平上的差异显著性。下同。

图 1 不同喷肥处理对马铃薯株高的影响

2.2 叶面喷施铁锌肥对马铃薯叶片叶绿素含量的影响

叶面喷施铁锌肥能够增加马铃薯叶片的叶绿素含量，且对其影响显著。其中喷施铁肥处理的叶片叶绿素含量为47.03 mg/g，较对照喷清水增加28.30%，差异达极显著水平；喷施锌肥处理的叶绿素含量为45.15 mg/g，较对照增加23.16%，差异也达到极显著水平（图2）。

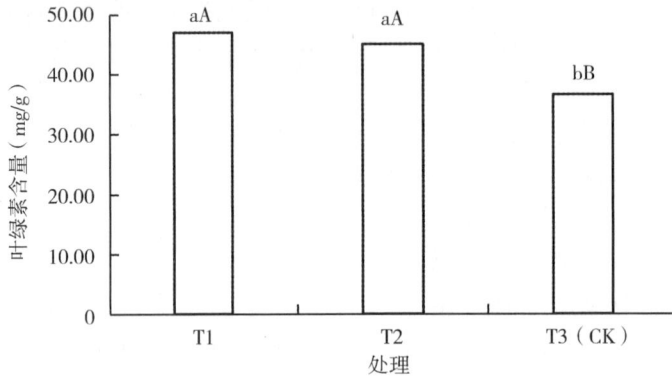

图2 不同喷肥处理对马铃薯叶绿素含量的影响

2.3 叶面喷施铁锌肥对马铃薯块茎产量的影响

叶面喷施铁锌肥能够增加马铃薯的块茎产量。对照喷清水的小区产量为151.53 kg/40 m²，折合产量2 527 kg/667 m²，而喷施铁肥处理的小区产量达159.23 kg/40 m²，折合产量2 655 kg/667 m²，较对照增产5.08%，差异显著；喷施锌肥处理小区产量165.13 kg/40 m²，折合产量2 754 kg/667 m²，较对照增产8.97%，差异极显著（表1）。

表1 不同喷肥处理对马铃薯产量的影响

处理	小区产量(kg/40 m²)				折合产量 (kg/667 m²)	较CK± (%)
	I	II	III	平均		
T1	156.4	153.1	168.2	159.23	2 655 bAB	5.08
T2	166.2	157.4	171.8	165.13	2 754 aA	8.97
T3(CK)	150.8	147.3	156.5	151.53	2 527 cB	—

注：不同大小写字母分别代表在0.01和0.05水平上的差异显著性。

3 讨 论

Fe、Zn通过直接或间接参与光合作用、呼吸作用以及各种代谢过程，影响马铃薯的茎叶生长。Fe、Zn还直接影响马铃薯植株体内的叶绿素含量，Fe虽然不是叶绿素的组成成分，但叶绿素的合成必需要有铁的存在；而Zn则是叶绿体的重要组分之一，直接影响叶绿体的合成数量。所以Fe、Zn作为马铃薯必需营养元素，在促进马铃薯植株生长发育和提高块茎产量中担任着重要角色。

安珍等[6]喷施不同类型的铁肥，结果表明均可增加植株株高和茎粗，但因铁肥形态不同而增加程度不同；吕军等[7]研究叶面喷施锌肥对马铃薯农艺性状、产量及品质的影响，得出结论为随锌肥浓度的增加，马铃薯株高逐渐增加，产量先增后降，说明适量喷施锌肥对马铃薯的生长有促进作用；孙小龙[8]的研究表明，叶面喷施锌肥提高了马铃薯叶片光合速率和叶绿素含量，最终显著提高了马铃薯块茎产量；惠领领等[9]通过施铁、锌肥对陇中旱农区马铃薯光合特性和产量的影响研究，结果表明施铁锌肥处理后马铃薯光合特性得以改善，叶片 SPAD 值和产量均有明显增加；李凯等[10]通过叶面喷施微肥，研究铁锌锰对马铃薯生长、品质与产量的影响，结果表明喷肥处理可以使植株增高、单株块茎重增加、商品薯率和产量提高。

试验结果与前人研究基本一致，于苗期和现蕾期叶面喷施 $FeSO_4$ 和 $ZnSO_4$ 水溶液处理，与对照喷施清水相比，当地主栽马铃薯品种"尤金"的株高、叶片叶绿素含量及块茎产量均有所增加。其中单施锌肥块茎产量增加百分比高于单施铁肥，这与孙小龙[8]试验研究中单施铁肥对马铃薯块茎产量无显著影响的结果趋势一致。然而微量元素对植物生长发育的影响多存在互作效应，试验仅对铁锌肥单独喷施马铃薯后生长情况进行研究，其互作影响还需要进一步探讨。

[参 考 文 献]

[1] 马丽美.不同马铃薯品种钾钙铁锌的吸收积累规律 [D].哈尔滨:东北农业大学,2014.

[2] Wu J, Boyle E, Sunda W, et al. Soluble and colloidal iron in the oligotrophic north arlantic and north pacific [J]. Science, 2001, 293(5531): 847-849.

[3] 李丰先,罗磊,李亚杰,等.铁锌配施对马铃薯植株性状和营养品质的影响 [J].中国马铃薯,2022,36(4):314-321.

[4] 唐彩梅,张小静,袁安明,等.滴施 Ca、Zn 肥对马铃薯生长、产量及品质的影响 [J].中国瓜菜,2023,36(1):19-25.

[5] 罗磊,李亚杰,黄凯,等.不同增施微肥方式对马铃薯块茎产量和 Zn、Fe 含量的影响 [J].干旱地区农业研究,2017,35(2):152-156,206.

[6] 安珍,张茹艳,周春涛,等.铁肥对马铃薯生理特性、产量及品质的影响 [J].江苏农业学报,2022,38(4):931-938.

[7] 吕军,高青青,赵帆,等.叶面喷施锌肥对马铃薯农艺性状、产量及品质的影响 [J].陕西农业科学,2021,67(9):5-8.

[8] 孙小龙.不同锌肥及锌、铁配施对旱作马铃薯产量和营养品质及其形成规律的影响 [D].兰州:甘肃农业大学,2014.

[9] 惠领领,谢军红,李玲玲,等.施铁、锌肥对陇中旱农区马铃薯光合特性和产量的影响 [J/OL].甘肃农业大学学报:1-12 [2023-04-13]. http://kns.cnki.net/kcms/detail/62.1055.s.20230301.1723.008.html.

[10] 李凯,张国辉,郭志乾,等.叶面喷施铁锌锰微肥对马铃薯生长、品质与产量的影响 [J].作物研究,2018,32(1):28-30,34.

稀土原矿粉在马铃薯生产上的应用试验

王　伟，谭桂莲，韩素娥，韩万军，黄文娟，韩　飞
吴昊磊，郑安可，刘宇飞，张　丹，尹玉和*

(乌兰察布市农林科学研究所，内蒙古　乌兰察布　012000)

摘　要：内蒙古自治区乌兰察布市化德县已发现和勘查探明的可作为矿物肥料的矿产资源较为丰富，其加工产品后废弃的原矿粉对马铃薯生产有积极意义。试验设 4 个原矿粉梯度：0（对照）、50、150、250 kg/667 m²，开展稀土原矿粉对马铃薯产量、品质、薯皮粗纤维等影响试验。在 50 kg/667 m² 用量下产量、商品薯率，茎叶、块茎的干物质积累量、淀粉、蛋白质以及两个生育期的叶片叶绿素含量指标上，均表现出增加、促进的作用。薯皮粗纤维含量随着原矿粉使用量增加，呈现出先降低后升高的趋势。原矿粉用量在 50 kg/667 m² 用量下为最佳推荐量。

关键词：原矿粉；马铃薯；产量；品质

内蒙古自治区乌兰察布市化德县已发现和勘查探明的可作为矿物肥料的矿产资源较为丰富，分布广泛且质量好，开发前景广阔。农业生产施用矿物肥料不污染环境，不仅能改善土壤结构，促进作物生长发育，同时还可吸附土壤中的有害物质，减少化肥的挥发与流失，提高化肥利用率。矿物肥料还具有提高土壤保水保肥能力，提高农产品产量、品质的作用。使用矿物质肥料可以增加马铃薯薯皮厚度，可以减少在运输过程中对薯皮造成的机械损伤，降低在贮藏过程中晚疫病、干腐病等真细菌病害的侵染，从而提高马铃薯的贮藏能力，减少种植户贮藏过程中的损失。针对目前马铃薯生产中存在的实际问题，开展稀土原矿粉对马铃薯产量、品质、薯皮粗纤维的探究试验，从而为马铃薯生产上大面积推广提供理论依据。

1　材料与方法

1.1　试验地点及供试品种

试验设在乌兰察布市察右前旗平地泉镇试验基地；供试品种为"希森 6 号"一级种。

1.2　试验设计

根据稀土原矿粉不同用量设 4 个处理：0（对照）、50、150、250 kg/667 m²。高垄单行

作者简介：王伟（1990—），硕士，农艺师，主要从事马铃薯栽培研究。

基金项目：乌兰察布市关键技术攻关项目（2021GJ203）；乌兰察布市农林科学研究所青年项目（2022WNLQN05）。

*通信作者：尹玉和，研究员，主要从事马铃薯遗传育种与栽培技术研究，e-mail：wlcbsyyh@163.com。

滴灌种植模式，垄宽 90 cm，密度 21 cm。产品应用及田间管理：原矿粉由内蒙古华宸再生资源科技有限公司提供。按照试验设计，在播种前 1 d 称好对应原矿粉重量，人工均匀撒在对应的已旋耕小区内，第 2 d 机器开沟播种覆土。基肥、中耕肥、追肥（滴灌）、病虫害防控、灌溉等田间管理与乌兰察布市农林科学研究所常规管理一致。

1.3　测定方法

2022 年 5 月 10 日播种，9 月 15 日测产收获。开花期（7 月 13 日）、淀粉积累期（8 月 26 日）对 3 个指标（株高、茎粗、SPAD 值）进行测定，3 次重复，每次 10 株。并取样 3 株鲜样带回实验室烘干测定干物质积累量。

小区内随机测产 3 次，长度 3.7 m。各小区区分商品薯（>150 g）和小薯（≤150 g），分别称重，折算产量，并计算商品薯率，记录主茎数和单株结薯数。

2　结果与分析

2.1　原矿粉对马铃薯产量及构成因素的影响

使用原矿粉的处理在产量和商品薯率上较常规对照均有增长作用，其中 50 kg/667 m² 用量处理下产量较对照增产 11.1%，商品薯率增加 5%，随着用量增加产量呈下降趋势。250 kg/667 m² 用量处理下，主茎数、单株结薯数增加。单株薯重在 150 kg/667 m² 用量处理下达到最高，较对照增加 17.1%（表 1）。

表 1　原矿粉对马铃薯产量及构成因素的影响

处理	产量 （kg/667 m²）	商品薯率 （%）	主茎数 （个）	单株结薯数 （个）	单株薯重 （kg/株）
对照（0 kg/667 m²）	3 751	81.16	35.67	7.97	1.52
50 kg/667 m²	4 167	85.26	35.33	7.96	1.70
150 kg/667 m²	4 104	85.79	36.00	8.54	1.78
250 kg/667 m²	4 043	86.22	38.67	8.97	1.58

2.2　原矿粉对马铃薯株高、茎粗、叶绿素的影响

原矿粉用量在 250 kg/667 m² 处理下，在开花期、淀粉积累期的株高和茎粗均高于对照，50 和 150 kg/667 m² 用量处理下与对照差异不明显。叶片 SPAD 值在开花期随着原矿粉用量的增加呈现先降低后升高的趋势，其中在 250 kg/667 m² 用量处理下达到 54.06，在淀粉积累期随着原矿粉用量的增加呈现先升高后降低的趋势，最高值出现在 150 kg/667 m² 用量的处理下达到 49.34（表 2）。

表 2　原矿粉对马铃薯株高、茎粗、叶绿素的影响

处理	株高(cm)		茎粗(mm)		叶片 SPAD 值	
	开花期	淀粉积累期	开花期	淀粉积累期	开花期	淀粉积累期
对照(0 kg/667 m²)	65.2	82.6	11.770	12.790	49.42	40.88
50 kg/667 m²	64.4	81.2	11.044	12.018	45.56	46.34
150 kg/667 m²	65.0	82.8	11.888	12.798	47.32	49.34
250 kg/667 m²	69.0	87.4	14.518	15.396	54.06	45.36

2.3　原矿粉对马铃薯茎叶、块茎干物质积累量的影响

在开花期、淀粉积累期，茎叶、块茎的干物质积累量随着原矿粉的用量增加，呈现出先增高后降低的趋势，其中最高值出现在 50 kg/667 m² 处理下。在 250 kg/667 m² 的处理下，茎叶、块茎的干物质积累量在开花期和淀粉积累期均低于对照(表 3)。

表 3　原矿粉对马铃薯茎叶、块茎干物质积累量的影响

处理	茎叶(g/株)		块茎(g/株)	
	开花期	淀粉积累期	开花期	淀粉积累期
对照(0 kg/667 m²)	83.00	104.67	83.70	423.33
50 kg/667 m²	88.67	118.93	105.00	468.80
150 kg/667 m²	78.33	117.67	86.67	450.33
250 kg/667 m²	71.33	77.57	52.67	375.67

2.4　原矿粉对马铃薯块茎品质的影响

收获期块茎淀粉和干物质含量在 50 kg/667 m² 的处理下达到最高，随着用量增加含量降低。随着原矿粉使用量增加，还原糖含量逐渐降低。随着原矿粉使用量增加，块茎蛋白质含量呈现先升高后降低的趋势，最高值出现在 50 kg/667 m² 处理下达到 2.80%。随着原矿粉使用量增加，薯皮粗纤维含量呈现出先降低后升高的趋势(表 4)。

表 4　原矿粉对马铃薯块茎品质的影响

处理	淀粉(%)	干物质(%)	还原糖(%)	蛋白质(%)	薯皮粗纤维(%)
对照(0 kg/667 m²)	13.00	18.76	0.91	2.06	8.06
50 kg/667 m²	13.32	19.08	0.88	2.80	7.99
150 kg/667 m²	11.49	17.26	0.76	1.87	7.99
250 kg/667 m²	11.93	17.69	0.75	1.93	8.05

3 讨 论

原矿粉在 50~150 kg/667 m² 用量下，对马铃薯产量、商品薯率有提升作用，在 150 kg/667 m² 用量下对主茎数、单株结薯数增加作用最强，但结合开花期、淀粉积累期的株高、茎粗、叶绿素指标来看，50 和 150 kg/667 m² 两个用量下差异不大，在淀粉积累期 150 kg/667 m² 叶绿素含量最高，可能会造成贪青。结合开花期、淀粉积累期的茎叶、块茎干物质积累量指标来看，在 50 kg/667 m² 用量下均达到最大值。且在收获期块茎淀粉、干物质、蛋白质含量在 50 kg/667 m² 的处理下均达到最高。综合来看，原矿粉在 50 kg/667 m² 用量下为最佳推荐量。

玉米健壮素不同喷施次数对脱毒马铃薯原原种生产调控效果

和习琼*，王菊英，方子松，石　涛，和晓堂，李朝凤，夏菊香

（丽江市农业科学研究所，云南　丽江　674100）

摘　要：玉米健壮素可有效控制植株株高，但在马铃薯原原种生产中未见研究。通过马铃薯原原种生产中喷施玉米健壮素，探讨其对马铃薯植株徒长的控制效果，依靠群体优势来提高原原种单位面积结薯数，并为玉米健壮素的合理施用次数提供参考依据。结果表明，玉米健壮素对马铃薯植株高度调控效果明显，但大薯率有所下降。建议在原原种生产过程中，适宜喷施2次。

关键词：玉米健壮素；马铃薯；丽薯6号；生长调控

在马铃薯原原种生产过程中，主要通过试管苗及扦插苗的种植密度来调节原原种的大小。目前在原原种生产过程中存在块茎过大，单位面积结薯数少；而在高密度种植情况下，植株高度过高导致倒伏现象严重，病虫害加重，无效苗增多。本试验在马铃薯原原种生产中，试图探索通过喷施玉米健壮素对植株徒长的控制效果，依靠群体优势来提高原原种单位面积结薯数，并为玉米健壮素的合理施用次数提供参考依据。

1.1　材料与方法

供试材料："丽薯6号"脱毒试管苗。基质、培土基质：捷菲泥炭土(进口泥炭土，颗粒0~8 mm)，特点为：(1)全面消毒处理，使用时无需再消毒；(2)添加了保湿剂，营养启动剂(大量元素和微量元素)，使介质充分、快速润湿，供给种子和种苗生长所需的协调营养；(3)湿度35%~55%，吸收力为干重的12倍；(4)pH(5.5±0.3)，EC(1.0±0.2)。植物调节剂：玉米健壮素(又名40%羟烯腺·乙烯利水剂)，是一种激素复配剂，由多种植物生长调节剂组配而成。

1.2　试验方法

采用单因素随机区组排列，设3个不同喷施处理。处理1：喷施1次；处理2：喷施2次；处理3：喷施3次；清水(CK)作对照。3次重复，小区面积3 m²，共12个小区。种植密度为140株/m²，每次喷1 500倍液矮壮素，用水量为45 kg/667 m²。

1.3　试验地点

试验设在丽江市农业科学研究所新团基地的防虫网大棚内。

作者简介：和习琼(1977—)，女，高级农艺师，从事马铃薯新品种选育及示范推广研究。

基金项目：国家马铃薯产业技术体系(CARS-09-ES26)；科技人才与平台计划(202205AD160067)。

*通信作者：和习琼，e-mail：407950199@qq.com。

1.4　栽培管理

移栽前一周用 5 kg/667 m² 辛硫磷、800 倍液氯氰菊酯乳油、70 mL/667 m² 96% 精异丙甲草胺乳油对基质进行杀菌、杀虫及芽前除草。7 月 10 日移栽试管苗，栽培密度 140 株/m²，施基肥三元复合肥（N∶P∶K = 15∶15∶25）25 kg/667 m²。7 月 22 日按用量 20 kg/667 m² 进行追肥，7 月 23 日开始进行病虫害防治，霜脲·锰锌可湿性粉剂、恶唑菌酮+霜脲氰、双炔酰菌胺、氟菌·霜霉威悬浮剂等杀菌剂防治马铃薯病害，10 d 为一个周期；喷施吡虫啉、克植蝇、毒死蜱·氯氰菊酯、氯氰菊酯乳油等杀虫剂防治马铃薯虫害，10 d 为一个周期。8 月 14 日处理 2、处理 3 喷施玉米 1 500 倍液健壮素第一次；8 月 28 日处理 2、处理 3 喷施矮壮素第二次，处理 1 喷第一次；9 月 10 日结合培土进行看苗追肥；9 月 18 日，处理 3 喷施第 3 次；10 月 18 日田间调查株高，11 月 14 日收挖。收挖后调查小区产量、小区结薯数、单株薯数、单薯重及 1~10 g、11~50 g、>50 g 进行分级，对各处理的小区结薯数、小区产量、株高进行方差分析。

2　结果与分析

2.1　健壮素不同喷施次数对脱毒马铃薯地上部分的影响

喷施健壮素后，均表现暂时萎蔫，植株矮化，植株叶片变深，节间生长缓慢，茎秆粗壮，叶片加厚等特点，15 d 左右恢复正常生长。最后一次喷施 30 d 后测量植株高度，由表 1 可知，株高最高的是对照 131.97 cm，然后依次为处理 1（88.97 cm）、处理 2（88.30 cm）、处理 3（88.17 cm），分别较对照矮 32.6%、33.0%、33.18%。经方差分析及新复极差测验（表 1）表明，对照与处理 1、处理 2、处理 3 之间差异极显著；各处理之间差异不显著。表明在同等施肥水平下，叶面喷施健壮素可以有效控制马铃薯株高，且喷施次数越多、植株越矮化。

表 1　玉米健壮素对株高、产量相关性状的影响

处理	株高 （cm）	小区产量 （kg/3 m²）	小区结薯 数（粒）	单株结薯数 （粒）	单薯重 （g）	1~10 g （%）	11~50 g （%）	>50 g （%）
1	88.97 bB	12.62	679.0 bB	1.61	16.32	42.0	54.5	3.5 bB
2	88.30 bB	11.97	854.3 aA	2.03	14.77	44.5	51.5	3.0 bB
3	88.17 bB	11.08	799.7 aAB	1.90	14.96	47.1	48.8	4.1 bB
CK	131.97 aA	14.67	505.0 cC	1.20	29.04	30.4	52.0	17.6 aA

注：同列不同小写和大写字母分别代表在 0.05 和 0.01 水平上的差异显著性。

2.2　健壮素不同喷施次数对马铃薯小区产量的影响

从小区产量看，所有处理产量都低于对照产量。最低的是处理 3 为 11.08 kg/3 m²，较对照减产 24.5%，从总体来看，不同喷施次数对马铃薯小区产量影响不大（表 1）。

2.3　健壮素不同喷施次数对脱毒马铃薯小区结薯数的影响

由表 1 可看出，对照的小区结薯数为 505.0 粒，处理均较对照高，处理 2 为 854.3 粒、

处理 3 为 799.7 粒、处理 1 为 679.0 粒，分别较对照增产 69.2%、58.4%、34.46%，结果表明，喷施健壮素可以增加结薯数量，而喷施次数超过 2 次后反而有所减少。经方差分析及新复极差测验(表 1)表明，处理 2、处理 3、处理 1 与对照差异达到极显著水平，处理 2 与处理 1 之间差异达到极显著水平，处理 2 与处理 3 之间差异不显著。

2.4 健壮素不同喷施次数对单株结薯数的影响

由表 1 可看出，喷施健壮素后，所有处理的单株结薯数都高于对照，试验说明，喷施健壮素有利于提高马铃薯单株结薯数。

2.5 健壮素的不同喷施次数对薯块大小比例的影响

由表 1 可知，与对照比较，大于 50 g 的大薯比例所有处理均小于对照，试验说明施用健壮素后，大薯比例明显降低，效果显著。经方差分析(表 1)表明，所有处理与对照达到了极显著水平，处理间差异不显著。

3 讨 论

从上述试验结果表明，健壮素对马铃薯植株高度调控效果明显，大薯率有所下降，但从喷施的次数上看，超过 2 次，结薯数及单株结薯数反而有所下降。建议在原原种生产过程中，喷施 2 次比较适合。健壮素是一种植物生长延缓剂，对马铃薯株高有明显的抑制作用，能使植株矮化，促进作物的横向生长，可使茎段加粗，叶片增厚，使植株的节间缩短，矮壮并抗倒伏，促进叶片颜色加深，使光合作用加强，提高抗旱、抗寒的能力。

不同营养方案在马铃薯加工专用薯上的应用效果研究

王玉龙[1]，李慧成[1]，邢　杰[1*]，冯鑫红[1]，智小青[1]，陈瑞英[2]，王迎宾[1]，

赵培荣[2]，王　伟[3]，王玉凤[3]

（1. 乌兰察布市农业技术推广中心，内蒙古　乌兰察布　012000；

2. 四子王旗农业技术服务中心，内蒙古　乌兰察布　011800；

3. 乌兰察布市农林科学研究所，内蒙古　乌兰察布　012000）

摘　要：不同品种对肥料的需求不同，马铃薯专用品种水肥管理要求较普通品种更高，通过不断优化营养方案可以达到减肥增产增效的目的。该试验通过 3 种营养方案对比，最终施用第一种肥料套餐即底肥（宜施状复合肥 $N：P_2O_5：K_2O = 15：15：15$）$80~kg/667~m^2$、中耕肥（$N：P_2O_5：K_2O = 15：5：25$）$20~kg/667~m^2$、追肥（$N：P_2O_5：K_2O = 11.41：5.13：15.61$）$17~kg/667~m^2$，NPK 纯养分总施肥量 $77.1~kg/667~m^2$，效果最高达到了增产 28.1%，减肥 11.6%，可以在生产中进行推广应用。

关键词：马铃薯；专用薯；肥料减施；增产

　　乌兰察布市地处内蒙古自治区中部，气候冷凉，日照充足，雨热同期，土壤洁净，马铃薯生长条件得天独厚，生产出的马铃薯干物质含量高、品相好、口感面沙，马铃薯干物质含量高达 25% 以上，淀粉、维生素 C、矿物质含量高于其他地区，醛类芳香物含量更高，是国内公认的马铃薯生产"黄金带"，种植历史悠久，是全国马铃薯种薯、商品薯、加工专用薯重要生产基地。马铃薯产业是乌兰察布市"牛羊乳、麦菜薯"六大农牧业产业之一，在乌兰察布市委、政府的高度重视下，以推动"品种培优、品质提升、品牌打造和标准化生产"为抓手，以做强种薯、加工薯，做精商品薯为目标，围绕稳定面积、科技创新、绿色发展、产业升级、增产增效的思路，发展马铃薯全产业链，强化标准化基地建设、完善种薯繁育体系、优化品种结构和布局、推广绿色增产技术、提升仓储能力、发展精深加工，打造区域品牌，加大营销推广力度，强力推进马铃薯产业转型升级，产业优势进一步凸显。

　　全市现有内蒙古薯都凯达食品有限公司、蓝威斯顿薯业(内蒙古)有限公司、内蒙古蒙薯食品科技有限公司、希森马铃薯产业集团有限公司、内蒙古健坤农产品加工有限公司等马铃薯加工重点企业 32 家，主要生产薯条、薯片、淀粉、全粉、酸奶饼、无矾粉丝、酱油等产品，年转化鲜薯能力 200 万 t，实际转化 130 万 t 左右，年加工率 39% 以上，马铃薯加工形成了门类齐全、初具规模的加工群体。其中薯条加工企业 4 家，其中油炸薯条年设

作者简介：王玉龙（1980—），男，农艺师，从事马铃薯节水灌溉栽培技术研究及推广。

基金项目：中央引导地方科技发展资金（1282240216232361984）。

*通信作者：邢杰，推广研究员，主要从事农业技术推广及土壤肥料工作，e-mail：lihuicheng1214@126.com。

备转化鲜薯能力为 10.7 万 t，年实际转化鲜薯 7.5 万 t，速冻薯条年设备转化鲜薯能力为 27.5 万 t，年实际转化鲜薯 10 万 t，全年加工，主要加工品种有"艾维""布尔班克""英尼维特"。全粉加工企业 3 家，根据订单需要生产，主要加工品种"英尼维特""布尔班克""艾维"年加工转化鲜薯能力为 13 万 t，实际转化鲜薯 1 万 t，产品主要销往北京、江苏、上海等地。淀粉加工企业 21 家，年加工转化鲜薯能力为 138 万 t，实际转化鲜薯 76 万 t。

马铃薯专用品种水肥管理要求较普通品种更高，使用滴灌水肥精准调控栽培技术应用土壤植株诊断配方施肥方法，底肥应用配方复合肥，追肥应用配方高效水溶肥可达到精准高效施肥的目的。乌兰察布市可以进行全程农化服务的公司较多，选择全程农化服务套餐进行应用效果对比试验，为马铃薯滴灌精准高效栽培技术完善和种植户全程农化服务选择提供依据。

1 材料与方法

1.1 试验地概况

试验地位于内蒙古自治区乌兰察布市察哈尔右翼前旗巴音镇老泉村。该区地处内蒙古自治区高原阴山南麓浅山丘陵区，平均海拔 1 300 m，属大陆性季风气候，区域内干旱少雨，昼夜温差大，气候冷凉，年平均气温 2～5 ℃，全年 ≥10 ℃ 的有效积温为 2 200 ℃ 左右，无霜期 90~115 d，平均降水量只有 360 mm，降水总的特点是雨量少且季节分配不均匀，雨水多集中在 7—9 月，雨热同季。

1.2 试验材料

该试验选择了口碑较好的 3 种全程农化服务套餐进行应用效果对比试验。种植马铃薯加工专用品种"大西洋"。

1.3 试验设计

该试验设 3 个处理，每个处理 2 hm²，不设重复，试验示范面积共 6 hm²。示范田 2021 年 5 月 4 日播种，6 月 4 日中耕，全生育期完成追肥 8 次，化学防治 5 次，灌溉 10 次，示范品种"大西洋"，播种密度 4 600 株/667 m²，株距 16 cm。

处理 1：乡喜底肥（宜施状复合肥 $N:P_2O_5:K_2O = 15:15:15$）80 kg/667 m²、中耕肥（$N:P_2O_5:K_2O = 15:5:25$）20 kg/667 m²、追肥（$N:P_2O_5:K_2O = 11.41:5.13:15.61$）17 kg/667 m²，NPK 纯养分总施肥量 77.1 kg/667 m²；处理 2：金正大底肥（金正大复合肥 $N:P_2O_5:K_2O = 12:18:16$ 硫酸钾）70 kg/667 m²、中耕肥（金正大 $N:P_2O_5:K_2O = 16:6:24$ 硫酸钾）20 kg/667 m²、追肥[水溶磷酸一铵 $N:P_2O_5:K_2O = 12:60:0$；液体尿素（N 46%）；矿源黄腐酸钾（黄腐酸含量 ≥50%，腐殖酸 ≥50%，氧化钾 ≥12%）]8 kg/667 m²，NPK 纯养分总施肥量 62.6 kg/667 m²；处理 3：中化底肥（鲁西复合肥 $N:P_2O_5:K_2O = 15:15:15$）80 kg/667 m²、中耕肥（$N:P_2O_5:K_2O = 18:10:26$）25 kg/667 m²、追肥（$N:P_2O_5:K_2O = 12:2:38$）30 kg/667 m²，NPK 纯养分总施肥量 65 kg/667 m²；对照 NPK 纯养分总施肥量 87.2 kg/667 m²。

2 结果与分析

3 种方案集成到滴灌精准施肥技术较常规滴灌种植均有显著的减肥增产效果，增产幅度在 13.8%～28.1%，商品薯率提高。其中处理 1 产量 4 056 kg/667 m²，较对照 3 168 kg/667 m² 增产 888 kg/667 m²，增产率 28.1%，增产幅度最大；处理 2 产量 3 636 kg/667 m²，较对照增产 468 kg/667 m²，增产率 14.8%，增产幅度次之；处理 3 产量 3 604 kg/667 m²，较对照增产 436 kg/667 m²，增产率 13.8%，增产幅度相比最低。

减肥幅度在 11.6%～28.2%，处理 2 较对照减肥量 24.6 kg/667 m²，减肥幅度最大为 28.2%；处理 3 较对照减肥量 22.2 kg/667 m²，减肥幅度次之为 25.5%；处理 1 较对照减肥量 10.1 kg/667 m²，减肥幅度相比最低为 11.6%。处理 1、处理 2、处理 3 的马铃薯商品薯率分别为 78.11%、67.00%、62.04%、较对照的马铃薯商品薯率 61.89% 高 16.22，5.11 和 0.15 个百分点(表 1、2)。

表 1　不同处理马铃薯产量

| 处理 | 大薯 | | 小薯 | | 样点产量（kg） | 产量（kg/667 m²） | 商品薯率（%） | 增产量（kg/667 m²） | 增产幅度（%） |
	个数（个）	重量（kg）	个数（个）	重量（kg）					
1	34	7.92	29	2.22	10.14	4 056	78.11	888	28.1
2	27	6.09	35	3.00	9.09	3 636	67.00	468	14.8
3	26	5.59	36	3.42	9.01	3 604	62.04	436	13.8
对照	30	4.90	35	3.02	7.92	3 168	61.89	—	—

注：样点面积 1.67 m²。下同。

表 2　不同处理马铃薯减肥增产效果

处理	施肥量（NPK 纯养分量）（kg/667 m²）	配方（N：P₂O₅：K₂O）	减肥量（kg/667 m²）	减肥幅度（%）
1	77.1	26.4：18.1：32.6	10.1	11.6
2	62.6	16：17.1：29.5	24.6	28.2
3	65.0	20：15：30	22.2	25.5
对照	87.2	25.4：28.8：33	—	—

3　讨　论

2010 年乌兰察布市滴灌工程开始大面积开展，市政府聘请华南农业大学教授作为经济顾问，指导乌兰察布市滴灌马铃薯水肥一体化技术研究应用，并在全市及旗县滴灌栽培技术培训会上讲解相关技术，水肥一体化概念正式引入乌兰察布市。在四子王旗、商都县、丰镇市等地开展滴灌马铃薯液体肥水肥一体化技术试验示范 73.33 hm²。2012 年，中国马铃薯大会在乌兰察布市举办，观摩田中全部采用水肥一体化技术进行管理，得到与会专家的肯定。液体肥完全水溶，养分随水直接到作物根部，吸收利用率高，使用起来省工省力，节本增效，可以说是滴灌追肥的最佳选择。

液体肥中含有丰富的腐殖酸和黄腐酸，在马铃薯幼苗期追施，刺激细胞分裂生长，促进地下形成庞大根系，既可以充分吸收水分养分，而且增强了植株抗旱作用；健壮的植株对病虫害的抵抗能力也较高。液体肥配方调整方便，可按照马铃薯生育时期需要随时调整，做到缺什么补什么，保持养分均衡供应，延缓地上茎叶衰老，增强和延长光合作用产物向块茎转移能力，对马铃薯生育后期块茎膨大、淀粉积累、品质和产量提高均有显著作用。相比于传统马铃薯种植区，滴灌施用液体肥的试验区，马铃薯地上部叶色浓绿，叶片柔厚，茎秆粗壮，维持青苗时间长，地下部结薯数多，块茎大，增产显著。

总的来看，合理施肥可以达到高产目的，液体肥的优势是施用方便、速效性高、肥料利用率高，但是发挥优势的前提是灌溉施肥设施精准高效，全生育期灌水施肥按照作物需求均匀精准供给，磷钾肥于前期足量供给，才能保证后期产量的形成需要。液体肥根据不同种植条件要制定不同的施肥方案，可以达到精准高效、节水节肥的目的。

开展农业生产社会化服务，提升服务组织服务能力和水平，推进农业生产过程专业化、标准化、集约化，促进小农牧户和现代农牧业有机衔接，把小农牧户生产引入现代农业发展轨道，是保障粮食安全和重要农产品有效供给，促进现代农业发展的重要手段。开展全程农化服务能够为马铃薯种植户提供从测土配方、配肥供肥到施肥指导、咨询培训等一系列的全程农化服务，改变了以往农化服务只作为产品销售手段的局限。近年来，乌兰察布市引入新型骨干农化服务企业，建立了 2 个智能化配肥站，充分利用企业的资金优势、技术力量和先进的仪器设备，开展个性化、定制化服务，不断深入推进精准施肥、科学施肥。2022 年，新型骨干农化服务企业指导服务面积共 1.33 万 hm^2，涉及 400 多户。

乌兰察布市马铃薯种植面积大，种植相对集中，且种薯企业、合作社、家庭农场、种植大户较多，开展农化全程服务、使用液体肥市场空间大，在加工专用薯生产上还需进一步开展全程农化服务套餐应用效果试验示范，为今后在马铃薯上应用推广提供技术支撑，助力乌兰察布市马铃薯产业高质量发展。

追肥对马铃薯农艺性状、产量及品质的影响

张成龙[1,2]，谢雪莹[1,2]，张丽莉[1,2]，石　瑛[1,2] *

（1. 东北农业大学农学院，黑龙江　哈尔滨　150030；

2. 寒地粮食作物种质创新与生理生态教育部重点实验室，黑龙江　哈尔滨　150030）

马铃薯对不同种类的肥料吸收时期和吸收量均存在差异。充足的养分追施可以使马铃薯茎叶繁茂、叶色深绿、叶面积系数增加、光合作用强度增强。因此，利用中耕追肥栽培模式，不仅能推动马铃薯植株生长和根系发育，还能提高肥料利用率，提高总产量与商品薯率。与常规根部施肥相比，叶面施肥具有快速、高效、操作简单和减少施肥总量等优势，因而通过合理施用叶面肥对提高作物产量和品质具有重要意义。

试验于 2022 年 5—9 月在东北农业大学向阳试验示范基地马铃薯试验区进行。向阳试验示范基地位于黑龙江省南部地区，属于中温带大陆性季风气候，昼夜温差大，全年平均降水量 569.1 mm，降水主要集中在 6—9 月。土壤类型为淋溶黑钙土，试验地前茬为大豆。以马铃薯新品种"东农 312"和"东农 321"为试验材料，采用单因素试验设计，设置 5 个肥料处理（CK = 常规追肥、C1 = 减氮追肥、C2 = 腐殖酸、C3 = 有机质和 C4 = 微量元素 Zn、Mn），每个处理 3 次重复。每小区种植 5 行，行长 5 m，垄距 0.8 m，栽培密度为 5.1 万株/hm²。基肥为尿素（N 120 kg/hm²）、磷酸二铵（N 43 kg/hm²，P_2O_5 110 kg/hm²）和硫酸钾（K_2O 140 kg/hm²），于播种时（5 月 9 日）开沟一次性施入，5 种追肥于现蕾期施入，叶面肥每 7 d 喷施 1 次，连续 2 次。于 2022 年 5 月 9 日播种，9 月 26 日收获。比较各品种在不同追肥处理下的植株生长、产量及品质情况，筛选优化方案。

研究结果表明，在盛花期，"东农 312"的 CK（对照组）和 C3 处理株高增长较快，各追肥处理间表现为 C3>CK>C4>C1>C2，C3 处理株高最大，为 72.15 cm，与 CK 相比增长 6.11%。C2 处理株高最小，且显著低于其他处理，为 64.38 cm。"东农 321"的 C1 和 C2 处理对株高促进作用明显，与 CK 相比，C1、C2 和 C4 处理均有提升，且 C1 处理差异达到显著水平，增幅为 9.59%。茎粗"东农 312"的 C3、C4 和 CK 处理间无显著差异，C2 处理与 CK 相比显著降低，减小 15.34%；"东农 321"的茎粗 C1 显著高于其他处理，为 13.02 mm，C2 处理略高于 CK，C3 和 C4 处理与 CK 相比显著降低。SPAD 值"东农 312"在 C3、C4 和 CK 处理较高，SPAD 值在 43.00 以上，C1 和 C2 与 CK 相比显著降低；"东农 321"的 C3 和 CK 处理显著高于其他处理，SPAD 值分别为 43.60 和 44.68。

在产量及其构成因素方面，不同追肥处理对"东农 312"和"东农 321"产量和商品薯产

作者简介：张成龙（1999—），男，硕士研究生，从事马铃薯栽培技术研究。

基金项目：国家现代农业产业技术体系专项（CARS-09）。

* 通信作者：石瑛，副研究员，主要从事马铃薯遗传育种及栽培研究，e-mail：yshi@ neau. edu. cn。

量影响均达到显著水平，"东农 312"的 C3 处理产量和商品薯产量表现较好，分别为 54 748 和 43 832 kg/hm²，产量较 CK 增长 3.43%，商品薯产量与 CK 基本相同，单株结薯数较高，为 12.4 个，C3 和 C4 处理单株结薯数与 CK 无显著差异。C4 处理产量略低于 CK，为 51 919 kg/hm²，商品薯产量与 CK 相比下降达到显著水平。"东农 321"在 C1 和 C2 处理下产量有所提升，与 CK 相比分别增产 8.50% 和 5.62%，在 C2 处理下单株结薯数提升较大。C1 处理下商品薯产量显著上升，相比于 CK 增产 12.83%。

从块茎品质上看，各追肥处理对 2 个品种块茎干物质、淀粉、粗蛋白、维生素 C 和还原糖含量的影响均达到显著水平。"东农 312"的 C1 处理干物质、粗蛋白和还原糖含量较低，但淀粉和维生素 C 含量显著高于 CK，分别为 15.91% 和 10.13 mg/100 g；C2 处理仅蛋白质含量相对较高，为 2.08%，但仍低于 CK；C3 处理下干物质和淀粉含量均较高，且淀粉含量为 16.25%，显著高于其他处理，与 CK 相比增长了 5.72%，但粗蛋白含量较低，仅为 1.85%；C4 处理下各项品质性状表现较均衡，干物质和维生素 C 含量与 CK 相比无显著差异，淀粉含量高于 CK，增长了 3.43%。"东农 321"在 C1 处理下还原糖含量与 CK 相比显著降低，仅为 0.15%，且维生素 C 含量为 10.30 mg/100 g，显著高于其他处理；C2 处理各项品质指标均显著低于 CK；C3 和 C4 处理下，"东农 321"的干物质、淀粉和还原糖含量基本相同，且均与 CK 无显著差异，维生素 C 含量均高于 CK。

综上所述，"东农 312"在追肥 C3 处理（有机质）下株高、SPAD 值、单株结薯数、产量、干物质含量、淀粉含量、维生素 C 含量有提升；"东农 321"在 C1 处理（减氮追肥）下产量、商品薯产量、单株结薯数、淀粉含量、维生素 C 含量均有提升，但还原糖含量显著降低。因此，"东农 312"和"东农 321"追肥分别采用有机质叶面肥和减氮追肥。

关键词：马铃薯；追肥；叶面肥；产量；品质

膜下滴灌条件下不同施氮量及增施有机肥对马铃薯生长特性及产量的影响

史田斌[1]，刘 震[1]，李志涛[1]，陈丽敏[1]，朱金勇[1]，李泓阳[1]，王玮璐[1]，

齐喆颖[1]，李得晨[1]，张俊莲[2]，刘玉汇[1]*

(1. 甘肃农业大学农学院/省部共建干旱生境作物学国家重点实验室/

甘肃省作物遗传改良与种质创新重点实验室，甘肃 兰州 730070；

2. 甘肃农业大学园艺学院，甘肃 兰州 730070)

马铃薯($Solanum\ tuberosum$ L.)是世界第三大粮食作物，在保障人类粮食安全方面发挥着重要作用。中国马铃薯种植面积和总产量均居世界第一，但单产水平仍低于欧美等发达国家。为了达到高产的目的，在马铃薯生产中存在化肥施用过量等问题，严重阻碍了马铃薯产业的健康可持续发展。因此，试验在大田条件下采用起垄覆膜与膜下滴灌相结合的栽培模式，研究了不同施氮量及增施有机肥对马铃薯生长特性、光合特性及块茎产量等指标的影响，以期为优化西北地区马铃薯科学施肥制度，提高马铃薯产量及肥料利用效率提供理论依据。

于 2022 年在甘肃省定西市农业科学研究院试验基地进行，以马铃薯栽培品种"华颂 7 号"为试验材料，氮肥为尿素(N 46%)，以不同施 N 量及增施有机肥为处理，分别为 T1： N 0 kg/hm², T2： N 75 kg/hm², T3： N 150 kg/hm², T4： N 225 kg/hm², T5： N 150 kg/hm² +纯羊粪有机肥(有机质含量≥45%， N + P₂O₅ + K₂O≤5%) 1 500 kg/hm², T6： N 150 kg/hm² + 纯羊粪有机肥(有机质含量≥45%， N + P₂O₅ + K₂O≤5%) 3 000 kg/hm²。试验为单因素随机区组设计，设 3 个重复，共 18 个小区。测定了马铃薯株高、茎粗、干物质积累、光合特性、块茎产量、土壤养分等指标，探究了不同施 N 量及增施有机肥对马铃薯生长特性、块茎产量及土壤特性的影响。

研究结果表明，马铃薯植株的株高、茎粗随着施 N 量的增加而增加，当施 N 量达 225 kg/hm² 时(T4)，植株株高、茎粗达到最大值，与 T1、T2 处理相比达到显著差异($P<0.05$)。增施有机肥的 T5、T6 处理，虽能在一定程度上促进马铃薯植株的株高、茎粗生长，但与相同施 N 量的 T3 处理相比无显著差异。施 N 和增施有机肥均能促进马铃薯干物质积累，增施有机肥 3 000 kg/hm² 不仅显著提高马铃薯全株干物质积累量，且有效协调了地上、地下干物质的积累分配。随着施 N 量的增加，SPAD 和净光合速率会逐渐升高，施

作者简介：史田斌(1998—)，男，硕士研究生，主要从事马铃薯栽培生理研究。

基金项目：国家现代农业产业技术体系(CARS-09-P14)；省部共建干旱生境作物学国家重点实验室(甘肃农业大学)开放基金(GSCS-2021-Z02)；甘肃农业大学"伏羲人才"计划项目(Gaufx-02Y04)；甘肃农业大学公招博士科研启动基金项目(GAU-KYQD-2020-11)。

* 通信作者：刘玉汇，博士，研究员，主要从事作物遗传育种和栽培生理研究，e-mail： lyhui@ gsau. edu. cn。

N 量为 225 kg/hm²(T4)，马铃薯植株叶片 SPAD 和净光合速率显著高于不施 N 的 T1 处理。此外，增施有机肥 3 000 kg/hm² 处理(T6)，较相同施 N 量的 T3 处理叶片的净光合速率提高了 15.14%。增施有机肥可有效提高马铃薯产量，增施有机肥 3 000 kg/hm²，块茎产量最高，为 3 004.67 kg/667 m²，较相同施 N 量的 T3 处理显著增产 13.47%。施用 N 肥可显著增加马铃薯单株结薯数 1.80~2.35 个，但增施有机肥对单株结薯数的影响不显著。施用 N 肥可明显提高 0~20 cm 土壤蔗糖酶活性(Soil sucrase，S-SC)、0~40 cm 土壤脲酶活性(Soil urease，S-UE)；增施有机肥能明显提高 0~40 cm 土壤 S-SC 和 S-UE 的活性。增施有机肥可以显著提高 0~40 cm 土壤深度全 K 含量，20~40 cm 土壤深度全 P。肥料农学效率(Agronomic efficiency，AE)和肥料偏生产力(Partial factor productivity，PFP)随着施 N 量的增加逐渐降低。增施有机肥 T5 和 T6 处理的 AE 较 T3 增长了 42.15% 和 67.69%，PFP 较 T3 增长了 8.36% 和 13.47%。

综上所述，在西北地区种植"华颂 7 号"时，施 N 150 kg/hm² + 有机肥 3 000 kg/hm² 促进植株生长，改善"源库"关系、增强土壤 S-SC 及 S-UE 活性、提高 AE 和 PFP，增产效果显著，达到了绿色高产高效的生产目的。

关键词：马铃薯；施氮量；有机肥；生长特性；干物质积累与分配；块茎产量

不同施氮水平对马铃薯单作及与荞麦间作下种薯产量和活力的影响

屈晶晶[1,2]，刘　渝[1,2]，张　峰[1,2]，冯豪杰[1,2]，黄敏敏[1,2]，朱凤焰[1,2]，严奉君[1,2]*

(1. 西南作物基因资源发掘与利用国家重点实验室，四川　成都　611130；
2. 四川农业大学农学院，四川　成都　611130)

布拖县对种薯需求量增大，贮藏时间为 9 月至次年 3 月，长时间的贮藏造成种薯腐烂率增加，并且管理粗放、长年连作、种植效益较低以及种薯产量不稳定等问题日益凸显。研究马铃薯和荞麦间作及氮肥配合施用，探究其对种薯活力的影响，对提升马铃薯种薯产量与活力具有重要意义。文章主要研究施氮水平对马铃薯单作及荞麦间作下种薯产量和活力的影响，以寻求最佳的栽培模式与氮肥运筹搭配模式，为合理施氮肥和贮藏种薯提供理论基础和实践依据。

分别以马铃薯品种"川凉薯 10 号"，荞麦"川荞 1 号"为试验材料。试验采用二因素裂区试验设计，主区设置马铃薯间作荞麦、单作马铃薯，副区为不同施氮水平，分别设置不施氮(N0)、50 kg/hm²(N1)、100 kg/hm²(N2)、150 kg/hm²(N3)，以 N0 为对照。马铃薯采用原种双行垄作错窝播种，荞麦为条播，2 行马铃薯，间种 2 行荞麦，马铃薯株行距为 30 cm × 30 cm，荞麦行距为 40 cm，马铃薯与荞麦间距 35 cm。播种前施用尿素(N 46%)，其中 70%氮肥作基肥，30%氮肥作追肥，过磷酸钙(P_2O_5 12%)，用量 50 kg/hm²，氯化钾(K_2O 60%)，用量 200 kg/hm²。于 2022 年 9 月马铃薯块茎收获后，选取大小均匀、发育正常的种薯于室温中黑暗贮藏，空气湿度保持在 70%~80%。分析单作马铃薯及与荞麦间作对贮藏后 0，30，60 和 90 d、直至 100%发芽时种薯休眠期、芽眼数、芽长、芽直径、种薯合格率、碳水化合物及产量的影响，阐明该试验条件下施氮水平与种薯产量及活力的关系。

研究结果表明，在马铃薯种薯产量方面，马铃薯间作荞麦均有效的促进种薯产量，但马铃薯单作和荞麦间作对种薯活力无显著影响。对比马铃薯同荞麦间作与施氮水平相配套时，N1 水平能及时对马铃薯休眠周期进行调控，与 N0 水平相比休眠周期缩短了一周，有效提高贮藏期种薯芽眼数、芽长及芽直径，显著增加种薯产量，为本试验间作模式下最优的氮肥管理模式；而氮肥后移比例过高 N3 水平下，会减少芽长及芽直径，降低种薯合格率，导致马铃薯产量及种薯活力降低。在种薯产量方面，马铃薯和荞麦间作下以 N1 水平

作者简介：屈晶晶(1998—)，女，硕士，从事农作物生产与管理研究。
基金项目：国家现代农业技术体系四川薯类创新团队项目(sccxtd-2023-09)；西南作物基因资源与利用国家重点实验室"生物育种"揭榜挂帅项目(SKL-ZY202203)。
*通信作者：严奉君，博士，讲师，主要从事作物栽培学与耕作学研究，e-mail：914713478@qq.com。

最适宜，马铃薯单作以 N2 水平最适宜。相关性分析表明，马铃薯间作荞麦及施氮水平下贮藏期的种薯休眠周期，芽长、芽直径、种薯合格率与种薯产量均存在显著正相关，尤其以块茎 100% 发芽的休眠周期，芽长、芽直径、种薯合格率与种薯产量及活力相关性最高；碳水化合物可用性被认为是调控种薯活力的重要因素之一。不同氮素水平下，马铃薯块茎中淀粉含量均符合慢-快-慢的变化趋势，施用氮肥对马铃薯块茎中淀粉及蔗糖含量均有不同程度的提高，当施氮量为 N1 时，淀粉积累速率最高；在间作模式下与 N0 相比，N1、N2 和 N3 施氮处理块茎的平均淀粉含量分别提高了 1.62、1.43 和 1.30 g/100 g FW，平均蔗糖含量分别提高了 0.49、0.47 和 0.44 g/100 g FW。在单作模式下与 N0 相比，N1、N2 和 N3 施氮处理块茎的平均淀粉含量分别提高了 1.59、1.38 和 1.27 g/100 g FW，平均蔗糖含量分别提高了 0.44、0.48 和 0.43 g/100 g FW，适量的施用氮肥能够促进马铃薯块茎中淀粉的积累。

因此，选择适宜当地的施氮水平及栽培模式具有重要指导意义。马铃薯和荞麦间作模式及适宜的氮肥利于提高产量，选择 N1 和 N2 水平可获得较高产量，对于马铃薯种薯贮藏，根据生产实际的需要，作为商品马铃薯和种薯时，需要更长的贮藏期，应减少施氮量（N1）使休眠周期延长，推迟发芽，减少贮藏期造成的损失。作为种薯种植时（N2），施氮量增加，休眠期缩短，利于更快的解除休眠，增强种薯活力，具有较高的增产潜力。

关键词：马铃薯；施氮水平；单作；间作；种薯质量

病 虫 防 治

云南省大春马铃薯主栽品种"合作88"
晚疫病药剂防治"减药"效果评价

徐宁生，潘哲超，张　磊，王　颖，隋启君*

（云南省农业科学院经济作物研究所/
农业农村部云贵高原马铃薯与油菜科学观测实验站，云南　昆明　650200）

摘　要：云南省主栽品种"合作88"使用药剂防治晚疫病具有良好的防治效果。试验拟通过减少打药次数，比较开始打药的时间，优化"合作88"的晚疫病防治方案。2017—2018年试验结果显示，即使打药3次，也有明显的增产效果，打药开始的时间比晚疫病预警系统确定的时间早7 d和晚7 d没有产生明显的防治效果差别，显示"合作88"的晚疫病防治，对晚疫病预警系统的依赖性不强。两年产量的比较还显示，干旱对大春马铃薯产量影响很大。

关键词：马铃薯；晚疫病；化学药剂；减药

　　大春是云南省马铃薯的主要种植季节，"合作88"食味较佳，是云南省大春马铃薯重要的主栽品种之一[1]。前几年，因晚疫病大爆发，"合作88"盛花期死亡，该品种的晚疫病抗性减弱，造成严重减产，有时产量仅为晚疫病发病较轻年份的一半[2]。

　　2015年，进行"合作88"的田间晚疫病药剂防治试验，证明通过药剂喷施，可以大幅提高"合作88"的产量，具有良好的经济效益。近年来，云南省昭通市、贵州省威宁彝族回族苗族自治县等晚疫病较重的地区也开始种植该品种，面积不断扩大[3-5]。但是，该防治方案有打药次数多的不足之处，不但加大了成本，对块茎外观也有影响。为优化防治方案，2017—2018年通过两年的试验，比较开始打药的时间，优化"合作88"的晚疫病防治方案。

1　材料与方法

1.1　供试材料

　　当地主栽品种"合作88"，2017年种薯来自会泽县待补镇野马村农户，2018年种薯来源为2017年试验收获的种薯。

1.2　试验区概况

　　田间试验设置在会泽县待补镇野马村的云南省农业科学院经济作物研究所的繁种基地。地理坐标：N 26°6′44.86″，E 103°21′8.98″，海拔2 654 m。所在的会泽县为云南省大

作者简介：徐宁生（1965—），男，硕士，研究员，从事马铃薯栽培技术研究。
基金项目：国家马铃薯产业技术体系（CARS-09-P03）；云南省重点研发计划（202102AE090019）；云南省种子种业联合实验室项目（202205AR070001-11）。
＊通信作者：隋启君，研究员，主要从事马铃薯品种选育，e-mail：suiqj@sina.com。

春马铃薯生产的典型生产区,种植面积达 5.3 万 hm^2。地势平坦整齐且土壤肥力均匀。

1.3 试验设计

共设 11 个处理,每处理 3 次重复,小区为 4 行区,小区面积 14 m^2(5 m × 2.8 m),随机区组排列,共 33 个小区。有 3 种处理模式,第一种用晚疫病预警系统确定开始打药的时间,第二种为晚疫病早处理模式,打药开始时间比第一种模式早 7 d 左右,第三种模式为晚处理模式,打药开始时间比第一种模式晚 7 d 左右。每个处理都只打药 3 次,均使用同一种药,间隔期为 7~10 d,中间不更换药剂的种类。

采用当地的马铃薯栽培种植模式,单行平播后起垄。小种薯播种,垄宽 0.70 m,株距 0.25 m,种植密度 60 000 株/hm^2。底肥施复合肥(N 15%,P$_2$O$_5$ 15%,K$_2$O 15%)100 kg/667 m^2,不施农家肥。

2017 年供试土壤为棕壤,前茬作物为萝卜,pH 5.38[在水土比 5∶1(质量比)条件下测定],有机质 55.08 g/kg,水解性氮 192.49 mg/kg,有效磷 24.36 mg/kg,速效钾 124.00 mg/kg,交换性钙 2 410.33 mg/kg,交换性镁为 230.11 mg/kg,有效硼为 0.59 mg/kg。

2017 年 3 月 28 日播种,播种采用人工进行,6 月 13 日中耕追肥:追施尿素(N 46%)20 kg/667 m^2,氯化钾(K$_2$O 60%)12.5 kg/667 m^2。

晚疫病早处理时间为 7 月 5 日、7 月 11 日、7 月 17 日,正常处理时间(利用预警系统确定)为 7 月 11 日、7 月 22 日、8 月 1 日,晚处理时间为 7 月 17 日、7 月 22 日、8 月 1 日,9 月 12 日收获测产。

药剂处理浓度:双炔酰菌胺(Revus 250 SC)40.00 mL/667 m^2,氟吡菌胺·霜霉威盐酸盐(Infinito 687.5 SC)80.00 mL/667 m^2,氟噻唑吡乙酮(Zovec 10% OD)20.00 mL/667 m^2,80%代森锰锌(80% Mancozeb)75 g/667 m^2,药液量为 60 kg/667 m^2。

2018 年前茬作物为玉米,供试土壤为棕壤,pH 4.79[在水土比 5∶1(质量比)条件下测定],有机质 63.24 g/kg,全氮 3.45 g/kg,水解性氮 270.51 mg/kg,有效磷 42.38 mg/kg,速效钾 231.48 mg/kg。

2018 年 3 月 24 日播种,播种采用人工进行,6 月 7 日中耕追肥:追施尿素(N 46%)20 kg/667 m^2,氯化钾(K$_2$O 60%)12.5 kg/667 m^2。

晚疫病早处理模式的打药时间为 7 月 16 日、7 月 24 日、7 月 29 日。正常处理(利用预警系统)的打药时间为 7 月 16 日、7 月 29 日、8 月 6 日;晚处理模式的打药时间为 7 月 24 日、7 月 29 日、8 月 6 日。9 月 10 日收获测产。药剂处理浓度与上一年相同。

1.4 数据记录与处理

气象资料来自设置在试验地的气象记录仪(系马铃薯晚疫病监测预警系统,由北京汇思君达科技有限公司提供)。

在生长期统计发病率[6],在生长后期每处理小区随机采集健壮和长势一致的马铃薯植株 6 株,调查株高、主茎数等农艺性状。在收获期实测产量和商品薯率。

用 DPS 16.05 高级版数据分析系统分析,采用新复极差法检测差异,采用 Microsoft Excel 2007 绘制图表。

2 结果与分析

2.1 气候

两年的气象资料见表1。

表1 生长周期的主要气象资料

月份	2017		2018	
	平均气温（℃）	降雨量（mm）	平均气温（℃）	降雨量（mm）
3	9.04	48.2	10.20	36.4
4	11.18	72.6	12.06	32.8
5	13.53	37.4	14.75	39.6
6	15.32	264.4	18.59	14.0
7	15.81	222.2	15.45	175.0
8	17.15	372.6	14.81	267.8
9	16.40	122.4	13.89	327.8

2018年6月雨量偏小，与2017年的同期相比，大幅度缩小，气温比2017年同期略高。2018年整个生长期降雨量比2017年要少，气温略为升高。

2.2 药剂防治效果

2.2.1 发病率

从发病率看，2017年度晚疫病严重，药剂处理效果明显，最后一次药剂处理后一个月，仍有较好的防治效果，停止打药40 d后，防治效果才出现明显衰退（表2）。

表2 2017年不同药剂处理试验发病率

处理	发病率（%）						
	18/07	01/08	10/08	17/08	23/08	01/09	11/09
对照	2.3	48.3	65.0	83.3	95.0	98.3	100
代森锰锌正常处理	0.7	13.3	28.3	26.7	33.3	70.0	95.0
双炔酰菌胺正常处理	1.3	11.0	21.7	23.3	30.8	48.3	71.7
氟吡菌胺·霜霉威盐酸盐正常处理	1.0	9.3	26.7	25.0	33.3	46.7	91.7
氟噻唑吡乙酮正常处理	0.7	5.0	20.0	20.0	25.0	25.0	56.7
双炔酰菌胺早处理	0.7	6.7	22.7	26.0	32.5	55.0	93.3
氟吡菌胺·霜霉威盐酸盐早处理	1.0	11.7	25.0	25.0	30.0	51.7	86.7
氟噻唑吡乙酮早处理	0.7	5.0	20.0	20.0	26.7	33.3	73.3
双炔酰菌胺晚处理	3.0	13.3	27.5	30.8	34.0	51.7	78.3
氟吡菌胺·霜霉威盐酸盐晚处理	1.0	12.3	23.3	27.5	29.0	36.7	73.3
氟噻唑吡乙酮晚处理	2.0	11.7	21.7	27.5	27.3	30.0	63.3

从发病率看，2018 年度晚疫病较轻，代森锰锌防治效果不明显，其他药剂处理效果明显，最后一次药剂处理后将近一个月，仍有较好的防治效果（表3）。

表3 2018 年不同药剂处理试验发病率

处理	发病率（%）						
	16/07	24/07	29/07	06/08	16/08	23/08	03/09
对照	5.0	10.0	15.0	27.7	46.7	55.0	91.7
代森锰锌正常处理	3.9	7.8	11.7	22.3	38.3	51.7	81.7
双炔酰菌胺正常处理	3.2	6.4	9.7	14.5	21.7	23.3	46.7
氟吡菌胺·霜霉威盐酸盐正常处理	3.2	6.4	9.7	15.8	25.0	28.3	78.3
氟噻唑吡乙酮正常处理	3.0	6.0	9.0	14.7	23.3	25.0	65.0
双炔酰菌胺早处理	2.4	4.9	7.3	9.7	13.3	18.3	45.0
氟吡菌胺·霜霉威盐酸盐早处理	2.4	4.9	7.3	9.7	13.3	18.3	45.0
氟噻唑吡乙酮早处理	2.2	4.4	6.7	9.3	13.3	30.0	38.3
双炔酰菌胺晚处理	2.9	5.8	8.7	15.9	26.7	35.0	75.0
氟吡菌胺·霜霉威盐酸盐晚处理	3.0	6.0	9.0	14.7	23.3	28.3	55.0
氟噻唑吡乙酮晚处理	2.1	4.2	6.3	10.5	16.7	20.0	43.3

2.2.2 产量表现

从产量看，2017 年产量较 2018 年产量高，表明 6 月的干旱对大春马铃薯产量影响很大。

表4 还显示，药剂处理有较好的增产效果，仅 2018 年代森锰锌处理，没有增产效果。试验显示，药剂处理 3 次，增产效果是明显的。打药开始的时间，也比较宽泛，要求并不严格，有半个月的缓冲期。

表4 2017—2018 年不同药剂处理产量表现

处理	2017			2018		
	小区产量（kg/14 m²）	折合产量（kg/667 m²）	较对照增减产（%）	小区产量（kg/14 m²）	折合产量（kg/667 m²）	较对照增减产（%）
对照	34.2 cB	1 629	—	25.8 bB	1 228	—
代森锰锌正常处理	55.9 abAB	2 661	63.3	25.4 bB	1 209	-1.6
双炔酰菌胺正常处理	55.2 abAB	2 629	61.4	47.6 aA	2 265	84.4
氟吡菌胺·霜霉威盐酸盐正常处理	62.9 aA	2 994	83.8	38.0 aAB	1 808	47.2
氟噻唑吡乙酮正常处理	42.3 bcAB	2 016	23.8	50.1 aA	2 386	94.3
双炔酰菌胺早处理	44.9 bcAB	2 137	31.2	38.4 aAB	1 830	49.0
氟吡菌胺·霜霉威盐酸盐早处理	54.6 abAB	2 600	59.6	43.3 aA	2 060	67.7

续表 4

处理	2017			2018		
	小区产量 （kg/14 m²）	折合产量 （kg/667 m²）	较对照增减产 （%）	小区产量 （kg/14 m²）	折合产量 （kg/667 m²）	较对照增减产 （%）
氟噻唑吡乙酮早处理	56.6 abAB	2 695	65.5	45.3 aA	2 159	75.8
双炔酰菌胺晚处理	50.1 abcAB	2 387	46.6	38.4 aAB	1 830	49.0
氟吡菌胺·霜霉威盐酸盐晚处理	66.9 aA	3 184	95.5	43.3 aA	2 060	67.7
氟噻唑吡乙酮晚处理	65.2 aA	3 105	90.6	45.3 aA	2 159	75.8

注：同列不同小写字母表示差异达 0.05 显著水平，同列不同大写字母表示差异达 0.01 显著水平。

3 讨 论

"合作 88"为品质优良品种(红皮黄肉且食味佳受市场欢迎)，市场需求量大，由于不防治晚疫病，产量较低，经济效益低迷，故而面积萎缩。如果在生产上推广晚疫病防治（该试验仅打药 3 次），则经济效益比较可观。

打药次数，据来华讲学的国外专家介绍，国外发达国家采用的方法是一周一次，整个生育期打药 10 多次，国内也有这样的主张[7]。本试验显示，即使打药 3 次，也有明显的增产效果，如果酌情增加 1~2 次，效果更好，这与国外的一些学者的看法是一致的[8]。或者，拉大打药间隔，即使是 3 次处理，也可能会有更好的效果。打药两次，也有防治效果[9,10]，但增产幅度太小。

本试验显示，"合作 88"的晚疫病防治，对晚疫病预警系统的依赖性不强，其他品种是不是也这样，有待于试验验证。

本试验里，药剂没有替换。药剂替换，是否能产生更好的防治效果，也有待于试验验证。两年的试验比较显示，即使是大春，干旱(伏旱)对生产影响依然很大，减产幅度很大。

[参 考 文 献]

[1] 张琼. 马铃薯新品种合作 88 号特征特性及栽培技术 [J]. 云南农业, 2009, 249(10): 26.

[2] 徐宁生, 张磊, 王颖, 等. 云南主栽品种'合作 88'大春晚疫病药剂防治效果评价 [J]. 中国马铃薯, 2018, 32(1): 41-47.

[3] 姜会亮, 陈吉, 王开金. 云南省昭阳区马铃薯主栽品种及晚疫病防治 [J]. 耕作与栽培, 2022, 42(6): 100-102.

[4] 王开金, 王进. 昭通市昭阳区马铃薯产业发展现状及建议 [J]. 现代农业科技, 2019, 745(11): 90, 93.

[5] 刘军林. 威宁自治县马铃薯产业发展现状及对策 [J]. 农技服务, 2022, 39(12): 88-90.

[6] 李文娟, FORBES Gregory A, 谢开云. 马铃薯晚疫病发病程度田间观察记录标准的探讨 [J]. 中国马铃薯, 2012, 26(4): 238-246.

[7] 张中美, 李金德, 王成相, 等. 浅谈禄劝县马铃薯晚疫病绿色防控技术 [J]. 农业开发与装备, 2023, 253(1): 181-182.

[8] Stark J C, Thornton M, Nolte P. Potato production systems [M]. Berlin: Springer Nature, 2020.

[9] 孙婧. 不同药剂对马铃薯晚疫病的防治效果试验 [J]. 农业科技与信息, 2023, 656(3): 113-115.

[10] 石文慧, 王芳, 吴永斌. 两种生防新药剂对马铃薯晚疫病防效及产量的影响 [J]. 中国马铃薯, 2023, 37(1): 45-52.

马铃薯茎尖再生苗 6 种病毒的 DAS-ELISA 检测

邹 莹[1,2]，张远学[1,2]，闫 雷[1,2]，叶兴枝[1,2]，

程 群[1,2]，高剑华[1,2]，郝 苗[1,2]，沈艳芬[1,2]*

(1. 湖北恩施中国南方马铃薯研究中心，湖北 恩施 445000；

2. 恩施土家族苗族自治州农业科学院，湖北 恩施 445000)

摘 要：试验对一批马铃薯茎尖脱毒再生苗进行了 6 种主要病毒(PVX、PVY、PVM、PVA、PLRV、PVS)的 DAS-ELISA 检测与分析，目的在于分析此批脱毒苗主要病毒情况。结果表明，该批脱毒苗感染的马铃薯病毒病包括马铃薯 X 病毒、马铃薯 Y 病毒、马铃薯 A 病毒、马铃薯 M 病毒、马铃薯 S 病毒、马铃薯卷叶病毒，PVX 的脱除率为 42.05%，PVY 的脱除率为 36.36%，PVS 的脱除率为 0，PVM 的脱除率为 26.14%，PVA 的脱除率为 18.18%，PLRV 的脱除率为 3.41%，且此次茎尖培养未能完全脱除 6 种主要病毒。

关键词：DAS-ELISA 检测；茎尖脱毒；再生苗；病毒

2015 年，中国农业部启动马铃薯主粮化战略，结合中国人的饮食和消费习惯，将马铃薯加工成馒头、面条、米粉等主食形式，让其逐渐发展成继水稻、小麦、玉米之后的第四大粮食作物[1]。这在解决人地矛盾突出，缓解粮食压力，保证粮食安全方面具有重要意义[2,3]。因此，在马铃薯主粮化背景下，发展马铃薯产业是必然趋势。马铃薯产业是恩施土家族苗族自治州特色优势产业，该地区引种和种植马铃薯已有 300 余年，在全国马铃薯优势区域布局规划中划为"西南鲜食、加工和种用马铃薯优势区"[4]，加之该地区得天独厚的立体气候和硒元素丰富的土壤环境，恩施土家族苗族自治州已发展为湖北省最大的马铃薯主产区、种薯繁殖区和新品种选育区[5]。

马铃薯以无性繁殖为主，病毒含量会随着块茎继代繁殖而逐年积累，从而引起种薯退化，造成产量和品质严重下降，严重时减产可能高达 80% 以上[6,7]。因此，有效防治马铃薯病毒病对促进马铃薯产业发展至关重要[8,9]。现阶段应用较为普遍的马铃薯病毒病防治方法主要有：一是控制病毒传播媒介，二是生产健康脱毒种薯，三是选育优良抗病品种[10]。生产脱毒种薯依然是最有成效的控制马铃薯病毒病的手段，在许多发达国家得以推广和应用[11-13]。为此，恩施土家族苗族自治州也在逐步完善脱毒马铃薯生产体系，利用茎尖培养获得脱毒试管苗，结合该地区特有的立体气候，每年 3—5 月在低海拔温室内将脱毒苗水培扦插扩繁，保证足够量的水培苗；4—9 月将部分水培苗移栽到中海拔地区防虫网室内生产原原种，同时移栽部分水培苗至高海拔地区气候环境适宜的试验大田生产原

作者简介：邹莹(1992—)，女，硕士，农艺师，主要从事马铃薯遗传育种及病害防治研究。

基金项目：现代农业产业技术体系专项资金资助(CARS-09)；农业部华中薯类科学观测实验站。

*通信作者：沈艳芬，硕士，研究员，从事马铃薯遗传育种及病虫害防治研究，e-mail：13872728746@163.com。

种，10月至次年2月，水培苗不再适宜移栽到中高海拔地区，便可在低海拔地区温室内扦插培养，诱导生产水培薯获得原原种[14]。但是经过此方法获得的茎尖再生苗必须通过病毒检测，鉴定出无毒试管苗，再进行茎段扩繁并生产原原种、原种以及良种等符合生产要求的优质健康脱毒种薯，否则无法保证脱毒种薯的质量，因此，病毒检测是保证脱毒种薯生产的关键和前提[15,16]。据报道，目前已有60种以上的病毒或者类病毒能在田间侵染马铃薯[9]，其中主要6种病毒危害较为普遍和严重，分别是马铃薯X病毒（Potato virus X，PVX）、马铃薯Y病毒（Potato virus Y，PVY）、马铃薯A病毒（Potato virus A，PVA）、马铃薯M病毒（Potato virus M，PVM）、马铃薯S病毒（Potato virus S，PVS）和马铃薯卷叶病毒（Potato leaf roll virus，PLRV）。研究表明，几乎所有的马铃薯品种均遭受一种或多种病毒的复合侵染，一般情况下，脱毒苗病毒检测不是针对特定的某种病毒，而是对主要几种病毒同时进行检测[17,18]，酶联免疫吸附法（Double antibody sandwich - enzyme - linked immunosorbent assay，DAS-ELISA）是现阶段病毒检测比较常用的方法之一，具有特异性强、灵敏度高等优点[19]。本研究以一批马铃薯茎尖脱毒再生苗为试验材料，对其进行DAS-ELISA的6种主要病毒检测，探究此批脱毒苗的感病情况，并筛选出无毒再生苗，目的在于完善该地区病毒检测技术，分析现有的脱毒技术水平，弄清楚该地区脱毒苗主要病毒情况，为优质脱毒种薯生产提供理论依据和技术支持。

1 材料与方法

1.1 试验材料

试验材料由随机抽取的88株茎尖脱毒再生苗（由恩施土家族苗族自治州农业科学院马铃薯所提供）组成。

1.2 试验试剂

试验试剂包括包被缓冲液（Carbonate coating buffer）、洗涤缓冲液（Washing buffer）、ECI缓冲液（1倍）（Agdia公司PVA、PVM、PLRV、PVS检测）、RUB6缓冲液（1倍）（Agdia公司PVX检测）、ECM缓冲液（1倍）（Agdia公司PVY检测）、PNP底物缓冲液、通用提取缓冲液（1倍）。

1.3 试验方法

病毒检测采取酶联免疫吸附法（Enzyme-linked immunosorbent assay，ELISA），基本原理是利用免疫学上抗体与抗原反应的高度特异性和敏感性。主要试验步骤参照Agdia抗体使用说明书。

依据阴性、阳性和空白对照，观察酶标板每个孔的颜色变化。亮黄色为阳性，表示含有病毒；淡黄色或无色为阴性，不含病毒。用酶标仪在405 nm波长下测定每孔的吸光值。

计算方法为：在405 nm下测得样品的吸光值和空白对照的吸光值之间的差值即为样品的实际吸光值，以阴性对照和空白对照的差值作为参照值（若小于0.1则用0.1作为参照值），实际吸光值大于参照值则该样品带病毒。

2 结果与分析

试验对88份材料进行了马铃薯主要6种病毒的检测，通过酶联免疫检测仪测定OD

值，以 0.1 为参照来分析检测材料是否带有病毒，具体检测结果见表 1。在 88 份材料的 PVX 检测结果中，51 份材料的检测结果为阳性，37 份材料检测结果为阴性，PVX 的脱毒率为 42.05%，脱毒效果良好；PVY 检测结果中，56 份材料的检测结果为阳性，32 份材料检测结果为阴性，PVY 的脱毒率 36.36%，脱毒效果良好；PVS 检测结果中，88 份材料的检测结果为阳性，0 份材料检测结果为阴性，PVS 的脱毒率为 0；PVM 检测结果中，65 份材料的检测结果为阳性，23 份材料检测结果为阴性，PVM 的脱毒率为 26.14%，脱毒效果较差；PVA 检测结果中，72 份材料的检测结果为阳性，16 份材料检测结果为阴性，PVA 的脱毒率为 18.18%，脱毒效果较差；PLRV 检测结果中，85 份材料的检测结果为阳性，3 份材料检测结果为阴性，PLRV 的脱毒率为 3.41%，脱毒效果较差；脱毒效果相比而言，PVX> PVY> PVM> PVA> PLRV> PVS。

表 1　茎尖脱毒再生苗的病毒 DAS-ELISA 检测结果

酶标板编号	PVX	PVY	PVS	PVM	PVA	PLRV
1	0.103	0.106	0.201	0.095	0.095	0.108
2	0.104	0.099	0.273	0.087	0.107	0.103
3	0.102	0.097	0.148	0.098	0.136	0.105
4	0.101	0.101	1.681	0.094	0.125	0.114
5	0.100	0.103	0.486	0.102	0.135	0.129
6	0.099	0.109	0.322	0.102	0.111	0.141
7	0.097	0.107	1.417	0.100	0.108	0.169
8	0.096	0.101	1.152	0.149	0.119	0.138
9	0.097	0.105	1.466	0.106	0.111	0.124
10	0.090	0.096	1.651	0.103	0.117	0.143
11	0.094	0.107	1.715	0.121	0.104	0.160
12	0.095	0.113	1.038	0.118	0.101	0.141
13	0.101	0.095	0.722	0.095	0.092	0.099
14	0.105	0.094	0.982	0.097	0.103	0.108
15	0.101	0.096	0.318	0.069	0.139	0.112
16	0.100	0.095	0.370	0.096	0.151	0.112
17	0.100	0.100	1.406	0.161	0.148	0.122
18	0.103	0.097	1.552	0.103	0.106	0.137
19	0.095	0.101	1.287	0.096	0.104	0.193
20	0.095	0.095	0.355	0.107	0.124	0.170
21	0.095	0.103	0.370	0.091	0.109	0.133
22	0.091	0.099	1.847	0.094	0.114	0.167
23	0.099	0.106	1.411	0.092	0.099	0.134
24	0.098	0.178	1.001	0.099	0.097	0.137

酶标板编号	PVX	PVY	PVS	PVM	PVA	PLRV
25	0.101	0.102	0.706	0.112	0.099	0.102
26	0.101	0.095	1.653	0.098	0.109	0.108
27	0.099	0.094	1.253	0.098	0.149	0.125
28	0.100	0.100	0.691	0.098	0.126	0.139
29	0.098	1.136	0.426	0.438	0.115	0.403
30	0.097	0.134	1.902	0.105	0.135	0.107
31	0.119	0.107	1.594	0.221	0.118	0.136
32	0.115	0.412	1.493	0.356	0.107	0.435
33	0.118	0.110	1.444	0.167	0.122	0.143
34	0.108	0.100	1.594	0.113	0.116	0.197
35	0.144	0.102	0.696	0.105	0.107	0.176
36	0.123	0.101	0.987	0.339	0.099	0.134
37	0.097	0.095	0.624	0.102	0.098	0.108
38	0.094	0.094	1.036	0.123	0.134	0.111
39	0.096	0.098	0.965	0.125	0.113	0.116
40	0.101	0.099	1.523	0.131	0.111	0.162
41	0.095	0.102	1.535	0.110	0.103	0.124
42	0.107	0.099	1.626	0.159	0.114	0.122
43	0.122	0.102	1.453	0.242	0.105	0.132
44	0.132	0.107	1.428	0.746	0.100	0.164
45	0.112	0.709	1.513	0.106	0.105	4.000
46	0.113	1.421	1.599	0.102	0.114	4.000
47	0.117	0.484	1.582	0.097	0.102	4.000
48	0.109	0.623	1.431	0.110	0.097	0.483
49	0.095	0.671	0.960	0.094	0.232	0.125
50	0.094	0.504	1.375	0.094	0.156	0.142
51	0.095	0.630	1.375	0.099	0.117	0.170
52	0.095	0.555	1.091	0.100	0.131	0.165
53	0.095	1.653	2.249	0.169	0.114	0.143
54	0.095	0.159	0.794	0.128	0.108	0.137
55	0.105	0.102	1.454	0.160	0.115	0.191
56	0.120	0.583	0.690	0.124	0.108	4.000
57	0.113	0.430	0.455	0.098	0.110	2.937

酶标板编号	PVX	PVY	PVS	PVM	PVA	PLRV
58	0.105	0.398	0.370	<u>0.011</u>	0.109	0.649
59	0.125	0.174	0.385	0.126	<u>0.099</u>	0.575
60	0.135	0.101	0.429	0.103	<u>0.096</u>	0.133
61	<u>0.092</u>	<u>0.098</u>	0.566	0.100	<u>0.094</u>	<u>0.096</u>
62	<u>0.092</u>	0.790	0.612	0.154	<u>0.093</u>	0.102
63	0.102	1.778	0.332	0.121	0.112	0.127
64	<u>0.095</u>	0.563	4.000	0.167	0.128	0.172
65	<u>0.097</u>	0.476	4.000	0.179	0.131	0.164
66	<u>0.095</u>	0.102	2.595	0.196	0.116	0.157
67	0.159	<u>0.096</u>	1.751	0.206	0.125	0.142
68	0.130	<u>0.099</u>	2.141	0.298	0.102	0.470
69	0.115	0.107	1.815	0.131	0.110	0.363
70	0.119	<u>0.093</u>	0.795	0.114	0.101	0.203
71	0.107	0.100	0.258	0.104	<u>0.093</u>	0.234
72	0.106	<u>0.096</u>	0.201	<u>0.098</u>	<u>0.098</u>	0.194
73	<u>0.093</u>	<u>0.097</u>	0.171	0.128	0.108	<u>0.094</u>
74	<u>0.092</u>	<u>0.094</u>	0.466	0.137	0.111	0.106
75	<u>0.094</u>	0.384	0.454	0.108	0.110	0.146
76	<u>0.092</u>	<u>0.096</u>	0.573	0.140	0.122	0.145
77	<u>0.094</u>	<u>0.099</u>	0.464	0.155	0.128	0.131
78	<u>0.092</u>	<u>0.099</u>	0.372	0.394	0.120	0.129
79	0.685	<u>0.097</u>	1.633	4.000	0.114	0.157
80	1.403	<u>0.098</u>	1.346	4.000	0.102	0.232
81	0.803	<u>0.099</u>	0.916	1.131	0.102	0.197
82	0.329	<u>0.086</u>	1.305	0.749	<u>0.098</u>	0.196
83	0.248	<u>0.096</u>	1.054	0.474	<u>0.098</u>	0.188
84	0.163	0.551	0.514	4.000	2.447	0.200
85	0.129	0.797	0.193	1.653	4.000	0.242
86	0.145	0.915	0.264	3.313	4.000	0.265
87	0.146	0.115	1.112	1.491	0.569	0.216
88	0.151	0.102	1.530	1.112	0.177	0.209

注：在波长 405 nm 处读数，下划实线的数值为病毒值小于 0.1，表示检测结果为阴性。

3 讨 论

检测发现，在现有的脱毒技术水平下，PVS基本很难脱除干净，尽管PVS对马铃薯危害较小，但与其他病毒复合侵染时，危害却较大[10]，要引起重视，且88株脱毒苗均带有PVS，说明该地区环境条件下PVS感病率较高，流行较为普遍，后期在进行茎尖脱毒时，要特别注意PVS的检测。研究表明，剥离的茎尖越小越有利于病毒的脱出，但是成活率会相对较低，一般情况下茎尖也应该小于1 mm[15]，因此，在现有的脱毒技术水平上要进一步优化和完善，以提高马铃薯脱毒苗的质量。

生产脱毒种薯的关键是获得脱毒的基础源头苗，茎尖分生组织培养脱毒法是利用组织培养技术对获得的茎尖或者根尖进行离体培养，获得无毒健康基础苗。且加大对脱毒苗的检测力度，从源头上控制脱毒效果和脱毒苗质量，从而真正实现脱毒种薯的全面脱毒是种薯生产的重要环节[20]。而茎尖的获得来自于块茎的催芽，为了提高脱毒效率，可提前在田间进行第一次块茎筛选，筛选地上部分健康且形状大小均匀的健康块茎进行催芽处理，对于获得的芽进行第一次病毒检测，尽量筛选带毒少的或不带脱除困难的PVS病毒的优质块茎进行茎尖脱毒；对于获得的脱毒苗在大批量扩繁之前必须进行重复检测，筛选出无PVX、PVY、PVS、PVA、PVM、PLRV的种苗投入到种薯生产中。

[参 考 文 献]

[1] 蔡仁祥,吴早贵,周建祥,等.中国马铃薯主食化——浙江省的发展对策 [J].基因组学与应用生物学,2016,35(2):467-471.

[2] 聂洪光.我国马铃薯产业化发展现状及策略 [J].农业科技与装备,2010(6):46-49.

[3] 关佳晨,蔡海龙.我国马铃薯生产格局变化特征及原因分析 [J].中国农业资源与区划,2019,40(3):92-100.

[4] 高剑华,沈艳芬,李大春,等.2019年恩施州马铃薯产业发展趋势及政策建议 [C]//屈冬玉,金黎平,陈伊里.马铃薯产业与健康消费.哈尔滨:黑龙江科学技术出版社,2019:93-96.

[5] 肖春芳,沈艳芬,高剑华,等.2015年恩施州马铃薯产业回顾、存在问题及发展建议 [C]//屈冬玉,陈伊里.马铃薯产业与中国式主食.哈尔滨:哈尔滨地图出版社,2016:34-37.

[6] 连勇.马铃薯脱毒种薯生产技术 [M].北京:中国农业科学技术出版社,2009.

[7] 赵兴涛,徐建飞,庞万福,等.中国马铃薯主要育成品种抗病毒分子标记分析 [J].中国蔬菜,2012,258(8):40-44.

[8] 郭志乾,董凤林.马铃薯病毒性退化与防治技术[J].中国马铃薯,2004,18(1):48-49.

[9] Kreuz J F,Souza-Dias J C,Jeevalatha A,et al. Viral diseases in potato [M]//Campos H, Ortiz O. The Potato Crop. Switzerland: Springer, 2020: 389-430.

[10] 吴兴泉,张慧聪,时妍,等.我国部分马铃薯产区主要病毒病发生情况调查 [J].河南农业科学,2013,42(7):84-87.

[11] 庞芳兰.发达国家马铃薯种薯产业的发展及其启示 [J].世界农业,2008(3):53-55.

[12] 张琼,孙永平,夏明霞,等.江苏丘陵地区马铃薯脱毒种薯栽培试验研究 [J].天津农业科学,2012,18(6):129-130.

[13] 黄萍,马朝宏,颜谦.马铃薯退化及防治措施 [J].种子,2014,33(12):117-118.

[14] 李卫东,黄大恩,沈艳芬,等.西南山区脱毒马铃薯种薯体系建设创新与应用 [C]//屈冬玉,陈伊里.马铃薯产业与小康社会建设.哈尔滨:哈尔滨工程大学出版社,2014:237-240.

[15] 孙琦,张春庆.植物脱毒与检测研究进展 [J].山东农业大学学报:自然科学版,2003(2):307-310.

[16] 尹明华,刘燕,郁雪婷,等.怀玉山高山马铃薯茎尖再生苗6种病毒的DAS-ELISA检测与分析 [J].浙江农业学报,

2017, 29(10): 1 699-1 705.

[17] 白艳菊, 李学湛, 吕典秋, 等. 应用 DAS-ELISA 法同时检测多种马铃薯病毒 [J]. 中国马铃薯, 2000, 14(3): 143-144.

[18] Wang B, Ma Y, Zhang Z, et al. Potato viruses in China [J]. Crop Protection, 2011, 30(9): 1 117-1 123.

[19] 李楠楠, 左玉玲, 隋炯明, 等. 重组 CP 多克隆抗体在马铃薯卷叶病毒 DAS-ELISA 检测中的应用 [J]. 华北农学报,
      2011, 26(6): 85-88.

[20] 李入贤, 张文龙, 施文娟. 马铃薯脱毒种薯(苗)病毒检测技术研究进展 [J]. 种子, 2009, 28(4): 60-62.

基于声学技术的马铃薯空黑心病快速无损感知

魏其全[1]，陈钊庆[1]，孙宏伟[1]，李啸林[1]，黄　赟[2]，陈长卿[2]，陈丰农[1*]

（1. 杭州电子科技大学自动化学院，浙江　杭州　310018；

2. 金华市农业科学研究院，浙江　金华　321017）

摘　要：声学无损检测技术由于其准确率高、检测速度快等优点，被广泛应用于工业、农业、医学等各个领域。研究在以往声学技术检测农产品内部品质技术的基础上，采用敲击的方法获取马铃薯的声学数据，用以判断马铃薯是否存在空黑心病。主要开展的工作包括：声学信息采集装置的设计，声学特征提取以及使用机器学习的方法建立马铃薯空黑心预测模型。通过多种建模方法对空黑心马铃薯进行了检测，最终结果表明，以信号最大幅值、波形对称度、f_1^2m、$f_1^2m^{2/3}$、BM 0~200 五个参数为特征值、以马铃薯空黑心为目标值建立随机森林预测模型，选择基尼系数作为决策树的划分依据。当决策树的最大深度取 9、森林中树的数目为 250 时取得了最佳的预测准确率为 92.3%。试验结果表明声学技术用于马铃薯空黑心检测的有效性。

关键词：马铃薯；声学；无损检测；黑心病

　　马铃薯由于其适应性强、产量高可以在不同地区气候和土壤条件下种植，尤其在贫困地区普遍种植，马铃薯是菜更是粮，不但养育了广大的人民、稳定了社会生活，也对中国粮食安全做出了重大贡献。当前中国已经成为世界上马铃薯总产量最高的国家。

　　黑心和空心是马铃薯块茎的生理障碍，当马铃薯在遭受一段时间的环境或营养压力后恢复得太快时，就会出现这种情况。在此期间块茎快速生长膨大，大量吸收水分，淀粉再转化为糖，造成块茎大而干物质少，组织被吸收，因而增大了张力而引起空心。空心的特征是在块茎的中心有一个星形的空，黑心是马铃薯的另一种疾病，经常先于空心发展，这两种疾病都会对块茎质量产生负面影响，不利于马铃薯销售[1,2]。

　　果蔬的声学检测技术是利用声波的物理学特性对果蔬品质进行分析的一项检测技术，其原理是将声学特征与果蔬的成熟度、硬度、空心等内部品质之间建立对应关系，从而能够通过声学特性的变化反映果蔬内部品质的不同。1968 年，Abboott 等[3]设计了苹果硬度的声学技术检测方法，建立了苹果的第二共振频率与苹果弹性模量之间的关系为：$EI = f^2m$，其中 f 为第二共振频率，m 为水果的质量。该研究提出了第一个经典的农产品声学特征 f^2m，这一特征至今仍被广泛应用于农产品的声学检测。此后声学检测技术被广泛应用于西瓜、香梨等水果的无损检测领域[4-8]。

　　1994 年，Cheng 和 Haugh[9]采用超声波检测技术检测马铃薯空心病，试验方法为分别在马铃薯两侧安放两个探头，一侧探头经偶合剂直接与马铃薯接触，马铃薯空心会导致探头射出的超声波被多次反射后被另一侧的接收探头接收。根据接收到的信号强弱和波动时

作者简介：魏其全（2000—），男，硕士研究生，主要从事农产品检测研究。

基金项目：浙江省重点研发计划（2021C02011）；浙江省基础公益研究计划（LGN18F030002）。

＊通信作者：陈丰农，博士，副教授，主要从事农产品品质检测等方面的研究，e-mail：fnchen@hdu.edu.cn。

间的长短，就可以将空心与实心马铃薯区分开来。但是超声波检测方法的缺点在于成本较高，且需要经常涂抹耦合剂。

2008 年，Elbatawi[10]设计了一种声学检测装置用于检测马铃薯内部空心。先将马铃薯平铺在传送装置上，传送带下方有一金属板，金属板上方铺有 2 mm 厚的海绵垫用于减小碰撞时对马铃薯造成的损伤。马铃薯通过传送带被抬升至同一高度，离开传送带后会自由落体撞击金属板。通过金属板上方的麦克风采集撞击时的声音信号，随后通过信号采集卡将数据传输至 PC。通过判断该声音信号的峰值大小和峰值频率来判断是否存在空心，对 300 个马铃薯进行测试时，仅有 4 个被错误分类，分类准确率达到了 98%。该试验证明了用声振法检测马铃薯空心病是可行的。除此之外，有诸多学者使用可见-近红外光谱技术检测马铃薯黑心病，均取得了很好的检测效果[11,12]。

目前使用声学技术检测空心病与可见-近红外光谱技术检测黑心病的方法已经较为成熟，但是使用声学检测技术同时检测空黑心的方法却鲜有研究。因此，本文使用基于声学检测技术开发一种马铃薯内部空黑心检测方法，以期能够快速的对马铃薯进行空黑心的无损检测。

1　材料与方法

1.1　试验样本

研究中使用的马铃薯样本为滕州产黄心马铃薯，随机选择 65 个样本，其中空黑心马铃薯样本 30 个，由于难以找到天然空黑心马铃薯，研究采用人工培养的方式人为制造空心病和黑心病，培养方式为将马铃薯隔绝氧气，在 30 ℃左右的恒温箱中保存 4~5 d。

1.2　声学激励装置

通过使用不同的激励方法和装置，马铃薯可以表现出自由振动或受迫振动。常见的激励方式分为接触式(如单摆、敲击棒、掉落式以及电磁阀式)和非接触式(如空气锤，音响)[13]。电磁阀式和空气锤的优点是自动化控制、可重复性高，但是设计复杂，不适合声学检测入门探索。单摆、敲击棒等虽然需要人为控制，导致其误差较大，但由于其结构简单，价格低廉，因此成为了最常用的激励装置。试验选择球摆作为激励设备，为了产生大小几乎相同的冲击力，在每次测量过程中，从相同的高度释放冲击球撞击马铃薯。冲击球的传统材料是金属，但金属材料容易造成马铃薯损伤，为了避免这个问题，研究将金属小球用橡胶套包裹作为冲击球。设备如图 1 所示，包括单摆、铁三角 AT2035 电容麦克风、福克斯特 SOLO3 代录音声卡、天平(精度 0.1 g)等。

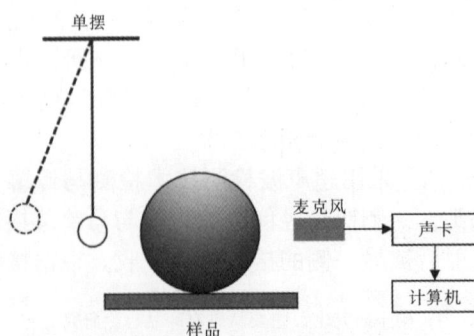

图 1　试验装置示意图

1.3 信号采集装置

采集声音信号的装置分为接触式和非接触式两种，常见的接触式声音信号采集装置是压变传感器，但是随着对快速和无损检测需求的增加，非接触式设备被更多的应用于声学信息采集。麦克风作为一种非接触式工具，用于记录检测中的声音信号时，不会影响样品的原始振动，是较好的声学信息采集装置。为了减少环境噪声对信号的影响，需要选择灵敏度高、指向性强的麦克风，本研究最终选择电容式麦克风作为声学信息采集装置。

1.4 声音信号预处理

将马铃薯于试验前 24 h 置于试验环境中，使其温度与室温保持平衡。试验中，从四个不同部位敲击每个马铃薯，通过 Adobe Audition（Adobe Systems Incorporated，CA，USA）软件采集声音信息，设置采样频率为 44 100 Hz，声道数为 1，量化位数 16 位，共采集到声音数据 260 条。采集到的原始声音信号中含有大量噪声，需要进行预处理，声音信号预处理包括去噪和端点检测两个部分。

1.4.1 谱减法去噪

噪声通常分为加性噪声和乘性噪声，加性噪声与信号的关系是相加的，即不管信号是否存在，噪声都存在。而乘性噪声与信号的关系是相乘，信号存在则噪声存在，信号不存在则噪声不存在[14]。谱减法作为声音降噪处理算法中的经典算法，因其原理简单且运算速度快而被广泛应用于去除平稳或者变化缓慢的加性噪声。

一般认为含噪信号的前几帧仅包含环境噪声，并利用含噪信号的前几帧的平均幅度谱或者能量谱作为噪声的幅度谱或者能量谱。然后利用含噪信号的幅度谱或者能量谱与估计到的幅度谱与能量谱相减，得到估计到的纯净信号的幅度谱或者能量谱。

谱减法去噪时先假设含噪声语音的时域数学模型为：

$$y(n) = x(n) + d(n) \tag{1}$$

式中：$y(n)$ 表示含噪信号；$x(n)$ 表示纯净的语音信号；$d(n)$ 表示噪声信号。其频域表达式为：

$$Y(\omega) = X(\omega) + D(\omega) \tag{2}$$

因此，纯净信号的功率谱可以通过公式（3）获得：

$$|X(\omega)|^2 = |Y(\omega)|^2 - |D(\omega)|^2 \tag{3}$$

在简单的谱减法去噪中，由于其计算的为前五帧信号的平均噪声，因此当信号中出现低于平均噪声的噪声段时，就会出现相减为负值的情况，对这种现象最简单的处理方式是将负值设为 0，从而保证不会出现负数的幅度谱。但是对于大于平均噪声的噪声，相减后会留下小的、独立的峰值，称为音乐噪声。Berouti 谱减法对谱减后的结果设置一个下限，当结果低于这个下限时就将其设为此值，从而减小了音乐噪声的影响，计算过程表示为：

$$|X(\omega)|^2 = \begin{cases} |Y(\omega)|^2 - \alpha|D(\omega)|^2, & |Y(\omega)|^2 > \alpha|D(\omega)|^2 \\ \beta|D(\omega)|^2, & else \end{cases} \tag{4}$$

式中：a 为过减因子，主要影响语音谱的失真程度。a 的取值通常通过每帧信号的信噪比确定，在高信噪比时，a 应该取较小的值；在低信噪比时，a 应该取较大的值。β 是谱下限参数，可以控制残留噪声的多少以及音乐噪声的大小。β 取值过大会导致存在较多的残留噪声，β 取值过小则不能很好的消除音乐噪声。图 2 为试验采集到的原始语音信号和经过谱减法降噪后的语音信号。

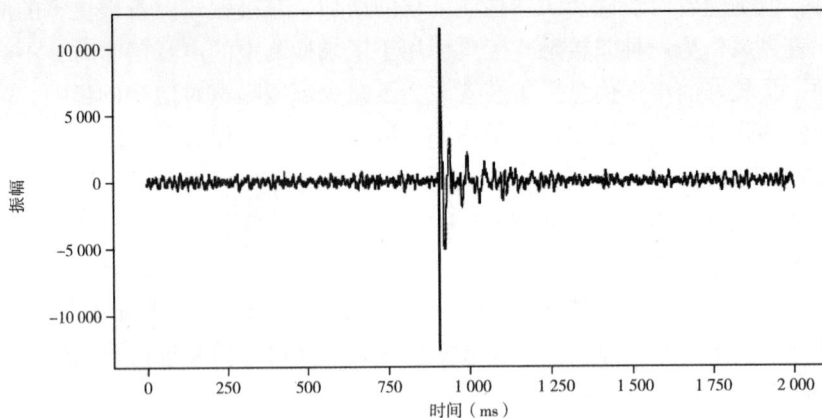

（a）原始语音信号

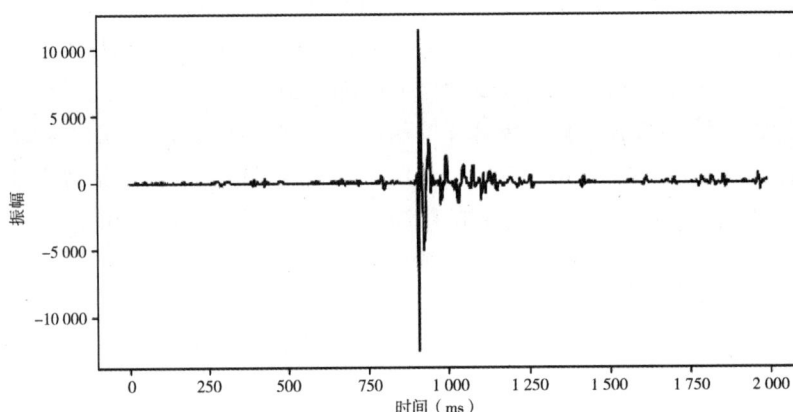

（b）降噪后的信号

图 2　试验采集的原始语音信号和降噪后的信号

1.4.2　端点检测

端点检测的目标，是要找到音频信号开始和结束的位置。端点检测算法可以粗略的分为两类：基于阈值的端点检测算法和作为分类器的端点检测算法。基于阈值的端点检测算法是通过提取时域或频域特征，设置合理的门限，达到区分语音和非语音的目的，是传统的端点检测方法。作为分类器的端点检测算法可以将语音检测视作语音和非语音的两分类问题，进而用机器学习的方法训练分类器，达到检测语音的目的[15]。

本文采用基于短时能量和短时过零率的双门限端点检测，短时能量为信号在一帧内的能量，文中将信号以 25 ms 划分为一帧，设置帧移为 10 ms。短时能量计算公式为：

$$E_n = \sum_{i=1}^{N} x(i)^2 \tag{5}$$

式中：N 为帧长，$x(i)$ 为该帧第 i 点的值。

短时过零率为信号在一帧内通过零点的次数，计算公式为：

$$Z_n = \frac{1}{2} \sum_{i=1}^{N} |sgn[x(i)] - sgn[x(i-1)]| \tag{6}$$

式中：sgn[ ] 为符号函数，其表达式为：

$$sgn[x] = \begin{cases} 1, (x \geq 0) \\ -1, (x \leq 0) \end{cases} \tag{7}$$

首先为短时能量和过零率分别确定两个阈值，一个是较低的阈值，对信号的变化比较敏感；另一个是比较高的阈值。通过低阈值并不代表语音的起始位置，只有当高门限被超过并且在接下来的一段时间内超过低门限，才意味着信号开始。此时整个端点检测可分为四段：静音段、过渡段、语音段和结束。静音段的信号如果能量或过零率超过低门限，就开始标记起始点，进入过渡段。过渡段中如果两个参数值都回落到低门限以下，就将当前状态恢复到静音状态。而如果过渡段中两个参数中的任一个超过高门限，即被认为进入语音段。处于语音段时，如果两参数降低到门限以下，而且总的计时长度小于最短时间门限，则认为是一段噪音，继续扫描以后的语音数据，否则标记结束端点。图 3 为降噪后的信号经过端点检测后的波形图。

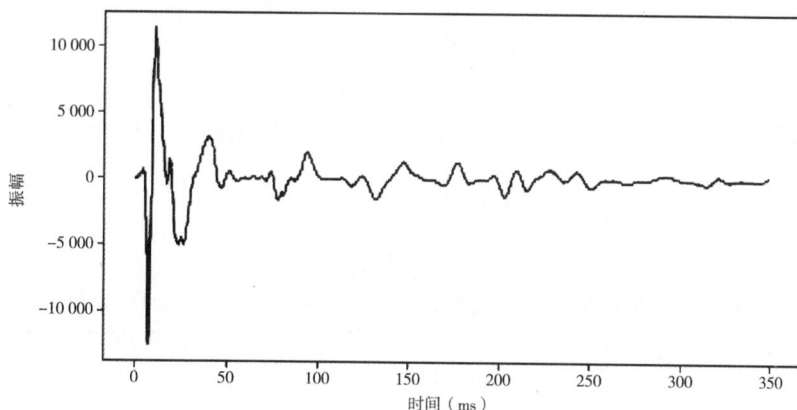

图 3   信号经端点检测后的波形图

2   结果与分析

2.1   特征提取

声学特征参数包括时域特征和频域特征。时域特征有：最大振幅、时域均值、时域信号能量、幅值差、信号传播速度等；频域特征有：频域均值、频域方差、频域信号能量等。在以往的研究中，常用来作为农产品声学检测的特征还包括：$f_1^2 m$、$f_2^2 m$、$f_1^2 m^{2/3}$、$f_2^2 m^{2/3}$、$f^2 m^{2/3} \rho^{1/3}$ 等，其中 f_1 为第一共振峰频率，f_2 为第二共振峰频率。本文选取了共振峰频率、信号最大幅值、波形对称度和频率能量 5 个特征。

2.1.1　共振峰频率

声道可以被看成一根具有非均匀截面的声管，在发音时将起共鸣器的作用。当声门处准周期脉冲激励进入声道时会引起共振特性，产生一组共振频率，这一组共振频率称为共振峰频率或简称为共振峰。研究中采用传统的声学参数 $f_1^2 m$ 和 $f_1^2 m^{2/3}$。

常见的计算共振峰频率方法有基于线性预测的方法和倒谱法。采用倒谱法来估计共振峰频率，具体实现步骤如下：

（1）将采集到的原始信号进行预加重。预加重的目的是提高语音信号中的高频成分，从而有效地提高输出信噪比。

（2）对语音信号进行加窗分帧和 FFT 变换。

（3）求每帧信号的倒谱。

（4）给倒谱信号加窗。

（5）求包络线，并在包络线上找极大值，对应的便是共振峰频率。

2.1.2　信号最大幅值

信号的幅值可以反映敲击马铃薯产生的声音的音量大小和其携带的能量大小，信号最大辅助即时域信号的最大振幅。

$$Nmax = max [y(n)] \tag{8}$$

式中：$y(n)$ 为第 n 个采样点的信号幅值。

2.1.3　波形对称度

定义信号最大电压幅值与最小电压幅值的绝对值之比为波形对称度。即：

$$balance = \frac{|max [y(n)]|}{|min [y(n)]|} \tag{9}$$

2.1.4　频率能量值

经过观察采集的声学数据，敲击马铃薯的声音信号主要处在 0~200 Hz 这一频段中，因此选择 0~200 Hz 能量（记为 $BM\,0\sim200$）作为马铃薯空黑心检测的声学特征。其计算公式为：

$$BM\,0\sim200 = \sum_{i=1}^{N} x(i)^2 \tag{10}$$

2.2　马铃薯空黑心预测模型

2.2.1　基于全特征的 KNN 模型

K 最近邻（K-Nearest Neighbor，KNN），是一种常用于分类的算法，是有成熟理论支撑的、较为简单的经典机器学习算法之一。该方法的基本思路是：如果一个待分类样本在特征空间中的 K 个最相似（即特征空间中 K 近邻）的样本中的大多数属于某一个类别，则该样本也属于这个类别。既然要找到待分类样本在当前样本数据集中与自己距离最近的 K 个邻居，必然就要确定样本间的距离计算方法，也就是判断两个实例相似性的方法。在 KNN 算法中，选择不同的距离计算方式，会使得找到的"近邻"有显著差别，从而导致分类的结果有显著的差异。本文中选择了欧氏距离作为衡量样本近似性的指标，其计算公式为：

$$L = d = \sqrt{\sum_{k=1}^{n}(x_1 - x_2)^2} \qquad (11)$$

在 KNN 算法中，K 值的选择对模型的预测能力有很大影响。如果选择的 K 值较小，优点是学习的近似误差会减小，缺点是模型会变得过于具体，只在训练数据上具有很好的精度，不具有很好的泛化能力，并且对噪音会特别敏感。如果选择较大 K 值，就相当于用较大邻域中的训练实例进行预测，优点是可以减少学习的估计误差，缺点是模型会变得过于泛化，无法准确预测训练和测试集中的数据点。

将数据集中的 75% 作为训练集，25% 作为验证集，建立以信号最大幅值、波形对称度、f_1^2m、$f_1^2m^{2/3}$、$BM\ 0\sim200$ 五个参数为特征值的 KNN 模型，模型中选择欧氏距离作为样本相似性的判断指标。试验结果显示，当 K 值取 3 时取得了最佳的预测准确率，作为训练样本的 65 组数据中，预测正确的个数为 56 个，误判数为 9 个，预测准确率为 86.2%。当 K 取 2、4 时准确率相较略低，分别为 76.9%、81.5%。

2.2.2 基于主成分分析的 KNN 模型

主成分分析（Principal component analysis，PCA）是一种常用的统计方法，其目的是在用尽可能少的数据来尽可能多的保留原数据信息的基础上，通过正交变换将一组可能存在相关性的变量转换为一组线性不相关的变量，从而实现高维数据降维到低维空间，称转化后得到的这组数据为主成分。

利用主成分分析的方法对数据集进行降维处理，将原来作为特征的信号最大幅值、波形对称度、f_1^2m、$f_1^2m^{2/3}$、$BM\ 0\sim200$ 五个参数进行降维，然后以降维后的新的特征为输入变量建立 KNN 预测模型，仍选择欧氏距离作为样本相似性的判断指标。试验结果显示，当 5 个特征降维为 1 个特征时，预测准确率为 47.7%；降维为 2 个特征时，预测准确率为 67.7%；当降维为 3 个特征时，预测正确的个数为 56 个，误判数为 15 个，预测准确率为 76.9%。

2.2.3 随机森林

随机森林（Random Forest，简称 RF）就是通过集成学习的思想将多棵树集成的一种算法，其基本单元是决策树，本质属于机器学习的一大分支——集成学习方法。

决策树作为随机森林的基本单元，是一种基本的分类与回归方法，其计算复杂度不高，输出结果易于理解，对中间值的缺失不敏感，可以用于处理不相关特征数据。决策树常用的划分依据有 ID3（信息增益最大准则）、C4.5（信息增益比最大准则）、CATR（基尼系数）等，本文中以信息增益最大为划分准则。特征 A 对训练数据 D 的信息增益的计算公式为：

$$g(D,A) = H(D) - H(D|A) \qquad (12)$$

式中：$H(D)$ 为集合 D 的信息熵，计算公式为：

$$H(D) = -\sum_{k=1}^{k} \frac{|C_k|}{|D|} log \frac{|C_k|}{|D|} \qquad (13)$$

$H(D|A)$ 为特征 A 在给定条件 D 下的信息条件熵，其计算公式为：

$$H(D|A) = \sum_{i=1}^{n} \frac{|D_i|}{|D|} H(D_i) \qquad (14)$$

集成学习方法就是将几个泛化能力差的模型相结合，组成泛化能力强的模型。从直观角度来解释，每棵决策树都是一个分类器，那么对于一个输入样本，N棵树会有N个分类结果。而随机森林集成了所有的分类投票结果，将投票次数最多的类别指定为最终的输出。随机森林算法有以下优点：

（1）在大数据集上相对其他算法有很大优势。

（2）能够很好的处理高维度数据（特征值多），并且不需要做特征选择。

（3）可以可视化的输出模型，直观的看到分类的过程。

对于高维的特征，随机森林方法可以在不降维的情况下实现较好的预测水平。以信号最大幅值、波形对称度、$f_1^2 m$、$f_1^2 m^{2/3}$、$BM\ 0\sim200$ 五个参数为特征值、以马铃薯空黑心为目标值建立随机森林预测模型，选择基尼系数作为决策树的划分依据。试验结果显示，当树的最大深度取9、森林中树的数目为250时取得了最佳的预测准确率，作为训练样本65组数据中，预测正确的个数为60个，误判数为5个，预测准确率为92.3%。

在集成算法中，还有一个很实用的参数——特征重要性，特征重要性就是在数据中每一个特征的重要程度，也就是在随机森林模型中，哪些特征被利用得更多，因为树模型会优先选择最优价值的特征。在集成算法中，会综合考虑所有树模型，如果一个特征在大部分基础树模型中都被使用并且靠近根节点，自然比较重要。图4可视化了本试验中不同特征的重要性，各个特征对分类起到了不同的重要性，其中信号的最大幅值起到最重要的作用。

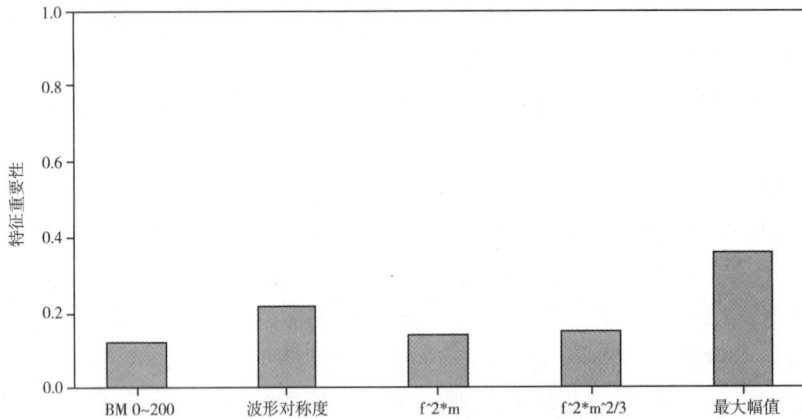

图4　随机森林模型中特征的重要性

2.3　试验结果

本研究试着用敲击马铃薯的方法判断马铃薯的空黑心问题，提取了多个声学特征参数并利用机器学习的方法建立了多种预测模型，通过试验和分析，最终得到了以下的结果：

（1）分析了声学振动技术对于马铃薯内部检测的原理，设计了马铃薯声学检测的试验装置。

（2）对采集的声音信号进行预处理，利用谱减法进行降噪，并利用短时能量和短时过零率进行了双门限端点检测，提高了算法的运算效率和特征的准确性。

（3）试验中使用不同的模型取得了不同的预测准确率，其中随机森林模型的分类准确率最高，达到了92.3%。

（4）在随机森林模型中，各个特征对分类起到了不同的重要性，其中信号的最大幅值起到最重要的作用。

3　讨　论

本文的方法仍有很多可以改进的地方，如采用单摆敲击的方式由于人为控制，导致其误差大，可重复性差，可采用自动化的设备进行改良；麦克风作为声音采集装置抗干扰能力差，对试验环境要求高，可以考虑用激光多普勒振动仪作为替代。文中仅使用了KNN和随机森林的方法进行了建模分析，还可以通过更多优秀的算法建立预测模型，可能会取得更好的预测能力。

如果要用在实时在线检测的系统上还要考虑整个系统的可靠性、稳定性和性价比。

[参 考 文 献]

[1] 杜广平,李凤玉,黄莹,等.黑龙江马铃薯黑心病的为害及防治 [J].植物医生,1999(3):10.

[2] 孟令文.马铃薯黑心病的发病条件及安全贮藏技术 [J].国外农学-杂粮作物,1994(6):51-52.

[3] Abbott J A, Childers N F, Bachman G S, et al. Acoustic vibration for detecting textural quality of apples [C]//Proceedings of the American Society for Horticultural Science. USA: Amer Soc Horticultural Science, 1968.

[4] Yamamoto H, Iwamoto M, Haginuma S. Acoustic impulse response method for measuring natural frequency of intact fruits and preliminary applications to internal quality evaluation of apples and watermelons [J]. Joural of Texture Studies, 1980, 11(2): 117-136.

[5] Farabee M L. Determination of watermelon maturity with sonic impulse testing [J]. ASAE Paper, 1991: 2 991-3 013.

[6] 危艳君.基于声学特性检测西瓜糖度和空心的声学检测系统 [D].杭州:浙江大学,2012.

[7] 毛建华.西瓜成熟度和内部空心的声学检测技术及装置研究 [D].杭州:浙江大学,2017.

[8] Ding C, Wu H, Feng Z, et al. Online assessment of pear firmness by acoustic vibration analysis [J]. Postharvest Biology and Technology, 2020, 160: 111042.

[9] Cheng Y, Haugh C G. Detecting hollow heart in potatoes using ultrasound [J]. Transactions of the ASAE, 1994, 37(1): 217-222.

[10] Elbatawi I E. An acoustic impact method to detect hollow heart of potato tubers [J]. Biosystems engineering, 2008, 100(2): 206-213.

[11] Zhou Z, Zeng S, Li X, et al. Nondestructive detection of blackheart in potato by visible/near infrared transmittance spectroscopy [J]. Journal of Spectroscopy, 2015: 1-9.

[12] 韩亚芬,吕程序,苑严伟,等.PLS-DA 优化模型的马铃薯黑心病可见近红外透射光谱检测 [J].光谱学与光谱分析, 2021, 41(4): 1 213-1 219.

[13] Ding C, Feng Z, Wang D, et al. Acoustic vibration technology: Toward a promising fruit quality detection method [J]. Comprehensive Reviews in Food Science and Food Safety, 2021, 20(2): 1 655-1 680.

[14] 金薛冬,李东新.基于谱减法的语音信号降噪改进算法 [J].国外电子测量技术,2018,37(5):63-67.

[15] 王路露,夏旭,冯璐,等.基于频谱方差和谱减法的语音端点检测新算法 [J].计算机工程与应用,2014,50(8): 194-197.

马铃薯苗后培土压膜严实补救措施
对窄缘施夜蛾的防控效果

陈景成[1*]，杨声澈[2]，廖莉莉[2]，宾丽慧[2]，古　彪[2]

(1. 玉林市农业技术推广站，广西　玉林　537000；

2. 玉林市农业科学院，广西　玉林　537000)

摘　要：针对窄缘施夜蛾(*Schrankia castaestrigalis*)主要发生在地膜覆盖的马铃薯田块，特别是种植时整地质量较差、泥块空隙较大的田块发生较重的情况，开展了种植好齐苗后采取培土压膜补救措施控制为害的试验调查。两个点试验结果表明，补救措施较好，即整地质量较差、泥块空隙较大的田块，在齐苗后均匀培上细土，将垄面及畦边薄膜全部严密盖住的处理，块茎虫害率分别为14.57%、7.45%；防治效果分别为82.13%、85.58%，产量和商品薯率高，虫害损失少，青薯率低；不采取补救的处理，虫害率分别为81.86%、59.22%，产量和商品薯率低，虫害损失大，青薯率高；补救措施一般的处理，虫害率分别为49.07%、30.51%，防治效果分别为40.06%、53.21%，产量和商品薯率、虫害损失、青薯率介于上述两者之间。在两个基地应用补救措施较好防治效果分别为80.09%和79.78%，虫害损失率分别为9.93%和13.94%，而非应用田虫害损失率为53.12%、64.92%，控制作用较明显。

关键词：马铃薯；窄缘施夜蛾；覆盖压土严实；补救措施；防控效果

窄缘施夜蛾(*Schrankia costaestrigalis*)2015年3月在广西壮族自治区玉林市首次发现为害马铃薯，是为害马铃薯的新害虫。经调查，该虫在广西壮族自治区玉林市、钦州市、桂林市、贵港市、梧州市、来宾市及广东省惠州市、江门市、阳江市、湛江市冬种马铃薯基地均有发生为害，其中采用地膜覆盖方式种植的基地发生较为严重。据观察，窄缘施夜蛾成虫、幼虫在土壤空隙中或土壤与马铃薯块茎之间形成的空隙中活动，而泥土粉碎程度差，土块之间的空隙大特别是地膜覆盖的田块往往虫害较重。因此选择沙壤土或壤土种植、以整地精细和覆膜压土严密栽培等农业措施，可破坏其地下适生环境，最大限度防止地下空隙形成或降低空隙程度，从而控制其危害[1-3]。

但调查发现，仍有部分冬种田临近种植时由于连续下雨而赶季节、时间紧等原因，不能晒土降低土壤湿度减少土壤粘性而影响了整地和种植质量，致使种植后土块之间空隙较大，或者覆盖地膜后不能及时培土或培土压膜不严实，从而有利于窄缘施夜蛾为害。为减少为害，对这类田在齐苗期后开展了培土压膜严实补救措施，以防止害虫从空隙中进入膜下土中繁殖生长为害试验和应用，取得了一定的效果。

作者简介：陈景成(1960—)，男，推广研究员，主要从事农业技术推广和植物保护工作。

基金项目：广西重点研发计划项目(桂科 AB21196070)；广西薯类创新团队建设项目(nycytxgxcxtd-11-05)。

*通信作者：陈景成，e-mail：cjc8816@126.com。

1 材料与方法

1.1 试验设计

试验地点分别选择在福绵区福绵镇中坡村、北流市塘岸镇金城村马铃薯冬种基地。试验时间分别是 2020 年 11 月至 2021 年 3 月、2021 年 11 月至 2022 年 3 月；供试田块种植时间分别为 2020 年 11 月 16 日、2021 年 11 月 24 日，品种均为"荷兰 15 号"；种植前一次性施足全育期所需肥料。中坡村试验田为黏质土，精耕程度差，泥土粉碎差，土块普遍较大（直径 4~6 cm），且覆盖黑色地膜后少盖土或盖土不均匀（图 1a）。金城村试验田为壤土，土质略黏，精耕细作程度中等，泥土粉碎一般，土块直径 3~4 cm，黑色地膜上压土少（图 1b）。福绵区中坡村试验田马铃薯生长期为饱和灌溉；北流市金城村马铃薯中后期雨水偏多，田间湿度常处于偏高状态。

两个试验均设 3 个处理。

处理 1，补救措施较好，在齐苗后均匀培上细土，将垄面及畦边薄膜全部严密盖住，盖土厚度 6~7 cm（图 1c）。

处理 2，补救措施一般，在齐苗后原基础上培土，培土粉碎程度较差（直径 3~4 cm），盖土均匀程度一般，不够密实（图 1d）。

处理 3，对照（CK），不作任何处理补救措施，即保持原状（图 1b）。

每个处理 3 次重复。每个小区面积中坡村为 27.5 m²，金城村为 36.3 m²。

注：a. 整地质量较差，地膜上不盖土或盖土少；b. 整地质量较差，盖土少，不采取补救措施；
c. 培土均匀细碎，垄面及畦边薄膜部严密压盖；d. 培土粉碎程度较差，盖土均匀程度一般；
e. 人工培土补救措施；f. 使用培土机培土补救措施。

图 1　覆盖压土补救措施不同程度类型田

1.2 大田应用

2020—2022 年分别在北流市塘岸镇金城村、福绵区福绵镇中坡村大田应用。这两个基地均有少部分田因耙田时土壤湿度较大，加上土质黏性较强，整地质量较差，部分泥块较大，地膜覆盖也不够严密，种植后又因人手不够等原因，覆盖地膜后没能及时培土。

齐苗后 10~20 d，苗高一般为 20 cm 以上时采取补救措施，方法是将垄边沟底泥土锄松耙碎后或用培土机均匀将细土培到垄面及畦边（图 1e、1f），尽量将垄面及畦边薄膜全部盖住。

1.3　防治效果调查

1.3.1　防治试验

在马铃薯成熟收获前，对上述各试验进行调查。每小区随机调查 3 点，每点取 3.3 m²，挖取样点中所有马铃薯块茎，统计虫害率，并进行考种。计算产量时剔除收获总块茎重的 1.5% 杂质和泥土量。

虫害率(%) = 虫口块茎数/块茎总数 × 100

防治效果(%) = [(对照区块茎虫害率–处理区块茎虫害率)/对照区块茎虫害率] × 100

虫害损失率(%) = (单位面积虫害造成的产量损失/单位面积产量) × 100

商品薯产量 = 单位面积产量 –(单位面积虫害薯 + 青薯 + 小于 50 g 薯 + 其他不合格薯产量)

商品薯率(%) = (单位面积商品薯产量/单位面积产量) × 100

青薯率(%) = (单位面积青薯块茎数/单位面积总块茎数) × 100

1.3.2　大田应用

马铃薯收获时，在补救措施较好(培上细土压膜较严实)、补救措施一般(培上细土压膜质量一般)及不补救或补救措施较差的 3 种类型田中，各抽取 3 块、2 块、2 块，每块田随机调查 3 点，每点取 5.5 m²，挖取样点中所有马铃薯块茎，统计虫害率，并进行考种。

1.4　数据处理

田间试验数据采用 SPSS 16.0 进行统计分析。

2　结果与分析

2.1　补救措施对窄缘施夜蛾的防控效果试验

福绵区中坡村、北流市金城村 2 个基地试验，补救措施较好处理虫害率较不采取补救措施(CK)处理分别降低 82.20%、87.27%，补救措施一般处理虫害率分别降低 40.06%、48.48%。补救措施较好、补救措施一般、不采取措施(CK)的产量，福绵区中坡村分别是 1 886、1 709 和 1 489 kg/667 m²；北流市金城村分别是 1 770、1 623 和 1 512 kg/667 m²，各处理之间差异极显著。补救措施较好的处理商品薯产量和商品薯率最高，虫害损失少，青薯率低。而不采取措施处理(CK)的虫害率高，分别是 81.86%、59.22%；产量和商品薯率低，商品薯率分别是 5.61%、31.84%；且青薯率分别高达 21.36%、19.48%。补救措施一般的防控效果一般，产量、商品薯率、损失率介于两者之间(表 1)。两个试验表明，补救措施较好处理的虫害率、商品薯产量、青薯率与补救措施一般、不采取补救措施的差异显著，说明补救措施较好处理对控制虫害，提高产量和商品薯率，减少损失、降低青薯率有明显的效果。

从试验还看出，北流市金城村土质为壤土的防控效果比福绵区中坡村的土质为黏土好，这可能与壤土容易耙碎、培土质量好从而减少空隙程度有关。

表1 北流市、福绵区冬种马铃薯补救措施对窄缘施夜蛾的防控效果

试验时间	试验地点	处理	虫害率（%）	防治效果（%）	产量（kg/667 m²）	商品薯产量（kg/667 m²）	虫害损失率（%）	商品薯率（%）	青薯率（%）
2020.11—2021.03	福绵区中坡村	补救措施较好	14.57 cC	82.13	1 886 aA	1 466.3 aA	14.68	77.76	4.78 cC
		补救措施一般	49.07 bB	40.06	1 709 bB	623.7 bB	48.64	36.52	9.56 bB
		不补救（CK）	81.86 aA	—	1 489 cC	83.5 cC	82.76	5.61	21.36 aA
2021.11—2022.03	北流市金城村	补救措施较好	7.54 cC	85.58	1 770 aA	1 447.7 aA	6.94	81.80	3.97 cC
		补救措施一般	30.51 bB	53.21	1 623 bB	840.3 bB	31.28	51.77	10.31 bB
		不补救（CK）	59.22 aA	—	1 512 cC	481.6 cC	64.92	31.84	19.48 aA

注：不同小写和大写字母分别代表0.05和0.01水平差异显著。

2.2 补救措施对窄缘施夜蛾的大田应用防控效果

北流市金城村、福绵区中坡村大田应用调查结果与试验结果相似（表2），如不采取措施的田块虫害率高，分别是54.36%、70.63%；补救措施较好的虫害率比不采取补救措施的处理分别降低80.09%、79.78%，补救措施一般处理虫害率分别降低47.44%、37.92%。补救措施较好、补救措施一般、不采取措施的产量，北流市金城村分别是1 455，1 239 和1 066 kg/667 m²；福绵区中坡村分别是1 625，1 483 和1 267 kg/667 m²。补救措施较好商品薯产量和商品薯率最高，虫害损失最少，损失率分别为9.93%和13.94%；青薯率最低。而不采取补救措施的商品薯产量和商品薯率最低；虫害损失最大，损失率分别为53.12%、64.92%；青薯率最高。

表2 2021—2022年北流市、福绵区冬种马铃薯补救措施对窄缘施夜蛾的大田应用防控效果

大田应用时间	应用地点	类型田	虫害率（%）	防治效果（%）	产量（kg/667 m²）	商品薯产量（kg/667 m²）	虫害损失率（%）	商品薯率（%）	青薯率（%）
2021.11—2022.03	北流市金城村	补救措施较好	10.82	80.09	1 455	1 190.7	9.93	81.85	3.76
		补救措施一般	28.57	47.44	1 239	585.9	26.87	47.31	11.90
		不补救（CK）	54.36	—	1 066	343.6	53.12	32.25	21.07
2022.11—2023.03	福绵区中坡村	补救措施较好	14.28	79.78	1 625	1 344.1	13.94	82.73	3.24
		补救措施一般	43.85	43.28	1 483	651.5	41.28	43.93	10.95
		不补救（CK）	70.63	—	1 267	312.2	64.92	24.46	18.83

3 讨 论

试验和示范表明，采取补救措施较好，不但能有效控制窄缘施夜蛾为害，降低损失，还能减少青薯率，提高产量和商品薯。而补救措施不到位，虽然有一定的效果，但效果不理想，虫害率、青薯率仍较高，从而影响商品薯率。不采取补救措施，虫害重，产量低、青薯多、损失大。

窄缘施夜蛾喜欢生活在阴暗潮湿有一定空间的地下环境，地下空隙的大小影响到该虫的活动。多次试验表明，由于幼虫在地下为害，采用覆盖栽培模式的马铃薯田块使用农药（包括毒土法、喷淋）防治效果均不显著。而近几年的实践表明，最大限度防止地下空隙形成，阻止成虫通过空隙钻入马铃薯根部和基部产卵是预防该虫为害的关键措施[1,3]，因此对那些精耕程度较差、覆盖地膜后少盖土或盖土不均匀的田块，可通过播种后或齐苗后采取上述培土补救措施，可起到一定的控制作用，从而减少为害，提高产量和质量。

整地质量较差，地膜覆盖不够严密，同时盖土少，不利于匍匐茎形成块茎，或已形成的块茎易露出地面造成青头，因此不但产量受到影响，而且青薯率高，加上虫害较严重，商品薯率也大大降低。而通过培土的补救方式除能减少虫害外，一可使土壤疏松通气，提高土壤地温，有利于地下根系伸展，让植株根深叶茂，促使苗壮；二可防止匍匐茎外露，促使匍匐茎在土壤中顶端膨大，形成块茎；三能防止块茎外露变绿色；四是培土过程中可兼除杂草、减少草害；五是培土后垄面加高，沟底加深而利于田间排灌，防止雨后积水，从而提高产量，减少青薯率，增加商品薯，并减少了虫害。培土质量越好，马铃薯虫害和青薯越少，产量和质量越高。

通过试验和应用认为，整地质量一般特别是较差田块，可通过培土等补救措施减少为害。为有效控制为害，种植后齐苗前要加强检查，发现整地和盖膜、培土质量不好的田块要切实采取培土补救措施，培土时泥土要细碎，压在地膜上要均匀，尽量使碎土厚度达 5~7 cm，同时注意不伤苗。由于在播种后盖土少，马铃薯出苗时无压力很难穿过地膜而停留地膜下，须人工破膜穿孔才能露出膜外，而人工穿孔往往造成出苗孔过大，因此培土时尤其要注意将细碎泥土压实出苗孔及其周围，防止出现空隙。田间调查发现，如培土不严实，留有一定的空隙之处的附近植株，易发现虫害，因此培土要做到细致，不留空隙以防窄缘施夜蛾有可乘之机钻入地下为害。

对播种后培土较薄的田块，在齐苗后再培土一次，再加一层细碎泥土，对控制虫害、减少青薯、增加产量、提高商品薯率也有较好的作用。

补救措施对防治虫害有效果，但从防治效果及产量等方面来看，与在整地时精耕细作、播种后地膜上压土严实的田块有一定的差距，同时因泥土较大块，不利于马铃薯生长，对产量还是有较大的影响，同时培土时所需的泥土较多，工作量增大，如果培土的沟边泥土不够，还影响培土质量，从而影响防治效果。因此防治该虫较好的措施还是精耕细作，且在播种后及时培土，既能有利于出苗减少人工破膜放苗，又能控制虫害，提高产量和质量。

[参 考 文 献]

[1] 陈景成, 陈荣泰, 陈思名, 等. 马铃薯新害虫—窄缘施夜蛾(*Schrankia costaestrigalis*)田间发生规律观察和农业防治实践 [J]. 中国植保导刊, 2019, 39(10): 42-49.

[2] 陈景成, 陈荣泰, 覃天鑫, 等. 整地和覆膜压土措施对马铃薯窄缘施夜蛾(*Schrankia costaestrigalis*)的控制作用 [J]. 中国植保导刊, 2021, 41(2): 54-58.

[3] 陈景成, 廖莉莉, 杨声澈, 等. 不同农业防治措施对马铃薯新害虫窄缘施夜蛾的控制示范作用效果 [C]∥金黎平, 吕文河. 马铃薯产业与种业创新. 哈尔滨: 黑龙江科学技术出版社, 2022: 394-403.

病原菌生物芯片检测技术在马铃薯生产上的应用

范龙秋，焦欣磊，林团荣，王玉凤，王　伟，

王　真，张志成，王懿茜，黄文娟，尹玉和*

（乌兰察布市农林科学研究所，内蒙古　乌兰察布　012209）

摘　要： 马铃薯病毒病是影响种薯质量的关键因素，田间检验和收获后质量检验的病毒发病率是判定种薯合格与否的重要质量指标。文章详细论述了马铃薯病原菌生物芯片检测技术原理、检测具体操作流程以及操作环节注意事项，为马铃薯种薯生产与质量控制体系建立提供技术支持。

关键词： 马铃薯；病毒；细菌；生物芯片；检测

马铃薯（*Solanum tuberosum* L.）是仅次于玉米、小麦和水稻的世界第四大粮食作物，具有较高的营养价值和商品价值，在其生产上通常使用块茎进行无性繁殖，世代的无性繁殖会导致病毒的累积和传递，致使马铃薯品种特性退化，严重影响马铃薯块茎产量和品质[1,2]。马铃薯病毒病是一个囊括多种病毒病的综合名称，侵染马铃薯的病毒种类很多，目前全世界已经发现可侵染马铃薯引起相应危害病毒40多种[3]，马铃薯病毒通过接触、介体、种薯及土壤等途径进行传播，造成马铃薯产量下降。

在马铃薯生产过程中，从马铃薯脱毒苗扩繁、原原种温网室繁育到大田种薯种植、收获以及贮藏保存均存在感染风险。利用茎尖分生组织培养技术获得脱毒苗，通过播种复壮种薯，可以从根本上解决病毒病导致马铃薯的退化问题。但在种苗生产环节，存在核心苗样品量少和脱毒处理后病毒浓度低的双重困难。大田种植常常遇到以下情况，（一）由于环境条件，特别是温度、光照和营养的影响，使有些马铃薯植株虽携带不同的病毒，但在外部形态上不表现任何症状[4]；（二）病毒侵染后，从潜伏感染到出现症状期间，由于病毒浓度较低，植株症状表现不明显，导致不易通过目测被发现。因此，有效的马铃薯病毒检测方法，能准确高效评价种苗和种薯质量，同时准确预测到种薯播种后的病害发生程度[5]。常规马铃薯病毒检测技术与方法包括田间症状学法、指示植物法、电镜检测法、血清学鉴定法、核酸杂交及 PCR 法[6]。目前，中国广泛应用的病毒检测方法是双抗体夹心法（DAS-ELISA），随着分子生物学技术发展，生物芯片检测技术是继血清学鉴定法和反转录聚合酶链式反应（RT-PCR）方法应用之后，一种能同时检测马铃薯试管苗、植株和种薯块茎的新型检测技术，该检测方法有效弥补双抗体夹心法（DAS-ELISA）检测和 RT-PCR 检测的

作者简介： 范龙秋（1989—），女，硕士，助理研究员，主要从事马铃薯组织培养技术研究。

基金项目： 现代农业产业技术体系（CARS-09-ES05）；内蒙古农牧业青年创新基金项目（2021QNJJN08）。

* **通信作者：** 尹玉和，研究员，主要从事马铃薯遗传育种与栽培技术研究，e-mail：wlcbsyyh@163.com。

不足，一个反应可同时检测出 7 种病毒（PVA、PVM、PVS、PVX、PVY、PLRV、PMTV）与 1 种类病毒以及软腐病、黑胫病、环腐病、青枯病 4 种细菌性病害，具有多重检测效果好、量化检测时间短、灵敏度高、专一性强、操作简单、结果易读取等优点[7]。随着马铃薯产业高质量发展进程不断推进，马铃薯病原菌生物芯片检测在全国多省广泛普及应用。本文对马铃薯病原菌生物芯片检测技术原理、检测流程、具体检测操作方法及注意事项进行详细总结。

1 马铃薯病原菌生物芯片检测技术

1.1 检测原理

针对马铃薯组织内可能感染的病毒与细菌，进行分子生物检测与分析。包括病原菌核酸提取（DNA/RNA Extraction）、一步骤核酸反转录聚合酶链式反应（One-Step RT-PCR），以及核酸杂合反应（Hybridization），同时使用非放射性的化学呈色方法进行显色。利用试剂套组将马铃薯组织中的细胞打破，借以提取病原菌的核酸，病原菌核酸萃取后经由核酸扩增仪（PCR 仪）将其生物讯号放大至 230 倍，再利用芯片上特异性探针撷取病毒信号，利用肉眼或判读仪直接进行结果判读，其灵敏性比传统检测方法（ELISA 与 RT-PCR）要高。

1.2 主要仪器设备

主要仪器设备见表 1。

表 1 生物芯片检测主要设备与耗材

序号	仪器名称	主要耗材
1	核酸扩增仪（PCR 仪）	1.5、15 mL 离心管
2	掌上离心机（≥6 500 r/min）	移液枪头
3	杂合反应仪	0.2 mL PCR 管
4	震荡混合机	
5	冰箱	
6	-18 ℃冷冻冰盒	
7	10、200、1 000 μL 移液枪	
8	30~300 μL 八道可调试移液枪	
9	影像判读仪	
10	电脑	

1.3 生物芯片检测流程

病原菌生物芯片检测流程见图 1。

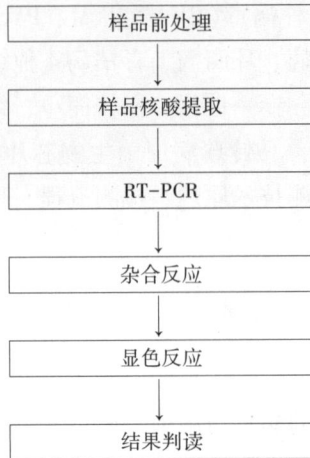

图 1 病原菌生物芯片检测流程

1.4 生物芯片检测具体操作步骤

1.4.1 样品前处理

生物芯片检测组织包括马铃薯叶片和块茎，将组培获得核心苗、田间疑似携带病毒植株直接放至检测实验室备用，块茎应提前清洗掉泥土、晾干待用。

1.4.2 核酸提取

首先准备对应检测数量的全新 1.5 mL 微量离心管并加入 240 μL Rapid EB II 缓冲液。称取 0.35 g 马铃薯组织，放入研磨袋中，每称取一个样品要更换一套称量器械和器皿，然后用移液枪吸取 500 μL Rapid EB I 试剂，将研磨袋内试剂液体和样品组织集中至研磨袋一角，利用研钵棒等工具仔细研磨，混匀组织汁液，吸取 200 μL 研磨汁液至 0.2 mL PCR操作管内，将样品于 PCR 扩增仪中于 99 ℃加热 2 min，85 ℃加热 13 min，保存于 4 ℃，然后在掌上离心机里快速离心 30 s。

若样品为叶片，小心吸取 10 μL 上清液加入预先装有 240 μL EB II 试剂的 1.5 mL 微量离心管，吸取上清液的时候，尽量避免吸取到组织残渣(纤维)，以免阻塞移液枪头。利用试管震荡机将液体混合均匀，再利用离心机快速离心 15 s，管中的液体即为检测用 RNA样品。若样品为块茎，小心吸取 25 μL 上清液至全新的 1.5 mL 微量离心管底，同样需注意避免吸取组织残渣(纤维)，分别于每管中加入 8.4 μL 的 95%酒精，直接加入到液面以下，每次更换新枪头，利用试管震荡机震荡 10 s，13 000 r/min 高速离心 3 min，使用 200 μL 移液枪将底部液体吸干，打开盖子，静置 1 min。加入 50 μL EB II 至 1.5 mL 离心管中，利用震荡机将液体混合均匀，再利用掌上离心机快速离心 15 s，管中的液体即为检测用 RNA 样品。提取后的病原菌核酸须立即进行反转录聚合酶链式反应(RT-PCR)。

1.4.3 反转录聚合酶链式反应(RT-PCR)

提前将 PVB-IV Mix 放置常温下进行溶解，并且在使用前震荡混合均匀及离心 10 s，试剂配制吸取顺序为 PVB-IV Mix→Taq→RT，具体吸取体积见表 2，Taq 与 RT 必须保存在冰盒上，并且在使用前须先离心数秒后保持站立，由于 Taq 和 RT 所需数量很微量，需要注意是否吸取到液体，并仔细确认已加入到 PVB-IV Mix 中，将上述 3 种试剂利用震荡机混合均匀。

吸取 2 μL 样品核酸到 0.2 mL PCR 操作管中，分别加入 10 μL RT-PCR 混合试剂，按以下条件进行 RT-PCR 反应，45 ℃加热 30 min 完成 RT 反应，94 ℃预变性 2 min；94 ℃变性 15 s，58 ℃退火 40 s，72 ℃延伸 40 s，进行 30 个循环；最后 72 ℃延伸 7 min，保存于 8 ℃。

表 2　RT-PCR 混合试剂配制比例

药品名称	体积（μL）
PVB-IV Mix	$10 \times (n+1)$
Taq（红）	$0.3 \times (n+1)$
RT（蓝）	$0.1 \times (n+1)$
Total volume	$10.4 \times (n+1)$

注："n"=检测样品数量，为了避免分装时的误差，当样品数量多时可多配制 1~2 个反应。

1.4.4　杂合反应

操作前先将 HA、B、C Buffer 及 Wash Buffer 回温至室温，使用前需轻轻摇晃混合均匀。打开杂合反应仪并预热至 55 ℃，将 RT-PCR 产物于 PCR 反应仪中 95 ℃加热作用 3.5 min，等反应仪降温至 4 ℃后，取出并置于冷冻保温盒中备用，离心 10 s。取 100 μL HA Buffer 至生物芯片中，吸取 10 μL RT-PCR 产物，注意此环节要将 RT-PCR 产物加到 HA Buffer 中，最后贴上胶膜，将生物芯片放置在杂合反应仪中，于 55 ℃，1 000 r/min 条件下反应 30 min，倒掉杂合反应液，加入 200 μL Wash Buffer 清洗 2 次，并于纸巾上拍干，最后一次静置 1 min。

1.4.5　显色反应

分别配制 Blocking Reagent 与 Detection Reagent，具体配制方法见表 3 和表 4，两种试剂添加完成后震荡混合均匀，将 Detection Reagent 先避光备用。

取 100 μL Blocking Reagent 混合液加入生物芯片中，将生物芯片放置杂合反应仪中，于 55 ℃，1 000 r/min 反应 5 min，倒掉反应液，用 200 μL Wash Buffer 清洗 1 次，倒掉 Wash Buffer，加入 100 μL C Buffer 湿洗生物芯片，静置 1 min 后倒掉，并于纸巾上拍干。取 100 μL Detection Reagent 呈色混合液加入生物芯片中反应，将生物芯片放置杂合反应仪中 55 ℃，0 r/min 反应 7 min。倒掉反应液，并以大量自来水清洗芯片测试盘，于杂合反应仪 55 ℃条件下干燥后，判读结果。

表 3　Blocking Reagent 配制表

试剂	单样体积（μL）	配制数量	总体积
B Buffer（浅蓝色）	100	n+1	$100 \times (n+1)$
Strep-AP（透明管）	0.1	n+1	$0.1 \times (n+1)$

注："n"=检测样品数量。

表 4 **Detection Reagent** 配制表

试剂	体积(μL)	配制数量	总体积
C Buffer(浅绿色)	100	n+1	100 × (n+1)
NBT/BCIP(棕色)	1	n+1	1 × (n+1)

注:"n"=检测样品数量。

1.4.6 结果判读

利用肉眼或判读仪直接进行结果判读,生物芯片判读方法参考表 5。PCR 阳性控制点(C3)检验步骤一核酸提取、步骤二 RT-PCR 准确性,杂合阳性控制点(A1、A5、E1、E5)检验步骤三杂合反应准确性。当 RT-PCR 阳性控制点 C3 和杂合阳性控制点 A1、A5、E1、E5 显示黑点时,表明反转录聚合酶链式反应和杂合反应操作正常,且表明检测数据真实有效,此时若 A2、A3、A4、B1、B2、B3、B4、B5、C1、C2、C4、C5、D1、D2、D3、D4、D5、E2、E3、E4 不显示黑点,说明马铃薯样品不携带指定病原菌,若其他质控点出现黑点,则表明样品感染相关病毒或细菌病害;当 RT-PCR 阳性控制点有所缺失,且无其他病毒检测讯号存在时,需将此实验结果判为无效数据,并重新采样检测。

表 5 生物芯片矩阵表

	1	2	3	4	5
A	杂合阳性控制点	CMS	PVA	Pca	杂合阳性控制点
B	PVM		PVS		PVX
C	PVY N type		PCR 阳性控制点	Pcc	
D	PVY	Ech	PLRV		PMTV
E	杂合阳性控制点	杂合阴性控制点	PSTVd	RS	杂合阳性控制点

2 操作注意事项

生物芯片属于分子生物检测层级,虽拥有优越灵敏度,在整个操作过程中需要注意以下几方面,确保检测结果的准确性:(1)依照试剂包装所标示储存温度正确储存,不可随意放置以确保效能完整;(2)试剂套组中的酶素 Taq(红管)与 RT(蓝管),因对于温度较为敏感,因此使用时请尽量置于冰盒中保存,使用完毕立即放回冷冻温度保存;(3)Wash buffer 在低温的状况下偶尔会有白色结晶物体析出乃属正常现象,若有发现沉淀物析出的现象,请将试剂置于 50 ℃ 中隔水加热数分钟即可;(4)操作人员需全程配戴手套,并使用经高温高压灭菌过的一次性耗材;(5)实验室根据实验步骤划分取样区、核酸提取区、RT-PCR 操作区、杂合反应区、结果判读区,以防止交叉污染;(6)注意环境与仪器的清洁,实验前后用 75% 酒精和 2% 次氯酸钠溶液擦拭台面和移液枪,定期做室内环境检测。

3 病原菌生物芯片检测在马铃薯生产上应用思考

依据现行中国国家标准"马铃薯种薯(GB 18133—2012)"[8],从脱毒基础苗到合格种薯至少 5 年生产周期内，需要对每个级别种薯生产环节进行质量跟踪检测，只有这样才能从真正意义上提高种薯质量，而提高种薯质量则依赖于马铃薯病毒检测技术，灵敏度高又准确可靠的病毒检测方法对马铃薯产业化发展尤为重要。马铃薯病毒检测技术主要有传统生物学检测技术、免疫学检测技术和分子生物学检测技术等[9]，每种检测方法都有各自优缺点，在实际生产操作过程中要综合不同的方法来开展验证。生物芯片作为一种独立可靠的生物化学分析系统，用以实现在细胞水平、蛋白质水平、核酸水平以及其他分子水平上进行准确、并行、高通量和快速检测[10]，病原菌生物芯片检测技术作为一种新兴马铃薯病毒检测技术，具有可同时检测多种病毒和类病毒，效率高，操作流程化、简单易学，结果准确性高等优点，已经在种薯繁育企业和马铃薯种薯质量监督单位间被广泛应用。检测体系是建立马铃薯种薯质量管理体系重要内容，先进的检测技术是前提基础，还要提高种薯生产单位的质检意识，鼓励组建质量检测团队，承担质量监督任务的质检机构履行督查责任，客观评价种薯质量，通过"自检 + 监督检测"双重机制，使质检工作管理制度化，多部门相互合作，协同作战，推动马铃薯产业优质高效发展。

[参 考 文 献]

[1] 魏瑶, 刘燕, 图门白拉, 等. 内蒙古自治区马铃薯病毒病的检测 [J]. 江苏农业科学, 2020, 48(8): 111-115.

[2] 邱彩玲, 申宇, 高艳玲, 等. 中国马铃薯种薯生产及质量控制 [J]. 中国马铃薯, 2019, 33(4): 249-254.

[3] Valkonen J P T. Viruses: economical losses and biotechnological potential [M]. Vregugdenhil D. Potato biology and biotechnology. Amsterdam: Elsevier, 2007: 619-641.

[4] 张文解, 王成刚. 马铃薯病虫害诊断与防治 [M]. 兰州: 甘肃科学技术出版社, 2010: 31-49.

[5] 范国权, 高艳玲, 申宇, 等. 马铃薯病毒检测技术在生产中的应用 [C]//屈冬玉, 陈伊里. 马铃薯产业与中国式主食. 哈尔滨: 哈尔滨地图出版社, 2016: 448-452.

[6] 刘海英, 陈建保, 康俊, 等. 马铃薯病毒检测技术的研究进展与现状分析 [J]. 农产品加工, 2017(22): 46-47, 50.

[7] 颉瑞霞, 张小川, 王效瑜, 等. Genetop 马铃薯病毒试剂盒在马铃薯病毒检测上的应用综述 [J]. 现代农业科技, 2016(21): 104, 106.

[8] 中华人民共和国国家质量技术监督局, 中国国家标准化管理委员会. GB 18133—2012 马铃薯种薯 [S]. 北京: 中国标准出版社, 2012.

[9] 逯春杏, 曹春梅, 王晓娇, 等. 应用马铃薯病原菌芯片法检测马铃薯主要病毒试验及结果分析 [J]. 农业开发与装备, 2022(10): 164-167.

[10] 杜崇, 姜景彬, 张贺, 等. 生物芯片在植物分子生物研究中的应用与发展 [J]. 分子植物育种, 2017, 15(9): 3 701-3 708.

利用土壤旋耕消毒机防治马铃薯地下害虫药剂试验

王　真, 王玉凤, 王　伟, 林团荣, 韩万军, 谭桂莲, 尹玉和*

(乌兰察布市农林科学研究所, 内蒙古　乌兰察布　012000)

摘　要: 选择环保绿色、低毒高效的农药, 合理的应用拌种、沟喷等技术手段逐渐成为防治马铃薯地下害虫的关键。试验以 100 g/L 溴虫氟苯双酰胺悬浮剂为基础, 使用土壤旋耕消毒机将该药剂以 75, 150 和 225 mL/hm² 的浓度旋耕时分别注入土壤, 以期获得较环保的使用剂量。试验结果表明, 该药剂在 3 种不同浓度下均对马铃薯地下害虫具有较好的防治效果, 最低马铃薯块茎保护率为 66.74%, 对产量未造成不良影响。该药剂配合土壤旋耕消毒机使用时可大幅降低农药使用量且操作简单, 适合大面积推广使用。

关键词: 马铃薯; 土壤旋耕消毒机; 地下害虫; 药剂

金针虫(沟金针虫和细胸金针虫)、蛴螬、地老虎(小地老虎、大地老虎、黄地老虎和警纹地老虎)、蝼蛄(东方蝼蛄、华北蝼蛄)等地下害虫是中国北方马铃薯生产田中常见害虫[1], 其不仅影响马铃薯产量及商品性, 还会传播病害[2], 对马铃薯健康生产带来挑战, 也给马铃薯产业的绿色发展造成极大威胁。目前针对马铃薯地下害虫防治的方法主要有成虫诱杀, 如杀虫灯、性信息素诱捕器等; 化学或生物药剂防治, 如 10% 辛硫磷颗粒剂撒施、35% 丁硫克百威种子处理干粉剂拌种[3]、药剂灌根; 农业防治, 如秋季深翻、合理轮作、选择酸性土壤等。但常年连作, 不同防治方法优缺点明显, 防治地下害虫效果不佳, 药剂残留问题日益凸显。选择环保绿色、低毒高效的农药, 合理的应用拌种、沟喷等技术手段成为防治马铃薯地下害虫的新方向。试验在前期研究的基础上, 利用土壤旋耕消毒机将 100 g/L 溴虫氟苯双酰胺悬浮剂按照不同浓度旋入土壤, 分析不同药剂浓度对马铃薯地下害虫的防治效果, 以期获得高效绿色的马铃薯地下害虫防治方法, 为马铃薯虫害防治提供新的思路。

1　材料与方法

1.1　试验材料

1.1.1　马铃薯品种

供试马铃薯品种为"希森 6 号", 种薯级别为大田用种(一级种)。

1.1.2　药　剂

100 g/L 溴虫氟苯双酰胺悬浮剂。

作者简介: 王真(1991—), 男, 助理研究员, 主要从事马铃薯栽培、病虫害防治工作。

基金项目: 国家马铃薯产业技术体系(CARS-09-ES05); 中央引导地方科技发展资金项目(2021ZY0005)。

*通信作者: 尹玉和, 研究员, 主要从事马铃薯遗传育种与栽培技术研究, e-mail: wlcbsyyh@163.com。

1.2　试验田概况

试验田位于国家马铃薯产业技术体系乌兰察布综合试验站平地泉镇试验基地，试验田为多年重茬地，马铃薯地下虫害发生严重。

1.3　试验设计

田间小区试验采用随机区组设计，共设 4 个处理，每个处理 3 次重复，共设 12 个小区，每个小区 216 m²。马铃薯田间种植行距 90 cm，株距 20 cm，播种密度为 55 580 株/hm²。各处理如表 1 所示，以清水处理为对照。其他管理办法同大田常规管理。

表 1　各处理药剂用法用量

处理	药剂	用量（mL/hm²）
1	100 g/L 溴虫氟苯双酰胺悬浮剂	75
2	100 g/L 溴虫氟苯双酰胺悬浮剂	150
3	100 g/L 溴虫氟苯双酰胺悬浮剂	225
4（CK）	空白对照（清水）	—

1.4　施药方式

利用土壤旋耕消毒机按照 900 L/hm² 的水量，施药间距为 15 cm。使用土壤旋耕消毒机上安装的 1.5 mm 喷孔的喷头，开动两个水箱泵，通过调压阀将压力调整到 0.1 MPa，将拖拉机的速度控制在 5 km/h 进行施药。

1.5　其他田间操作

2022 年 5 月 13 日播种，灌溉模式为滴灌。各处理的灌溉、施肥、中耕除草等田间管理措施一致，9 月 13 日收获，调查测产。

1.6　调查方法

1.6.1　出苗率调查

当对照齐苗后，每小区连续调查 100 个块茎出苗情况。出苗率计算方法为：

出苗率（%）= 出苗数/播种数 × 100

1.6.2　收获期调查

每个小区单独收获，测产，调查马铃薯地下害虫的种类和数量。在马铃薯收获时，每小区采取棋盘式 8 点取样，每点 5 株，挖土检查残存金针虫、地老虎、蝼蛄和蛴螬的数量，以及为害块茎数，并作分别统计。计算方法为：

防虫效果（%）= （空白对照区虫口数 − 药剂处理区虫口数）/空白对照区虫口数 × 100

块茎虫害率（%）= 为害块茎数/调查总块茎数 × 100

块茎保护效果（%）= （空白对照区块茎虫害率 − 药剂处理区块茎虫害率）/空白对照区块茎虫害率 × 100

1.7　统计分析

依据《农药 田间药效试验准则》（GB/T 17980.53—2000）[4]计算，田间试验数据均采用 SPSS19.0 进行统计分析。

2 结果与分析

2.1 出苗率调查

各处理的出苗率均在90%左右,与对照无显著差异,说明各个处理对马铃薯种薯的出苗率未造成影响(表2)。

表2 不同处理出苗率调查结果

处理	出苗率(%)
1	90.67 a
2	90.17 a
3	89.83 a
4(CK)	89.67 a

注:同列相同小写字母表示0.05水平差异不显著。下同。

2.2 收获期地下害虫发生种类、数量及危害程度调查

危害马铃薯田的主要害虫有金针虫和蛴螬,金针虫的危害最为严重。处理1~3均未发现地老虎及蝼蛄,只有处理4(CK)发现地老虎2头,蝼蛄10头。各药剂处理对马铃薯地下害虫均有一定的防治效果,其中处理3的防治效果最佳(表3)。

表3 不同处理地下害虫发生种类及数量调查

处理	金针虫(头)	地老虎(头)	蝼蛄(头)	蛴螬(头)	害虫总数(头)	平均害虫数(头)
	7	0	0	1	8	
1	9	0	0	2	11	11.3
	12	0	0	3	15	
	7	0	0	3	10	
2	9	0	0	3	12	10.3
	6	0	0	3	9	
	7	0	0	2	9	
3	7	0	0	1	8	8
	6	0	0	1	7	
	17	0	6	0	23	
4(CK)	54	2	0	6	62	34.7
	15	0	4	0	19	

处理4(CK)的块茎虫害率为23.29%,其余各处理块茎虫害率均低于对照,处理3块茎虫害率最低为6.53%,块茎保护效果最高的为处理3(71.97%)(表4)。

表 4　收获期不同处理块茎虫害率及块茎保护效果

处理	块茎虫害率(%)	块茎保护效果(%)
1	7.75	66.74
2	6.57	71.79
3	6.53	71.97
4(CK)	23.29	—

2.3　收获期产量调查

处理 4(CK)的产量最低为 39 590 kg/hm², 其余各处理均较对照产量高。方差分析结果显示, 在 0.05 水平下, 各处理产量与处理 4(CK)差异不显著(表 5)。

表 5　不同处理收获期测产结果

处理	产量(kg/hm²)
1	40 558 a
2	40 896 a
3	40 673 a
4(CK)	39 590 a

3　讨　论

通过出苗率及后期观察, 试验药剂的不同浓度及使用方法均未对马铃薯出苗及后期生长造成不良影响。试验结果显示, 该试验田地下害虫主要为金针虫和蛴螬, 这之前的研究结果相一致[5]。试验中只有处理 4(CK)发现地老虎及蝼蛄的存在, 药剂处理均未发现这两类害虫, 使用土壤旋耕消毒机将 100 g/L 溴虫氟苯双酰胺悬浮剂施入土壤后, 可抑制这两类虫害的发生。同时, 该方法对金针虫的防治也起到了较好的效果, 这与该药剂的持效期较长有关[6]。100 g/L 溴虫氟苯双酰胺悬浮剂防治害虫的推荐用量为 225 mL/hm², 本试验中, 当浓度为 75 mL/hm² 就能对马铃薯地下害虫起到很好的防治效果。可见, 土壤旋耕消毒机配合药剂处理, 可以大幅降低药剂的使用量。van Herk 等[7]的研究表明溴虫氟苯双酰胺可以用作种子处理剂来防治线虫, 且低剂量就可以达到高剂量噻虫嗪的施用效果, 这为本试验提供了另一个例证, 较低剂量的 100 g/L 溴虫氟苯双酰胺悬浮剂可带来好的防治效果。另外, 徐赛等[8]报道溴虫氟苯双酰胺对害虫的天敌(蜘蛛、盲蝽等)影响较小, 安全性高。Xie 等[9]研究表明溴虫氟苯双酰胺残留物在 14 d 内可消散 90% 以上, 残留量极低。遗憾的是, 这次试验未及时进行土壤农药残留检测, 相关方面研究还需下一步验证。

[参 考 文 献]

[1]　张建平, 程玉臣, 巩秀峰, 等. 华北一季作区马铃薯病虫害种类、分布与为害 [J]. 中国马铃薯, 2012, 26(1): 30-35.

[2] 张蜀敏, 邓可宣, 熊方杰, 等. 马铃薯虫害绿色防控和药物创新 [C]//屈冬玉, 陈伊里. 马铃薯产业与中国式主食. 哈尔滨: 哈尔滨地图出版社, 2016: 171-174.

[3] 韩冰, 王宏栋, 韩双, 等. 4 种药剂防治马铃薯地下害虫田间药效试验 [J]. 河北农业科学, 2020, 24(4): 40-42, 66.

[4] 国家质量技术监督局. 农药 田间药效试验准则 GB/T 17980. 53—2000 [S]. 北京: 中国标准出版社, 2000.

[5] 王真, 王玉凤, 林团荣, 等. 华北区马铃薯地下害虫药剂防治试验 [C]//金黎平, 吕文河. 马铃薯产业与种业创新. 哈尔滨: 黑龙江科学技术出版社, 2022: 428-432.

[6] 尹绍忠, 闵红, 王梅花, 等. 溴虫氟苯双酰胺对玉米草地贪夜蛾的防治效果 [J]. 中国农技推广, 2022, 38(7): 81-83.

[7] Van Herk W G, Vernon R S, Goudis L, et al. Broflanilide, a meta-diamide insecticide seed treatment for protection of wheat and mortality of wireworms (*Agriotes obscurus*) in the field [J]. Journal of economic entomology, 2021, 114(1): 161-173.

[8] 徐赛, 吴亚坚, 李保同, 等. 溴虫氟苯双酰胺对水稻主要害虫的毒性及对稻田天敌的影响 [J]. 植物保护学报, 2019, 46(3): 574-581.

[9] Xie G, Zhou W, Jin M, et al. Residues analysis and dissipation dynamics of broflanilide in rice and its related environmental samples [J]. International Journal of Analytical Chemistry, 2020: 8 845 387.

马铃薯晚疫病防控药剂防效示范

王　甄[1,2,3]，肖春芳[1,2,3]，张等宏[1,2,3]，高剑华[1,2,3]，张远学[1,2,3]，
闫　雷[1,2,3]，陈家吉[1,2,3]，沈艳芬[1,2,3]*

(1. 湖北恩施中国南方马铃薯研究中心，湖北　恩施　445000；
2. 恩施土家族苗族自治州农业科学院，湖北　恩施　445000；
3. 湖北省农业科技创新中心鄂西综合试验站，湖北　恩施　445000)

摘　要：对药剂 0.3% 丁子香酚可溶液剂进行大田防效示范，试验材料为当地主栽马铃薯品种"米拉"原原种。示范结果显示，示范药剂 0.3% 丁子香酚可溶液剂对马铃薯晚疫病的防治效果可达 100%，示范马铃薯产量为 2 692 kg/667 m²，相比对照防病增产显著，增产率为 186.68%。

关键词：马铃薯；晚疫病；0.3% 丁子香酚；药效；示范

马铃薯晚疫病造成全球马铃薯每年减产至少 15%，损失达 100 多亿美元，属于中国一类农作物病害，年发生面积约 197.47 万 hm²，年产量损失占马铃薯所有病害所致产量损失的 63.54%[1,2]。恩施土家族苗族自治州是马铃薯种植优势区域，常年种植马铃薯 10.67 hm² 左右，晚疫病发生范围广，是恩施土家族苗族自治州马铃薯生产上最主要的病害，且常年发生偏重，爆发年份造成减产一半以上，甚至绝收[3]。目前防治马铃薯晚疫病除了选用抗病品种以外，主要是依赖化学药剂进行防治，但易产生抗药性，且对环境破坏问题突出。生物药剂具有安全、环保无残留等特点，植物源杀菌剂、生防药剂等是未来应用的方向，目前也取得了很好的防效[4-6]。植物源杀菌剂丁子香酚是一种从丁香中提取的植物杀菌剂，具有治疗效果迅速、持效期长的特点。试验于 2022 年对药剂 0.3% 丁子香酚（丁香吩）可溶液剂进行大田防效示范，为马铃薯晚疫病防治推广应用提供参考。

1　材料与方法

1.1　供试药剂

试验药剂为保定市亚达益农农业科技有限公司提供的药剂 0.3% 丁子香酚可溶液剂，使用剂量为 100 g/667 m²。

1.2　试验设计

试验地为湖北省恩施土家族苗族自治州三岔镇汾水村马铃薯基地，黄棕壤土，前茬玉

作者简介：王甄(1988—)，女，硕士，助理研究员，主要从事马铃薯病虫害防治与遗传育种研究。

基金项目：国家现代农业产业技术体系资助(CARS-09)；湖北省农业科技创新中心创新团队项目(2016-620-000-001-061)；亚太区域马铃薯晚疫病防治协作网药剂评估项目。

* **通信作者**：沈艳芬，研究员，从事马铃薯遗传育种及病虫害防治研究，e-mail：13872728746@163.com。

米，试验品种为本地主栽品种"米拉"，种薯等级为马铃薯原原种，示范面积 0.2 hm²。2022 年 2 月 23 日整薯播种，施复合肥(N∶P∶K = 17∶17∶17)75 kg/667 m² 作底肥，覆黑膜，7 月 9 日现场收获测产。依据晚疫病监测预警系统显示的晚疫病侵染曲线及田间实际情况进行施药，示范方案共防治 7 次，防控时间分别为 5 月 3 日、5 月 10 日、5 月 16 日、5 月 24 日、5 月 31 日、6 月 9 日、6 月 16 日，其中第 3 次为基地晚疫病统防，施用药剂为 60%唑醚·代森联水分散粒剂。对照区不施药，田间管理与大田常规管理相同。

1.3 调查方法

随机选取 3 点，每点选取 150 株调查叶部和茎部病株率、侵染百分率和病情级别；对照区也同步调查 3 点。在马铃薯成熟后测定示范区产量，并计算增产率。

叶部防效(%) = [(对照侵染百分率 − 处理侵染百分率)/对照侵染百分率] × 100

茎部防效(%) = [(对照侵染病株率 − 处理侵染病株率)/对照侵染病株率] × 100

增产率(%) = [(处理产量 − 对照产量)/对照产量] × 100

2 结果与分析

2.1 0.3%丁子香酚可溶液剂晚疫病防治效果

对照区于 5 月 26 日开始出现晚疫病，在 6 月 9 日发病级别为 9 级；示范区在 6 月 9 日之前均未发生晚疫病，仅 6 月 9 日叶部出现个别病斑，后病斑干枯治愈(表 1)。示范区叶部晚疫病防效可达 100%(表 2)。示范区茎部晚疫病防效为 100%(表 3)。

表 1　0.3%丁子香酚可溶液剂叶部病级

处理	20/05	26/05	31/05	04/06	09/06	15/06	20/06
示范	0	0	0	0	1	1	0
对照	0	1	5	7	9	9	9

表 2　0.3%丁子香酚可溶液剂叶部晚疫病防效

项目	20/05	26/05	31/05	04/06	09/06	15/06	20/06
示范侵染百分率(%)	0	0	0	0	1	1	0
对照侵染百分率(%)	0	5	20	50	85	90	100
防效(%)	—	100	100	100	98.82	98.89	100

表 3　0.3%丁子香酚可溶液剂茎部晚疫病防效

项目	20/05	26/05	31/05	04/06	09/06	15/06	20/06
示范侵染百分率(%)	0	0	0	0	0	0	0
对照侵染百分率(%)	0	0	18	25	50	70	100
防效(%)	—	—	100	100	100	100	100

2.2　0.3%丁子香酚可溶液剂示范测产结果

示范区施用 0.3%丁子香酚可溶液剂马铃薯产量为 2 692 kg/667 m²，较对照区增产186.68%(表4)。

表4　0.3%丁子香酚可溶液剂示范现场产量

处理	折合产量(Kg/667 m²)	增产率(%)
示范	2 692	186.68
对照	939	—

3　讨　论

2022 年药剂 0.3%丁子香酚可溶液剂在湖北省恩施土家族苗族自治州三岔镇汾水村马铃薯基地对马铃薯晚疫病的防治效果可达100%，马铃薯产量为 2 692 kg/667 m²，相比对照防病增产显著，增产率为 186.68%。试验药剂 0.3%丁子香酚可溶液剂在田间发病的各阶段均使用该药剂均达到较好的防控效果，建议一个生长期使用不超过 3 次。由于晚疫病菌易产生抗药性，应坚持"预防为主、综合防治"的植保方针，在预警系统指导下科学施药[7]，在实际生产应用中应因地制宜的选择不同作用机理的杀菌剂交替使用[8]，将生物农药与化学农药混合施用，既可以达到防治效果，减少化学药剂使用量，又可以延长杀菌剂的使用寿命。

[　参　考　文　献　]

[1]　李洁,闫硕,张芳,等.近年来中国马铃薯晚疫病的时空演变特征及防控情况分析 [J].植物保护学报,2021,48(4):703-711.

[2]　肖春芳,王甄,张等宏,等.不同马铃薯品种对晚疫病的田间抗性评价 [J].中国植保导刊,2022,42(5):44-48,19.

[3]　王甄,肖春芳,张等宏,等.恩施州马铃薯晚疫病发生流行与科学防控 [C]//屈冬玉,金黎平,陈伊里.马铃薯产业与健康消费.哈尔滨:黑龙江科学技术出版社,2019:382-385.

[4]　石文慧,王芳,吴永斌.两种生防新药剂对马铃薯晚疫病防效及产量的影响 [J].中国马铃薯,2023,37(1):45-52.

[5]　张茂明,顾鑫,杨晓贺,等.六种生物药剂防治马铃薯晚疫病的筛选试验 [J].黑龙江农业科学,2021(12):40-43.

[6]　闫嘉琦,金山,吴京姬,等.四种生物制剂对马铃薯安全性及晚疫病防治效果评价 [J].黑龙江农业科学,2022(12):44-48.

[7]　肖春芳,王甄,张等宏,等.利用 CARAH 模型评价药剂组合对马铃薯晚疫病的防效 [J].中国植保导刊,2022,42(8):10-14.

[8]　吴杰,赵建江,路粉,等.马铃薯晚疫病菌对氟吡菌胺抗性监测及 9 种常规药剂对马铃薯晚疫病田间防效评估 [J].植物病理学报,2021,51(1):85-94.

不同用药时期对马铃薯早疫病发病情况的影响

郭继云，牛丽娟*，郦海龙

(雪川农业集团股份有限公司，河北　张家口　076481)

摘　要：试验设计 2 种早疫病防治用药时期，以早疫病不防治为对照，研究不同用药时期对马铃薯早疫病发病情况的影响。结果表明，马铃薯早疫病防治宜在生长中后期进行(8 月 8 日和 8 月 15 日)，过早防治效果不明显；合适的早疫病防治显著提高马铃薯块茎中干物质含量；早疫病防治对产量影响不显著，原因可能是药剂对植株也产生了一定的毒害作用。

关键词：马铃薯；早疫病；防治；干物质；产量

马铃薯早疫病是仅次于晚疫病威胁马铃薯种植的第二大真菌病害[1]。马铃薯早疫病在马铃薯的整个生育期都会发生，而且严重时会造成大面积的减产。近年来，随着马铃薯播种面积的增加，马铃薯早疫病发病率呈逐年上升的趋势，据统计马铃薯早疫病流行严重时可造成 20% 以上的减产[2]。目前早疫病防治研究主要集中在药剂防效方面，徐雪亮等[3]研究了 5 种生物药剂防治马铃薯主要病害田间药效试验，龚启青等[4]研究了七种杀菌剂对马铃薯早疫病的影响，但早疫病合理用药时期却鲜有报道。马铃薯种植中对于早疫病防治也存在过度过量用药问题，既增加了生产成本，又造成了环境污染。因此对早疫病的科学防治研究成为必要。对于此，试验设计了不同处理，研究如何有效的防治早疫病，以期为马铃薯高效种植技术的制定提供参考依据。

1　材料与方法

1.1　试验材料

供试马铃薯品种为"雪育 1 号"，种薯级别为原种一代，由雪川农业集团股份有限公司提供。

1.2　试验年份、试验地点及施肥情况

试验于 2020 年在雪川农业集团股份有限公司哈尔忽洞村试验基地进行，试验地前茬作物是小麦，土壤类型是砂质土，试验在播种前和中耕时分别施用磷酸二铵(N>18%，P_2O_5>46%)30 kg/667 m^2，在开花前通过滴灌追施尿素(N 46%)2 次，合计追施尿素(N 46%)10 kg/667 m^2。

作者简介：郭继云(1990—)，女，硕士，农艺师，主要从事马铃薯育种及栽培技术研究。
基金项目：马铃薯甘薯现代种业科技创新团队(21326320D)。
*通信作者：牛丽娟，研究员，主要从事马铃薯育种及栽培技术研究，e-mail：ljniu@ snowvalley. com. cn。

1.3 试验设计

试验设 3 个处理，每个处理 5 次重复。每小区长 7. 25 m，每小区种植 6 垄，各小区间隔 1 垄，垄宽 0. 9 m。对照(CK)不施用杀菌剂；处理 1(T1)，按雪川管理施用杀菌剂；处理 2(T2)，高强度施用杀菌剂(表 1)。

表 1　早疫病防治用药计划

用药日期 (D/M)	T1		T2		CK	
	用药名称	用量	用药名称	用量	用药名称	用量
04/07	春雷霉素·王铜	100 g	—	—	—	—
11/07	苯甲·嘧菌酯	35 mL	苯甲·嘧菌酯	35 mL	—	—
18/07	苯醚甲环唑·百菌清	100 mL	苯醚甲环唑·百菌清	100 mL	—	—
25/07	氟啶胺	35 mL	氟啶胺	35 mL	—	—
01/08	啶酰菌胺	20 g	啶酰菌胺	20 g	—	—
08/08	—	—	苯甲·嘧菌酯	35 mL	—	—
15/08	—	—	苯醚甲环唑·百菌清	100 mL	—	—
22/08	苯甲·嘧菌酯	35 mL	苯甲·嘧菌酯	35 mL	—	—

1.4 测定项目及方法

测产为每个小区分别从中间两垄随机选取连续 10 株，共计 20 株测产。测产过程中每个小区选取不同大小块茎 5 kg 混合后测定干物质含量，测定方法是比重法。

病情指数 = [∑(病级株数 × 代表值)/(调查总株数 × 最高级代表值)] × 100

按叶片上病斑占整个叶面积百分率分级，0 级：无任何症状；1 级：≤5%；3 级：6%~10%；5 级：11%~20%；7 级：21%~50%；9 级：>50%。

1.5 数据分析

采用 Excel 2010，SPSS 26. 0 软件进行数据处理分析。

2 结果与分析

2.1 不同处理早疫病病情指数分析

T1、T2 和 CK 的病情指数在 8 月 5 日之前变化趋势差别不大，结合表 1，说明 8 月 5 日之前打预防早疫病的药剂用处不是很大，可以减少这几次的用药。T1、T2 和 CK 的病情指数在 8 月 5 日之后都呈现增加趋势，CK 的增幅明显高于 T1 和 T2。T2 在 8 月 5 日之后分别在 8 月 15 日和 8 月 22 日喷洒了预防早疫病的药剂，而 T1 没有喷洒，这两次的药剂的使用大大降低的早疫病的发病，T2 在 8 月 20 日之后呈现平缓趋势，而 T1 还是增加趋势。尽管 T1 在 8 月 22 日用了一次药，但控病效果不明显，说明 8 月 8 日和 8 月 15 日的两次用药非常关键(图 1)。

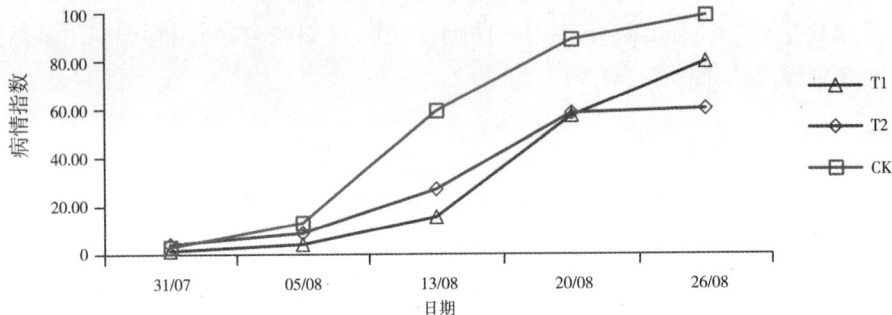

图 1　不同处理早疫病病情指数分析

2.2　不同处理干物质含量分析

T2 处理的干物质含量最高，T1 次之，CK 最低，这说明 T2 用药在及时延缓了早疫病发病的情况下，也能显著提高马铃薯块茎中干物质含量(图 2)。

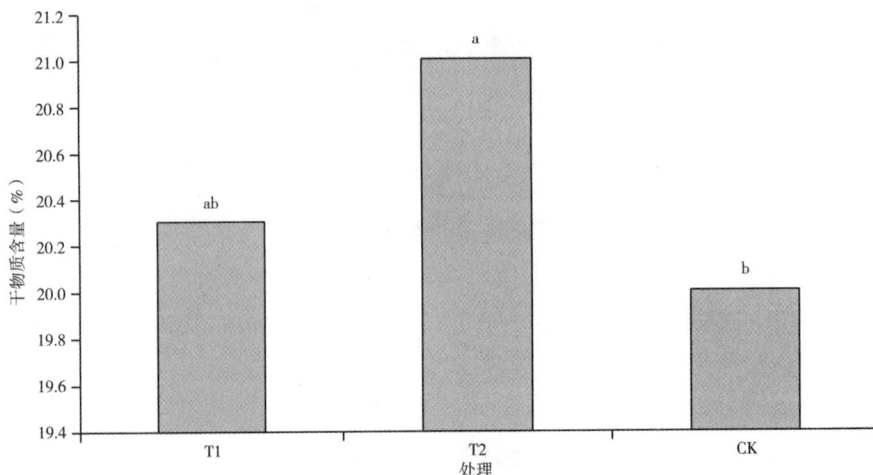

注：不同小写字母表示处理间 0.05 水平差异显著。

图 2　不同处理干物质含量分析

2.3　不同处理产量分析

就产量来说，T1>T2>CK，但各处理间差异不显著。对于商品薯率来说，T1>T2>CK，但各处理间差异不显著。单株结薯数 T2>T1=CK，差异也不显著。单株薯重 T1>T2>CK，T1 与 CK 差异显著，其他差异不显著(表 2)。整体来说，及时的早疫病防治可以提高产量、商品薯率和单株结薯数，但效果不显著。

表 2 不同处理产量分析

处理	产量（kg/667 m²）	商品薯率（%）	单株结薯数（个）	单株薯重（kg）
T1	3 519 a	90.54 a	7 a	1.22 a
T2	3 256 a	89.07 a	8 a	1.19 ab
CK	3 059 a	86.88 a	7 a	1.04 b

注：同列不同小写字母表示处理间 0.05 水平差异显著。

3 讨 论

试验中发现 8 月 5 日之前喷施预防早疫病的药剂用处不是很大，8 月 5 日之后喷施的药剂对早疫病的防治起到了决定性作用。在 8 月 8 日和 15 日不喷洒防治早疫病的药剂下，8 月 22 日喷洒一次预防早疫病的药剂，这一次药剂对早疫病防治效果不明显。这说明在水肥相对充足的条件下马铃薯生长早期不用进行早疫病防治，关键的防治时期是马铃薯生长中后期，且用药太晚对早疫病防治效果也不明显，这与 Shtienberg 和 Fry[5] 的研究结果一致，Shtienberg 和 Fry[5] 的研究结果也表明马铃薯生长早期喷施杀菌剂对早疫病影响不大，在生长期结束 1 或 2 周内施用药剂，对于马铃薯早疫病有效抑制作用也很小。以上研究结果对于马铃薯早疫病有效防治有重要的指导意义。

对比 T1、T2 和 CK，T1、T2 的病情指数要低于 CK，8 月 20 日之后，T2 的病情指数要低于 T1，但干物质含量由高到底的顺序是 T2>T1>CK，这说明及时防治早疫病，有助于提高马铃薯块茎中干物质含量。鉴于干物质是马铃薯加工的一个重要的指标[6]，这一点可以充分用于马铃薯加工品种的种植生产中。

T1、T2 和 CK 之间产量差异不显著，这说明药剂防治早疫病对产量影响不大，原因可能是药剂除了对病菌有毒害作用外，对马铃薯植株本身也有一定的毒害作用，进而间接的影响了产量[7]。甚至有的药剂防治会造成减产，赵振杰[8] 在晚疫病的化学防控中所得结果就说明了这一点，这也说明了适量药剂防治早疫病的重要性。

[参 考 文 献]

[1] 郑慧慧, 王泰云, 赵娟, 等. 马铃薯早疫病研究进展及其综合防治 [J]. 中国植保导刊, 2013, 33(1): 18-22.

[2] Shtienberg D, Blachinsky D, Ben H G, et al. Effects of growing season and fungicide type on the development of *Alternaria solani* and on potato yield [J]. Plant Disease, 1996, 80(9): 994-998.

[3] 徐雪亮, 刘子荣, 曾绍民, 等. 5 种生物药剂防治马铃薯主要病害田间药效试验 [J]. 中国农学通报, 2020, 36(9): 122-126.

[4] 龚启青, 朱江, 牛力立, 等. 七种杀菌剂对马铃薯早疫病的影响 [J]. 耕作与栽培, 2018(4): 25-27.

[5] Shtienberg D, Fry W E. Field and computer simulation evaluation of spray-scheduling methods for control of early and late blight of potato [J]. Phytopathology, 1990, 80(9): 772-777.

[6] 仝帅, 孙继, 石瑛, 等. 马铃薯块茎干物质及还原糖含量与油炸品质的相关性评价 [C]// 陈伊里, 屈冬玉. 马铃薯产业更快 更高 更强. 哈尔滨: 哈尔滨工程大学出版社, 2008, 210-213.

[7] 路少朋. 河北张北马铃薯早疫病化学防控关键时期研究 [D]. 保定: 河北农业大学, 2018.

[8] 赵振杰. 马铃薯晚疫病化学防治时机研究 [D]. 保定: 河北农业大学, 2013.

20%烯肟菌胺·戊唑醇悬浮剂防治
马铃薯早疫病田间示范试验

徐小虎*

（辽宁省本溪市农业综合发展服务中心，辽宁 本溪 117000）

摘 要：目前化学药剂是马铃薯生产中直接、有效防治早疫病的方法。以马铃薯品种"费乌瑞它"为试验材料，通过田间试验明确20%烯肟菌胺·戊唑醇悬浮剂防治马铃薯早疫病的效果及对马铃薯产量的影响，确定其防治马铃薯早疫病的使用剂量、使用时机及施药间隔期。结果表明，田间马铃薯早疫病发生之前或初期开始，采用20%烯肟菌胺·戊唑醇悬浮剂25～50 mL/667 m²，兑水45~60 kg混匀喷雾，施药间隔期7～10 d，连续使用3次效果最佳。研究结果可为制定20%烯肟菌胺·戊唑醇悬浮剂防治马铃薯早疫病的施用技术及评估其实用价值提供依据。

关键词：马铃薯；早疫病；烯肟菌胺·戊唑醇

化学药剂是中国广大农民在马铃薯生产中防治早疫病直接、有效的方法。徐小虎[1]通过药剂筛选试验，明确了中国自主研发的药剂20%烯肟菌胺·戊唑醇悬浮剂对马铃薯早疫病有较好的防治效果。为了进一步确定该药剂的施用效果，确定施用技术，从而降低使用成本，更好地对该药剂进行推广，试验通过不同浓度配比在田间继续进行示范试验。

1 材料与方法

1.1 试验材料

1.1.1 植物材料

马铃薯品种"费乌瑞它"。

1.1.2 试验药剂

20%烯肟菌胺·戊唑醇悬浮剂，中化农化有限公司提供。对照药剂75%肟菌酯·戊唑醇水分散粒剂，德国拜耳作物科学公司生产。清水空白为对照，供试药剂信息及处理见表1。

表1 药剂信息及处理编号

药剂	有效成分用药量 （g a. i./hm²）	制剂用药量 （g/667 m² 或 mL/667 m²）
20%烯肟菌胺·戊唑醇悬浮剂	75	25
20%烯肟菌胺·戊唑醇悬浮剂	90	30
20%烯肟菌胺·戊唑醇悬浮剂	120	40

作者简介：徐小虎（1986—），男，硕士，农艺师，从事马铃薯病害和遗传育种研究。

*通信作者：徐小虎，e-mail：xxhchina@163.com。

续表1

药剂	有效成分用药量 (g a. i. /hm²)	制剂用药量 (g/667 m² 或 mL/667 m²)
20%烯肟菌胺·戊唑醇悬浮剂	150	50
75%肟菌酯·戊唑醇水分散粒剂	112.5	10
空白对照	—	—

1.2 试验方法

1.2.1 施药方法

试验地位于辽宁省本溪市干沟子马铃薯研究所试验基地,马铃薯早疫病历年发生。2022 年 4 月 15 日播种,采用随机区组排列,3 次重复。行距 0.6 m,株距 0.25 m,小区面积 40 m²。栽培管理条件一致。使用科农 3WBD–20 型电动喷雾器进行叶面喷雾。在马铃薯早疫病零星发生时开始用药,间隔 7~10 d,连续施药 3 次,施药量 45 L/667 m²。施药时天气晴朗。

1.2.2 调查及统计方法

施药前调查病情基数,因零星发病,病情基数视为零。第 3 次施药后 7 d 调查发病情况,收获时测产。

每小区 5 点取样,每点调查 2 株,每株调查全部复叶,按各复叶上病斑面积占整个复叶面积的百分率划分病级。0 级:无病;1 级:病斑面积占整个复叶面积小于 5%;3 级:病斑面积占整个复叶面积的 6%~10%;5 级:病斑面积占整个复叶面积的 11%~20%;7级:病斑面积占整个复叶面积的 21%~50%;9 级:病斑面积占整个复叶面积的 51%以上。

每小区 5 点取样,每点收获 1.1 m × 0.4 m = 0.44 m² 的马铃薯(2 株),5 点共收获 2.2 m² 的马铃薯,称量各小区所得马铃薯的重量,计算产量及增产率。

病叶率(%) = (病叶数/调查总叶数) × 100

病情指数 = Σ(各级病叶数 × 相对级数值)/(调查总叶数 × 9) × 100

防治效果(%) = [(对照区病情指数 – 处理区病情指数)/对照区病情指数] × 100

产量(kg/667 m²) = 调查马铃薯产量 × 667 m²/调查面积

增产率(%) = [(处理产量 – 对照产量)/对照产量] × 100

2 结果与分析

第 3 次用药后 7 d 由中化农化有限公司提供的试验药剂 20%烯肟菌胺·戊唑醇悬浮剂 25,30,40 和 50 mL/667 m² 对马铃薯早疫病的防治效果分别为 76.2%、84.4%、86.4% 和 88.7%,药效随用药量的增加而提高。对照药剂 75%肟菌酯·戊唑醇水分散粒剂 10 g/667 m² 对早疫病的防治效果为 87.2%,与 20%烯肟菌胺·戊唑醇悬浮剂 30~50 mL/667 m² 的防治效果相当,而显著高于其 25 mL/667 m² 的防治效果。收获时测产,喷施 20%烯肟菌胺·戊唑醇悬浮剂 25,30,40 和 50 mL/667 m² 的增产率分别为 16.3%、17.7%、27.7%和 29.4%。对照药剂 75%肟菌酯·戊唑醇水分散粒剂 10 g/667 m² 的增产率为 22.8%,显著低于 20%烯肟菌胺·戊唑醇悬浮剂 40~50 mL/667 m² 的增产率,而显著高于 20%烯肟菌胺·戊唑醇悬浮剂 25~30 mL/667 m² 的增产率(表2)。

表2 20%烯肟菌胺·戊唑醇悬浮剂防治马铃薯早疫病试验结果

处理	病叶率(%)	病情指数	平均防效(%)	产量(kg/667 m²)	增产率(%)
20%烯肟菌胺·戊唑醇悬浮剂 25 mL/667 m²	9.5	1.43	76.2 c	2 877	16.3 d
20%烯肟菌胺·戊唑醇悬浮剂 30 mL/667 m²	6.5	0.92	84.4 b	2 912	17.7 d
20%烯肟菌胺·戊唑醇悬浮剂 40 mL/667 m²	4.6	0.81	86.4 b	3 157	27.7 ab
20%烯肟菌胺·戊唑醇悬浮剂 50 mL/667 m²	4.0	0.69	88.7 a	3 201	29.4 a
75%肟菌酯·戊唑醇水分散粒剂 10 g/667 m²	4.6	0.76	87.2 ab	3 036	22.8 c
空白对照	29.2	6.08	—	2 473	—

注：根据 DMRT 分析，表中同列数据后相同小写字母表示在 $P = 0.05$ 水平下差异不显著。

3 讨 论

试验结果表明，由中化农化有限公司提供的试验药剂 20%烯肟菌胺·戊唑醇悬浮剂对马铃薯早疫病具有较好的防治效果，增产效果显著且对马铃薯安全，可以在田间应用。田间马铃薯早疫病发生之前或初期开始，采用 20%烯肟菌胺·戊唑醇悬浮剂 25~50 mL/667 m²，兑水 45~60 kg 混匀喷雾，施药间隔期 7~10 d，连续使用 3 次。田间病情发展较快需要多次用药时，应将 20%烯肟菌胺·戊唑醇悬浮剂与其他不同作用机理的化学药剂交替使用，以达到有效防病及延缓抗药性发生的目的。

[参 考 文 献]

[1] 徐小虎. 几种杀菌剂对马铃薯早疫病的田间防效 [C]//屈冬玉，金黎平，陈伊里. 马铃薯产业与健康消费. 哈尔滨: 黑龙江科学技术出版社, 2009: 394-397.

马铃薯新品种（系）抗黑痣病鉴定

王玉凤，王　真，林团荣，王　伟，范龙秋，焦欣磊，

张志成，王懿茜，谭桂莲，韩万军，尹玉和*

（乌兰察布市农林科学研究所，内蒙古　乌兰察布　012000）

马铃薯是重要的粮、菜、饲及工业原料兼用农作物，在西部开发、脱贫攻坚及出口创汇中发挥重要作用。2016 年农业部正式发布《关于推进马铃薯产业开发的指导意见》，将马铃薯作为主粮产品进行产业化开发，扩大种植面积的同时推进产业升级。该战略极大的推动内蒙古自治区马铃薯产业的迅速发展。马铃薯产业是内蒙古自治区主导产业之一，以乌兰察布市为中心的中部马铃薯产业优势区得天独厚的自然条件使得马铃薯产业具有长足的发展优势。近年来，由于马铃薯常年连作，导致马铃薯黑痣病、疮痂病、粉痂病等土传病害严重发生，在种植管理过程中大量或超量施用化肥农药，导致土壤微生态环境遭到破坏，土传病害的发生呈现日益加重的态势，成为制约马铃薯产业发展的重大难题。研究利用乌兰察布市农林科学研究所选育的高代品系，开展抗黑痣病新品种（系）筛选，获得抗马铃薯黑痣病新品种（系），争取将马铃薯黑痣病造成的损失降到最低，推进马铃薯生产的可持续发展，为马铃薯产业持续绿色发展提供技术保障。

试验共设 20 个处理，随机区组排列，3 次重复，每个处理种植 20 株，单行种植，行距 90 cm，株距 20 cm。试验选择乌兰察布市农林科学研究所选育的高代品系"YP-108""YP-28""YP-79""B-18""YP-78""YP-119""YP-235""YP-182""YP-52""YP-128""YP-176""YP-22""YP-152""YP-9""YP-15""YP-95""YPB-17""YBP-12""YP-76"和"大西洋"共 20 个新材料，其中"大西洋"为感病对照。试验地选择在乌兰察布市农林科学研究所平地泉试验基地连续 6 年以上种植马铃薯的重茬地，且 2017 年将黑痣病带病块茎磨碎并撒施于试验地块，形成了稳定发病条件的黑痣病病圃。

试验地病圃 2021 年 5 月 12 日种植。6 月 21 日进行苗期调查，计算出苗率。7 月 2 日进行苗期病害调查。7 月 30 日进行花期病害调查。调查记录病株数及相应级数，计算发病率与病情指数。参照马铃薯黑痣病主茎分级标准：0，无病斑；1，病斑小于茎围的 10%；2，病斑为茎围的 10%~25%；3，病斑为茎围的 26%~50%；4，病斑为茎围的 50% 以上至环剥脱皮。发病率（%）=（处理区病株数/总株数）× 100，病情指数 = {∑[各级病株（块）数 × 相对级数]/[调查总株（块）数 × 最高病级数]} × 100。10 月 15 日进行收获期块茎病害调查，计算发病率与病情指数。块茎评价标准（菌核面积占整个薯块面积的百分率）：0，

作者简介：王玉凤（1986—），女，农艺师，主要从事马铃薯病虫害防治、马铃薯新品种选育及配套栽培技术研究。
基金项目：内蒙古农牧业青年创新基金项目（2021QNJJNO8）；国家马铃薯产业技术体系（CARS-09-ES05）；乌兰察布市科技计划项目（2022ZDYF007）；中央引导地方科技发展资金项目（2021ZY0005）。
***通信作者**：尹玉和，研究员，主要从事马铃薯遗传育种与栽培技术研究，e-mail：wlcbsyyh@163.com。

无可见黑痣；1，1%~5%覆盖黑痣；2，6%~10%覆盖黑痣；3，11%~25%覆盖黑痣；4，26%~50%覆盖黑痣；5，51%~75%覆盖黑痣；6，76%~100%覆盖黑痣。相对抗病指数评价标准：1，1.00免疫（I）；2，0.99~0.80高抗（HR）；3，0.79~0.60中抗（MR）；4，0.59~0.40中感（MS）；5，0.39~0.00高感（HS）。相对抗病指数 = 1 - 所测品种病情指数/发病最重品种病情指数。

6月21日各个品种马铃薯均已出苗，通过调查，各品种出苗率在83.33%以上。7月2日在马铃薯苗期，对各个品种的马铃薯黑痣病在根茎部的发生情况进行调查，从发病率来看，种植的所有品种均发病，其中"YP-15"发病率最轻为52.78%、"YP-108"发病率次之为55.95%，"YP-79"为56.19%，发病率较高的品种有"YP-52"为60.14%，"YP-95"为61.67%；"大西洋"发病率最高为100%。根据调查结果，计算病情指数，病情指数最低的"YP-15"为32.09，"YP-108"次之为32.21，"YP-128"为33.33、"YP-79"为36.46。7月30日在马铃薯开花期，对各个品种的马铃薯黑痣病在根茎部的发生情况进行了调查，从发病率来看，种植的所有品种均发病，其中"YP-15"发病率最轻为59.04%、"YP-79"为65.71%、"YP-108"为73.81%、"YP-128"为74.44%，其余各个品种的发病率均在80%以上，发病率最高的"大西洋"达100%。根据调查结果，计算病情指数，病情指数最低的"YP-15"为33.05、"YP-108"次之为34.60、"YP-79"为37.50、"YP-76"为42.60、"YP-95"为46.13，花期病情指数最高的"大西洋"为96.88。

10月15日对收获后的各品种块茎发病情况进行调查，从发病率来看，试验品种块茎均有发病，发病率最低的"YP-79"为50.47%，较低的"YP-15"为52.73%、"YP-108"次之为63.59%、"YP-95"为65.35%、"YP-235"为67.99%、"YP-76"为70.80%，其余的发病率均在75%以上，发病率最高的"大西洋"为99.12%。从病情指数来看，最低的"YP-15"为19.15、"YP-108"次之为22.48、"YP-79"为28.41、"YP-128"为29.18，最高的"大西洋"为72.75。

种植的各品种（系）在不同的调查时期，均表现出不同程度的黑痣病发病症状，黑痣病病圃的发病条件相对稳定。根据各品种田间长势情况记载，出苗率调查结果，综合苗期、花期、收获期发病率及病情指数结果整体来看，计算相对抗病指数，获得"YP-15""YP-108""YP-79"3个田间试验表现中抗（MR）品系。

试验过程中，不同品种（系）的生长期茎部的发病率和收获期块茎的发病率表现不是特别一致，可能是不同调查时期各个品种的抗病性机理不同，这为以后抗黑痣病品种选育提供参考方向。同时，获得各调查时期抗病情况较一致的3个中抗黑痣病高代新品系"YP-15""YP-108""YP-79"，根据各品种自身生长特性，肉色、皮色、芽眼深浅、结薯数等生理指标，结合市场需求，为蒙乌薯系列抗黑痣病新品种的推广提供依据。

关键词：马铃薯；黑痣病；新品系；鉴定

酵母天然挥发物抑制马铃薯晚疫病的机制研究

陆　杰[1,2]，李　洁[2]，李　磊[3]，王玉玺[2]，刘　嘉[4]，王晓丹[2]*

（1. 黑龙江省农业科学院生物技术研究所，黑龙江　哈尔滨　150028；
2. 中国农业大学植物保护学院植物病理学系，北京　100193；
3. 东北农业大学生命科学学院，黑龙江　哈尔滨　150030；
4. 重庆文理学院园林与生命科学学院，重庆　402160）

由致病疫霉（*Phytophthora infestans*）引起的晚疫病是马铃薯生产中的毁灭性病害，该病害在采后运输和贮藏过程中易产生块茎腐烂和烂窖现象，经济损失巨大。随着药剂防治产生的危害日益突显，研发有效的生防制剂防控病害，符合国家"农药减量化行动"绿色发展规划。生防微生物产生的天然挥发性有机物（Volatile organic compounds，VOCs）具有良好的防治效果，已成为研发热点之一。然而，可用于马铃薯晚疫病防治的 VOCs 在很大程度上仍然匮乏，其抑菌机制尚不清楚。研究首次报道了一株桔假丝酵母（*Candida quercitrusa*）Cq-1 对 *P. infestans* 的抗菌活性及对马铃薯块茎晚疫病的防效，明确其天然 VOCs 中关键活性物质，观察了活性物质处理后的菌丝生长变化，进一步通过实验揭示其抑菌机制。研究将为开发马铃薯采后病害新型、安全生物熏蒸剂提供了新策略。

实验采用梯度平板对扣培养、采后熏蒸模拟等方法研究了生防酵母菌株 Cq-1 的抗菌活性及其对马铃薯晚疫病的生防效果，同时测定其对多种病原菌的广谱抑菌效果；通过 GC-MS 的方法分析了挥发物的主要抑菌成分；并验证了该活性物质的抑菌活性，使用荧光显微镜和扫描电镜，对活性有机物处理后的菌丝生长变化进行显微观察；进一步对活性物质处理前后菌丝的转录组进行分析，确定其阻断的代谢通路，结合 ATP 含量测定、qPCR 等验证试验，共同揭示了该活性物质的抑菌机理。

平板对扣培养中，酵母 Cq-1 对 *P. infestans* 具有显著的抗菌活性，而且浓度越高，*P. infestans* 菌丝生长速度越慢，当酵母浓度达到 10^3 CFU/mL 时，致病疫霉菌丝几乎不能生长，抑制率为 96.79%，IC_{50} 值为 7.33 CFU/mL，表明酵母浓度与 *P. infestans* 菌丝生长呈负相关，且在较低的范围内，酵母浓度与抑制率呈明显的线性关系。在马铃薯块茎上对其进行生防测定，酵母处理后，病原菌在马铃薯块茎上的生长显著减弱，酵母浓度为 1×10^8 CFU/mL 时，防效可达 85.94%。使用熏蒸干燥器模拟马铃薯块茎的储存环境，验证酵母菌 Cq-1 对晚疫病的防控率为 52.27%。因此，酵母菌 Cq-1 的挥发物可有效控制马铃薯块茎采后晚疫病的发生。基于 GC-MS 分析，鉴定到 100 多种 VOCs，依据峰面积值高低，

作者简介：陆杰（1984—），女，博士，助理研究员，从事病原菌与植物互作机理及作物病害生物防控技术研究。
基金项目：国家重点研发计划项目（2022YFD1401800）；国家自然科学基金项目（32061130211）。
*通信作者：王晓丹，博士，副教授，主要从事植物对疫霉菌的寄主抗病性分子机制及马铃薯晚疫病绿色防控的理论和技术研究，e-mail：xdwang@cau.edu.cn。

将其中的前十位化合物进行晚疫病菌的平板抑制实验，鉴定到苯乙醇（2-Phenylethanol，2-PE）对晚疫病菌的抑制效果最佳。2-PE 是一种工业香精和食品添加剂被广泛使用，可溶于水，分子量为 122.16。进而研究了 2-PE 的抑菌功能与机制，通过平板生长试验，发现 2-PE 显著抑制了 *P. infestans* 的菌丝生长，处理 6 d 后抑制率为 62.39%，抑菌率与浓度呈正相关。250 mg/L 浓度的 2-PE 处理菌丝 3 d 后，荧光显微镜和扫描电镜下观察带有红色荧光的晚疫病菌株的菌丝生长出现畸形和异常，呈现萎缩和扭曲。对 2-PE 处理的 *P. infestans* 进行 RNA-seq 建库测序与分析，在转录水平上分析 2-PE 对 *P. infestans* 的作用机制和模式。共鉴定出 4 294 个差异表达基因（Differentially expressed genes，DEGs），与对照组相比，下调表达基因 2 316 个，上调表达基因 1 978 个，这一结果表明，2-PE 可能基于下调表达相关基因发挥其抑制作用。GO 分析发现，"转运"相关的生物过程（BP）所占比例较高，如"质子跨膜运输""无机阳离子跨膜运输""阳离子跨膜运输""无机离子跨膜运输"和"离子跨膜运输"等，表明 2-PE 在抑制病原菌的运输功能方面发挥重要作用。此外，对细胞成分（Cellular component，CC）的分析表明，抑制作用的主要发生部位是细胞质、线粒体和核糖体，这与呼吸作用的发生部位一致。前人研究表明，线粒体氧化磷酸化系统由复合物 I、II、III、IV 及 ATP 合成酶（俗称复合物 V）组成，前四者组成电子传递链。KEGG 富集分析表明，大量下调的 DEGs 富集于氧化磷酸化通路的五个复合体，暗示 2-PE 处理阻断了 *P. infestans* 的氧化磷酸化途径。通过 qPCR 验证了氧化磷酸化途径相关基因的下调表达，与转录组分析的结果一致。2-PE（250 mg/L）处理 3 d 后，菌丝的 ATP 含量与对照组含量相比降低了 68.08%，其抑制率高于商品化的 ATP 合成抑制剂氟吡菌胺处理后的效果。

综上所述，研究首次发现了一株具有生防潜力的桔假丝酵母菌 cq-1，2-PE 是其主要的活性抑菌有机物。阐明了 2-PE 通过抑制致病疫霉菌的线粒体氧化磷酸化代谢，导致的病原菌能量代谢受到抑制而死亡的抑菌机制。因此，天然化合物 2-PE 有望作为 ATP 合成抑制剂应用于病害防控。重要的是，2-PE 是一种理想的天然化合物或生物熏蒸，与马铃薯块茎或果蔬等不直接接触，用于采后病害防控安全性更高，符合消费者对食品安全的强烈需求。2-PE 在马铃薯采后块茎防治晚疫病方面具有开发和应用价值，为解决马铃薯冬季贮藏过程中烂窖问题提供了生防新策略。

关键词：晚疫病；采后贮藏；挥发性有机物；生物防治；氧化磷酸化

一株马铃薯疮痂病病原菌的系统鉴定及其生物防治

张家辉，张铭铄，高　峥，周　波[*]

（山东农业大学生命科学学院，山东　泰安　271000）

马铃薯（Solanum tuberosum L.）是世界第四大粮食作物。现阶段中国马铃薯种植面积位居世界首位，但存在较多的病害问题，其中疮痂病是严重影响马铃薯生产经济效益的因素之一，该病是由疮痂链霉菌引起的病害，会导致产量下降和品质劣化甚至无法食用等问题。因此，尽早对病原菌进行识别并进行针对性防治对于马铃薯生产与粮食安全至关重要。疮痂病病原菌的遗传多样性研究需要有可靠标准的鉴定方法作为支撑，国际链霉菌计划（International streptomyces project，ISP）是由国际微生物学会放线菌分会（American Society for Microbiology，ASM）组织实施的，为链霉菌分类鉴定提供了可靠的模式菌株及可行方案。随着分子生物学发展，多相分类法鉴定病原菌逐渐应用广泛，特别是 16S rRNA 序列测定等技术提高了鉴定的准确性。然而，在中国马铃薯主要种植区疮痂病病害发展日趋严重，但目前对疮痂病依然缺乏有效的防治措施。

研究拟从发病的马铃薯疮痂病病斑处分离疮痂病病原菌，通过盆栽试验、致病基因检测等方法对分离菌株进行致病性验证，并通过形态学、生理生化特征及分子生物学方法对病原菌进行系统鉴定；以分离的病原菌株为靶标从马铃薯内生细菌中筛选拮抗效果较好的生防菌株，在此基础上利用盆栽试验进一步验证生防菌株的防治效果。

研究从马铃薯疮痂病发病部位分离得到一株链霉菌株 AMCC400023，试验分别使用小薯片法与萝卜幼苗检测法验证链霉菌的致病性，病原菌 Streptomyces scabies 菌株与链霉菌 AMCC400023 处理薯片 10 d 后，均表现出薯片表面中心颜色变深，并且薯片与病菌接触部位有结疤痕迹，未接菌处理薯片无变化；采用链霉菌发酵液处理萝卜苗后与空白对照相比，表现出对萝卜苗生长的显著抑制作用，抑制率达到 88.2%，而采用病原菌 S. scabies 菌株发酵液处理的萝卜苗抑制率为 84.7%。随后通过对分离链霉菌株 AMCC400023 盆栽回接验证试验进行致病性测定，栽培 90 d 后收获马铃薯统计，检测表明该菌株具有疮痂病致病性并能够在块茎上形成典型的疮痂病斑，严重发病区域病斑深度达 3~5 mm，发病率为 86.24%。从发病块茎上分离链霉菌，提取菌株 DNA 后采用 txtAB1/txtAB2 引物扩增得致病基因 txtAB 的目的条带。通过使用 PAI 致病岛中参与致病的 txtAB 基因、nec1 基因与 tomA 基因的特异性引物对 S. bottropensis（CGMCC4.1699）、S. scabies（ACCC41024）及 AMCC400023 进行 PCR 扩增，结果显示后两者均含有 3 种致病基因，测序结果显示 AMCC400023 的 txtAB、

作者简介：张家辉（1999—），男，硕士研究生，从事马铃薯疮痂病原菌生防菌株筛选与作用机制研究。
基金项目："十二五"国家科技支撑计划（2011BAD11B01）；山东省自主创新和成果转化专项（201422CX07301）。
＊通信作者：周波，博士，教授，从事马铃薯疮痂病和根结线虫生防体系研究，e-mail：zhoubo2798@163.com。

nec1 和 *tomA* 序列与 *S. scabies*（EU864252.1，AM253591.1，FJ007481.1）的基因序列相似性分别为 100%、99% 和 100%。

采用燕麦琼脂（Oatmeal agar，OMA）培养基在 28 ℃ 下将 AMCC400023 培养 14 d 以观测其形态学特征，随后在酪氨酸培养基上鉴定其生理生化特征。结果表明，可产生黑色素，可利用 D-葡萄糖、D-甘露醇等 ISP 糖类，可利用 L-组氨酸、L-甲硫氨酸作为氮源，能够耐受结晶紫、苯酚与部分抗生素并且在 pH 4.5 及 5.0% NaCl 浓度培养基中生长，但是无法在 pH 4.0 或 10.0% NaCl 浓度培养基中生长。随后通过发育树构建与保守序列特异性扩增鉴定 AMCC40023 为 *S. bottropensis*。之后从健康马铃薯块茎中分离得到 78 株内生细菌，采用滤纸片法初筛得到 21 株拮抗菌，采用牛津杯法复筛得到 3 株抑菌效果较好的菌株 Ua、Me、Ma。并且对 3 株菌株继代划线培养 15 次后测定菌株抑菌效果依然稳定，表明 3 株拮抗菌遗传稳定性较好。

在春季盆栽试验中，验证表明拮抗菌 Ua、Me 对疮痂病的生防效果分别达到 53.36% 和 52.24%，而 Ma 仅为 30.03%。秋季栽培试验中，拮抗菌 Ua、Me 对疮痂病防治效果分别达到 67.92% 和 64.98%，比春季栽培防治效果略有提升且稳定性较好。盆栽试验结果证明，Ua 菌株、Me 菌株在高浓度的情况下，能显著降低马铃薯疮痂病的发病率、发病等级、发病系数，具有较好的生防效果，并且两次盆栽试验生防效果比较稳定。对马铃薯根际土壤微生物数量测定表明，添加拮抗菌 Ua 及 Me 高浓度发酵液处理的细菌总数显著性提高，而放线菌数量则显著性降低。

将拮抗菌 Ua 和 Me 在 LB 平板上 37 ℃ 培养 24 h 以观察其形态学特征，二者均为革兰氏阳性芽孢杆菌；以《常见细菌系统鉴定手册》为指导进行，2 个菌株的生理生化鉴定表明，二者均好氧生长，其他如接触酶、葡萄糖产酸、阿拉伯糖产酸等特征均相同；二者在 55 ℃ 环境下不能生长，但 pH 5.7 环境下可以生长。以细菌 16sRNA 与 *gyrA* 基因的引物对 Ua 与 Me 进行特异性扩增，所得片段测序后建树表明，Me、Ua 菌株与甲基营养型芽孢杆菌（*Bacillus methylotrophicus*）亲缘关系最近，因此认定二者为甲基营养型芽孢杆菌。随后对尖孢镰刀菌、串珠镰刀菌等 9 种真菌病原菌株的抑菌谱测定表明，拮抗菌 Ua、Me 滤菌上清液对 9 株病原真菌都具有一定的抑菌效果，抗菌谱较广。对链霉菌抑菌能力测定结果显示，Ua 与 Me 对非致病链霉菌 ACCC40027、ACCC40024、ACCC40121、CGMCC4.1699 均具有一定的抑菌效果，但抑菌效果显著性低于疮痂病致病链霉菌 ACCC41024。

目前报道的芽孢杆菌类生防菌剂对疮痂链霉菌的抑菌物质包括伊枯草菌素 A、macrolactin A 及 LCI 蛋白等，而这些物质可能会对其他非致病链霉菌具有抑制作用。拮抗菌 Ua、Me 产生的抑菌物质经不同温度、pH 及有机溶剂处理后，依然保持较好的抑菌活性，表明拮抗菌株抑菌物质稳定性较好。酶活测定表明，拮抗菌 Ua、Me 具有蛋白酶活及纤维素酶活力，不具有几丁质酶及果胶酶活力。

研究结果表明，分离的内生拮抗细菌 Me 及 Ua 菌株在马铃薯疮痂病防治中具有较好的应用前景，但关于内生拮抗细菌最佳施用方法、施用浓度、在土壤及马铃薯植株内的定殖情况及对生态环境影响等还需要进一步研究明确。

关键词：马铃薯；疮痂病；生物防治；系统鉴定；内生细菌；抑菌活性

马铃薯晚疫病药剂田间药效持效期评估试验

王　甄[1,2,3]，肖春芳[1,2,3]，张等宏[1,2,3]，高剑华[1,2,3]，张远学[1,2,3]，
闫　雷[1,2,3]，陈家吉[1,2,3]，沈艳芬[1,2,3]*

(1. 湖北恩施中国南方马铃薯研究中心，湖北　恩施　445000；
2. 恩施土家族苗族自治州农业科学院，湖北　恩施　445000；
3. 湖北省农业科技创新中心鄂西综合试验站，湖北　恩施　445000)

　　马铃薯是世界第三、中国第四大粮食作物，而病害问题一直是制约湖北省、中国乃至全球马铃薯产业发展的重要瓶颈，其中，马铃薯晚疫病对马铃薯种植造成了较大威胁，每年造成全球马铃薯减产至少15%，损失达100多亿美元，因此，科学开展马铃薯晚疫病防控是保产丰收的关键。试验对保定市亚达益农农业科技有限公司提供的药剂0.3%丁子香酚可溶液剂进行田间药效持效期评估比较试验，对照药剂为31%噁酮·氟噻唑和68.75%氟菌·霜霉威，并设置空白对照小区。

　　试验地点为湖北省恩施土家族苗族自治州天池山马铃薯基地，试验品种为感病品种"米拉"，0.3%丁子香酚可溶液剂，31%噁酮·氟噻唑和68.75%氟菌·霜霉威使用剂量分别为100，33和100 mL/667 m²。所有试验小区的栽培条件一致。2022年2月26日整薯播种，施复合肥(N：P_2O_5：K_2O = 17：17：17)60 kg/667 m²作底肥，4月18日在马铃薯苗期追施尿素(N 46%)7.5 kg/667 m²，同时中耕除草。采用田间自然发病进行试验，供试药剂随机区组设计，重复3次，试验地四周设置保护行1 m以上不施药。施药时间：5月24日(发病前)、5月31日(发病初期)、6月6日(发病中期)、6月13日(发病后期)。根据田间发病趋势，施药后连续调查是否有新病斑出现。

　　第1次施药8 d后，空白对照区晚疫病发生逐渐加重，试验区均未发病，起到了很好的预防效果。在发病前期，第2次施药后，对照区叶部病情指数逐步增加，试验区植株在第2次施药5 d后，0.3%丁子香酚可溶液剂和68.75%氟菌·霜霉威试验区叶部均开始出现零星病斑，发病程度相当；31%噁酮·氟噻唑试验区在第2次施药6 d后叶部开始出现零星病斑。在发病中期，第3次施药后，对照区叶部病情指数发展至100，0.3%丁子香酚可溶液剂和68.75%氟菌·霜霉威试验区植株在第3次施药4 d后，叶部均开始出现新病斑，病情指数加大；31%噁酮·氟噻唑试验区在第3次施药5 d后叶部开始出现零星新病斑。在发病后期，第4次施药后，对照区发病逐渐加重直至植株枯死，0.3%丁子香酚可溶液剂和68.75%氟菌·霜霉威试验区植株在第4次施药5 d后，叶部均开始出现新病斑，

　　作者简介：王甄(1988—)，女，硕士，助理研究员，主要从事马铃薯病虫害防治与遗传育种研究。
　　基金项目：国家现代农业产业技术体系资助(CARS-09)；湖北省农业科技创新中心创新团队项目(2016-620-000-001-061)；亚太区域马铃薯晚疫病防治协作网药剂评估项目。
　　*通信作者：沈艳芬，研究员，从事马铃薯遗传育种及病虫害防治研究，e-mail：13872728746@163.com。

病情指数加大；31%噁酮·氟噻唑试验区在第 3 次施药 7 d 后叶部出现新病斑，病情指数加大。

综上所述，3 种药剂均对晚疫病具有较好的防治效果，0.3%丁子香酚可溶液剂的防治效果与对照药剂 68.75%氟菌·霜霉威相当，较对照药剂 31%噁酮·氟噻唑稍差。在田间发病初期该试验药剂的持效期为 8 d，在田间发病高峰期(连续阴雨天气)该药剂的持效期为 4~6 d。

关键词：马铃薯；晚疫病；田间药效；持效期